检察实务典型疑难案例参考

吕景利 主编

JIANCHA SHIWU
DIANXING YINAN ANLI CANKAO

第六辑

中国检察出版社

图书在版编目（CIP）数据

检察实务典型疑难案例参考. 第六辑 / 吕景利主编. —北京：中国检察出版社，2021.9
ISBN 978－7－5102－2624－3

Ⅰ.①检… Ⅱ.①吕… Ⅲ.①检察机关－工作－案例－中国 Ⅳ.①D926.3

中国版本图书馆 CIP 数据核字（2021）第 161773 号

检察实务典型疑难案例参考（第六辑）
吕景利　主编

责任编辑：	王伟雪
技术编辑：	王英英
美术编辑：	曹　晓

出版发行：	中国检察出版社
社　　址：	北京市石景山区香山南路 109 号（100144）
网　　址：	中国检察出版社（www.zgjccbs.com）
编辑电话：	（010）86423707
发行电话：	（010）86423726　86423727　86423728
	（010）86423730　86423732
经　　销：	新华书店
印　　刷：	保定市中画美凯印刷有限公司
开　　本：	710 mm×960 mm　16 开
印　　张：	25.75
字　　数：	470 千字
版　　次：	2021 年 9 月第一版　2021 年 9 月第一次印刷
书　　号：	ISBN 978－7－5102－2624－3
定　　价：	108.00 元

检察版图书，版权所有，侵权必究
如遇图书印装质量问题本社负责调换

《检察实务典型疑难案例参考(第六辑)》
编 委 会

主　　编　吕景利

副 主 编　厉志勇　郑晨侠

执行编辑　王　艳　王海东　厉志红
　　　　　张学刚　郝科朝

序　言

最高人民检察院党组书记、检察长张军指出:"如何做好检察理论研究这篇大文章,以与时俱进的检察理论指引发展变革的检察实践,更好推动新时代检察工作创新发展,是我们必须持续关注、努力推进的重大课题。"随着内设机构改革逐步落实,检察工作迎来了"四大检察""十大业务"的全新格局,这就要求我们牢牢把握新时代检察工作的新形势新任务新要求,加强对检察工作理论和实践问题的研究、交流,为新时代检察工作创新发展提供理论支持和智力支撑。

孔子曰"学而不思则罔,思而不学则殆"。新时代的检察工作要求检察官不能只满足于办理完成一起案件,还必须使自己学会学习、学会思考,要"敏而好学"。学习和思考的过程是理论研究的过程,是从实践到理论又从理论到实践的不断总结、不断升华,这就要求检察官必须具备良好的研究习惯和能力。只有善于从周而复始、纷繁复杂的具体工作中总结经验,才能把握规律,适应日益提高的司法要求。诚然,写作的过程多是艰辛的,但当我们通过研究把问题想清楚、弄明白,用文字把自己的观点表达出来,就会有柳暗花明、豁然开朗的感觉。

案例评析作为检察理论研究这篇"大文章"中的重要组成部分,由于其更加贴近检察工作实务,对于推动检察工作发展尤其是具体办案发挥着越来越重要的作用。即使是长期处在办案一线,有较为丰富的办案经验的资深检察官,也还是会遇到这样或那样的问题,就罪与非罪、此罪与彼罪等,产生诸多分歧。有时我们很难迅速通过查找法条、理论文章等找到解答之法，此时，这种有具体案情、争议焦点以及详细观点论述的案例评析就成为我们的办案智囊。《检察实务典型疑难案例参考》就是在这样的呼声中应运而生的。唐山市县两级检察人在忙碌的工作之余，将各自遇到的问题进行梳理、分析，总结办案经验，为我们办理疑难案件、准确理解和适用法律提供参考和借鉴。

《检察实务典型疑难案例参考》一书到今年，已经连续出版到第六辑。本辑中，共选取了140余个具有前沿性、代表性的案例，按照刑法总则篇、刑法分则篇、民法篇、诉讼法篇等进行编排，惟愿帮助办案"迷茫"中的你我抽丁拔楔，抑或仅仅提供一个方向或思路。感谢中国检察出版社以及提供案例的检察同仁，使此书得以顺利出版；更加感谢多年来支持、肯定《检察实务典型疑难案例参考》的读者朋友，让我们有动力和信心将编辑本书的工作持续下去并越做越好。

借本书付梓之际，述此文字以兹纪念。由于时间仓促，编者能力有限，难免有疏漏和不当之处，敬请各位同仁和读者朋友们批评指正，多提宝贵意见。

编者
2020 年 12 月

目 录

刑法总则篇

避让不当撞死他人的行为是否属于避险过当 …………………… 王海斌 / 3

单位负责人自首可否认定为单位自首 …………………………… 刘　辉 / 5

购买淫秽物品未售出即被查获的行为如何定性 ………………… 王　艳 / 8

入户窃得财物离开时被邻居发现系盗窃既遂还是未遂 ………… 赵　娜 / 10

妻子帮助丈夫制作假酒是否构成假冒注册商标罪的共犯 ……… 刘　巍 / 12

因被害人昏迷而停止杀害行为系犯罪中止还是犯罪未遂 ……… 兰立荣 / 15

互殴时一方因特殊体质死亡的如何定罪处罚 …………………… 郭莉斯 / 17

不法侵害短暂存在后即消失情形下行为人可否实施正当防卫
……………………………………………………………………… 杨海龙 / 20

行为人处于现实、紧迫但不严重的危险下可否实施特殊防卫
……………………………………………………………………… 梁荣芬 / 24

群众全程监视下完成的盗窃系既遂还是未遂 …………………… 张　娜 / 27

违法所得数额无法确定时如何确定非法经营罚金额 …………… 李英英 / 29

冒充国家工作人员骗取他人信任进而取得钱款的行为
　　构成何罪 …………………………………………………… 王宏旭 / 32

滥伐林木案中的刑事责任主体如何认定 ………………………… 王向征 / 35

行为人的虚假民事诉讼行为持续至《刑法修正案
　　（九）》颁布后的如何定罪处罚 ………………… 任晓梅　邱玉红 / 39

刑法分则篇

危害公共安全罪

行为人实施危险驾驶行为但没有造成严重后果的
是否构成犯罪 …………………………………………… 王永庆 / 45

受害人因外伤和并发症死亡的，驾驶员是否构成交通肇事罪
………………………………………………………… 赵　娜 / 48

被害人被连续撞击两次死亡的，第一行为人是否构成交通
肇事逃逸 ………………………………………………… 吴丽英 / 50

超标二轮电动自行车可否认定为机动车 ………………… 蒋玲玲 / 53

交通肇事五日后自首是否仍应认定为逃逸 ……………… 郭景翠 / 56

驾驶人因未察觉发生交通事故而驶离现场的行为
能否认定为交通肇事逃逸 ……………………………… 李晓雯 / 59

"二次交通事故"中的责任如何认定 …………………… 孙立强 / 62

破坏社会主义市场经济秩序罪

非法经营"黑车队"行为是否构成非法经营罪 ………… 王学辉 / 66

以签订合同的方式多次骗取金融机构分期贷款的
构成何罪 ………………………………… 蒋海民　李　鹏 / 68

农民转让自有宅基地的行为是否构成犯罪 ……………… 刘树利 / 70

行为人拖欠"享贷"的数额是否应计入恶意透支
信用卡的数额 …………………………………………… 李彦军 / 73

行为人明知无法偿还仍非法吸收公众存款的构成何罪 …… 李彦军 / 77

虚开真实业务能否扣减犯罪数额 …………………………… 张明玉 / 81
为超载车辆提供交通执法信息收取费用的行为构成何罪 …… 王秀玲 / 84
为他人养卡行为是认定信用卡诈骗罪还是非法经营罪 ……… 傅秀辉 / 87
"五证"不全销售商品房后经催缴仍不缴税的
　　是否构成逃税罪 …………………………………………… 王志凯 / 90
成立分公司销售食盐能否认定非法经营行为 ………………… 张学茹 / 95
出具虚假评估报告使他人获超额补偿的行为如何定性 ……… 杨　婧 / 97
故意制造事故向保险公司索赔但未进入理赔程序的行为
　　如何定性 …………………………………………………… 裴丽鸿 / 100
冒用他人身份骗取贷款公司专项贷款的是否构成
　　贷款诈骗罪 ………………………………………………… 曹　源 / 103
有真实经营的是否构成合同诈骗罪 …………………………… 张平玮 / 105
"五证"尚未取得即违规销售房屋是否构成非法经营罪 ……… 于思萌 / 109
重复抵押合同诈骗案中如何认定被害人 ……………………… 张宝玉 / 113
证券从业人员以个人名义代他人买卖股票是否构成非法经营罪
　　……………………………………………………………… 刘树利 / 117

侵犯公民人身权利、民主权利罪

误会他人抢劫将其刺死的行为是否构成过失致人死亡罪 …… 单庆梅 / 119
承继的共同强奸案中"轮奸"情节如何认定 ………………… 闫　磊 / 121
事出有因殴伤他人的行为是否构成故意伤害罪 ……………… 薄英杰 / 123
因殴打与特殊体质因素导致被害人死亡的如何定罪 ………… 张建新 / 126
与仅有部分性防卫能力的人发生性关系是否构成强奸罪 …… 李倩倩 / 130

被害人因前置暴力行为不敢反抗发生性行为的，
　　对被告人如何定罪处罚 ················· 王学辉 / 134

催债致人自杀的行为如何定罪处罚 ············ 杨　婧 / 138

公共场所向他人喷射精液是否构成强制猥亵、侮辱罪 ··· 杨　婧 / 141

一般伤害行为致特异体质人死亡的行为如何定性 ····· 苣淑铭 / 144

在女方谎称已满 14 周岁的情况下与其发生性关系
　　系强奸既遂还是未遂 ················· 陈继云 / 147

轮奸案中一人强奸既遂一人未遂如何处理 ········ 张四海 / 150

侵犯财产罪

"烈性女子"行为是索债还是抢劫 ············ 王秀玲 / 153

他人盗窃车辆后助其盗窃车辆登记证书的行为如何定性 ·· 厉志勇 / 156

"监守自盗"的行为构成何罪 ··············· 胡斯琴 / 159

骗取他人信用卡信息取得财物的行为如何定罪 ······ 魏宝成 / 161

冒用单位名义与他人签订合同骗取财物并逃匿的行为
　　如何定性 ······················· 胡斯琴 / 164

骗取他人为其开通"亲密付"后转走他人账户
　　内资金的行为如何定性 ················ 吴丽英 / 166

犯罪工具被他人损坏而勒索钱财的能否认定为敲诈勒索罪 ·· 王永庆 / 168

员工偷盗厂中物品行为认定为职务侵占罪还是盗窃罪 ··· 张　颖 / 170

可否依据销赃价值认定盗窃数额 ············· 母　宏 / 172

取走他人遗忘在 ATM 机银行卡内钱款并将其打伤拒不退还的
　　行为构成何罪 ···················· 杨韵含 / 175

私自转租获取租金的行为是否构成诈骗罪 ········ 薄英杰 / 177

目录

暴力强奸后拿走被害人财物的行为如何定性 …………… 郑雪娇 / 179

违法经营获取投资者钱款的行为如何定性 ……………… 蔡晓锦 / 182

行为人在出租屋抢劫的行为是否构成"入户抢劫" ……… 黄建奎 / 186

负责发展客户的人员是否应对团伙实施的
　全部诈骗行为承担责任 ………………………… 张连东　辛雅楠 / 188

工人将藏匿同一物品拆分多次偷带出厂的行为是
　多次盗窃还是一次盗窃 ………………………… 刘向红　李　鹏 / 191

黑中介诈骗中能否扣减"房产中介费"等犯罪成本 ……… 王志凯 / 193

挪用可以流通变价的商品的行为构成职务侵占罪还是
　挪用资金罪 ……………………………………………… 冯玉明 / 199

"当场使用暴力"抢夺财物的如何定罪处罚 ……………… 冯玉明 / 203

以暴力胁迫手段索取大额财物的行为构成何罪 ………… 傅秀辉 / 207

故意杀人后取财的行为如何定性 ………………………… 田　新 / 209

基于同一犯意反复、多次、连续实施盗窃的行为如何认定
　盗窃次数 ………………………………………………… 兰爱丽 / 213

"仙人跳"行为如何定性 …………………………………… 李　彬 / 216

破坏尚未使用的电力设备的行为如何定性 ……………… 王立薇 / 219

杀人后从被害人手机转账的行为如何定罪处罚 ………… 任丽文 / 222

实施诈骗的过程中主动出具借条的行为可否转化为民间借贷
　………………………………………………………………… 陈继云 / 225

以暴力、威胁手段向他人借钱并出具借条的行为如何定性 … 傅秀辉 / 228

以介绍工作为由骗取他人钱财但在案发前退赔的是否
　构成诈骗罪 ……………………………………………… 孙　杰 / 231

出借人以借款时签订的双倍欠条为由起诉的
　　是否构成犯罪 ·································· 张连东　辛雅楠 / 234

隐瞒借钱用途不予归还的可否认定为诈骗罪 ············ 孙喜霞 / 237

使他人放弃财物继而占有财物的行为如何定性 ·········· 于思萌 / 239

将他人遗忘在ATM内的银行卡及其钱款据为己有的行为如何
　　定性 ·· 刘向红 / 243

妨害社会管理秩序罪

对"金字塔"式网络传销"时时彩"的行为如何定罪 ······ 王学辉 / 246

发消息聚众扰乱交通秩序但未起作用的行为如何定性 ···· 胡斯琴 / 251

寻衅滋事己方人员被伤如何定性 ······················ 蒋海民 / 253

将用赃款购买的车辆变卖的行为构成何罪 ·············· 蒋海民 / 255

行为人冒充警察收缴罚款构成何罪 ···················· 裴昀博 / 257

聚集多人持械斗殴行为中组织者与参与者如何定罪 ······ 霍芳芳 / 259

因受贿而不追诉黑社会性质组织成员的行为如何定性 ···· 刘树利 / 263

行为人贩卖假毒品被抓后从其住处查获真毒品的
　　如何定罪处罚 ·· 王志凯 / 266

非法采挖粘土用于牟利时粘土可否被认定为矿产资源 ···· 陈继云 / 270

合同未生效时一方从另一方处强行取回物品的行为
　　可否认定为寻衅滋事罪 ···································· 陈继云 / 273

聚众扰乱社会秩序行为中参与人所起作用一样可否均认定为
　　积极参加者 ·· 侯雪莹 / 276

网上开设赌场的行为人参赌获利数额如何认定 ·········· 陈继云 / 279

对利用移动存储介质贩卖淫秽电子信息的行为
　　如何定罪处罚 ………………………………………… 傅秀辉 / 282
妻子隐瞒丈夫交通肇事的事实后丈夫自首，妻子是否
　　构成犯罪 …………………………………… 郑文泉　刘子陌 / 285
行为人收购赃物时尽到了审慎注意义务的是否构成犯罪 …… 赵玉柱 / 289
买卖林木后无证采伐行为的责任主体如何认定 ……………… 徐　娜 / 292
持空酒瓶打伤他人可否认定为"持凶器"随意殴打他人 ……… 田文松 / 295
多次殴打他人被分别行政处罚后可否再认定为寻衅滋事罪 … 佟丽敏 / 298
行为人为他人逃逸出谋划策的构成何罪 ……………………… 杨　婧 / 302
帮助销售诈骗财物的是否构成掩饰、隐瞒犯罪所得罪 ……… 李　冰 / 304
因债务纠纷多次恐吓、毁财的行为是否构成寻衅滋事罪 …… 李珊珊 / 307

贪污贿赂罪

对将索贿钱款部分占有、部分上交的行为如何认定
　　索贿数额 …………………………………………… 李志玲 / 309
为公司利益以套取的公司资金行贿的构成何罪 ……………… 王连功 / 312
以"干股"分红形式收受财物的行为如何定性 ……………… 刘翠红 / 316

渎职罪

向犯罪分子透露侦查信息的行为如何定性 …………………… 齐小静 / 319

民法篇

承租人以外的人在出租屋内死亡的，出租人是否承担责任 … 刘树利 / 325
追究借款人刑事责任后可否向担保人要求承担民事责任 …… 王海斌 / 327

借款人擅自变更借款用途的担保人是否承担责任 …………… 冯世斌 / 329

借名贷款的名义贷款人是否承担还款责任 ……………………… 母　宏 / 331

无处分权人取回质押物是否构成犯罪 …………………………… 刘树利 / 333

隐瞒借款用途的保证人是否承担责任 …………………………… 褚英英 / 335

不具备用工主体资格的自然人雇佣的人员与发包人是否存在
　　劳动关系 ………………………………………………………… 杨韵含 / 337

宠物乘顺风车丢失的平台公司是否承担责任 …………………… 裴昀博 / 340

用人单位如何行使替代责任的追偿权 …………………………… 刘树利 / 342

公务人员自驾车从事公务造成他人损害的，其所在单位应否
　　承担责任 ………………………………………………………… 赵　娜 / 345

存在抵押权的车辆被没收拍卖后如何过户 ……………………… 刘　辉 / 347

房屋质量存在瑕疵的买方可否解除购房合同 …………………… 母　宏 / 350

业主可否因沿街商铺油烟噪声污染要求减免物业费和
　　违约金 …………………………………………………………… 母　宏 / 353

高层楼中的低层用户是否应交自来水增压费 …………………… 霍芳芳 / 355

购房人拒绝收房又不退房的应否交纳物业费 …………………… 闫　磊 / 357

丈夫不慎将指挥倒车的妻子撞伤，保险公司应否理赔 ………… 褚英英 / 359

甲供材料所有权归属如何界定 …………………………………… 褚祥飞 / 362

开发商承担阶段性担保后是否有权解除购房合同 ……………… 王海斌 / 365

当事人自述是否构成自认，对方提出异议的可否采信 ………… 贾东军 / 367

行为人超出举证期限提出司法鉴定申请的如何处理 …………… 李德昌 / 371

仅凭证人证言、转账凭条可否认定自然人与法人之间
　　成立民间借贷合同 ……………………………………………… 魏海超 / 374

劳动者只提供劳务不受用人单位人事管理的
　　是否构成劳动关系 ……………………………………… 王　佳 / 378
刑事附带民事公益诉讼案件管辖法院如何确定 ………… 魏海超 / 381

诉讼法篇

在缓刑考验期内发现社区矫正对象有漏罪的，司法局可否
　　提出撤销缓刑建议 …………………………………… 王　兵 / 387
行为人再审无罪后应由哪一部门作为赔偿义务机关 ……… 褚建华 / 390

刑法总则篇

避让不当撞死他人的行为是否属于避险过当

一、基本案情

2019年3月21日17时许,王某某驾驶货车正常行驶经过一村庄时,站在公路右边的小孩突然横穿公路,当小孩跑过公路中线时又突然往回跑,王某某为避让小孩,先点刹车往左驾驶,刚避过小孩,但随即发现车辆将要与公路左边骑着三轮车的林某碰撞,又往右猛转,虽避开了林某,但车头终与右前方骑电动车的李某发生碰撞,致李某不治而亡。经交警部门认定,王某某负事故的全部责任。王某某在肇事后积极施救、主动投案、积极赔偿被害方损失。

二、分歧意见

对于本案中王某某的行为如何定性,存在以下三种不同的意见:

第一种意见认为,王某某属紧急避险,为了小孩、林某两人免受正在发生的生命危险,而不得已采取的紧急避让措施,虽致李某一人死亡,但保护了小孩、林某两人的生命安全,保护的利益大于所损害的利益。

第二种意见认为,本案既非紧急避险也不属避险过当,王某某负事故的全责,既不能按紧急避险适用法律,也不能按避险过当减轻或者免除处罚。

第三种意见认为,避让不当而发生交通事故可能存在紧急避险,本案中王某某的行为由于紧急避险所造成的损害超过了必要限度,因而属避险过当。

三、评析意见

笔者同意第三种意见,王某某的行为属避险过当,理由如下:

1. 本案中已经发生了现实危险,这是成立紧急避险行为的前提条件之一。所谓发生了现实危险,是指法益正处于客观存在的威胁之中,或者说,法益已经处于可能遭受具体损害的危险之中。关于紧急避险行为中危险的来源，通常不难认定，有自然力量造成的危险、动物袭击造成的危险、人的危害行为造成的危险等；但是，行为人对自己招致的针对他人的危险，是否允许紧急避险，则有不同的看法。通说认为，从紧急避险制度的立法目的和本质来看，紧急避险是为了避免现实危险、保护较大或至少同等法益的情形，对于自己招致的针对他人的危险，无论是过失犯罪还是一般违法场合，都应当允许紧急避险，否则不利于法益的全面保护，与公民的法感情也是相背离的。

2. 王某某所采取的紧急措施是一种紧急避险行为。本案险情是由小孩突然横穿公路引起，且小孩正面临着生命危险，王某某为了使小孩免受正在发生的生命危险，不得已采取往左驾驶方向的紧急避让措施，保护了小孩的生命安全，由此而言，王某某的紧急措施在性质上显然是一种紧急避险行为。况且，王某某既不是为了避免本人的危险，也非职务上、业务上负有特定责任，因此符合紧急避险的主体资格。

3. 紧急避险并不排斥行为人主观上可能具有的过失心理。学理上将"不得已"理解为"如果当时还有其他办法可以避免危险损害，就不能实行紧急避险"，意味着行为人要对紧急避险作出最佳选择。那么，针对具有多种避险途径可供选择的情形，且多种办法都将损害到第三者的合法权益，由于行为人判断失误或处置不当而事实上并未作出最佳选择，但造成的损害同样要小于所保护的权益，可否认定紧急避险？笔者认为应该认定。只要是出于保护较大的或至少是同等法益，并且事实上也确实如此，则即使紧急避险行为人主观上具有过失的心理，也应认定其行为成立紧急避险。本案中王某某并不愿意损害任何人，当针对小孩的险情出现时，王某某所采取的措施显然是迫不得已的，并且先后使小孩、林某脱离了生命危险，应属于紧急避险。

4. 王某某紧急避险所造成的损害，超过了必要限度。本案中王某某先后有两次避险行为，但对象均为一人，最初为小孩，小孩脱离危险后是林某，并非同时为了小孩和林某，小孩正在发生的危险和林某正在发生的危险并非同一时间。因而不能机械相加，从而得出保护小孩和林某免受生命危险大的利益，损害李某一人生命小的利益的错误结论。实际上是为了保护一人而损害了一人，紧急避险所造成的损害，超过了必要限度，因而是避险过当。

（河北省唐山市路北区人民检察院　王海斌）

单位负责人自首可否认定为单位自首

一、基本案情

杨某系某有限公司法定代表人，付某系该有限公司经理，两人为使公司少缴应纳税款，故意违反国家税收法规，多次采用少列收入、匿报销售额，进行虚假的纳税申报的方法，从中偷逃税款120万余元，其行为已构成偷税罪。案发后，杨某、付某向公安机关投案自首，如实交代了偷税的犯罪事实。

二、分歧意见

本案中杨某、付某投案自首，能否认定为该公司单位自首，对此存在以下两种不同的意见：

第一种意见认为，单位犯罪后，虽然其决策人员向司法机关自首，但也不能就此认定单位也成立自首。理由是，自首是针对自然人而言的，只有自然人在犯罪后才能"自动投案"和"如实供述犯罪行为"，而单位犯罪是指由公司、企业、事业单位、机关、团体实施的依法应当承担刑事责任的危害社会的行为，单位犯罪作为一个整体、一个拟制的人的犯罪，是不可能有"自动投案"和"如实供述犯罪行为"的行为的，因而不可能存在单位自首。

第二种意见认为，刑法既然明确规定了单位犯罪的刑事责任，那么单位在实施犯罪后如果其决策负责人员等有权代表单位意志的人员向有关司法机关投案，并如实供述单位犯罪事实的，即具备自首条件，也应该成立自首，在处理时，可以按照《刑法》第67条规定从轻、减轻或者免除处罚。

三、评析意见

笔者同意第二种意见，理由如下：

1. 应正确把握自动投案的单位主体。单位犯罪是单位意志支配下由单位成员实施的犯罪。单位犯罪的主体由两部分构成：一是单位主体。即实施了危害社会的行为，法律规定为单位犯罪，应当负刑事责任的公司、企业、事业、单位、机关、团体。作为单位犯罪的单位主体必须首先具备以下特征，即合法性、组织性、独立性，其中独立性是一个机构或者组织成为单位犯罪主体的前提条件。正是因为单位具有独立性，因而它才能独立地承担刑事责任，对自身危害社会的行为负责，从而也才能成为自首成立的理论依据。二是自然人主体。根据刑法的规定，单位犯罪中的自然人主体就是直接负责的主管人员和其他直接责任人员。由此可见，单位犯罪中的主体由单位和单位自然人构成，亦即单位犯罪是经单位决策机构或者负责人员决定，由单位直接负责的主管人员和其他直接责任人员以单位的名义，为单位利益而实施的刑法所禁止的行为。故而，单位自动投案的主体，就是单位和单位内部的自然人。

2. 决策人员是有权代表单位意志者，决策人员的自动投案就意味着单位的自动投案。单位犯罪的行为特征与自然人犯罪的行为特征有明显的区别。单位犯罪的行为有以下几个特点：一是贯彻单位意志；二是为单位谋取不正当利益而损害社会公众利益；三是危害行为与单位的职能活动有关；四是该危害行为是由单位中的特定人员按照单位意志、以单位名义实施的。这些特殊属性是自然人犯罪中所没有的。单位的法律人格是拟制的，它是作为一个整体的犯罪，因此，在认定单位自首过程中，应当把握是谁投案，投案是否能代表单位意志，正如实施犯罪时能否代表单位意志一样。一般说来，能代表单位意志的无非是单位决策机构或单位负责人员，单位决策机构是一个群体的概念，通过单位集体研究决定实施，是指经过根据法律和章程规定的有权代表单位的机构研究决定，如董事会、股东大会等权力机构人员研究决定；而单位负责人员是一个个体概念，是指经过根据法律或者章程规定的有权代表单位的个人决定，如法定代表人、公司经理等。一般说来，单位犯罪是由单位决策机构集体研究决定实施的，经单位决策机构集体研究决定意欲通过自首减轻罪责，然后委托一人代向有关司法机关投案的，可以成立单位自首。单位的犯罪意志是由单位直接负责的主管人员和其他直接负责人员产生的，单位直接负责的主管人员和直接责任人员的自动投案，效力及于单位自动投案，可以成立单位自首。本案中，杨某、付某均系有限公司的决策人员，共同决策实施了偷税漏税行为。他们两人能够代表单位意志，在实施犯罪后，他们向公安机关投案，同时也意味着代表公司向公安机关投案。

3. 应当准确理解单位如实供述罪行的行为。前面已经提到，单位是一个拟制的人，是一个整体，单位犯罪意志是由有权代表单位的决策人员行使的。

在如实供述罪行的问题上,负责代表单位投案自首的人员必须全面客观真实地供述单位犯罪的全部事实,不得有所隐瞒,并有愿意接受法律制裁的意向。如果代表单位意志的人员未如实供述单位的犯罪事实,就不能成立单位自首。本案中,杨某、付某在向公安机关投案后,均对自己及单位的偷税行为作了如实交代,并始终表示愿意接受法律的制裁。

综上所述,杨某、付某是犯罪单位的决策人员,其向司法机关主动投案自首,如实供述偷税犯罪事实,因而在认定两人自首情节的同时,也应当认定该有限公司成立单位自首。

(河北省唐山市路北区人民检察院 刘辉)

购买淫秽物品未售出即被查获的行为如何定性

一、基本案情

2019年10月3日,犯罪嫌疑人林某以牟利为目的,从他人手中购买装有黄色视频的光盘2张,在自己经营的音响店进行出售。10月8日晚,以30元的价格向李某某出售光盘2张,还未付钱就被公安机关查获。经鉴定,该光盘中的视频全部为淫秽视频。

二、分歧意见

对于犯罪嫌疑人林某以出售牟利为目的,购买淫秽光盘尚未售出的行为构成贩卖淫秽物品牟利罪并无异议,但对这种行为构成犯罪既遂还是犯罪未遂则存在一定的争议。主要有以下两种观点:

第一种观点认为,林某的行为构成贩卖淫秽物品牟利罪既遂。其一,《刑法》第363条规定,以牟利为目的,制作、复制、出版、贩卖、传播淫秽物品的,处三年以下有期徒刑、拘役或者管制,并处罚金;情节严重的,处三年以上十年以下有期徒刑,并处罚金……即行为人以牟利为目的,实施了贩卖淫秽物品的行为,就构成犯罪既遂。可以看出,本罪是行为犯,只要求有贩卖的行为,不需要有相应的危害结果。其二,根据《现代汉语词典》的解释,"贩"为收买、买进,从字面意义上理解,有买进的行为。"卖"即卖出。因此,"贩卖"有买进和卖出的意思,行为人只有买没有卖的行为也包含在"贩卖"之中。其三,贩卖淫秽物品牟利罪所侵犯的客体为国家对文化娱乐制品的管理制度和良好的社会风尚,所以不管其售出与否,都破坏了良好的社会风尚,也侵犯了国家对文化市场的管理秩序。如果行为人已经售出了淫秽物品,也只是导致扩大了淫秽物品的传播范围,加深了犯罪的危害后果。所以,认为只有实际售出淫秽物品才构成犯罪既遂的观点是不全面的。

第二种观点认为，林某的行为构成贩卖淫秽物品牟利罪未遂。淫秽光盘尚未售出，林某就被公安机关查获，因此这些淫秽视频并没有流入社会、传播给他人，应当认定为贩卖淫秽物品牟利罪未遂。

三、评析意见

笔者同意第二种意见。理由如下：

刑法总则规定，"已经着手实施犯罪，由于犯罪分子意志以外的原因而未得逞的，是犯罪未遂"。贩卖淫秽物品牟利罪要求行为人有非法谋取利益的主观目的，因为未售出导致其主观目的还没有实现，虽然仍可以认定构成贩卖淫秽物品牟利罪，但仅是未遂，而不是既遂。

如果将买进而还没有卖出的行为认定是贩卖既遂的话，即将"购买行为"等同于"销售行为"，显然与销售的本来含义相差太远，也超出了一般公民对于刑罚的预测可能性，有悖于罪刑法定原则。

贩卖淫秽物品牟利罪所侵犯的法益是超个人的、无形法益，即国家对文化娱乐制品的管理制度和良好的社会风尚。行为人只是购入了淫秽物品，还没有销售给他人、推向社会，就没有对社会风尚造成破坏；虽然我们不能否认其在一定程度上也侵犯了国家对文化娱乐制品的管理制度，但社会危害性不大，认定其构成犯罪未遂已经能够达到惩治犯罪的目的。

综上，购买淫秽物品未售出就被查获的行为应当构成贩卖淫秽物品牟利罪未遂。

(河北省滦州市人民检察院　王艳)

入户窃得财物离开时被邻居发现系盗窃既遂还是未遂

一、基本案情

2018年12月1日凌晨,被告人何某携带刀具、夹钳等工具,至被害人许某家实施盗窃。何某先后用夹钳夹断许某家院门、房屋大门的门锁,进入房屋内盗窃播放器一部。何某离开时恰巧被许某的邻居田某发现,田某大声呼喊"抓贼"。何某当即扔掉播放器逃跑,后被群众抓获。经价格鉴定,播放器价值人民币75元。

二、分歧意见

本案在审理过程中,对被告人何某盗窃的犯罪形态如何认定,形成了两种不同意见:

第一种意见认为,何某的行为应认定为盗窃既遂。理由是:盗窃罪是行为犯,只要行为人进入户内实施盗窃,不论是否取得被害人财物,均应认定为既遂。本案中,何某已进入户内,且将取得财物带离了"户",因此其盗窃已经既遂。

第二种意见认为,何某的行为应认定为盗窃未遂。理由是:盗窃罪是结果犯,入户盗窃系盗窃罪的入罪条件之一,理应以取得被害人财物为既遂标准。本案中,何某在户内盗窃时,被户外群众发现并追捕,并未取得对财物的实质控制,因此盗窃未遂。

三、评析意见

笔者同意第二种意见,理由如下:

入户盗窃的既遂标准应当是行为人取得他人财物。刑法分则规定的犯罪以单独的既遂犯为模式，刑法理论在讨论犯罪构成及其要件时，讨论的也是犯罪既遂所必须具备的条件。判断行为人实施的盗窃罪是否构成既遂，应当以其行为是否具备盗窃罪的全部构成要件为标准，全面考虑盗窃罪的性质以及社会大众的一般认识。

盗窃罪侵犯的是他人的财产权益，应当将造成他人财产损失，补充解释为该罪的构成要件。盗窃罪的既遂标准，理论上有多种，通说为失控加控制说。1997年修订刑法时，将多次盗窃补充规定为盗窃罪的入罪条件之一，但在刑法理论、司法实践中并未因此认为，盗窃罪从结果犯变成了行为犯，对多次盗窃未取得财物的，也应认定为盗窃未遂。《刑法修正案（八）》进一步将入户盗窃规定为盗窃罪的入罪条件后，其既未遂的认定也应遵循上述认定标准，即行为人以盗窃为目的非法进入户内，当行为人取得被害人财物，被害人失去对财物的控制时，才能认定为盗窃既遂。

盗窃过程中被户外群众追捕未取得财物的，应认定为盗窃未遂。在明确入户盗窃仍然需要以行为人取得他人财物，被害人失去对财物的控制为既遂标准的前提下，户外群众发现并对其实施抓捕的行为，是否影响被害人对财物的控制，成为认定本案盗窃既未遂的关键问题。笔者认为，何某以非法占有为目的，携带凶器并采用破坏性手段入户盗窃他人财物，在被群众发现追捕的过程中被迫丢弃财物，其对财物的控制一直处于外力的干扰之中，并未对财物取得实质控制，被害人也未失去对财物的控制，何某的盗窃行为因意志以外的原因而未得逞，属于盗窃未遂。

综上，入户盗窃是盗窃罪的入罪条件之一，只有行为人取得被害人财物，被害人失去对财物的控制时，才能认定为盗窃既遂。盗窃过程中被户外群众追捕，未取得对被害人财物实质控制的，应认定为盗窃未遂。

（河北省唐山市路北区人民检察院　赵娜）

妻子帮助丈夫制作假酒是否构成假冒注册商标罪的共犯

一、基本案情

2018年9月至2020年1月期间，犯罪嫌疑人祝某某事先购买大量高档酒的包装纸箱、酒盒、酒瓶、酒瓶盖、标签、防伪码、环保贴等和低档白酒，然后用低档白酒灌装成贵州茅台飞天酒、剑南春、五粮液、国窖1573、洋河天之蓝、百年泸州老窖窖龄30年等高档白酒，并进行封存、包装、贴标等，制作假冒注册商标商品，储存在其租用的两处平房内（同时在此生活居住），向他人销售获利。犯罪嫌疑人祝某某供称以制售假酒获利作为家庭生活的经济来源。

2018年底、2019年8月、2020年1月3日，犯罪嫌疑人祝某某的妻子、犯罪嫌疑人王某某多次来唐，其供称知晓祝某某在制售假酒，其到唐的目的即为在祝某某制作假酒的过程中，提供擦酒瓶、递酒瓶等帮助，并照顾祝某某的生活起居。

2020年1月7日，民警在上述出租平房内将正在制作假酒的犯罪嫌疑人祝某某及王某某抓获，并当场查获尚未销售的假冒注册商标的茅台飞天酒、剑南春、五粮液、国窖1573、洋河天之蓝、百年泸州老窖窖龄30年等高档白酒以及制作上述白酒所用空酒瓶、低档白酒、包装、标识等物品。2020年1月20日，经价格认证中心鉴定意见，公安机关查获的尚未销售的假冒注册商标正品商品市场中间价格价值人民币30余万元。

二、分歧意见

本案中，犯罪嫌疑人祝某某的行为涉嫌假冒注册商标罪，但对犯罪嫌疑人王某某是否以涉嫌假冒注册商标罪批准逮捕，有两种不同的意见：

第一种意见认为，犯罪嫌疑人王某某于2020年1月3日来唐，至2020年1月7日被抓，其间其参与制作假酒。根据犯罪嫌疑人祝某某、王某某的供述，二人在此期间只制作一种假酒（五粮液），且制作的假酒价值未达到立案标准（最高人民法院、最高人民检察院《关于办理侵犯知识产权刑事案件具体应用法律若干问题的解释》第1条第1款规定，非法经营数额在五万元以上或者违法所得数额在3万元以上的）。犯罪嫌疑人王某某之前来唐制售假酒的数量未能查清，认定其涉嫌假冒注册商标罪的事实不清、证据不足，建议对其不予批准逮捕。

第二种意见认为，犯罪嫌疑人王某某供称2018年底、2019年8月和2020年1月3日来唐，均是为了帮助犯罪嫌疑人祝某某制作假酒，其主观上明知是制作假酒，客观上参与了制作假酒，且犯罪嫌疑人祝某某以制售假酒获利作为家庭生活的经济来源。所查扣的假酒大部分是犯罪嫌疑人祝某某制作，小部分是犯罪嫌疑人王某某参与制作的，但犯罪嫌疑人祝某某、王某某是共同犯罪，二人虽分工不同，但共同承担责任。因此，建议以涉嫌假冒注册商标罪批准逮捕犯罪嫌疑人王某某。

三、评析意见

笔者同意第二种意见，具体分析如下：

1. 根据最高人民法院、最高人民检察院《关于办理侵犯知识产权刑事案件具体应用法律若干问题的解释》第12条的规定，所谓"非法经营数额"，是指行为人在实施侵犯知识产权行为过程中，制造、储存、运输、销售侵权产品的价值。已销售的侵权产品的价值，按照实际销售的价格计算。制造、储存、运输和未销售的侵权产品的价值，按照标价或者已经查清的侵权产品的实际销售平均价格计算。侵权产品没有标价或者无法查清其实际销售价格的，按照被侵权产品的市场中间价格计算。犯罪嫌疑人祝某某供述称，其通过发名片推销假酒，有人买酒是打电话联系。其无法提供购买假酒的人员信息，售卖的假酒数量不清楚。本案中，假冒注册商标的侵权产品没有标价，且无法查清实际销售价格，即按照被侵权产品的市场中间价格计算。

2. 所查扣的侵权产品假酒系犯罪嫌疑人祝某某一段时间内制作的，具体的制作时间不能确定。其中有一部分侵权产品假酒系犯罪嫌疑人王某某参与制作。本案中，现有证据能够证实：2020年1月3日来唐后直至被抓，犯罪嫌疑人王某某帮助犯罪嫌疑人祝某某制作假酒。其间，根据犯罪嫌疑人祝某某、王某某的供述，二人只制作一种假酒（五粮液），制作的假酒价值未达到立案标准。

根据犯罪嫌疑人王某某的供述、行踪轨迹等证据，2018年底、2019年8月，犯罪嫌疑人王某某曾来唐，其知晓犯罪嫌疑人祝某某在制售假酒，其到唐的目的即为在祝某某制作假酒的过程中，以擦酒瓶、递酒瓶等方式提供帮助，并照顾祝某某的生活起居。犯罪嫌疑人祝某某供称以制售假酒获利作为家庭生活的经济来源。根据刑法共同犯罪理论，共同犯罪是指二人以上共同犯罪。共同犯罪分为事前通谋的共同犯罪与事前无通谋的共同犯罪。在着手实行犯罪之前，各同犯人已经形成共同犯罪故意，就实行犯罪进行了策划和商议的，即事前通谋的共同犯罪。在刚着手或实行犯罪的过程中形成共同犯罪故意的，则是事前无通谋的共同犯罪。通谋一般是指二人以上为了实行特定的犯罪，以将各自的意思付诸实现为内容而进行谋议。事前无通谋的共同犯罪中，可能存在承继的共同犯罪现象。承继的共同正犯，是指前行为人已经实施了一部分正犯行为后，后行为人以共同实施的意思参与犯罪，并对结果的发生起重要作用的情形。本案中，犯罪嫌疑人祝某某与犯罪嫌疑人王某某事前未进行通谋，在犯罪嫌疑人祝某某实施制售假酒的过程中，犯罪嫌疑人王某某明知是制售假酒，且参与制作假酒，并将犯罪嫌疑人祝某某制售假酒所得用于日常家庭生活开销。犯罪嫌疑人祝某某与犯罪嫌疑人王某某成立共犯，二人分工不同，共同承担责任。因此，应以涉嫌假冒注册商标罪批准逮捕犯罪嫌疑人王某某。

（河北省唐山市路北区人民检察院　刘巍）

因被害人昏迷而停止杀害行为系犯罪中止还是犯罪未遂

一、基本案情

被告人梁某某因与马某某的感情纠纷遂对马某某产生了杀念，2019年7月1日，梁某某到某镇一烟酒超市购买菜刀一把，2019年7月5日12时35分，被告人梁某某持菜刀在一火锅饭店附近等待马某某，二人见面后又发生争执，梁某某遂持菜刀砍向马某某头部，随即马某某倒地并用双手护住头部，梁某某见状又持刀砍向马某某头颈部数刀，马某某躺在地上处于昏迷状态，梁某某心想好汉做事好汉当便放下菜刀到公安机关投案自首。因马某某用双手护向头、颈部致头、颈、双手、腕部等部位不同程度受伤。经法医鉴定，马某某的损伤程度属重伤二级。

二、分歧意见

本案中，对梁某某故意杀人行为的定性没有争议，但对其到公安机关投案的行为如何定性，存在以下两种分歧意见：

第一种观点认为，梁某某的行为应认定为故意杀人罪，但在故意杀人过程中，自动放弃犯罪系犯罪中止。理由为：梁某某在犯罪过程中并未遇到意志以外的原因阻碍自己的杀人行为，其原本可以将马某某杀死但其自动放弃了犯罪，才导致马某某只是重伤二级的结果，根据《刑法》第24条第1款规定，在犯罪过程中，自动放弃犯罪或者自动有效地防止犯罪结果发生的，是犯罪中止。梁某某的行为应认定为故意杀人罪中止。

第二种观点认为，梁某某的行为应认定为故意杀人罪，但因意志以外的原因未能得逞，系犯罪未遂。理由为：梁某某主观上并没有主动放弃犯罪，而是放任马某某的死亡，后其他人报警才将马某某抢救过来，现场其他人报警系梁某某意志以外的原因，因此梁某某杀死马某某的结果才没有发生，故梁某某的行为应认定为故意杀人罪未遂。

三、评析意见

笔者同意第二种观点，理由如下：

1. 梁某某主观上并没有主动放弃犯罪，案发后马某某昏迷倒地，对于马某某是否死亡梁某某并不明知，假设梁某某认为马某某已经死亡，而结果是马某某被人救起并未死亡，则梁某某致马某某死亡的主观故意一直存在，因其意志以外的原因而未能得逞，系犯罪未遂；假设梁某某认为马某某还未死亡，但其并未采取有效措施对马某某进行施救，梁某某扔下被其重伤的马某某的行为是放任马某某的死亡，应该说其对马某某的死亡系间接故意，最终马某某被救起未死亡的结果也是其意志以外的原因所致。故梁某某的行为从主观上分析不应认定为犯罪中止。

2. 在客观上，梁某某不具有中止的行为。犯罪中止不仅仅表现在行为人的主观心态上，还体现在客观上需具备中止行为。根据《刑法》第24条第1款规定，中止分为自动放弃犯罪或自动有效地防止犯罪结果发生。自动放弃犯罪一般是指在犯罪行为未实行终了，只要不继续实施就不会发生犯罪结果，行为人主动放弃继续实施犯罪行为；自动有效地防止犯罪结果发生一般是指在行为实施终了，不采取有效措施就会发生犯罪结果时，行为人采取积极措施有效地防止犯罪结果发生。行为人的行为是否实施终了需综合考虑行为人的主观意识及客观实际情况而定，本案中梁某某故意杀害马某某造成其当场昏迷，血流不止，梁某某对此并未供述当时的心理状态，只有一句"好汉做事好汉当"，但对于一般普通人的意识来说此时杀人行为已造成非常紧迫危害马某某生命安全的状态，如果不对马某某进行施救，马某某就可能死亡，此时宜认定梁某某的杀人行为已实施终了，梁某某到公安机关投案并未对马某某施救，没有采取有效措施防止犯罪结果的发生，因此从客观上分析，梁某某的行为也不应认定为犯罪中止。

3. 梁某某的行为属于故意杀人罪未遂。犯罪未遂的重要特征之一为犯罪未得逞，即没有发生行为人所希望或者放任的侵害结果。犯罪未遂与犯罪中止的区别之一为犯罪未得逞状态是不是由于犯罪人意志以外的原因所致。本案中，梁某某已将其认为应当实行的杀人行为实施终了，其对死亡结果主观上持放任的心态，当其到公安机关投案后，马某某被救起系某种其意志以外的因素阻止了侵害结果的发生，故梁某某的行为应认定为故意杀人罪未遂。

（河北省遵化市人民检察院　兰立荣）

互殴时一方因特殊体质死亡的如何定罪处罚

一、基本案情

被告人王某与刘某因经济问题发生纠纷。2018年6月21日23时许,王某与刘某二人在电话中发生争执,后被告人王某驾车来到刘某家门口,双方发生互殴。在互殴的过程中,王某用麦叉将刘某头顶部打伤。刘某受伤后于6月22日0时29分入县医院诊治,凌晨4时进行左额顶骨开放性凹陷骨折清创手术,5时50分手术结束。刘某在术后状态良好,但在上午10时25分,刘某突发心跳、呼吸停止,11时20分经医院抢救无效宣布死亡。经医院专家对刘某死亡原因进行会诊及公安机关对刘某死亡原因进行鉴定,结论为刘某系他人用钝器打击致头部外伤,经手术治疗,诱发心源性猝死[①]。承办人认为王某的殴打行为与刘某的死亡结果之间是否存在直接的因果关系,是判断王某是否构成犯罪、构成何种犯罪的关键。

二、分歧意见

第一种观点认为,被告人王某的行为构成故意伤害(致死)罪。理由是:主观上王某具有伤害刘某的故意,即主观上明知自己的行为会给被害人刘某的身体造成伤害,但放任该危害结果的发生,主观心态为故意。客观上实施了用麦叉击打被害人头部的行为,并且最后导致了被害人刘某死亡,被告人王某的行为与被害人的死亡之间符合刑法意义上多因一果的因果关系条件。被告人王某将被害人刘某头部打伤后,刘某行头部手术后死亡,侵害了被害人刘某的生

---

① 心源性猝死是指急性症状发作后1小时内发生的以意识突然丧失为特征的由心脏原因引起的自然死亡。其特点为死亡急骤、死亡出人意料、自然死亡或非暴力死亡。造成猝死的直接原因是心血管因功能的紊乱或丧失而不能维持大脑的供血从而导致人意识的丧失。

命权,符合故意伤害罪客体要件的要求。王某已经达到刑事责任年龄,且有完全刑事责任能力,符合故意伤害罪主体要件的要求。综上分析,可以认定被告人王某的行为构成故意伤害罪。

第二种观点认为,被告人王某构成过失致人死亡罪。理由是:从主观方面讲,过失致人死亡罪主观心理态度为过失。本案被告人王某应该意识到自己的行为可能给刘某造成伤害甚至死亡,但由于疏忽大意而没有预见,因此主观上存在疏忽大意的过失。从客观方面讲,过失致人死亡罪主要表现为被告人对被害人实施了击打行为,其击打行为客观上造成了被害人死亡的结果,且被害人的死亡与被告人的行为之间有刑法意义上的因果关系。本案中,被告人王某对被害人实施了击打头部的行为导致刘某行左额顶骨开放性凹陷骨折清创手术,手术后诱发了被害人心脏病发作,致使刘某心源性猝死。如果没有王某的殴打行为,则刘某不会做手术,其心脏病就不会发作,也不会发生死亡的严重后果。因此,应当认定被告人王某的殴打行为与被害人的死亡之间有刑法上的因果关系。通过上述分析,可以认定被告人王某的行为构成过失致人死亡罪。

第三种观点认为,被告人王某不构成犯罪,刘某的死亡结果属于意外。理由是:刘某的死亡结果与王某的殴打行为之间不具备直接的因果关系。虽然王某与刘某发生了互殴行为,但王某主观上没有将刘某置于死地的故意,对于刘某有心脏疾病,王某没有预见义务也没有预见能力,刘某在术后突发死亡的结果完全出乎王某的意料。被告人对被害人的死亡主观上既不存在故意,也不存在过失,而是不可预见。如果对王某追责,就相当于只要行为人的行为导致了客观危害结果,不论行为人主观上能否预见危害结果的发生,都将其定责,既不符合我国的法律精神,也会影响判决的公平与正义。另外,从法医的鉴定结论角度进行分析,实际上导致被害人死亡的直接原因是经手术治疗,诱发心源性猝死。被告人王某所实施的行为只是被害人死亡的诱发因素。综上,可以认定被告人王某的行为不构成犯罪。

三、评析意见

笔者认为,被告人王某的行为构成故意伤害(致死)罪。理由如下:

1. 故意伤害罪、过失致人死亡罪、意外事件之间存在区别。故意伤害罪和过失致人死亡罪二者之间最大的不同就在于行为人在实施击打行为时,主观方面是否存在伤害的故意。故意伤害(致死)罪中,行为人实施伤害行为时有想要损伤他人身体健康的意图,所追求的是伤害结果,其对伤害结果的发生是明知或者放任的态度,只是在实施伤害他人身体行为时,最终导致被害人死亡的结果。行为人对被害人具有伤害的故意，不具有杀人的故意时，其对被害人死亡的结果在主观上属于过失，死亡结果是故意伤害的加重结果，最后以故意伤害罪处罚。而过失致人死亡罪中，行为人的行为导致了被害人死亡结果的发生，但是对于这一结果行为人主观上不存在故意，所以两者之间最大的不同就在于主观上的心态不一样。

过失致人死亡罪与意外事件的区别在于被告人对被害人的死亡结果主观上是否可以预见。过失致人死亡罪中被告人对于被害人的死亡结果主观上是可以预见的，被告人具有预见义务和预见能力，危害结果的发生是由于行为人没有履行义务或没有正确履行自身义务而导致的。意外事件危害结果的发生则不是因为行为人没有履行注意义务或者没有正确履行注意义务所导致，而是该结果的发生是由于不可预见的原因导致，对于这一原因行为人没有预见义务或虽有预见义务，但没有预见能力。

本案中王某作为完全民事行为能力人，明知道自己用麦叉击打刘某头部的行为会造成他人身体的损害甚至可能致人死亡，却依然选择实施行为，且没有采取措施防止犯罪结果的发生，因此，其主观上存在故意。

2. 从因果关系方面分析，被告人王某的打击行为与刘某死亡的结果之间在客观上存在刑法意义上的因果关系。刘某死亡结果的出现并不是基于王某的击打行为一定会出现的结果，而是在其进行完手术后偶然地介入了被害人的特殊体质（心脏患有疾病）这一因素，该因素的介入导致被害人刘某死亡结果的出现。被害人的特殊体质是在被害人实施行为之前就已经存在的事实，不属于人的行为，也不属于故意行为或是过失行为。实施的行为是导致被害人死亡的诱因，被害人的死亡主要是由于自身潜在的心脏病发作而导致的。在这种情况下，虽然被害人刘某死亡的主要原因是特殊体质，但是特殊体质并不能独立地发生作用致人死亡，它是在被告人的击打行为的诱发下才发生作用的，如果没有被告人的行为，被害人的特殊体质也不会被刺激发作，因此，被害人的特殊体质不能被认为是独立的原因，不会导致被告人的行为与被害人的死亡之间的因果联系中断。如果没有被告人王某的殴打行为，就不会出现刘某死亡的结果。虽然被告人的行为没有直接造成刘某的死亡，但其行为导致了刘某的手术，手术后又诱发了刘某的特殊体质（心脏疾病）的发作，导致了刘某的死亡。因此，两者之间具有刑法上的因果关系。

3. 综合考虑案件的社会效果和法律效果。处理案件时，应将本该考虑的偶然因素考虑在内。如果只考虑必然因素，只认为被害人刘某的死亡是由手术后心脏疾病发作造成的，未考虑到行为人王某主观心态是故意，未考虑前提是行为人殴打刘某这一偶然因素，无疑会影响结论的公平与正义。

（河北省唐山市玉田县人民检察院　郭莉斯）

不法侵害短暂存在后即消失情形下行为人可否实施正当防卫

一、基本案情

2019年2月4日（2月5日春节）下午，周某某、崔某某夫妻二人到遵化市某小区姜某某家中串亲戚，看望姜某某父母，当日15时许，姜某某送周某某、崔某某下楼。李某某中午在该小区父母家中吃完饭喝酒，并先于姜某某、周某某、崔某某到达该小区门口，在该小区门口李某某先后问了几辆轿车想乘坐均被拒绝。此时，姜某某站在该小区门口，目送周某某、崔某某二人驾驶私家车离开。李某某见周某某驾驶的私家车欲离开，以为是出租车，遂上前紧跑几步想乘坐该车。周某某以为李某某与姜某某认识想搭车便将车停住，姜某某以为周某某认识李某某，于是也来到周某某私家车副驾驶位置，经过询问，姜某某、周某某和崔某某三人均不认识李某某，随后李某某因欲乘坐周某某的私家车而与姜某某发生口角、纠缠并揪住姜某某衣领来回推搡，周某某与崔某某下车进行劝解。视频监控中显示李某某挥右拳殴打姜某某，姜某某反击，姜某某、李某某、周某某三人同时倒地，后姜某某、周某某二人起身，视频中可见姜某某身体有上下起伏的动作，周某某在一旁站立，随后李某某起身，姜某某有继续飞踹的动作，此后，李某某有向前冲向姜某某的动作趋势，被姜某某喝住。后李某某欲拦住姜某某等人，但姜某某等人乘车离开。李某某报警，警方提取现场监控视频。经法医鉴定，李某某左肱骨近端粉碎性骨折，属轻伤一级；面部、胸腹部有软组织损伤，属轻微伤。

二、分歧意见

一种观点认为，姜某某的行为是正当防卫，不应负刑事责任。理由是，李某某有过错在先，且主动对姜某某进行殴打，实施伤害行为，姜某某是为了制止李某某对自己实施的不法侵害，其行为符合正当防卫的规定和要求，同时也为了惩罚和打击不法侵害的发生，故姜某某的行为应当认定为正当防卫。

另一种观点认为，姜某某的行为构成故意伤害，应当依法追究其刑事责任。

三、评析意见

2018年12月19日，最高人民检察院发布了第十二批指导性案例，分别是陈某某正当防卫案（检例第45号）、朱凤山故意伤害案（检例第46号）、于海明正当防卫案（检例第47号）、侯秋雨正当防卫案（检例第48号），该指导性案例专门阐述了正当防卫的界限和把握标准，进一步明确对正当防卫权的保护，积极解决正当防卫适用中存在的突出问题，为检察机关办案提供了参考。

通过该批指导性案例可以得出，认定为正当防卫的案件具有以下三个基本特点：一是造成的后果比较严重，均为重伤、死亡的后果，该结论也符合当前理论界对于正当防卫造成"严重后果"的一致观点；二是正当防卫实施者处于明显劣势，被防卫一方或者人数众多，或者持械；三是不法侵害或者不法侵害的危险持续存在，整个过程连贯，中间没有间断。

笔者认为姜某某行为构成故意伤害，理由是：

第一，被害人李某某的伤情是被告人姜某某直接造成，姜某某行为具有报复泄愤的直接故意。

姜某某承认自己在倒地起身后踹了李某某，周某某也印证了姜某某的供述，该情节与案发现场监控录像能够印证，在李某某起身后，姜某某仍有两脚飞踹的动作，监控录像客观地记录了整个案发过程。

案发当日是春节的前一天，姜某某也是在高高兴兴的送看望父母的亲戚途中，遭遇李某某的无端干扰和辱骂，并被揪住衣服，李某某的行为不仅破坏了姜某某的心情，更是让其在亲戚面前很没面子，故姜某某的殴打行为符合一般人的行为特点，也符合通常的经验法则，即因生气而产生泄愤、报复的心理。故姜某某的连续殴打（脚踹）行为反映的是实施伤害的故意，其行为已经超出了正当防卫的主观意识因素范畴，即不是为了制止不法侵害的发生，而是"你打我，我就要打回去"。同时，在李某某倒地其行为不法侵害性消失后，姜某某仍旧实施连续殴打行为，更是体现其伤害的主观故意。

第二，被告人姜某某的行为不构成正当防卫。《刑法》第20条明确规定的正当防卫，该规定第3款是针对行凶、杀人、抢劫、强奸等可以进行特殊防卫也即无限防卫的情形；第2款是造成重大损害，防卫过当不负刑事责任的规定。根据指导性案例及目前比较一致的观点，均认为防卫过当造成重大损害的标准应该是致人重伤或者死亡。综上，本案中李某某与姜某某仅是徒手揪扯及拳打脚踢的厮打行为，导致的后果是李某某轻伤一级，故本案既不属于特殊防卫或者无限防卫的情形，也不属于防卫过当的情形。

同时，从法益衡量的角度来说，只要防卫人造成的损害没有明显超过不法侵害者可能造成的侵害，就不可能属于防卫过当。

（1）李某某的不法侵害短暂存在后就已经消失。关于正当防卫有诸多条件，首要条件即是不法侵害正在发生。其一，本案的监控录像显示，李某某先有揪住姜某某衣服来回推搡，后又有挥拳击打姜某某的行为动作。通常认为，揪住衣服推搡、纠缠不属于刑法意义上的不法侵害正在发生，因为这些威胁动作并不必然会发展成为侵害行为，之后多数会被旁人劝开；而周某某证实其此时在劝解姜某某和李某某，应认定事实上不法侵害尚未发生。其二，李某某之后有挥拳击打的动作，姜某某随即还击，随后李某某、姜某某、周某某倒地，此后姜某某和周某某起身，周某某在一边站立，姜某某的身体有上下起伏的动作。此时，李某某虽然有不法侵害行为，但时间极其短暂，随后其倒在地上，案发当时和事后均证明其没有随身携带凶器，李某某作为一个普通人，其行为的危险性和攻击性在倒地后已经丧失，故李某某的不法侵害在短暂存在后即消失。

（2）姜某某的行为超过必要限度。在整个过程中，姜某某除了用手击打李某某外，还连续地用脚踹李某某。首先，人体的下肢力量要远大于上肢，从殴打手段上来讲要强于李某某；其次，从击打的强度来说，视频只显示李某某有一个挥拳动作，姜某某除了有用手还击的动作外，还有连续用脚踹的行为；再次，从击打的时间上看，李某某已经倒地，姜某某仍在用脚踹；最后，结合当时现场看，李某某是一个人，姜某某和周某某一方是两个人，且周某某一直在把住李某某的胳膊让其放手，制止李某某实施侵害行为，姜某某当时所处的形势并不是明显的劣势。另外，李某某是酒后，录像中显示其脚跟站立不稳，可以判断其人身攻击性较弱，并且从姜某某和李某某的年龄、身高等个人状况来看，李某某的攻击能力正常情况下明显弱于年轻且身高较高的姜某某。综上，姜某某的行为明显超出必要限度。

本案中，姜某某的行为不宜认定为正当防卫。本案的起因是因为李某某酒后拦车，双方发生口角后揪住姜某某的衣服来回推搡，最终直接激化并引发该案。首先，李某某在本案中确实具有一定过错。被害人有过错，可以减轻被告人的刑事责任，是量刑时的情节考量因素，但不能否定行为的故意伤害性质，也不能因为被害人有过错就认为是正当防卫而不负刑事责任，善良、朴素的正义感和价值观值得尊重，但是更需要遵从法律的约束。如果正当防卫的认定过宽，大量的轻伤害案件被认定为正当防卫，也必将会导致以正当防卫为借口大量的伤害案件发生，其中将不乏防卫引诱、防卫挑唆等技术性规避法律的伤害行为，这将不利于全社会的和谐稳定和秩序安定。同时被害人的利益也是利益，其合法利益也是法律保护的范畴，同样应得到法律的保护。

因此，姜某某的行为不构成正当防卫，依法应当以故意伤害追究刑事责任。

（河北省遵化市人民检察院　杨海龙）

行为人处于现实、紧迫但不严重的危险下可否实施特殊防卫

一、基本案情

2020年2月19日16时许,肖某某因感情纠纷与陶某某(肖某某前妻)在卧室内发生口角,后陶某某去客厅取来一把剪刀,手持剪刀扎向正躺在卧室床上的肖某某,肖某某见状用手一挡,剪刀扎在其额头部位(后经鉴定为轻微伤),随后肖某某翻身从床上起来,陶某某又拿剪刀朝其胸部扎去,肖某某随手拿起床上的被子挡过去,接着陶某某第三次持剪刀冲肖某某扎来,肖某某攥住陶某某双手并对陶某某进行劝说,待陶某某情绪稳定后将剪刀抢过来扔到地上。肖某某用湿巾擦拭额头上的血,肖某某将地上的剪刀捡起来放到床上,并将肖某某用过的湿巾收拾进垃圾桶内。后二人坐在床上又聊起二人的感情问题,并再次发生争吵,陶某某站起身再次持剪刀朝肖某某胸口部位扎过去,并声称要杀死肖某某全家,然后自杀,肖某某抢过剪刀扔在地上,并将其压在床边上,从其身后用自己的右胳膊勒住其脖子,并用左手攥住自己的右手腕,持续三四分钟后松开,致陶某某当场死亡。经鉴定,陶某某符合被他人以钝性物体扼压颈部导致机械性窒息死亡。

二、分歧意见

在审查本案时,对肖某某的行为定性存在以下三种意见:

第一种意见认为,肖某某的行为属于正当防卫,且系特殊防卫(又称无限防卫)。我国《刑法》第20条第3款规定,对正在进行行凶、杀人、抢劫、强奸、绑架以及其他严重危及人身安全的暴力犯罪,采取防卫行为,造成不法侵害人伤亡的,不属于防卫过当,不负刑事责任。本案中,陶某某手持剪刀前后四次扎向肖某某并造成其轻微伤的危害后果,属严重侵害他人人身安全的行凶行为,故肖某某用胳膊将其勒死的行为是被迫进行防卫,其在防卫时间、防卫对象上均符合法律规定,属于正当防卫,不负刑事责任。

第二种意见认为,肖某某的行为属于防卫过当。根据我国《刑法》第20条第2款的规定,正当防卫明显超过必要限度造成重大损害的,应当负刑事责任,刑法理论上将此种情况称为防卫过当。根据刑法的规定,认定防卫过当的标准在于防卫行为是否超过"必要限度"。本案中,肖某某的行为具备正当防卫的前提条件,但在其将陶某某手中的剪刀夺下后危险程度已明显降低,肖某某作为一名成年人,能够认知其采取用胳膊勒脖子的防卫手段、强度,已经远远超过足以制止不法侵害人所实施的侵害行为的手段和强度,其行为造成了不法侵害人死亡的严重后果。综上,足以认定肖某某的防卫行为符合明显超过必要限度造成重大损害,属于防卫过当,应以故意杀人罪追究刑事责任,但是应当减轻处罚。

第三种意见认为,肖某某的行为不具有防卫性质,构成故意杀人罪。

三、评析意见

笔者同意第三种意见,具体理由如下:

正当防卫是法律赋予公民同违法犯罪行为作斗争的一种重要权利和手段,目的是及时制止不法侵害行为,保护公民合法权益。这种权利和手段必须正确行使,才能达到防卫的目的,如果行使不当,反而会危害社会,转化为犯罪。所以,法律规定正当防卫必须同时具备一定条件。根据《刑法》第20条规定,正当防卫必须同时具备以下五个条件:一是必须有危害社会的不法侵害行为发生;二是必须是正在进行的不法侵害;三是必须是为了保护国家、公共利益、本人或者他人的人身财产和其他权利免受不法侵害;四是防卫行为必须是对不法侵害者本人实行;五是防卫行为不能明显超过必要限度造成重大损害。

根据刑法的规定,正当防卫是为了合法权益免受侵害,在紧急情况下制止不法侵害,赋予公民实施自力救济以便保护合法权益的一项措施。首先,"存在不法侵害"是正当防卫成立的前提条件,但只有这种不法侵害具有紧迫性时,才允许对其实行防卫。一般而言,正当防卫中的不法侵害,主要是指那些侵害性质严重、侵害程度强烈、危险性较大的,具有积极进攻性的侵害行为。对于一般性的危害不大、程度轻微的不法侵害行为,如邻居之间的一般纠纷、夫妻感情问题引发的矛盾,不应用正当防卫的方法来解决,而应用调解等方法来解决。本案中,陶某某系肖某某前妻,因感情问题二人发生口角后,陶某某持剪刀前后四次捅扎肖某某,除第一次肖某某因躺在床上未躲开,后均被其躲开并将陶某某手中剪刀夺下,造成的损害也仅仅是肖某某轻微伤的危害后果。可见,陶某某所实施的侵害行为的暴力性、破坏性、危险性均未达到上述侵害程度。肖某某在此情况下,采取勒脖子的方式系其在不具备防卫起因的情况下实施的故意杀人行为。其次,根据刑法的规定,只有当存在现实的不法侵害且不法侵害正在进行时,针对不法侵害人本人进行防卫,方能成立正当防卫。也就是说,正当防卫必须适时进行,即必须在不法侵害行为已经开始实施,而又尚未结束之前进行。事先防卫和事后防卫均属于刑法理论上的"不适时的防卫"。本案中,肖某某勒死陶某某的行为系发生在将陶某某手中的剪刀抢下扔地上并且已经将其按压在床上后,陶某某此时明显已经丧失继续侵害的能力,在侵害危险已经过去的情况下,当然也就不存在制止不法侵害的现实。故肖某某的行为针对的并非"正在进行的不法侵害",属事后防卫,不应当认定为正当防卫。

《刑法》第20条第3款规定的特殊正当防卫制度,是对防卫正在进行行凶、杀人、抢劫、强奸以及其他严重危及人身安全的暴力犯罪的行为规定的无过当防卫条款,刑法之所以作出这样的规定,是因为此类暴力犯罪侵害强度极大,对人身安全的危害极严重,而且具有高度紧迫性和危险性,防卫人往往采取可能导致不法侵害人重大伤亡后果的手段,才足以制止不法侵害。特殊防卫权是法律在某种情况下赋予公民的一种特殊的防卫权,不存在防卫过当的问题,因而必须严格掌握,以防滥用。对因民间矛盾引发、不法与合法对立不明显以及夹杂泄愤报复成分的案件,在认定特殊防卫时应当十分慎重。特殊防卫具有以下特点:首先,不法侵害行为是针对人身安全的,即危害公民的生命权、健康权、自由权和性权利,而不是人身之外的财产权利、民主权利等其他合法权益,对其他合法权益的不法侵害行为采取防卫行为的,适用一般防卫的规定。其次,针对人身安全的不法侵害行为具有暴力性,属于犯罪行为,且这种不法侵害行为应当达到一定严重程度。必须是严重危及人身安全,即这种危害有可能造成人身严重伤害,甚至危及生命。对一些充其量只能造成轻伤害的轻微暴力侵害,则不能适用特殊防卫。

具体到本案,肖某某与陶某某系因感情问题引发的矛盾,陶某某持剪刀前后四次捅扎肖某某,并造成肖某某轻微伤的危害后果。客观地分析,肖某某的人身安全实际上是处于现实的、紧迫的但不严重的危险之下,陶某某的行为不属于《刑法》第20条第3款规定的严重危及人身安全的暴力犯罪,故肖某某的行为不适用上述条款的规定,不属于特殊防卫。

综上,肖某某作为一个具有完全刑事责任能力的成年人,在已经控制陶某某的情况下,明知自己的行为会造成陶某某死亡的危害后果,仍采取了持续勒住其脖颈三四分钟的过激手段,并最终导致了陶某某因机械性窒息死亡,肖某某的行为已经构成了故意杀人罪。

(河北省唐山市丰南区人民检察院 梁荣芬)

群众全程监视下完成的盗窃系既遂还是未遂

一、基本案情

2019年8月12日12时许,石某围绕孙某停放在院门口的电动自行车(钥匙拔下但未上锁)转悠时被孙某的4名邻居发现,因村里前几天丢失电动车时石某曾步行出现在村内且后骑电动车离开,该4人怀疑电动车系被石某偷走,故一直注意石某的动向。当发现石某将孙某停放在院门口的电动车推走时,4人立即跟上并电话通知孙某,在石某将电动车推出100米装上接应的面包车时将其抓获。经鉴定被盗电动自行车价值人民币1185元。

二、分歧意见

石某的行为涉嫌盗窃罪,但系犯罪既遂还是犯罪未遂存在分歧意见。

第一种意见认为,石某的行为系盗窃既遂。因为石某主观上有盗窃他人财物的故意,客观上实施了盗窃行为且盗窃行为已经实施完毕,并实现了盗窃罪的犯罪结果,即已经实际占有了所盗财物,符合盗窃罪的构成要件。虽然在群众的监视之下,但是财物所有人孙某已失去了对财物的实际控制,石某实际取得了对财物的控制(已经将电动车推离),因此应当认定为既遂。

第二种意见认为,石某的行为系盗窃未遂(即刑法理论中的不能犯未遂)。理由是:石某的盗窃行为从一开始就置于群众的监视下,石某并没有真正控制被盗财物,即犯罪没有得逞。从表面看,石某自认为秘密地将盗窃财物转移,但是其行为从一开始就在群众的监视之下,其不具备实际控制财物的可能性,不可能真正控制被盗财物,虽然石某已实施了其认为犯罪意图所必要的全部行为,但由于意志以外原因,未达到其预期的犯罪后果,属于实行终了的未遂。

三、评析意见

笔者同意第二种观点，理由如下：

盗窃罪，是指以非法占有为目的，秘密窃取公私财物，数额较大，或者多次盗窃、入户盗窃、携带凶器盗窃、扒窃的行为。关于盗窃罪的既遂标准，理论上有接触说、转移说、隐匿说、失控说、控制说、失控加控制说。笔者认为，只要行为人取得（控制）了财物，就是盗窃既遂。但是不能将取得理解为行为人转移了财物的场所，更不能将取得理解为行为人藏匿了财物，而应理解为行为人事实上占有了财物（建立了新的支配关系）。在间接正犯的场合，如果被利用者控制了财物，均应认定行为人取得了财物。值得注意的是，在认定盗窃罪的既遂与未遂时，必须根据财物的性质、形状、体积大小、被害人对财物的占有状态、行为人的窃取样态进行判断。

盗窃罪属于结果犯，不仅要求实施了刑法分则规定的犯罪行为，还要求发生了法定的危害结果，危害结果的发生是盗窃罪客观方面的必备要件，可以说危害结果是认定盗窃既遂的标志。根据我国刑法分则规定，盗窃罪侵犯的对象是财物，侵犯的客体是公私财物的所有权。因此，盗窃罪的危害结果就应当是对财物所有权人的损害，只有在所有权人失去对财物的实际控制的情况下，盗窃罪的危害结果才算发生。本案中，并未产生成立盗窃罪既遂所要求的、他人的财产权利被侵犯的实害结果。

第一，石某的盗窃行为一直在群众的监视之下，充其量可以说财物（电动自行车）的占有状态暂时从所有权人转移到石某手中，但所有权人可以随时恢复对财物的占有。从这个意义上讲，他人对财物的所有权及其他本权并没有被剥夺，刑法所保护的法益并未受到侵害，盗窃罪的危害结果并未发生，属于《刑法》第23条第1项规定的，已经着手实行犯罪，由于犯罪分子以外的原因而未得逞的为犯罪未遂。

第二，盗窃具有交通工具功能的电动自行车，一般情况下只要行为人使电动自行车可以乘用，即是既遂。本案中，犯罪嫌疑人石某盗窃电动自行车后，并未驾驶而是将电动自行车推至面包车停放地点，被盗电动车虽移动但并未发挥其功能，石某并没有取得对财物事实上的支配和控制地位。

综上，石某实施的盗窃行为因自始至终处于群众的监视下，没有完全排除他人在同一时空对被盗财物的实际控制，未取得对财物确定的支配或处分权能，不可能既遂。所以，石某的行为系犯罪未遂。

（河北省唐山市曹妃甸区人民检察院　张娜）

违法所得数额无法确定时如何确定非法经营罚金额

一、基本案情

2019年3月至5月，犯罪嫌疑人张某违反国家烟草专卖管理法律法规，未经烟草专卖行政主管部门许可，在无烟草专卖零售许可证等经营手续的情况下，在自家商店内非法销售卷烟。2019年5月，唐山市某区烟草专卖局在其商店内共计查获卷烟88个品种、473条，经省烟草质量监督检测站检验，上述卷烟均为真品卷烟和境外卷烟。经某区烟草专卖局核价，犯罪嫌疑人张某共计涉案价值61495.81元。

二、分歧意见

本案中，对犯罪嫌疑人张某行为的定性并无争议，但本案的违法所得数额无法确定，存在财产刑即罚金数额难以确定的问题。根据《刑法》第225条关于非法经营罪的规定，张某的行为属于情节严重，应处五年以下有期徒刑或者拘役，并处或者单处违法所得一倍以上五倍以下罚金的情形。但在张某处查获的卷烟并未销售，违法所得数额无法确定，在目前无其他明确具体规定及相关解释的情况下，对张某行为判处罚金数额的确定主要存在以下几种观点：

第一种观点认为，在非法经营类案件中应当将非法经营的数额认定为违法所得数额，此观点认为应从一个整体性的角度评价非法经营行为，而不能孤立评价，不能区分盈利或者不盈利，否则当出现由于行为人非法经营不善而没有非法获利的甚至是赔本这种情况时无法判处罚金刑。

第二种观点认为，违法所得数额应是非法经营获利的数额，在遇到违法所得数额无法确定时，可以非法经营的预期获利来决定罚金数额。主要理由是，以非法经营获利数额作为违法所得数额来判处罚金符合罪责与刑罚相一致的原则,若将非法经营数额作为违法所得数额将导致罚金刑数额过大,这可能会导致量刑过重,给被告人带来了过大的经济压力,不利于刑法特殊预防目的实现。

第三种观点认为,违法所得数额就是非法经营获利的数额,在遇到无法确定获利或因行为人经营不善亏损等情形时,可依照行为人犯罪情节来确定罚金刑。

三、评析意见

根据《刑法》第 225 条规定,违反国家规定,有下列非法经营行为之一,扰乱市场秩序,情节严重的,处五年以下有期徒刑或者拘役,并处或者单处违法所得一倍以上五倍以下罚金;情节特别严重的,处五年以上有期徒刑,并处违法所得一倍以上五倍以下罚金或者没收财产。该规定包含以下内容:一是对于非法经营情节严重构成犯罪的,必须判处罚金,可以并处也可以单处,具体应根据情节严重程度区分,第一量刑档次规定必须判处罚金刑,但可以选择并罚还是单罚;第二量刑档次规定可以选择性判处罚金刑,即罚金和没收财产二选一。二是判处罚金应以行为人违法所得数额为计算基准,在两个量刑档次中均如此。三是在情节特别严重的情况下,且被告人没有违法所得或查不清违法所得的情况下,可以选择判处没收财产。但这种情况只存在于"情节特别严重",对于"情节严重"的,则还是以当事人的违法所得数额为罚金刑的计算依据。

本案即为"情节严重"情形,笔者认为,在相关法律及司法解释对相关问题未予以明确的情况下,采用第三种观点来量刑较为合理。首先,刑法上产生违法所得的犯罪具体可以分为取得利益型犯罪(如盗抢、贪贿等)及经营利益型犯罪(如生产、销售伪劣产品罪,侵犯著作权罪,非法经营罪等)。由于两类犯罪中的违法所得产生的方式不同,因而在计算数额时也应有所区分。前者其所取得的非法财产本身就是违法所得,或者说违法所得就是赃款、赃物或者销售赃物的收入,此时违法所得的数额与犯罪数额一般具有一致性。后者一般则以进行相应的扣除为宜,违法所得实际上就是获利数额。另外,结合最高人民法院《关于非法经营罪中"违法所得"认定问题的研究意见》的规定,非法经营罪中的"违法所得",应指获利数额,即以行为人违法生产、销售商品或者提供服务所获得的全部收入(即非法经营数额),扣除其直接用于经营活动的合理支出部分后剩余的数额。所以本案中,张某的违法所得数额应为扣除合理支出后的获利数额，因本案查扣卷烟并未出售，所以违法所得数额亦无法确定。其次，在对犯罪行为进行评价和判处刑罚时，应当先适用刑法分则的规定，如适用刑法分则无法进行判处，再适用刑法总则的规定。刑法总则第52条规定，应当根据犯罪情节决定罚金数额。另外，根据最高人民法院《关于适用财产刑若干问题的规定》（以下简称《规定》）第1条"刑法规定'并处'没收财产或者罚金的犯罪，人民法院在对犯罪分子判处主刑的同时，必须依法判处相应的财产刑"之规定，本案属于在判处刑罚时必须判处罚金刑的案件。《规定》第2条第1款规定："人民法院应当根据犯罪情节，如违法所得数额、造成损失的大小等，并综合考虑犯罪分子缴纳罚金的能力，依法判处罚金。刑法没有明确规定罚金数额标准的，罚金的最低数额不能少于一千元。"因此，在本案违法所得数额无法确定的情况下，依据犯罪情节，并综合考虑行为人的缴纳能力来确定罚金数额更为适宜。

（河北省唐山市曹妃甸区人民检察院　李英英）

冒充国家工作人员骗取他人信任进而取得钱款的行为构成何罪

一、基本案情

2018年王某在微信群中与自称是遵化市公安局刑警大队工作人员的吴某相识，并成为微信好友。2018年10月至2019年2月期间，吴某以自己是遵化市公安局刑警大队副大队长，能为王某女儿冯某找工作为名，多次骗取王某钱物共计2万余元，所骗钱款被吴某用于日常消费。2019年7月，吴某与杨某通过微信相识，吴某自称"张建宇"，是名警察，已离异，骗取杨某的信任。后二人确定恋爱关系，随后吴某编造自己儿子上大学、其父生病住院等理由，多次向杨某骗取财物共计2万余元，所骗钱款被吴某用于日常消费。

二、分歧意见

在案件审查过程中，对于犯罪嫌疑人吴某的行为定性产生了分歧意见。

一种意见认为，吴某的行为构成诈骗罪。诈骗罪，是指以非法占有为目的，用虚构事实或者隐瞒真相的方法，骗取数额较大的公私财物的行为。本罪的客观要件表现为使用欺诈方法骗取数额较大的公私财物。行为人实施了欺诈行为，欺诈行为从形式上说包括两类：一是虚构事实；二是隐瞒真相。从实质上说，就是使被害人陷入错误认识的行为。欺诈行为的内容是，在具体状况下，使被害人产生错误认识，并作出行为人所希望的财产处分，因此，不管是虚构、隐瞒过去的事实，还是现在的事实与将来的事实，只要具有上述内容的，就是一种欺诈行为。本案中，犯罪嫌疑人吴某冒充警察身份，虚构了自己是警察的事实骗取王某、杨某的信任，使得王某、杨某因此产生错误的认识，并作出了吴某所希望的给予其钱物的行为，吴某的行为构成诈骗罪。

另一种意见认为，吴某的行为构成招摇撞骗罪。招摇撞骗罪，是指为谋取非法利益，假冒国家机关工作人员的身份或职称，进行招摇撞骗，损害国家机关的威信和正常活动的行为。本案中，犯罪嫌疑人吴某在微信群中向不特定多数人宣称自己的警察身份，在与被害人王某、杨某相识后取得她们的信任，骗取王某、杨某钱物用于自己的日常消费。由于吴某采用冒充警察身份的手段致使被害人王某、杨某以为骗取她们财物的就是国家警察所为，因而直接破坏了国家机关的威信及正常的活动，这种行为有着特殊、实质的危害。因此，吴某构成招摇撞骗罪。

三、评析意见

笔者同意第二种意见，认为吴某的行为构成招摇撞骗罪。

诈骗罪和招摇撞骗罪这两种犯罪都表现为欺骗行为，而且招摇撞骗罪也可以如诈骗罪那样骗取财物，因而容易混淆。两罪的区别，主要表现在：

1. 侵害的客体不同。招摇撞骗罪侵犯的客体主要是国家机关的威信及其正常活动；而诈骗罪侵犯的客体仅限于公私财产权利。

2. 行为手段不同。招摇撞骗罪的手段只限于冒充国家机关工作人员的身份或职称进行诈骗；诈骗罪的手段并无此限制，可以利用任何虚构事实、隐瞒真相的手段和方式进行。

3. 犯罪的主观目的不同。诈骗罪的犯罪目的，是希望非法占有公私财物；而招摇撞骗罪的犯罪目的，是追求非法利益，其内容较诈骗罪的目的广泛一些，它可以包括非法占有公私财物，也可以包括其他非法利益。

4. 构成犯罪有无数额的限制不同。只有诈骗数额较大以上公私财物的，才可构成诈骗罪；而法律对冒充国家机关工作人员招摇撞骗罪的构成并无数额较大的要求，这是因为，该罪未必一定表现为诈骗财物，而有可能是骗取其他非法利益，其社会危害性首先和集中地表现为由特定的犯罪手段所决定的对国家机关的威信和正常活动的破坏。

通过分析招摇撞骗罪与诈骗罪的区别，笔者认为，本案的犯罪嫌疑人吴某冒充警察身份骗取财物的行为，同时触犯两个罪名，这种情况下涉及想象竞合犯的问题，处理想象竞合犯的案件应当按照从一重罪处断的原则。

结合招摇撞骗罪与诈骗罪的法定刑及两种犯罪的实际情况，一般认为，应区分骗取财物属于数额是否巨大等情况，并贯彻从重处断的原则：（1）在骗取财物未达数额巨大的情况下，诈骗罪在犯罪构成上有数额较大的条件限制，法定最高刑是三年以下有期徒刑；而招摇撞骗罪在构成上无数额较大的限制，其法定最高刑是十年有期徒刑。显而易见，后者重于前者，因此这时应以招摇撞骗罪论处。(2) 在骗取财物数额巨大或者其他严重情节的情况下，招摇撞骗罪最重的量刑幅度只有三年以上十年以下有期徒刑，而诈骗罪则是五年以上十年以下有期徒刑；如果是数额特别巨大或者有其他特别严重情节的，最高可达无期徒刑，显然诈骗罪重于招摇撞骗罪。因此，在冒充国家机关工作人员骗取财物数额巨大的情况下，这种犯罪行为已不再能为招摇撞骗罪所包括，而应适用想象竞合从一重罪处断的原则，以诈骗罪定罪量刑。

《刑法》第266条规定，诈骗公私财物，数额较大的，处三年以下有期徒刑、拘役或者管制，并处或者单处罚金；数额巨大或者其他严重情节的，处三年以上十年以下有期徒刑，并处罚金；数额特别巨大或者有其他特别严重情节的，处十年以上有期徒刑或者无期徒刑，并处罚金或者没收财产。本法另有规定的，依照规定。依照河北省高级人民法院《关于常见犯罪的量刑指导意见》实施细则规定，诈骗公私财物，达到"数额较大"起点7000元的，可以在三个月拘役至一年有期徒刑幅度内确定量刑起点；诈骗公私财物，犯罪数额达到"数额巨大"起点7万元的，可以在三年至四年有期徒刑幅度内确定量刑起点。因犯罪嫌疑人吴某诈骗数额为4万余元，其犯罪数额未达到"数额巨大"的起点。根据处理想象竞合犯的案件应当按照从一重罪处断的原则，在骗取财物未达到数额巨大的情况下，招摇撞骗罪重于诈骗罪，这时犯罪嫌疑人吴某的行为应以招摇撞骗罪论处。

综上所述，招摇撞骗罪与诈骗罪之间成立想象竞合关系时，具体分析案件的情况从一重罪处断，本案中犯罪嫌疑人吴某涉嫌招摇撞骗罪。

(河北省遵化市人民检察院　王宏旭)

滥伐林木案中的刑事责任主体如何认定

一、基本案情

案例一：2018年1月底，苗某欲将自己承包的一生态园区土地上柳树砍伐，其找到王某，委托王某雇佣工人砍伐并将林木出售。王某等人用时十余天，将苗某所划定范围内的柳树砍伐，其间苗某一直未出示砍伐证，王某也未进行索要。后王某将林木售出，扣除工钱、车钱等成本后将余款交给苗某。案发后，经林业局工作人员现场勘测，测得伐根1595棵，根据《河北省一元立木地径材积表》，折合蓄积量为46.1839立方米。

案例二：2018年10月，董某欲将自己位于本村村西的杨树砍伐，其找到裴某，商定好价钱，将树木出售。第二日，裴某即带领工人前来砍伐并将树款交给了董某。同日，村民周某看到裴某在伐树，表示将自己位于本村村西地里的树木也卖给他，裴某支付了树款。几日后裴某打电话给周某，称其前来伐树，周某同意。裴某均未向二树主索要产权证明，也未办理砍伐证。案发后，经林业局工作人员现场勘测，董某位于村西的杨树现场实际测得伐根383棵，周某位于村西的杨树现场实际测得伐根188棵，合计571棵。根据《河北省一元立木地径材积表》，折合蓄积量分别为33.234立方米、15.502立方米，合计48.736立方米。

案例三：2017年5月，李某欲将自己位于本村村北的杨树砍伐，经人介绍，檀某与郑某二人到现场看树，并商定好价格，李某将树权证明交付给二人，商定砍伐证由买树人办理，且树款在树木售出后支付。2017年6月4日，檀某雇佣油锯工，郑某雇佣其他小工在尚未取得砍伐证的情况下，将上述杨树砍伐。售出后，二人将所得利润平分。现场实际测得伐根136棵，依据《河北省一元立木地径材积表》，折合蓄积量27.5206立方米。

二、分歧意见

此类案件的主要分歧意见在于对犯罪主体和共同犯罪的认定。

第一种意见认为，确定滥伐林木罪的犯罪主体，以是否将林木转卖为准，即树主将树卖出则不再承担办理砍伐证的义务，买主将未经林业部门批准的树木砍伐，则要承担相应行政或刑事责任，且雇佣关系的人员不应作为违法犯罪的主体。如案例一，本案的犯罪嫌疑人即应当为苗某一人，而王某系受苗某委托，且本人只赚取工钱不赚取销售林木的利润，不应当追究其刑事责任。同理，案例二中，因为两位树主董某和周某已经将林木转卖，则办理砍伐证的责任应当由买主裴某一人承担，二树主不应当认定为共同犯罪。案例三亦同理，只追究买主的刑事责任，而对于已经转让了树木的原树主不再追究刑事责任。

第二种意见认为，按照刑法理论，所有与林木被滥伐这一结果的产生有直接关系的行为都应认定为犯罪，且主观故意上应为放任，即对结果的产生应当知晓，但放任其发生。犯罪的主体上既包括卖树方也包括买树方，同时也包括对树木被滥伐有直接行为的锯木工人、搬运工人和运输人员。因此，对上述案例应做如下处理：案例一中树主苗某、被委托人王某，案例二中二树主和买树方裴某都应当以滥伐林木罪追究刑事责任，且还应当继续对案件中涉及的工人等进行立案调查，予以追诉。但是案例三中，因树主李某已经与买家二人约定了由买家办理砍伐证，且已经提供了自己的产权证明，尽到了足够注意的义务，可以排除其刑事责任。

第三种意见则认为，对于此类案件，对于共犯的认定应当牢牢把握宽严相济刑事司法政策的核心——区别对待。即应当综合考虑犯罪的社会危害性（包括犯罪侵害的客体、情节、手段、后果等）、犯罪人的主观恶性（包括犯罪时的主观方面、犯罪后的态度、平时表现等）以及案件的社会影响，秉承实事求是的原则，从行为与后果的因果关系，具体情况具体分析。对于上述三案例的办理意见是，在主犯的追责上与第二种意见一致，但依据宽严相济刑事政策，认为不应当对其他当事人追究刑事责任。

三、评析意见

笔者持第三种意见，主要理由是：

1. 依据刑法共同犯罪理论及我国刑法对共同犯罪的规定，"共同犯罪是指二人以上共同故意犯罪。二人以上共同过失犯罪，不以共同犯罪论处；应当负刑事责任的，按照他们所犯的罪分别处罚"。同时规定，"在共同犯罪中起次要或者辅助作用的,是从犯。对于从犯,应当从轻、减轻处罚或者免除处罚"。据此,判断是否涉嫌共同犯罪的主要依据是,是否存在共同的故意,以及各自行为的作用。故此,第一种意见仅依据林木所有权的转移作为是否定罪的标准,从犯罪主体角度来说并无法定依据,因为森林法、森林法实施条例等相关法律法规并未规定办理砍伐许可证的主体,当事人口头转移林木的所有权并不伴随行政义务的转移,也不能因此作为滥伐林木罪的出罪原由。这样不仅会降低对滥伐林木行为的打击力度,从而影响对林木资源的保护,更是违背了宽严相济刑事政策"该严则严"原则。具体来看,案例一中,如果以林木是否被转卖判定犯罪主体,因为树主苗某没有直接将林木卖给王某,而是在林木被卖出后方与王某结账,则只能认定苗某一人。但是分析王某的行为,其砍伐作业进行了十余日,均未索要砍伐证,可以认定其明知林木没有砍伐手续,即具备滥伐林木的故意。此外,虽然王某只赚取了工钱,没有赚取额外利润,但是其客观行为与案例二中买树人裴某的行为基本一致,应当对其作出一致的刑法评价,其对林木被滥伐起到了主要的作用,应对王某作为共同犯罪处理。同理,在案例二中,虽然树主已经将林木转卖,但是二树主并未向买树人提供产权证明,且均明知林木已经被砍伐,显然不可能系经过行政部门批准,故此,可以推断其在主观上是持放任态度的,属于犯罪的间接故意,对林木被滥伐承担主要的责任,宜认定为共同犯罪。案例三中,按照第一种意见,与案例一应当做同样的处理,因为树款也是在林木被砍伐后才支付的,但据此追究原树主的刑事责任显然不合逻辑。故此案件的处理思路应当是,不以是否支付林木价款为条件,在本案中,买卖双方对于对砍伐证的办理已经达成了协商,且树主提供了树权证明,且没有证据证明其明知林木尚未办理砍伐证即被砍伐,故而能够排除其有犯罪的故意,依据主客观相统一的原则,不宜对其定罪。

2. 宽严相济刑事政策的"当宽则宽"原则要求不能机械性地应用共同犯罪的理论扩大追诉范围。实践中,滥伐林木案件涉及的当事人较多,在案件处理过程中需要注意法律效果与社会效果、政治效果的统一,除了注重收集当事人主观上的证据,更要结合其客观行为对其予以定性。从刑法理论来说,对一般的搬运工、运输工,通常不能期待他们实施其他适法行为,也就是说,不能期待他们在明知没有砍伐证的情况下拒绝提供劳务,这显然超出了现实的法律认知水平,故而不宜对他们追究刑法上的责任。此外,已经出台的司法解释明确了对宽严相济刑事政策的运用。例如,最高人民法院、最高人民检察院《关于办理非法采矿、破坏性采矿刑事案件适用法律若干问题的解释》第11条规定,对受雇佣为非法采矿、破坏性采矿犯罪提供劳务的人员,除参与利润分成或者领取高额固定工资的以外,一般不以犯罪论处,但曾因非法采矿、破坏性采矿受过处罚的除外；以及最高人民法院、最高人民检察院、公安部《关于办理利用赌博机开设赌场案件适用法律若干问题的意见》关于共犯的认定和关于宽严相济刑事政策的把握，明确规定"重点打击赌场的出资者、经营者。对受雇佣为赌场从事接送参赌人员、望风看场、发牌坐庄、兑换筹码等活动的人员，除参与赌场利润分成或者领取高额固定工资的以外，一般不追究刑事责任，可由公安机关依法给予治安管理处罚"。虽然目前对滥伐林木案没有专门的司法解释，但滥伐林木罪在实践中可以参照该原则，结合案件实际，对主观恶性不大、作用较小、获得劳务报酬的一般人员不作犯罪处理。

此外，从证据体系的角度分析，宽严相济刑事政策的运用也有利于对犯罪的指控效果。滥伐林木案中涉及的锯木工、搬运工等人证言是指控主要犯罪嫌疑人的有力证据。如案例三中，郑某始终做无罪供述，辩称自己只是在砍伐的现场充当小工，且不知道是否办理了砍伐许可证。但综合其他证据，尤其是现场其他工人的证言能够认定其负责领导、指挥的作用，且其还参与分红，属于主犯，应当对其追究刑事责任，检察机关据此依法对其进行了追诉。

（河北省唐山市丰南区人民检察院　王向征）

行为人的虚假民事诉讼行为持续至《刑法修正案（九）》颁布后的如何定罪处罚

一、基本案情

犯罪嫌疑人刘某某与朱某某于2004年一起合伙开矿，因双方产生矛盾纠纷，于2007年经法院判决解除合伙关系。

2012年2月24日，犯罪嫌疑人刘某某以有双方签名的借款偿还协议向遵化市人民法院起诉朱某某归还其450万元欠款。朱某某对该笔债务不予认可，称刘某某起诉所用的借款偿还协议系刘某某伪造。

2012年6月11日，一审法院判决朱某某给付刘某某借款及股金450万元，朱某某不服该判决上诉至二审法院，2012年11月5日，二审法院裁定驳回上诉，维持原判。

2013年8月16日，二审法院经再审认为，一审法院审理的开庭时间在判决之后，程序上存在瑕疵，裁定发回重审。

2014年6月30日，一审法院重审后判决驳回犯罪嫌疑人刘某某的诉讼请求，后刘某某上诉，同年12月16日，二审法院裁定驳回上诉，维持原判。

2015年4月23日，刘某某向市人民检察院提出抗诉申请，市人民检察院经审查于2016年2月24日提请省人民检察院抗诉。同年7月29日，省人民检察院决定不支持刘某某的监督申请。

2017年8月15日，一审法院认为刘某某起诉朱某某归还450万元欠款一案过程中，刘某某涉嫌虚假诉讼罪，将案件移交公安机关，公安机关经审查于2018年9月3日立案侦查。2018年10月10日，经鉴定机构鉴定，刘某某在民事起诉中向法院提供的"借款偿还协议"中"朱某某"签名字迹与协议主文及"刘某某"签名字迹不是同一时间书写形成，且根据全案证据综合分析，该450万元欠款确实不存在。

二、分歧意见

在本案处理过程中，对犯罪嫌疑人刘某某故意捏造与朱某某之间的虚假"借款偿还协议"向法院提起民事诉讼，妨害司法秩序的行为没有争议。但对犯罪嫌疑人刘某某2012年提起的虚假民事诉讼行为是否应适用2015年《刑法修正案（九）》新增加的虚假诉讼罪，即虚假诉讼罪的溯及力问题有较大争议。就犯罪嫌疑人刘某某是否构成虚假诉讼罪存在两种意见：

第一种意见认为，犯罪嫌疑人刘某某的行为不构成犯罪。理由是：虚假诉讼罪是《刑法修正案（九）》所补充增加的罪名，它的生效施行时间为2015年11月1日。犯罪嫌疑人刘某某于2012年2月提起民事诉讼，法院一审判决日期是2012年6月，历经一审、二审、再审、重审等程序，最终生效判决于2014年12月作出。可见，该民事诉讼行为的提起与判决日期都发生在《刑法修正案（九）》生效施行前，我国刑法关于溯及力的规定采取的是从旧兼从轻原则，根据"法不溯及既往"原则，犯罪嫌疑人刘某某不应受到追诉。故犯罪嫌疑人刘某某不构成虚假诉讼罪。

第二种意见认为，犯罪嫌疑人刘某某的行为构成虚假诉讼罪。理由是：虽然刘某某的民事起诉行为与法院生效判决都发生在《刑法修正案（九）》生效施行前，但刘某某的虚假诉讼行为并没有因作出生效判决而终止，在2014年12月二审法院作出生效判决后，刘某某仍不服判决继续于2015年4月23日向市人民检察院申请抗诉，后市人民检察院又基于刘某某的监督申请提请省人民检察院抗诉，直至2016年7月29日省人民检察院作出不支持犯罪嫌疑人刘某某监督申请的决定。从上述过程可以看出，刘某某的虚假诉讼行为自2012年2月提起，历经一审、二审、再审、重审、申请检察机关抗诉监督等程序，直至2016年7月29日省人民检察院作出不支持犯罪嫌疑人刘某某监督申请的决定，其间刘某某从未通过撤回监督申请等方式终止其虚假诉讼行为，而是持续到2015年11月1日《刑法修正案（九）》生效施行以后。

综上，足以证明刘某某虚假诉讼，妨害司法秩序的行为和主观故意从2012年持续到《刑法修正案（九）》实施以后。根据1997年10月6日最高人民检察院《关于检察工作中具体适用修订刑法第十二条若干问题的通知》第3项规定，当时的法律不认为是犯罪，修订刑法认为是犯罪的，适用当时的法律；但行为连续或者继续到修订刑法实施以后的，对修订刑法实施以后构成犯罪的行为适用修订刑法追究刑事责任。因此，对犯罪嫌疑人刘某某的行为应该适用《刑法修正案（九）》的规定，认定刘某某构成虚假诉讼罪。

三、评析意见

笔者同意第二种意见,具体分析如下:

虚假诉讼罪系《刑法修正案(九)》新增设的罪名,是指自然人或者单位以捏造的事实提起民事诉讼,妨害司法秩序或者严重侵害他人合法权益的行为。从虚假诉讼罪犯罪构成上看,本罪侵害的客体是复杂客体,既包括国家司法秩序,也包括他人的合法权益。本罪在客观方面表现为以捏造的事实提起民事诉讼,而且行为人实施捏造事实提起民事诉讼的行为必然会妨害司法秩序或者严重侵害他人合法权益。妨害司法秩序,是指对国家司法机关进行审判活动、履行法定职责的正常秩序造成妨害,包括导致司法机关作出错误判决,造成司法权威和司法公信力受损,占用司法资源,影响司法机关的正常司法活动等。严重侵害他人合法权益,是指严重侵害他人的财产权、婚姻权、收养权等合法权益。本罪的主体是一般主体,即单位和年满16周岁具有刑事责任能力的自然人均可成为本罪的主体。本罪在主观方面表现为故意,一般来说是直接故意,即明知自己以捏造的事实提起民事诉讼会妨害司法秩序或者严重侵害他人合法权益,并且希望这种危害结果的发生。至于行为人出于何种目的捏造事实提起民事诉讼,不影响本罪的成立。

本案中,犯罪嫌疑人刘某某单方捏造债权债务关系,以虚假的借款偿还协议向人民法院提起民事诉讼,要求他人履行债务,其行为符合最高人民法院、最高人民检察院《关于办理虚假诉讼刑事案件适用法律若干问题的解释》中的"以捏造的事实提起民事诉讼"的规定。犯罪嫌疑人刘某某用虚假的借款偿还协议向人民法院提起民事诉讼活动,致使人民法院多次开庭审理,基于捏造的事实作出了裁判文书,干扰了正常司法活动,可以认定为《最高人民法院、最高人民检察院关于办理虚假诉讼刑事案件适用法律若干问题的解释》规定的"妨害司法秩序或者严重侵害他人合法权益"。故犯罪嫌疑人刘某某为了谋取利益,故意以捏造的借款偿还协议,向人民法院提起民事诉讼,严重妨害了国家正常司法秩序,其行为符合虚假诉讼罪的构成要件。

虚假诉讼罪中的诉讼限定为"民事诉讼",这里的民事诉讼,是指完整的民事诉讼流程,包括起诉、立案、开庭、审判、审判监督、执行等程序。犯罪嫌疑人刘某某从2012年2月24日向一审法院提起民事诉讼,直至向市人民检察院申请抗诉监督,其目的就是通过骗取法院判决从朱某某处获取钱款,其抗诉行为是其提起虚假民事诉讼行为的延续,在罪数形态上属于持续犯,在本质上也是对司法秩序的一种破坏,同样也有可能侵害他人的合法权益。故应以持续犯认定犯罪嫌疑人刘某某实施的虚假诉讼行为适用《刑法修正案(九)》的规定追究刑事责任。

(河北省遵化市人民检察院 任晓梅 邱玉红)

刑法分则篇

危害公共安全罪

行为人实施危险驾驶行为但没有造成严重后果的是否构成犯罪

一、基本案情

犯罪嫌疑人王某甲因怀疑薛某举报到其经营的料场拉货的大货车超载运输并被处罚，伺机报复薛某。犯罪嫌疑人王某甲知道薛某的大货车属于无运营手续违规经营的车辆，2019年7月6日晚，犯罪嫌疑人王某甲、蒋某某、张某某、王某乙在吃饭的饭店商定，通过人为制造剐蹭事故并由警方处罚薛某车辆的手段对其进行报复，当日22时许，犯罪嫌疑人王某甲伙同犯罪嫌疑人王某乙、张某某、蒋某某分别驾车，在某钢铁有限公司西侧北门口处，等候薛某在此经营运输业务的大货车，犯罪嫌疑人王某甲看见薛某的大货车从门口出来后，告知犯罪嫌疑人王某乙驾车载犯罪嫌疑人张某某追赶，犯罪嫌疑人蒋某某驾车载王某甲在后尾随，跟随大货车沿205国道由东向西行驶，在205国道某钢铁有限公司西200多米处，犯罪嫌疑人王某乙驾车在大货车左侧采取刹车、并线的方式，对薛某经营的大货车实施别车的危险行为，大货车在向右躲避的过程中侧翻到205国道北侧沟里。监控录像显示当晚22∶41∶54越野车在大货车左侧刹车灯亮，22∶41∶56越野车向右侧打方向大车几乎停驶，22∶41∶59大车侧翻，后越野车往前驶离，22∶42∶06有大车从翻车地点低速（小于30km/h）驶过，22∶42∶22有大车从翻车地点低速驶过，22∶42∶40有大车从翻车地点低速驶过（小于30km/h），22∶42∶44至22∶47约5分钟的时间内，该地点自东向西约23～27台车经过，车速均较低。经价格认定部门认定：大货车直接经济损失2379元。司机头部外伤，伤势较轻未做鉴定。

二、分歧意见

第一种意见认为，以危险方法危害公共安全罪属于抽象的危险犯，犯罪嫌疑人王某甲等人出于报复的目的，主动实施危险驾驶车行为，主观故意明确；犯罪嫌疑人在国道实施的危险驾驶行为可能造成车辆追尾、倾覆，足以危害不特定多数人的生命安全或者造成重大财产损失，构成以危险方法危害公共安全罪。

第二种意见认为，犯罪嫌疑人王某甲等人，虽然在205国道上主动实施危险驾驶行为，主观上是出于报复，但当时路面湿滑、视线不好，被害人驾驶的车辆行驶速度在30km/h左右，该路段车辆行驶速度与其相似普遍较低，即使危险驾驶行为造成车辆倾覆在国道路面，引起其他车辆追尾的可能性仍然很低。案发后，被害人车辆侧翻在沟内，对路面车辆的正常行驶没有造成足以危害不特定多数人的生命安全或者造成重大财产损失，不具有与放火、决水、爆炸、投放危险物质行为相当的危险性、破坏性，不构成以危险方法危害公共安全罪。

三、评析意见

笔者同意第二种意见。分析如下：

对案件定性和法律适用的意见：（1）本案案发时间是在晚上10时许，雨天，监控录像显示案发当时现场没有行人，犯罪嫌疑人实施报复行为具有明确的犯罪目标，即犯罪目标特定；（2）从监控录像和当事人陈述可知，犯罪嫌疑人、被害人驾驶的车辆以及路过的车辆车速普遍较低，犯罪嫌疑人驾驶车辆是小型车辆，被害人驾驶车辆是大型货车，犯罪嫌疑人实施危险行为时具有一定的节制；（3）被害人驾驶的车辆以及从现场通过的其他车辆，车速普遍较低，具备采取措施的条件，即使犯罪嫌疑人实施危险行为，造成与其他车辆碰撞、追尾的可能性较低，危险性不足以危及其他车辆，即危险性、破坏性没有到达与放火、决水、爆炸、投放危险物质相当的程度；（4）从犯罪嫌疑人实施危险驾驶行为致大货车侧翻到第一辆车通过，间隔分别为8秒，从现场通过的第二辆车与第一辆车间隔16秒、第三辆车与第二辆车间隔18秒，按照车辆的行驶速度测算，这些车辆在案发时分别在距离现场70～200米的位置，且监控录像显示车速均较低，具备处理突发事件的条件；大货车侧翻在路沟内，没有对路面正常行驶的车辆形成潜在的危险，尚不足以造成不特定或者多数人伤亡等严重后果。

综上，该起犯罪行为的手段上不具有与放火、决水、爆炸、投放危险物质等相当性，危害结果上虽然造成了大货车的侧翻和司机的损伤，但没有达到足以使不特定多数人的人身和财产遭受重大损失的相当性，综合考虑本案的各种情节，不能认定以危险方法危害公共安全罪中的"其他危险方法"。

（河北省滦州市人民检察院　王永庆）

受害人因外伤和并发症死亡的，驾驶员是否构成交通肇事罪

一、基本案情

2019年1月6日13时50分许，被告人谢某驾车，沿唐山市路北区朝阳道由东向西行至与华岩路交叉路口处时，将沿华岩路由南向北行驶的被害人韩某驾驶的电动自行车撞倒，造成韩某右侧髋臼及耻骨下支骨折，经送医院抢救无效于2019年1月29日死亡，双方车辆受损的交通事故。经交通管理部门认定，被告人谢某负本起交通事故的全部责任，被害人韩某对本起交通事故不承担责任。经唐山市某司法鉴定中心鉴定，被害人韩某系外伤和肺部疾病改变共同作用最终导致呼吸障碍、心肺衰竭而死亡。

二、分歧意见

第一种意见认为，被害人韩某的死亡结果系外伤和肺部疾病改变共同作用导致，被告人谢某交通肇事行为只是导致被害人韩某髋臼与耻骨下支骨折，但此损伤并不必然导致其死亡的后果，因此，被告人谢某的交通肇事行为与被害人韩某死亡结果之间不存在必然的因果关系，也就不能认定被告人谢某的行为构成交通肇事罪。

第二种意见认为，谢某违反交通运输管理法规，驾驶机动车辆发生交通事故，致被害人韩某死亡，且负该起交通事故的全部责任，其行为已构成交通肇事罪。

三、评析意见

笔者同意第二种意见，根据《刑法》第133条、最高人民法院《关于审

理交通肇事刑事案件具体应用法律若干问题的解释》第2条第1款的规定，死亡一人或重伤三人以上，负事故全部或主要责任的处三年以下有期徒刑或拘役。被害人韩某受伤后死亡的结果系由谢某的交通肇事行为所致，谢某的行为与韩某的死亡之间具有直接因果关系，韩某在住院期间因并发肺部疾病改变致呼吸障碍、心肺衰竭而死亡，与谢某的交通肇事行为不构成刑事因果关系的中断，被告人谢某的行为构成交通肇事犯罪。理由如下：

1. 谢某的交通肇事行为与韩某的死亡之间有直接的因果关系。从被害人韩某死亡这一结果看，正是由于谢某的交通肇事行为，才引起韩某被撞伤住院这一结果，谢某的先前行为虽然是在其他因素的介入之下才导致危害结果发生，但是如果没有谢某撞伤韩某的交通肇事并承担全部责任的先前行为，也就不会产生韩某住院及并发肺部疾病改变致呼吸障碍、心肺衰竭而死亡的结果发生，因此，谢某的交通肇事行为与韩某的死亡之间有着直接的因果关系。

2. 韩某并发肺部疾病这一介入因素不足以中断谢某交通肇事行为与韩某死亡结果之间的因果关系。刑事案件中因果关系中断，是指一个危害行为引起某一危害结果产生的过程中，因介入第三方因素而导致原既存的因果关系中断的情形。根据刑法理论，在因果关系发展过程中，如果介入了第三方的行为或自然力等其他因素，成立中断的因果关系，必须具备三个条件，一是必须有另一个因素介入；二是介入的因素必须是异常因素，即通常情况下不会介入的某种行为或自然力因素；三是中途介入的这个因素必须对危害结果的发生起决定作用。若同时具备上述三个条件，介入的因素就成立中断先前危害行为与危害结果之间的因果关系。本案的情节不构成刑事因果关系中断的条件，谢某的交通肇事行为致韩某右侧髋臼及耻骨下支骨折，医院在治疗过程中无法预防肺部疾病复发这一情形，只要未出现医疗过错及被害人亲属护理不当等其他情形，则并发肺部疾病的原因就不是异常因素介入的结果，韩某的死亡后果与其右侧髋臼及耻骨下支骨折等受伤行为之间的因果关系便未被阻断。

综上，被告人谢某的交通肇事行为符合交通肇事罪的构成要件，应以交通肇事罪追究其刑事责任。

（河北省唐山市路北区人民检察院　赵娜）

被害人被连续撞击两次死亡的，第一行为人是否构成交通肇事逃逸

一、基本案情

2015年4月20日17时许，被告人蒋某某驾驶重型牵引车、半挂车沿平青乐省道由南向北行驶，与由东向西行驶横过道路的付某驾驶的电动自行车发生剐蹭，致付某及其电动自行车倒地，后蒋某某驾车驶离现场。被害人付某倒地后一直未起，被后来的李某驾车撞击拖行。经鉴定，被害人付某死亡原因为颅脑、颈部及胸腹部严重损毁、挫灭死亡。交通事故认定书认定蒋某某负主要责任，被害人付某负次要责任。

二、分歧意见

对蒋某某的行为如何定性存在不同意见：

第一种意见认为，蒋某某的行为不构成交通肇事罪。理由是：蒋某某虽然违反了交通运输管理法规，也发生了致人死亡的重大事故结果，但被害人的死亡结果与蒋某某的交通肇事行为不存在必然因果关系，且蒋某某在发生交通肇事行为时是否意识到与被害人接触也难以查证。因此，在本案中，蒋某某不能认定为交通肇事罪。

第二种意见认为，蒋某某的行为构成交通肇事罪，但不构成逃逸。理由是：本案中，蒋某某违反了交通运输管理法规，对交通事故负主要责任，造成了被害人的死亡结果，符合交通肇事罪构成要件。但因蒋某某在驶离案发现场时，难以确定其是否已经知道发生交通事故，故不构成交通肇事后逃逸。

第三种意见认为，蒋某某的行为构成交通肇事罪，并且具有逃逸致人死亡的情节。理由是：蒋某某违反交通运输管理法规，没有尽到相应的注意义务，将被害人付某撞倒后，为了逃避法律追究，驶离事故现场，致使被害人付某死亡。

三、评析意见

笔者同意第二种意见,蒋某某的行为构成交通肇事罪,但不构成逃逸。

1. 蒋某某的行为构成交通肇事罪。交通肇事罪,是指违反交通运输管理法规,因而发生重大事故,致人重伤、死亡或者公私财产遭受重大损失的行为。本案中,蒋某某违反了交通运输管理法规,与被害人付某驾驶的电动自行车发生剐蹭,致被害人付某倒地后又被后续车辆撞击拖行,造成被害人付某死亡的结果。本案的争议焦点在于,被害人付某的死亡结果与蒋某某的交通肇事行为间是否存有因果关系。根据刑法理论因果关系说,当行为人在实行行为与危害结果之间存在介入因素时,行为人行为与危害结果之间是否存在刑法上的因果关系需考量以下因素:(1)行为人实行行为导致结果发生的危险性大小。行为人实行行为导致结果发生的危险性大,因果关系存在的可能性就大;反之,可能性就小或是不存在。(2)介入因素异常性大小。如果介入因素异常,先行行为与最后结果的因果关系不存在;反之,则因果关系存在。(3)介入因素对结果发生所起的作用大小。介入因素对发生的结果所起的作用大,因果关系存在的可能性小或是不存在;反之,因果关系存在可能性大。认定实行行为与危害结果之间是否存在因果关系,需综合考量以上三个因素,但并不是必须同时具备这三个因素。具体就本案而言:第一,蒋某某将被害人撞倒后,因蒋某某驾驶的是重型牵引车、半挂车,此种车体型、重量较普通车辆大很多,相较于付某驾驶的电动自行车,一旦发生交通事故,往往对人的伤害也比较大,而且事实上付某倒地后一直未起,即蒋某某的交通肇事行为导致危害结果的危险性较大。第二,即使蒋某某将被害人付某撞倒后,付某当时并没有死亡,而是被后来车辆撞击拖行而死亡,也不能阻断蒋某某的交通肇事行为与被害人付某死亡的因果关系。案发后蒋某某驶离事故现场,将被害人付某置于被后来车辆撞击拖行的危险境地,案发地点为交通繁忙的省道,来往车辆多,车流量大,加上案发时天气有浓雾,倒在地上不能起身的被害人付某很容易被后来车辆撞击碾压,即其他车辆的撞击拖行介入并不异常,故蒋某某的交通肇事行为与被害人付某的死亡结果之间存在因果联系。第三,本案中,难以界定李某撞击拖行这一介入因素的影响力大小,但通过以上两点的分析足以认定蒋某某的交通肇事行为与被害人付某的死亡存在因果关系,故李某撞击拖行这一介入因素可以不予考虑。综上所述,被害人付某的死亡结果与蒋某某的交通肇事行为间存在刑法上的因果关系。根据最高人民法院《关于审理交通肇事刑事案件具体应用法律若干问题的解释》第2条规定,死亡1人或重伤3人以上,负事故全部或主要责任的,认定为交通肇事罪。故蒋某某的行为应当认定为交通肇事罪。

2. 蒋某某的行为不构成逃逸。根据《刑法》第133条规定，交通运输肇事后逃逸或者有其他特别恶劣的情节的，处三年以上七年以下有期徒刑。蒋某某如果具有交通肇事逃逸的行为，将构成法定刑升格的情节。根据《解释》第3条规定，肇事后逃逸是指在发生交通事故后，为逃避法律追究而逃跑的行为。据此，判断行为人是否构成"肇事后逃逸"首先就要考察行为人主观上是否明知自己造成了交通事故。不仅要看行为人的供述，还应从肇事当时的时间、地点、路况、行为人具备的知识、经验等方面客观评价其是否明知，从而确定其是否构成逃逸。本案中，因难以查清蒋某某是否当时意识到与被害人付某接触，即蒋某某当时对自己造成交通事故是否有认知难以确定，按照存疑时有利于被告人的原则，故不能认定蒋某某具有交通运输肇事后为逃避法律追究而逃逸的情节。

3. 蒋某某不具有因逃逸致被害人付某死亡情节。因"逃逸致人死亡"是指行为人在交通肇事后为逃避法律追究而逃跑，致使被害人因得不到救助而死亡的情形。刑法在交通肇事罪中将逃逸规定为法定刑升格的情节，是因为在交通肇事场合，有需要救助的被害人，进而促使行为人救助被害人。这是由于行为人的先前行为使他人生命处于危险状态，产生的作为义务。本案中，被害人付某的死亡是蒋某某的交通肇事行为造成的，与蒋某某的交通肇事行为有刑法上的因果关系。这与蒋某某因逃逸致被害人付某死亡有根本区别，本案中蒋某某没有逃逸的情节，更不存在蒋某某在撞倒被害人付某后，因蒋某某逃离事故现场致付某没有得到及时的救助而死亡情节。故蒋某某没有逃逸致被害人死亡的情节。

（河北省滦州市人民检察院　吴丽英）

超标二轮电动自行车可否认定为机动车

一、基本案情

案例一：2019年1月27日14时许，被害人李某驾驶小型轿车行驶，与对向行驶的一辆刘某驾驶的二轮电动自行车相撞，造成刘某受伤、两车损坏的交通事故。经道路交通事故认定，双方当事人均负事故的同等责任。经检验，刘某血液中的酒精含量属于醉酒驾驶机动车。经司法鉴定，涉案二轮电动自行车属于机动车的范畴。

案例二：2019年3月5日14时许，肖某驾驶二轮电动自行车由西向东行驶，与同向行驶的曹某所骑的自行车相撞，造成肖某、曹某受伤及双方车辆受损的交通事故，经检验，肖某属醉酒驾驶机动车。经司法鉴定，涉案二轮电动自行车属于机动车的范畴。

案例三：2019年10月13日9时许，李某驾驶二轮电动自行车与骑摩托车的刘某相撞，刘某摔倒后经抢救无效死亡。经鉴定，李某驾驶的二轮电动自行车属于机动车的范畴。经交通事故责任认定：李某无机动车驾驶资格证、驾驶无号牌的二轮电动自行车，未尽到注意义务，承担事故的主要责任；刘某未尽到注意义务承担事故的次要责任。

二、分歧意见

案例一、案例二、案例三的争议焦点在于涉案的超标二轮电动自行车是否属于机动车？

第一种观点认为，超标二轮电动自行车属于机动车的范畴。在司法实践中，2012年浙江省高级人民法院、浙江省检察院和浙江省公安厅的《关于办理"醉驾"犯罪案件若干问题的会议纪要》和2017年出台的《关于办理"醉驾"案件的会议纪要》规定，超标电动车以公安机关委托有资质的鉴定机构出具的鉴定意见为依据，按照《道路交通安全法》第 119 条第 3 项和国家质量监督检验局发布的《机动车运行安全技术条件》等有关规定执行，包括各类汽车、摩托车和轻便摩托车。因此，对于符合上述两项规定的超标二轮电动自行车均属于机动车。在该前两起案件中，司法鉴定机构根据《电动车自行车通用技术条件》（GB17761-1999）、《电动摩托车和电动轻便摩托车安全要求》（GB24155-2009）、《电动摩托车和电动轻便摩托车通用技术条件》（GB/T24158-2009）等国家标准，鉴定机构认定涉案超标二轮电动自行车均属于机动车范畴，驾驶人的酒精含量达到了 80mg/100ml 以上，构成危险驾驶罪。对于第三起案例，因为鉴定机构认定涉案二轮电动自行车为机动车，该车无机动车驾驶资格证、驾驶的车辆无号牌，所以承担事故的主要责任，交警的交通责任事故认定正确，李某违反交通运输管理法规，负事故的主要责任，致一人死亡，李某构成交通肇事罪。

另一种观点认为，超标二轮电动自行车不属于机动车。首先，《中华人民共和国道路交通安全法》第 119 条规定，机动车是以动力装置驱动或者牵引，上道路行驶的供人员乘用或者用于运送物品以及进行工程专项作业的轮式车辆；非机动车是指以人力或者畜力驱动，上道路行驶的交通工具，以及虽有动力装置驱动但涉及时速、空车质量、外形尺寸符合国家标准的残疾人机动轮椅车、电动自行车等交通工具。该条虽然规定了非机动车包含符合国家标准的电动自行车，但机动车的规定中没有将符合国家标准的电动自行车纳入在内，法无明文规定不为罪，超标二轮电动自行车不属于机动车，醉酒驾驶超标二轮电动自行车不构成危险驾驶罪。其次，危险驾驶罪属于故意犯罪，醉酒人应明知其驾驶的是机动车，而我国民众普遍不认为超标二轮电动自行车是机动车，有关部门也未将超标二轮电动自行车作为机动车进行管理，以司法机关的鉴定意见认定行为人明知是不恰当的。在上述两起案例中，驾驶人均属于一般民众，不知道自己驾驶的是机动车，对于超标二轮电动自行车属于机动车观念淡漠。因此，根据主客观相统一的原则，上述两起案例不构成危险驾驶罪。第三起案例中，交通责任事故认定存在问题，李某驾驶的二轮电动自行车不属于机动车的范畴，在交通责任事故划分中不应该以无号牌、无机动车驾驶证承担事故的主要责任，且李某所在地区相关部门没有对超标二轮电动自行车进行登记、发放号牌和行驶证，因此李某不构成交通肇事罪。

三、评析意见

笔者认为，将超标二轮电动自行车认定为机动车在现实中仍需要进一步的完善和明确。首先，我国法律没有明确规定超标二轮电动自行车属于机动车的范畴，因此，司法实践中存在不同的见解，建议进一步完善相关法律法规，使办案有法可依；其次，相关部门应加大对二轮电动自行车的规范，包括电动自行车和超标二轮电动自行车的区分在社会上加大宣传，使民众在知法的基础上守法。

  对于超标二轮电动自行车在交通责任事故中的认定问题，交警部门也是按照司法鉴定来认定，对于符合超标二轮电动自行车认定为机动车，有些交通责任事故认定会将无号牌、无机动车驾驶证等作为认定交通责任事故的依据，但对于普通民众而言，并不知道自己驾驶的超标二轮电动自行车是机动车，且有关部门也不会对超标二轮电动自行车进行登记审查、颁发行驶证和号牌，因此，对于交警的认定，行为人不理解，只有事后在交警的解释下才明白自己驾驶的是超标二轮电动自行车，因此，对于二轮电动自行车的规范亟待进一步解决。

（河北省唐山市乐亭县人民检察院　蒋玲玲）

交通肇事五日后自首是否仍应认定为逃逸

一、基本案情

2019年5月8日1时许，犯罪嫌疑人刘某乙驾驶小型客车在一十字路口处头北尾南倒车时，与由董某某驾驶由南向北行至此处的电动自行车相撞，刘某乙听到后面有响声，下车查看发现，路边的沟渠中有一个妇女和一辆电动自行车，遂意识到是自己撞的。刘某将妇女从沟中拉出来，驾驶自己的肇事车辆送伤者到丰南区中医院诊治，因其自己手机欠费，刘某乙就借中医院保安的手机报了警，之后就驾驶肇事车辆回家告诉其大哥刘某甲自己肇事的全部过程，并让其大哥到丰南区中医院查看伤者的情况。之后，刘某乙驾驶肇事车辆到丰南区水景花苑底商的一个宾馆住下。伤者董某某因交通肇事致颅脑损伤救治无效于2019年7月2日在家中死亡。

2019年5月8日中午，刘某甲第一次给刘某乙打电话告诉其丰南区交警大队的民警已经找到家里，并让刘某乙投案自首，刘某乙当时因怕被抓进去，就没有即时去投案自首。同年5月14日，刘某乙主动到丰南区交警大队投案自首。

犯罪嫌疑刘某乙驾车违反《道路交通安全法》第70条第1款，《道路交通安全法实施条例》第50条、第92条规定，负此次事故的全部责任。

丰南区人民法院一审认定，被告人刘某乙违反道路交通安全法规，驾驶机动车辆，造成一人死亡的重大交通事故，且在肇事后逃逸，负事故的全部责任，其行为构成交通肇事罪。判处被告人刘某乙有期徒刑4年，并附带民事赔偿。

二、分歧意见

第一种意见认为，《刑法》第133条违反交通运输管理法规，因而发生重大事故，致人重伤、死亡或者使公私财产遭受重大损失的，处三年以下有期徒刑或者拘役；交通运输肇事逃逸或者有其他特别恶劣情节的，处三年以上七年以下有期徒刑；因逃逸致人死亡的，处七年以上有期徒刑。"交通运输肇事后逃逸"是法定刑升格条件之一。"逃逸"的真实含义是：逃避救助被害人的义务，即不救助被害人。这是一种故意不作为犯罪，作为义务来自先行行为（肇事行为），这种不作为犯罪实际上就是遗弃罪的行为。该法定刑升格条件实际上规定的是一种结合犯：交通肇事罪＋遗弃罪＝交通肇事罪，遗弃罪成为交通肇事的法定刑升格条件（被描述为"逃逸"）。犯罪嫌疑人刘某乙因害怕被抓进去，虽报警后未在医院等待交警的到来，但其已经实施了对被害人的救助义务，并未将被害人遗弃而逃跑，故不应认定刘某乙的行为为"交通运输肇事后逃逸"，而只是构成交通肇事罪（处3年以下有期徒刑）。

第二种意见认为，刘某乙肇事后驾驶肇事车辆将被害人送往医院救治，其虽履行了对被害人的救助义务，但报警后因害怕被公安机抓获而逃跑，并在其大哥刘某甲告知交警部门让其投案自首后仍未立即投案，其主观上存在为逃避法律追究而离开，应认定为刘某乙"交通运输肇事后逃逸"（处3年以上7年以下有期徒刑）。

三、评析意见

笔者同意第二种意见，理由如下：

1. 交通肇事逃逸或者有其他特别恶劣的情节的，属于交通肇事罪的情节加重犯。所谓交通肇事逃逸，是指行为人在发生交通事故后，为逃避法律追究而逃跑的行为。这里的"逃避法律追究"，既包括逃避刑事法律追究，也包括逃避民事法律追究、行政法律追究。需要指出的是，构成该情节加重犯，首先，要求行为人的肇事行为已经构成交通肇事罪，否则交通肇事逃逸行为只能作为定罪情节在确定其是否构成交通肇事罪时加以考虑。其次，要求行为人明知自己已经发生交通肇事行为，这里所说的"明知"，是指行为人"知道"或者"应当知道"。如果行为人"应当知道"自己造成了交通肇事而装作不知道，逃离事故现场的，仍应认定为"交通肇事后逃逸"。如果对肇事不明知，自然也就不可能产生逃避法律追究的动机，也就不构成交通肇事逃逸行为了。再次，对于虽然履行了对被害人的抢救义务，但是逃避责任查清认定的行为，仍然构成交通肇事逃逸。最后，所谓交通肇事逃逸，主要是指行为人交通肇事后，在接受事故处理机关首次处理前，故意逃离事故现场或相关场所，使自己不受被害方、群众或者事故处理人员控制的行为。但也可以是将被害人送往医院后逃离，甚至在现场躲藏的情形。

2. 交通运输肇事后逃逸以行为人为逃避法律追究为主观目的条件。

《道路交通安全法》第70条第1款规定："在道路上发生交通事故，车辆驾驶人应当立即停车，保护现场；造成人身伤亡的，车辆驾驶人应当立即抢救受伤人员，并迅速报告执勤的交通警察或者公安机关交通管理部门。因抢救受伤人员变动现场的，应当标明位置。乘车人、过往车辆驾驶人、过往行人应当予以协助。"2000年最高人民法院《关于审理交通肇事刑事案件具体应用法律若干问题的解释》第3条规定："'交通肇事后逃逸'，是指行为人具有本解释第二条第一款规定和第二款第（一）至（五）项规定的情形之一（总体要求是构成交通肇事罪），在发生交通事故后，为逃避法律追究而逃跑的行为。"在司法实践中，存在大量交通肇事后逃逸的情形。肇事人逃逸的目的大多数是逃避法律追究，但也有少数肇事人的逃逸确实是出于害怕受害方或者其他围观群众对其进行殴打或是当时精神高度紧张慌乱而逃等原因。行为人主观上已明知自己发生交通事故，客观上实施了逃跑的行为。结合立法设置"交通肇事后逃逸"法定刑升格条件之一，笔者认为，认定肇事人"逃逸"不能仅仅看肇事人是否离开现场，其关键在于肇事人是否同时具备"积极履行救助义务"和"立即投案"的行为特征。如果肇事后积极对被害人进行救助，如拦截车辆将被害人送往医院，并立即报案在医院守候等待公安机关的审查处理，虽然其离开了肇事现场，但系为了救助被害人所致，当然不属于交通肇事后"逃逸"。反之，如果肇事人积极履行救助义务后没有立即投案，如将被害人送往医院后而逃跑的；或者虽然肇事人立即投案但有能力履行却没有积极履行救助义务，均属于肇事后"为逃避法律追究"的"逃逸"行为。结合本案，刘某乙构成交通肇事罪毋庸置疑，其确实履行了救助被害人的义务，但在报警后，第一，未在医院等待调查事故责任的公安交警人员；第二，在其刘某甲告知需投案自首时，刘某乙仍未立即投案，而是在案发五天后自知已无法逃脱而"事后投案"，以上行为均可认定为其主观上为逃避法律追究而逃跑，应当认定为逃逸。

笔者认为，不应将逃逸行为仅限定在事故现场。因为逃离事故现场固然会使事故责任认定等陷于困境，但逃离医院等相关场所也会妨碍事故处理。就现有的法律、法规及相关规范性文件均未对逃逸的时间和地点作限制规定。如果仅将逃逸行为限定在事故现场，那么性质同样恶劣的逃避法律追究的行为就得不到有效规制，如此势必会影响此类犯罪的惩处力度，也与相关立法精神不符。

（河北省唐山市丰南区人民检察院　郭景翠）

驾驶人因未察觉发生交通事故而驶离现场的行为能否认定为交通肇事逃逸

一、基本案情

2019年9月12日6时30分许，犯罪嫌疑人陈某某驾驶冀B6××××重型特殊结构货车沿骨涧线（唐山—涧河）由北向南行驶至山深线北辅路右转弯时（丰南区辖区），与由北向南直行的甘某某驾驶的电动自行车发生交通事故，陈某某肇事时正与其妻子视频通话，事故发生时隐约感觉有颠簸，肇事后继续正常行驶，驶出56米之后，心存疑虑，后其停车下车查看，并没有发现车外表有明显撞击痕迹，故继续按既定路线行驶，且对肇事车辆没有进行任何修理冲洗等行为。此事故造成甘某某当场死亡。后陈某某去唐山某工地卸灰时，接到交警队电话，并在工地等候交警队民警，民警到达工地后，检查了涉嫌肇事的车辆，并对涉嫌肇事的车辆进行了扣押，将犯罪嫌疑人陈某某带至交警队。

从司法鉴定中心出具的司法鉴定意见书中可以看出，陈某某驾驶的车辆其前保险杠右侧离地高67~93cm范围内留有刮擦痕；右侧前照灯灯罩留有刮擦痕；驾乘室右侧脚踏支架底部留有刮擦痕；第一轴平衡杆右侧底部留有刮擦痕；第一轴车桥底部留有刮擦痕。从鉴定照片中我们可以看出，陈某某驾驶的大型车右侧有旧擦痕。从公安机关提供的监控视频中我们可以看出，陈某某将甘某某撞击碾轧后正常驶离现场，无卡顿、停车、减速、加速等异常表现，且现场道路并不平坦，事故现场附近有一辆与肇事车辆几乎相同的车打开双闪停在事故现场旁边。

经交警部门认定，犯罪嫌疑人陈某某驾车违反了《中华人民共和国道路交通安全法》第22条第1款："机动车驾驶人应当遵守道路交通安全法律、法规的规定，按照操作规范安全驾驶、文明驾驶。"第70条第1款以及《中华人民共和国道路交通安全法实施条例》第92条规定，负此次事故的全部责任。

二、分歧意见

本案就陈某某交通肇事是否构成逃逸的定性存在以下两种分歧：

第一种意见认为，陈某某的行为构成交通肇事逃逸，逃逸作为交通肇事的一个法定加重情节，应在三年以上七年以下有期徒刑幅度内量刑，理由是：陈某某将被害人撞击碾轧，从公安机关提供的视频录像中可以看出，车辆有明显的颠簸，故其本人当时也应有知觉，故其行驶出 56 米后停车，下车查看；从司法鉴定中心提供的鉴定意见中可以看出，车辆外表有撞击痕迹，且事故时间为 2019 年 9 月 12 日 6 时 30 分许，有能看见撞击痕迹的客观条件，也可推断陈某某应当明知发生了交通事故，后其驾车离开事故现场，存在侥幸心理，对发生严重事故的后果持放任态度。综上，可以认定陈某某具有主观上明知发生了交通事故，为了逃避法律追究而驾车驶离事故现场的故意，同时也具备客观上逃离事故现场的行为，所以陈某某行为构成交通肇事逃逸。

第二种意见认为，陈某某的行为仅构成交通肇事罪的基本犯，本案中现有的证据并不足以证明犯罪嫌疑人具有主观上明知发生了交通事故，从而为逃避法律追究而逃离事故现场的故意。

三、评析意见

笔者同意第二种意见，理由如下：

1. 遵循主客观构成要件相统一原则。笔者认为，我国刑法理论的罪过形式要求主客观一致，交通肇事逃逸的认定必须是主观与客观二要件同时具备，肇事者在客观上具有逃离现场的行为，同时具备主观上明知发生了交通事故，为逃避法律追究而离开事故现场的故意。我们不能仅仅依据肇事者逃离了现场就认定其具有肇事逃逸的行为。本案现有证据不足以证明陈某某具有主观上的故意，陈某某受当时的客观条件干扰，只是隐约感觉车有颠簸，并未在意，驶出 56 米后下车查看，并没有发现肇事车辆有明显的撞击痕迹，从鉴定意见也可以看出，车辆表面撞击痕迹并不明显，且车辆无血迹等能直接证明发生过交通事故，此时陈某某作出没有发生过交通事故的判定是有可能的，事后，陈某某并没有表现出任何异常行为，没有加速、停车、对车辆进行冲洗修理等行为，而是根据既定路线行驶、工作，因此，仅仅凭借客观上逃离现场的行为不能认定陈某某是肇事逃逸。

2. 正确把握交通肇事逃逸的实质含义。交通肇事逃逸，是指机动车的驾驶员，在他明知自己发生交通事故后，为了逃避法律的追究，故意逃离了交通事故现场，并且使事故所引起的责任没有办法确定。故交通肇事逃逸主观上是故意的，这就要求行为人必须明知或应知自己在交通事故中致人伤亡，而不仅仅是事故后离开了事故的现场，本案现有的证据只能证明陈某某逃离现场的客观要件，其"明知"的主观要件尚缺乏足够的证据证明。

3. 遵循存疑有利于被告人原则。在对事实存在合理疑问时，应当作出有利于被告人的判决、裁定。该原则在适用中表现为：当事实在有罪无罪之间存在疑问时，应当按照无罪处理；当事实在重罪与轻罪之间存在疑问时，应认定为轻罪；就从重处罚情节存在疑问时，应当否认从重处罚情节，本案对陈某某主观要件认定上存在疑问，故应当否认其行为构成交通肇事逃逸。

交通肇事逃逸的认定在司法实践中是比较复杂的问题，逃逸案件的认定不仅关系到受害者的切身利益，而且在一定程度上会影响社会的稳定。虽然同为交通肇事，逃逸作为交通肇事罪的法定加重情节，其二者在刑期上具有本质的区别，行为人到底承担交通肇事逃逸责任还是仅承担普通的交通肇事责任，取决于案件现有的证据。

综上，本着存疑有利于被告人的理论，对陈某某不以交通肇事逃逸定罪处罚，而仅以普通的交通肇事罪定罪处罚。

（河北省唐山市丰南区人民检察院　李晓雯）

"二次交通事故"中的责任如何认定

一、基本案情

2013年2月24日晚上5时30分,赵某驾驶出租车行驶至某生活区南门时,发现顺向行走的李某突然横穿马路,赵某刹车不及将李某撞倒在马路中间。与此同时,刘某驾车对向行驶到该区域并碾压了倒在路中间的李某,意识到驾车感不对后,刘某向前行驶了几十米后将车辆停靠在路边,下车观察车辆情况。紧随刘某车后的驾驶员朱某发现前车碾压被害人后将车辆急停,才避免再次碾压李某。经公安部门勘查发现:该路段路灯昏暗,道路系南北双向行驶车道,限速40km/h。事发时赵某车速为60km/h,属于超速行驶;刘某属于正常行驶,无超速等违章情形,刘某在行驶过程中碾压的是被害人李某的腿部、腹部。经尸检确定李某系交通事故当场死亡,但不能确定李某死亡的具体原因是第一次撞击还是第二次碾压。案发后公安机关认定该事故为一起"二次事故",分别是赵某交通肇事案和刘某交通肇事案。赵某肇事案中,赵某驾驶机动车超速行驶负事故的主要责任,李某横穿马路未注意自身安全负事故的次要责任。刘某肇事案中,刘某未尽到驾驶员的观察注意义务负事故全部责任,李某因当时已经受伤,行动不便,不承担事故责任。侦查终结后,公安机关分别以交通肇事罪将赵某、刘某移送审查起诉。

二、分歧意见

对于本案赵某、刘某的刑事责任认定存在以下三种意见:

第一种意见认为,赵某、刘某均构成交通肇事罪。理由是:(1)赵某超速行驶,刘某未尽到驾驶员的观察注意义务,均违反了交通运输管理法规的规定;(2)赵某在第一次事故中负主要责任,刘某在第二次事故中负全部责任;(3)李某因交通事故死亡;(4)赵某、刘某作为驾驶人员应当预见道路上出现的各种情况，因疏忽大意未预见，主观上存在过失。以上四点符合交通肇事罪主客观构成要件，即主观上存在过失，客观上违反交通运输管理法规，因而发生重大交通事故致一人死亡，负事故主要或者全部责任，应以交通肇事罪追究刑事责任。

第二种意见认为，赵某的行为构成交通肇事罪，刘某的行为属于意外事件，不承担刑事责任。理由是：（1）交通事故书责任认定不清。本案赵某、刘某既没有交通肇事罪共犯情形，也不存在任何意思联络，且既然是一起二次事故造成被害人死亡，在一起交通事故中被害人同时负有两个责任是不符合常识逻辑的。（2）二次事故中因果关系中断。在案证据无法证实李某死于第一次撞击还是第二次碾压，抑或是共同作用结果，尸检报告也无法排除上述两种结果的可能性，因此导致刘某二次碾压的因果关系中断。（3）刘某的行为不符合主客观相一致的犯罪构成要件要求。交通肇事犯罪是结果犯，本案李某的死亡系赵某超速行驶引发，不论李某是死于第一次撞击还是第二次碾压，其死亡结果与赵某的违章行为均具有刑法学意义上的因果关系，且赵某主观上应当预见自己违章行为可能导致发生交通事故，因过于自信的过失而未预见，赵某的行为构成交通肇事罪。刘某在正常行驶过程中不可能预见本案瞬间对向车辆将行人撞击到己方道路内的情形，应属于意外事件，从而不承担刑事责任。

第三种意见认为，赵某、刘某构成犯罪的证据不足，均不应承担刑事责任。理由是：在同一被害人先后经历两起独立的交通事故过程中发生死亡，由于第一次交通事故致使被害人躲避危险的能力降低，为第二起交通事故中被害人的死亡结果的发生创造了条件，赵某的肇事行为因为刘某的碾压介入导致因果关系中断，从而无法确定李某死亡的具体原因，所以现有证据条件下，无法查清李某死于第一次撞击还是第二次碾压。根据刑法谦抑性原则，刑法对行为人的行为应当具有更大的宽宥性，故本案不应以客观结果推定赵某、刘某的刑事责任。

三、评析意见

笔者赞同第二种意见，理由如下：

1. 交通事故认定书中的"责任"与"刑事责任"的内涵不同。交通事故认定是公安机关交通管理部门根据交通事故现场勘验、检查、调查情况和有关检验、鉴定意见，对交通事故的基本事实、成因和当事人的责任作出的具体认定。交通事故认定书作为书证的一种，是对事故成因的分析，是对事故当事人有无违章行为，以及违章行为与损害结果的发生之间的因果关系进行的定性和定量描述，其本身并不确定当事人的法律责任和义务。因此，交通事故认定书中的"责任"不等同于民事责任、刑事责任中"责任"的内涵，交通事故认定书中的责任认定不能直接作为定罪量刑的依据。本案中，交通事故认定书对各行为人的责任认定错误。公安部《道路交通事故处理程序规定》第46条第2项规定，因两方或者两方以上当事人的过错发生道路交通事故的，根据其行为对事故发生的作用以及过错的严重程度，分别承担主要责任、同等责任和次要责任。换言之，在道路交通事故的认定中，事故各方的责任总和应当是百分之百。两方或两方以上交通事故是对合（对向）关系，应当在一个整体责任下认定各方责任。《道路交通事故处理程序规定》第50条也明确规定，道路交通事故成因无法查清的，公安机关交通管理部门应当出具道路交通事故证明，载明道路交通事故发生的时间、地点、当事人情况及调查得到的事实，分别送达当事人。即公安机关对复杂的两人以上交通事故可以不再单独进行责任区分。

2. 行为人的主观罪过是评价行为人是否承担刑事责任的分水岭。实践中容易混淆意外事件与疏忽大意的过失，因为二者均是行为人主观上不愿意、不希望发生，二者的区别关键在于行为人是否有应当预见危害结果发生的义务。所谓意外事件，是指行为人不是出于故意或者过失，而是由于不能预见或者不能抗拒的原因，导致行为在客观上造成了危害社会的结果。意外事件具有以下三个特征：一是行为人的行为客观上造成了损害结果；二是行为人对自己所造成的损害结果，主观上既无故意也无过失；三是损害结果的发生是由于不能预见或者不能抗拒的原因引起的。因此，在意外事件过程中，根据刑法主客观相一致的基本原则，行为人主观上没有罪过，虽然客观上造成了危害结果的发生，其行为不认为是犯罪，行为人对行为后果不具有预见的义务。疏忽大意的过失，是指行为人对危害结果的发生应当预见而没有预见，即行为人负有预见危害结果发生的义务，并且客观上也能够预见。判断是否具有预见义务依据主客观相统一原则，特别是综合考虑案发时行为人客观上的心态、年龄、心智、工作经验，以及案发时环境等多种因素，亦要考虑被告人的个体因素以及社会一般人的认知水平。对于本案赵某、刘某的主观和责任评价，应结合具体情况进行具体分析。

有观点认为，对于刘某主观故意的评价，在肯定赵某违章撞倒李某，构成交通肇事罪的前提下，认为刘某虽然不是肇事车辆单位主管人员、机动车辆所有人、承包人或者乘车人等共犯情形，但赵某撞倒李某时，刘某正在对向行驶，其作为一名驾驶员应当能够预见对向车辆可能出现的情况，而应及时采取刹车减速措施，刘某供述和其碾压行为证实其并未在有效刹车距离内采取减速措施，仍然与赵某同时构成交通肇事罪。笔者认为这种观点有待商榷，作为社会一般人员，在正常行驶过程中不会也不可能预见到道路上突然出现行人倒地情况，如果本案赵某撞倒李某到刘某到达事发区域之间有一定的时间差，那么刘某应当承担二次碾压导致的法律后果，在能查清李某死亡因果关系的情况下承担责任，但如果赵某撞倒李某的事故发生在交通车辆密集区域，刘某没有足够的反应时间，那么刘某的行为应当属于主观上不能预见的意外事件。本案中，赵某超速行驶将被害人李某撞倒，李某倒地后刘某的车辆也恰好行驶到事发区域，并碾压了被害人李某，刘某的碾压行为是建立在赵某将李某撞倒这一交通事故基础上的，如果没有赵某和李某之间的一次交通事故，也就必然不会存在刘某碾压李某的二次交通事故行为。同时，赵某在主观上存在过失，客观上致被害人死亡，其行为构成交通肇事罪，刘某因主观上不能预见此次事情的发生，应认定为意外事件。

另外，在无法查清被害人具体死亡原因的情况下，因证据链断裂，将无法追究肇事各方行为人的刑事责任。对于被害人的救济，根据最高人民法院《关于审理人身损害赔偿案件适用法律若干问题的解释》第3条"二人以上共同故意或者共同过失致人损害，或者虽无共同故意、共同过失，但其侵害行为直接结合发生同一损害后果的，构成共同侵权，应当依照民法通则规定承担连带责任"规定，以及《中华人民共和国侵权责任法》第1171条"二人以上分别实施侵权行为造成同一损害，每个人的侵权行为都足以造成全部损害的，行为人承担连带责任"规定，本案赵某第一次撞击导致刘某碾压被害人的二次事故发生，虽然赵某和刘某并没有任何意思联络，但刘某应当与赵某共同承担连带侵权责任，从民法上保障被害人的民事救济权利。

（河北省唐山市丰南区人民检察院　孙立强）

破坏社会主义市场经济秩序罪

非法经营"黑车队"行为是否构成非法经营罪

一、基本案情

2015年6月至2018年4月期间,犯罪嫌疑人吴某某在没有任何资质的情况下非法经营"黑车队",以"带车"的名义帮助超载超限的货车逃避交警、路政等部门的罚款,向车主收取"服务费",非法获利145000元。

二、分歧意见

基于以上事实,对本案是否构成非法经营罪,出现两种分歧意见:

第一种意见认为,本案应构成非法经营罪。吴某某为获取非法利益,接受超载、超限车辆躲避治超处罚,收取管理费用的行为,属于无照经营行为,违反了《中华人民共和国道路运输条例》《无照经营查处取缔办法》相关条款的规定,系扰乱市场秩序的非法经营行为,依照《刑法》第225条规定,应以非法经营罪定罪处罚。

第二种意见认为,本案不构成非法经营罪。吴某某实施了接受他人钱款,帮助躲避执法检查的行为,但该行为是否属于《刑法》第225条规定的非法经营行为,目前并无司法解释予以明确,以非法经营罪追究其刑事责任于法无据。

三、评析意见

笔者同意第二种意见,具体分析如下:

对于《刑法》第225条第4项规定的"其他严重扰乱市场秩序的非法经营行为"的适用,应当根据相关行为是否具有与《刑法》第225条前三项规定的非法经营行为相当的社会危害性、刑事违法性和刑事处罚必要性进行判断。判断违反行政管理有关规定的经营行为是否构成非法经营罪，应当考虑该经营行为是否属于严重扰乱市场秩序。对于虽然违反行政管理有关规定，但尚未严重扰乱市场秩序的经营行为，不应当认定为非法经营罪。

目前各地公安机关查处了一些该类案件，这类案件具有一定的社会危害性。但是认定非法经营罪需要以相关"国家规定"为前提，并且该"国家规定"中有"追究刑责条款"的规定。最高人民法院《关于准确理解和适用刑法中"国家规定"的有关问题的通知》（法发〔2011〕155号）第1条明确规定了"国家规定"的概念和范畴。因此，认定其涉嫌非法经营罪必须有相关国家规定为前提。经查找相关资料，尚没有找到相关明确的国家规定。同时在最高人民法院《关于准确理解和适用刑法中"国家规定"的有关问题的通知》（法发〔2011〕155号）中也规定，各级人民法院审理非法经营犯罪案件，要依法严格把握刑法第225条第4项的适用范围。对是否属于"其他严重扰乱市场秩序的非法经营行为"有关司法解释未明确作出规定的，应当作为法律适用问题，逐级向最高人民法院请示。

《刑法》第96条规定："本法所称违反国家规定，是指违反全国人民代表大会及其常务委员会制定的法律和规定，国务院制定的行政法规、规定的行政措施、发布的决定和命令。"具体到非法经营罪中"违反国家规定"的理解，主要包括三个层次：第一个层次，如果一个行为没有违反国家规定，而只是违反了比国家规定位阶低的地方性法规、部门规章等，当然不构成非法经营罪；第二个层次，虽然一个行为违反了国家的规定，但该国家规定未将该行为作"构成犯罪的……追究刑事责任"的规定，并且刑事司法解释也未将该行为解释为非法经营罪的行为方式的，也当然不构成非法经营罪；第三个层次，虽然一个行为违反了国家规定，并且该国家规定将该行为作了"构成犯罪的……追究刑事责任"的规定，但刑事司法解释未将该行为明确解释为非法经营罪的行为方式的，也当然不构成非法经营罪。目前该系列案件并无最高人民法院司法解释及批示的文件。根据《中华人民共和国刑法》第3条规定，"法律明文规定为犯罪行为的，依照法律定罪处罚；法律没有明文规定为犯罪行为的，不得定罪处罚"。吴某某的行为不构成犯罪。随着社会主义市场经济的发展和法律法规的修订，专营、专卖物品和限制买卖物品的范围等都出现了变化，社会犯罪的种类、形式也在不断翻新，国家尽快出台相应法律及司法解释，以更好地维护社会秩序。

综上，被告人以盈利为目的，在没有任何资质的情况下非法经营"黑车队"，以"带车"的名义帮助超载超限的货车逃避交警、路政等部门的罚款，非法获利的行为，不构成非法经营罪。

（河北省滦州市人民检察院　王学辉）

以签订合同的方式多次骗取金融机构分期贷款的构成何罪

一、基本案情

犯罪嫌疑人黎某在某平台负责为他人办理信用卡，并对想要办理信用卡的黄某、李某、王某等15人说："办理手机分期业务，可以积攒信用，信用卡审批通过率高。"2019年5月至10月，犯罪嫌疑人黎某指使黄某、李某、王某等15人先后到某手机店办理某金融机构的手机分期业务5次，并承诺手机贷款由黎某偿还。黄某、李某、王某等15人在手机店与某金融机构业务员签订合同，并提供虚假的购买手机证明，手机店配合提供虚假的首付款证明，黄某等人并未实际购买手机。贷款下来后，手机店将贷款转给黎某，黎某得到钱款后，用于自己挥霍。经查，黎某已按月还清黄某等人5月至9月手机贷款本金150万元，利息15万元。因自己挥霍，无法偿还10月的剩余手机贷款本金13万元，给某金融机构造成损失。

二、分歧意见

第一种观点认为，黎某的行为构成合同诈骗罪。黎某通过让黄某等15人和贷款公司签订分期购买手机的贷款合同，将贷款骗到自己手中，用于挥霍，其主要犯罪手段就是利用他人与金融机构签订合同，利用虚假合同的方式骗取他人财物，应当以合同诈骗罪追究其刑事责任。

第二种观点认为，黎某的行为构成贷款诈骗罪。黎某虽然指使他人和贷款公司签订贷款合同，但签订合同仅是其骗取贷款的一种方式，其行为的实质是从金融机构骗取贷款，如果不签订合同，其骗取贷款的目的就不能实现，所以应当以贷款诈骗罪追究其刑事责任。

第三种观点认为，黎某的行为不构成犯罪。因为黎某指使他人分几次贷款，都是在主观故意的支配下的诈骗行为，其诈骗的数额应当是将每次诈骗的本金数额加在一起，计算最后金融机构损失了多少钱。如此，黎某前几个月已经偿还的本金加利息已经远远超出了其最后没有还清的贷款本金，也就是说，其前几次还的利息够偿还最后一次所欠的本金了，如此计算下来，金融机构实际并没有损失。所以虽然黎某有诈骗的故意，但客观上没有造成金融机构的损失。本罪属于结果犯，如果客观上没有造成金融机构的损失，则不宜定罪，不应当追究黎某的刑事责任。

三、评析意见

本人同意第二种观点，即黎某的行为构成贷款诈骗罪。

1. 从全案来看，虽然黎某归还金融机构的数额已经远远超出了其借款的金额，算上最后一次没有还的本金，甚至还有剩余，但本案不应将其前几次的贷款行为算在内。一是前几次的贷款行为虽有骗的行为，但其还款义务已经客观上履行完毕，并没有造成金融机构损失，可以不再追究其刑事责任。二是前几次还款的利息是双方在平等自愿基础上达成的协议，具有法律约束力。将前几次还款的利息算作最后一次应还的本金，侵犯了金融机构对外借贷获取利息的合法权益，也是变相承认前几次的合同对利息的约定是无效的。三是最后一次骗取贷款行为应当独立看待，虽然与前几次骗取贷款的行为出于同一个主观目的，客观上造成了金融机构损失的结果，应当对其最后一次骗取贷款的行为追究责任。

2. 本案中黎某虽然让他人与金融机构签订了虚假的贷款合同，符合合同诈骗罪的犯罪构成，但合同诈骗罪与贷款诈骗罪属于法条竞合关系，根据特别法优于一般法的定罪原则，对自然人以非法占有为目的实施的诈骗贷款行为，应当以贷款诈骗罪定罪处罚。

3. 贷款诈骗罪侵犯的客体是国家对金融机构贷款的管理秩序和金融机构的财产所有权；犯罪对象是银行或者其他金融机构的贷款；本案中黎某在主观方面为直接故意，具有非法占有金融机构贷款的目的；黎某让他人与金融机构签订虚假的贷款合同，符合《刑法》第193条第2项规定，使用虚假的经济合同的情形；黎某最后无力偿还剩余13万元，造成金融机构的经济损失，数额较大；黎某已满18周岁，具有完全刑事责任能力。

综上，黎某以非法占有为目的，诈骗金融机构的贷款，给金融机构造成了经济损失，严重侵犯了国家的正常金融贷款秩序和金融机构的财产所有权。黎某的行为构成贷款诈骗罪。

（河北省滦州市人民检察院　蒋海民　李鹏）

农民转让自有宅基地的行为是否构成犯罪

一、基本案情

被告人方某系唐山市路北区韩城镇某村农民。2019年2月7日，方某将其因继承取得，并已办理集体土地建设用地使用证的225平方米的宅基地及附属房屋，以88万元的价格卖给其所在镇另一村村民龙某。

二、分歧意见

对于如何认定被告人方某转让自有宅基地行为的性质，审理中有两种意见：

第一种意见认为，被告人方某转让自有宅基地的行为构成非法转让土地使用权罪。理由是：（1）本案中方某系以牟利为目的向本集体经济组织以外的人员转让宅基地。《土地管理法》第73条明确规定，买卖或者以其他形式非法转让土地，构成犯罪的，应当依法追究刑事责任。方某以75万元的价格向龙某转让宅基地和附属房屋，其中附属房屋经评估价值为15万元，且龙某购买不久即拆除原有的附属房屋，说明其目的是购买使用该宗宅基地。（2）最高人民法院《关于审理破坏土地资源刑事案件具体应用法律若干问题的解释》（以下简称《解释》）第1条规定，以牟利为目的，违反土地管理法规，非法转让、倒卖土地使用权获利50万元以上的，应依照《刑法》第228条的规定以非法转让、倒卖土地使用权罪定罪处罚。方某非法转让自有宅基地的获利数额超过了前述《解释》规定的"情节严重"标准，依法应以非法转让土地使用权罪追究其刑事责任。

第二种意见认为，被告人方某转让自有宅基地的行为不宜按非法转让土地使用权罪定罪处罚。理由是：（1）方某将自有宅基地转让给本集体经济组织以外人员的行为虽然违反了土地管理的相关法律法规，但对方亦是其他集体经济组织成员，且购买宅基地的目的是用于建设自住房，并未改变宅基地用途，也未造成集体土地流失的损害后果，不属于《解释》规定的非法转让土地使用权罪"情节严重"的情形。（2）从目前政策发展来看，宅基地使用权及其地上房屋有在一定限度内放开流转的趋势，在相关政策试点时期，也不宜对将宅基地及其地上房屋转让给其他集体经济组织的农民的行为追究刑事责任。（3）本案涉案宅基地的地上房屋已经灭失，仅根据房屋原貌照片作出的评估价格缺少依据。方某非法获利是否达到《解释》规定的50万元入罪标准存疑。

三、评析意见

笔者同意第二种意见，理由如下：

1. 从农村宅基地制度的政策导向来看，对转让自有宅基地的行为不宜追究刑事责任。根据《物权法》《土地管理法》《土地管理法实施条例》等法律法规的规定，宅基地是农村的农户或个人用作住宅基地而占有、利用的本集体所有的土地，只有拥有农村户口的人才能在本集体所有的土地范围内申请宅基地。与一般集体土地和国有土地有所区别，农民对自有宅基地的占有权受到很大限制。一户农民只能拥有一处宅基地且只能在本集体经济组织内部流转，出卖、出租住房或赠与他人后不得再申请宅基地。随着我国城镇化进程的深入，农村人口流失严重，大量农村住房闲置。在经济利益和改善居住条件需求的驱动下，农民之间的房产交易成为一种常见现象，农民通过转让、出租、抵押、入股等形式将住宅入市流转的情形大量出现。2013年11月12日，党的十八届三中全会通过的《中共中央关于全面深化改革若干重大问题的决定》明确提出，要"赋予农民更多财产权利……保障农户宅基地用益物权，改革完善农村宅基地制度，选择若干试点，慎重稳妥推进农民住房财产权抵押、担保、转让，探索农民增加财产性收入渠道。建立农村产权流转交易市场，推动农村产权流转交易公开、公正、规范运行"。2016年12月31日，中共中央、国务院《关于深入推进农业供给侧结构性改革加快培育农业农村发展新动能的若干意见》也提出，要"深化农村集体产权制度改革……认真总结农村宅基地制度改革试点经验，在充分保障农户宅基地用益物权、防止外部资本侵占控制的前提下，落实宅基地集体所有权，维护农户依法取得的宅基地占有和使用权，探索农村集体组织以出租、合作等方式盘活利用空闲农房及宅基地，增加农民财产性收入。允许地方多渠道筹集资金，按规定用于村集体对进城落户农民自愿退出承包地、宅基地的补偿"。从上述我国宅基地制度的政策导向来看，在从中央到地方均尝试为农村宅基地流转搭建良好的平台、积极放开政策性束缚的情况下，不宜对农民有偿转让宅基地的行为定罪处罚。

2. 本案尚未达到非法转让土地使用权罪"情节严重"的入罪标准。刑法的谦抑性和最后手段性要求刑罚规制应当控制在维持社会秩序所必须的最小限度之内，即使动用刑罚手段，也应从严掌握。根据《解释》第1条的规定，非法转让土地使用权罪"情节严重"的标准是指具有非法转让、倒卖基本农田五亩以上，非法转让、倒卖基本农田以外的耕地十亩以上，非法转让、倒卖其他土地二十亩以上，非法获利五十万元以上，或者非法转让、倒卖土地接近上述数量标准并具有曾因非法转让、倒卖土地使用权受过行政处罚、造成严重后果等情形。本案中，被告人方某违规转让自有宅基地的数量、获利数额和危害后果均未达到《解释》规定的入罪标准：（1）本案中的涉案宅基地仅有225平方米，远未达到前述"情节严重"情形的最低数量标准。（2）方某转让宅基地和房屋的价格虽然超过了50万元的非法获利数额标准，但因房屋价格认定存疑，也未扣除方某对宅基地维护的投入，方某非法获利数额是否达到50万元以上存疑。（3）购买方某宅基地的龙某虽非方某所在集体经济组织成员，但亦系同一个镇的农民，购买的目的是改善住房条件，购得后也未改作他用，而是将原有房屋拆除后重建，既未改变该项宅基地的性质和土地规划用途，也未造成土地流失的损害后果。故认定方某的行为属于非法转让土地使用权"情节严重"，依据不足。

3. 参照最高人民法院关于涉农村宅基地刑事案件的批复精神，对于转让自有宅基地的行为不宜按犯罪处理。

2010年11月2日，最高人民法院《关于个人违法建房出售行为如何适用法律问题的答复》（法〔2010〕395号，以下简称《答复》）指出："在农村宅基地、责任田上违法建房出售如何处理的问题，涉及面广，法律、政策性强。据了解，有关部门正在研究制定政策意见和处理办法，在相关文件出台前，不宜以犯罪追究有关人员的刑事责任……案件处理更应当十分慎重。要积极争取在党委统一领导下，有效协调有关方面，切实做好案件处理的善后工作，确保法律效果与社会效果的有机统一。"《答复》所针对的是在农村宅基地、责任田上违法建房出售如何处理的问题，其主观恶性和社会危害程度明显重于本案中农民将自有宅基地和房屋出售给本集体经济组织以外的其他农民的行为，举重以明轻，对方某转让自有宅基地的行为也不宜按犯罪处理。

（河北省唐山市路北区人民检察院 刘树利）

行为人拖欠"享贷"的数额是否应计入恶意透支信用卡的数额

一、基本案情

2013年初,黄某申领了一张河北银行的信用卡,授信额度为2万元。黄某收到该卡后一直正常消费使用,并按期还款。2016年8月,河北银行见黄某信用状况良好,便主动打电话给黄某,向其推荐"享贷"业务,称该业务不用持卡人提供任何担保,也不用签订书面协议,即可通过该信用卡提供给持卡人一笔30万元的贷款额度,该贷款分36期偿还,每期贷款须使用信用卡平台偿还。黄某随即同意办理"享贷"业务,随后将银行提供的30万元转入自己另外一张工商银行借记卡内用于生意周转,并按照约定的分期按时还款。2017年5月,黄某生意失败,资金链断裂,逐渐不能按期归还"享贷"的分期还款和其他消费透支。时至2018年2月28日,黄某最后一次还款后,再未进行任何还款。2018年4月开始,河北银行通过电话、上门等方式进行了多次催收,黄某仍未进行还款。2018年9月23日,河北银行向公安机关报案,称黄某恶意透支包含未归还的"享贷"和其他消费透支本息合计达30万余元。公安机关以黄某涉嫌信用卡诈骗罪对黄某立案侦查,后移送检察机关审查起诉。

二、分歧意见

对黄某未归还的"享贷"是否应计入恶意透支信用卡的数额,有两种不同意见。

第一种意见认为,未归还的"享贷"数额应计入恶意透支信用卡的数额。理由是:根据2004年12月29日第十届全国人民代表大会常务委员会第十三次会议通过的《关于〈中华人民共和国刑法〉有关信用卡规定的解释》(以下简称《解释》）规定，刑法规定的"信用卡"，是指由商业银行或者其他金融机构发行的具有消费支付、信用贷款、转账结算、存取现金等全部功能或者部分功能的电子支付卡。根据河北银行出具的"享贷"业务的说明，"享贷"现金分期业务是该行信用卡中心为符合条件的信用卡持卡人提供的分期服务，持卡人可在银行预先给定的"享贷"额度内，直接申请支取现金，由持卡人分期偿还本金，并收取分期手续费。故"享贷"是一种通过信用卡平台发放的信用贷款，属于信用卡功能之一，拖欠"享贷"额度亦构成恶意透支。

第二种意见认为，未归还的"享贷"数额不应计入恶意透支信用卡的数额。理由是："享贷"不是从信用卡内透支的信用额度，其本质上是黄某与银行之间一项独立的民事贷款，黄某将该款使用后未按约定偿还，属于民事法律关系，不属于恶意透支行为。

三、评析意见

笔者赞同第二种意见，拖欠"享贷"的数额不应计入恶意透支信用卡的数额。具体分析如下：

1. "享贷"在发放方式、计息方式、还款方式等方面与一般信用卡的消费信贷有着明显区别。信用卡的根本属性是"凭信用免费使用银行资金"。一般信用卡的使用流程是，由持卡人根据与银行事先约定的授信额度，使用信用卡进行刷卡消费或支取现金，月底结账。银行在每月账单出账后，会给持卡人一个免息期，一般是二十天左右，在免息期到期前持卡人如能足额还款，银行则不收取任何利息和费用；持卡人如未能足额还款，对于未能归还的部分银行才开始收取利息和费用。同时，对于资金短缺的持卡人，银行还提供了一种分期还款业务，持卡人可以对本期不能按时还款的全部或部分金额自行选择分若干期还款，银行对这种分期还款业务会收取一定的手续费。而"享贷"额度是银行在信用卡授信额度之外另行批准的一笔现金贷款额度，该笔贷款不是打入持卡人相应信用卡内，由持卡人根据需要进行刷卡消费或支取现金，而是由持卡人直接转入自己的另一张借记卡中。该业务同时要求持卡人必须接受分期，此后每月按期偿还本金及相应的利息、手续费等，其间没有免息期。因此，"享贷"本质上是一种事先约定分期还款的独立的民事贷款，其与一般信用卡透支后选择分期还款的方式有着明显的不同，所以拖欠"享贷"的数额不应计入恶意透支信用卡的数额。

2. 国家对信用卡的信用贷款功能是有明确限制的。根据2011年中国银行业监督管理委员会《商业银行信用卡业务监督管理办法》（以下简称《办法》)第 7 条规定:"本办法所称信用卡,是指记录持卡人账户相关信息,具备银行授信额度和透支功能,并为持卡人提供相关银行服务的各类介质。"《办法》第 55 条规定:"发卡银行不得为信用卡转账(转出)和支取现金提供超授信用额度用卡服务。信用卡透支转账(转出)和支取现金的金额两者合计不得超过信用卡的现金提取授信额度。"以上条文明确了我国信用卡的两大特征:具有授信额度和透支功能。透支,是指银行允许其用户在事先约定的限额内,超过存款余额支用款项的一种放款形式,信用卡的透支功能实际是一种信用贷款,允许用户凭信用免费使用一定限额的银行资金用于消费或提现。《办法》第 55 条进一步对基于信用卡平台的透支转账(转出)和支取现金的金额作出了限制,明确了其额度不得超过授信额度。就上述规定来看,河北银行向授信额度仅有 2 万元的信用卡账户提供一笔 30 万元的"享贷",明显超出了上述规定的限额,违反了金融规章的规定,所以该"享贷"不属于信用卡基本属性之内的信用贷款。

第一种意见认为,《解释》规定的"信用卡"具有信用贷款功能,所以拖欠的"享贷"数额应计入恶意透支数额。笔者认为,《解释》仅是明确了刑法规定的"信用卡"的基本功能,但没有对每项功能的具体范围、具体业务标准和操作规范做出进一步解释和说明。《办法》是一部专门规范商业银行信用卡业务的部门规章,其中关于信用卡透支转账(转出)和支取现金金额不得超过授信额度的规定,是对应信用卡基本功能所作的一种具体规范,其与上位法并不抵触。第一种意见仅注意到该《解释》对信用卡具有信用贷款这一基本功能的规定,又援引银行单方面出具的情况说明,就认定"享贷"就是一种信用卡基本功能之内的信用贷款,拖欠"享贷"的数额应计入恶意透支数额,没有参照金融规章的具体规定,没有深挖"享贷"的本质,所以这一观点有一定的局限性。

3. 从金融风险控制和刑法的任务来看,不宜将拖欠"享贷"认定为恶意透支。根据现代金融理论,银行在发放信用贷款时只获得了借款人对于偿还贷款的承诺,而这种承诺能否兑现,取决于借款人未来的现金流。由于借款人未来的现金流有很大的不确定性,所以信用贷款势必要承担较大的风险。对于这种潜在的风险就要求银行在发放信用贷款时严格审查和评估借款人的偿还能力、资金用途等因素,并严格限定贷款额度,以便将风险降至最低。《办法》之所以对信用卡透支转账(转出)和支取现金金额作出不得超过授信额度的规定,究其原因,正是为了规避和防范这一信用风险。但是,"享贷"这种通过信用卡平台发放和还款的超过授信额度的信用贷款,仅是通过持卡人过往在授信额度内有良好的还款记录就评估借款人有良好的偿还能力,根本不过问资金用途，不签订书面协议的情况下便发放一笔数倍至十数倍授信额度的信用贷款给持卡人，势必使所发放贷款不能如期收回的风险大增。目前，类似河北银行"享贷"这种通过信用卡平台发放和还款的超过授信额度的信用贷款在各个银行中普遍存在，如招商银行"e招贷"、上海浦发银行"万用金"等。上述贷款项目用户群体庞大，难免会出现持卡人未能及时还贷的情况，如将上述贷款项目都视作信用卡基本功能内的信用贷款，对于不能及时还贷的持卡人都按照"恶意透支型"信用卡诈骗罪中的法律规定定罪科刑，则显得谦抑不足。

综上所述，对于这类通过信用卡平台发放的超过授信额度的信用贷款不应视为信用卡基本功能之内的信用贷款，拖欠这类贷款的数额不应视为信用卡透支数额，不应适用"恶意透支"型信用卡诈骗罪中的法律规定进行处罚。

（河北省唐山市丰南区人民检察院　李彦军）

行为人明知无法偿还仍非法吸收公众存款的构成何罪

一、基本案情

犯罪嫌疑人林某某2003年开办了某制衣厂，从事服装生产加工。后来该个体工商户于2012年3月7日注销，林某某于2012年3月20日成立了某服饰公司，继续原有公司经营。但在公司成立前，制衣厂因经营不善导致长期亏损。林某某于2009年10月至2012年9月期间，在背负巨额债务、明知无法偿还的情况下，仍虚构资金周转、扩大生产、购买设备等事实，通过手机短信的方式向社会公众宣传，并且承诺以2.5分至10分不等的高额利息为诱饵，向社会公众非法募集资金15231万余元。集资款用于归还部分本金、利息及个人挥霍，至案发时尚有3576万余元没有归还。

二、分歧意见

对于林某某的行为定性，有两种不同意见。

第一种意见认为，林某某的行为构成非法吸收公众存款罪。主要理由是：林某某客观上实施了非法吸收大量公众存款的行为，即未经主管部门批准，面向社会公众吸收资金，出具凭证，并承诺在一定期限内还本付息；至于后期未能全部归还投资者本息，只是因其经营不力导致资金链断裂而无力归还，并非其主观故意不还。因此，其行为应认定为非法吸收公众存款罪。

第二种意见认为，林某某的行为构成集资诈骗罪。主要理由是：林某某在明知自己所经营的制衣厂长期亏损、背负巨额债务、无法偿还的情形下，仍虚构资金周转、扩大生产、购买设备等事实，通过手机短信方式向社会公众宣传，并且承诺了相当高额的利息，非法向社会公众募集资金15231万余元。其主观上具有非法占有他人财物的故意，客观上实施了将非法募集来的资金偿还个人欠款、购物挥霍等行为，因此，其行为应认定为集资诈骗罪。

三、评析意见

笔者同意第二种意见，林某某构成集资诈骗罪。

从理论角度看，非法吸收公众存款罪和集资诈骗罪主要有六个方面的不同：

1. 客体不同。刑法将犯罪客体分为一般客体、同类客体、直接客体，其中一般客体是从总体上揭示犯罪所侵害的社会关系的本质，同类客体反映的是某一类犯罪与另一类犯罪的差别，而直接客体反映的是具体罪名的特点。非法吸收公众存款罪和集资诈骗罪都规定在我国刑法分则第三章破坏社会主义市场经济秩序罪中，即两罪的一般客体是一致的。然而，非法吸收公众存款罪在破坏金融管理秩序罪一节，其侵害的是国家正常的金融管理秩序；集资诈骗罪在金融诈骗罪一节，其侵犯的是复杂客体，但主要侵害的是他人的财产权利，因而两者不属于同类客体，这也是两个罪名在本质上的区别。

2. 主观目的不同。综观刑法分则中侵犯财产类犯罪，犯罪构成中皆要求以非法占有为目的，集资诈骗罪也不例外，但非法吸收公众存款罪则无此要求，进而对于使用欺骗方法非法吸收公众存款的犯罪，如何正确认定非法占有的目的是区分此罪与彼罪的关键。最高人民法院《关于审理非法集资刑事案件具体应用法律若干问题的解释》中列举了非法占有为目的的情形：（1）集资后不用于生产经营活动，或者用于生产经营活动与筹集资金规模明显不成比例，致使集资款不能返还的；（2）肆意挥霍集资款，致使集资款不能返还的；（3）携带集资款逃匿的；（4）将集资款用于违法犯罪活动的；（5）抽逃、转移资金、隐匿财产，逃避返还资金的；（6）隐匿、销毁账目，或者搞假破产、假倒闭，逃避返还资金的；（7）拒不交代资金去向，逃避返还资金的；（8）其他可以认定为非法占有目的的情形。从上述情形可以看出，非法占有目的可以从三个方面认定：一是筹集资金的意图，看其是否有正当真实的集资用途；二是从集资款的使用情况，看其是否按照约定用途使用集资款，是否存在肆意挥霍或者不按约定用途使用的行为；三是从集资款的偿还情况看，有没有按照约定期限归还，是否存在卷款潜逃等行为。非法吸收公众存款罪是一种不合规定的融资行为，犯罪嫌疑人主观上并无非法占有他人财产的故意，因而客观上也不具备上述表现。非法占有的主观目的是两罪的重要区别。

3. 形式要件不同。最高人民法院《关于审理非法集资刑事案件具体应用法律若干问题的解释》规定了非法吸收公众存款罪的形式要件：（1）未经有关部门依法批准或者借用合法经营的形式吸收资金；（2）通过媒体、推介会、传单、手机短信等途径向社会公开宣传；（3）承诺在一定期限内以货币、实物、股权等方式还本付息或者给付回报；（4）向社会公众即社会不特定对象吸收资金。上述四个要件是并列的，在具体认定时缺一不可。集资诈骗罪没有统一的外在形式要件，犯罪客观方面形式各异，只抽象总结为虚构事实、隐瞒真相欺骗被害人，使被害人陷入认识错误进而处分财产。

4. 犯罪分类不同。依据犯罪行为有无违反社会性、道德性，将犯罪行为分为自然犯罪和法定犯罪。自然犯罪是指那些违反人类道德、具有反社会性的行为。这种行为从根本上违反了人的本性以及社会公认的道德准则，因而无论在任何社会、任何政治制度之下，自然犯罪都被认为是犯罪行为，如杀人、盗窃、抢劫等犯罪。法定犯罪是指行为本身并不一定具有反社会性、反道德性，只是一国统治阶级根据自己的管理需要而在法律上规定这种行为构成犯罪，这种犯罪不具有稳定性，在某种社会环境下是一种合法行为，随着环境变迁又会变成一种犯罪行为。如污染环境罪、非法捕捞水产品罪，环境污染问题尚未出现之前，国家对污染行为并不以犯罪处罚，但随着环境问题全球化、严重化，法律才将污染环境纳入刑法的调整范围之内。集资诈骗罪属于自然犯，和诈骗罪是个别与一般的关系，侵害的是他人的财产权利。非法吸收公众存款罪属于法定犯，并非违反了人类公认的道德，而是国家出于金融秩序的管理的需要才将其规定为犯罪。

5. 社会危害性不同。基于前者提到的犯罪分类，自然犯罪的集资诈骗罪危害性大于法定犯罪的非法吸收公众存款罪，这集中体现在构罪标准上。集资诈骗罪个人进行诈骗，数额10万元以上构成犯罪；单位进行集资诈骗，数额50万元以上构成犯罪。非法吸收公众存款罪中个人数额在20万元以上的构成犯罪，单位在100万元以上的构成犯罪。正确认定两罪，也是贯彻刑法罪责刑相适应原则的要求。

6. 犯罪数额计算方法不同。非法吸收或者变相吸收公众存款的数额，以行为人所吸收的资金全额计算；案发后已归还的数额，可以作为量刑情节酌情考虑。集资诈骗的数额以行为人实际骗取的数额计算，案发前已归还的应予扣除。

任何事物都不是绝然分离的，既有区别，又有联系。非法吸收公众存款罪和集资诈骗罪也不例外。司法实务中，最常出现的就是两个罪名犯罪构成要件的交织，给正确认定增加了难度。如非法吸收公众存款的过程中虚构事实、隐瞒真相，集资诈骗中又满足了非法吸收公众存款的四大形式要件。

随着市场形式的多样化，公众的投资理财意识逐渐唤醒，不再局限于传统的储蓄存款、股票、债券、基金等形式日渐流行。但我国金融市场实行许可准入，只有经许可的金融机构才可以进行吸收存款、发放贷款业务，个人或者单位进行此项业务属于违法行为，甚至可能构成犯罪。

然而，在现实生活中，各种投资公司层出不穷，挂着投资理财的名号，实为非法募集资金，相伴的此类纠纷日渐增多。非法吸收公众存款罪和集资诈骗罪是实务中出现频率比较高的两种犯罪，正确区分两罪有十分重要的作用。

本案是典型的交织型犯罪，既使用了诈骗方法，又符合四大形式要件，焦点在于林某某的行为构成非法吸收公众存款罪还是集资诈骗罪，以及犯罪数额如何认定。

前述提到了非法吸收公众存款罪和集资诈骗罪本质的区别在于行为人是否有主观占有的目的，以下从四个方面分析林某某是否存在非法占有的目的：

1. 林某某公司的经营情况。经调查取证，林某某公司2009年起就严重亏损，背负巨额债务，公司已不具有开展正常业务的能力，且近几年也没有实际开展服装生产加工业务，以上事实有公司会计的证人证言、业务单位的证人证言、财务凭证、纳税资料、林某某的供述等可以证实。

2. 林某某的集资意图。林某某在身负巨额债务的情况下，明知自己不具有归还的能力，仍虚构资金周转、还银行贷款、购买设备等事实，其主观上有非法占有他人财物的故意。

3. 集资款的使用情况。林某某并没有按照约定的集资款利用方式使用，除部分归还本金、利息外，主要用于个人挥霍，购买房子、车辆、奢侈品等。从这一点来看，林某某根本没有返还集资款的意图。

4. 集资款的偿还情况。林某某只偿还了部分集资款，截至案发前仍有大量集资款没有按期归还。

综上，虽然林某某的行为部分符合非法吸收公众存款罪的构成要件，但是其行为不仅侵犯了金融管理秩序，同时林某某对集资款有非法占有的故意，亦侵犯了他人的财产所有权，因而认定为集资诈骗罪更适合、更准确。

至于犯罪数额的认定，集资诈骗的数额以行为人实际骗取的数额计算，案发前已归还的数额应予扣除，所以林某某集资诈骗的数额应为3576万余元。

（河北省唐山市丰南区人民检察院　李彦军）

虚开真实业务能否扣减犯罪数额

一、基本案情

2016年1月至3月，犯罪嫌疑人王某某通过犯罪嫌疑人李某某，从甲公司为乙公司虚开增值税专用发票88份，虚开税额1474957.85元，价税合计10151180.09元。经核实，乙公司为王某某实际经营并所有，甲公司为李某某实际经营并所有。在审理过程中，王某某的辩护人提出王某某有实际业务，应当扣减王某某的犯罪数额。

二、分歧意见

本案争议的焦点是，辩护人口中的实际业务能否折抵犯罪数额。即辩护人提出，犯罪嫌疑人王某某在与本案涉案人员以外的其他人有实际的购销业务，而该笔业务所发生的税款数额，应当从犯罪嫌疑人的犯罪数额中扣除，并提交了过磅单、银行交易流水、证人证言等证据。

关于能否扣减犯罪数额，有三种不同观点：

第一种观点认为，虚开增值税专用发票罪保护的法益是国家税收征管秩序，且根据2010年最高人民检察院、公安部《关于公安机关管辖的刑事案件立案追诉标准的规定（二）》第61条规定，虚开增值税专用发票或者虚开用于骗取出口退税、抵扣税款的其他发票，虚开的税款数额在1万元以上或者致使国家税款被骗数额在5000元以上的，应予立案追诉。所以对于虚开的行为，无论是否有真实业务发生，都是对国家税收征管秩序的破坏，应当依法惩处，不能够以实际业务为由扣减犯罪数额。

第二种观点认为，认定是否构成犯罪应当从刑法所保护的法益本身出发，虚开增值税专用发票危害的本质是造成国家税收流失，因此在保证国家税收不受损失的情况下，认为可以扣减犯罪数额。

第三种观点认为，是否扣减犯罪数额，要从保护法益的角度出发，不能一概而论。一般增值税纳税人在购买货物后，有权获得增值税专用发票，也有权将获得的增值税专用发票抵扣税款。从保护法益的角度出发，在既保证纳税人不多缴税款，又保证国家税收不遭受损失的情况下，对真实业务可以考虑抵扣税款，但是对证据应当进行严格审查。

三、评析意见

笔者同意第三种观点。如果犯罪嫌疑人王某某与他人有实际业务，按照关于虚开增值税专用发票罪的相关法律规定，可以按照实际情况将实际发生的税额从犯罪数额中扣减，但是对证据的审查应当严格把关，对所谓的实际业务应当进行实质性审查，不能一味地按照被告方所说随意扣减犯罪数额，否则不仅不利于规范国家税收征管秩序、有效打击犯罪，更有损法律的威严。

就本案而言，笔者不同意扣减犯罪数额。理由如下：

1. 从犯罪嫌疑人王某某的购买行为上，结合辩护人提交的证言，证人也就是卖方证实其本身不是一般纳税人，不具备开具增值税专用发票的条件，双方在达成交易之前其已明确告知犯罪嫌疑人王某某自己不能开具增值税专用发票，相应的销售货款是不含税的价格，犯罪嫌疑人王某某也正是看中自己的货款价格低于市场价格才选择与自己交易的。对此犯罪嫌疑人王某某并不否认，也就是说，犯罪嫌疑人王某某对于卖家不能开具增值税专用发票是明知的。

2. 从犯罪嫌疑人王某某找他人虚开所谓真实业务的增值税专用发票上看，犯罪嫌疑人王某某对犯罪嫌疑人李某某经营的甲公司为专门虚开发票的公司的情况是明知的，犯罪嫌疑人王某某主观上很清楚，其与李某某达成虚开增值税专用发票的合谋后，支付给李某某的仅为手续费，而该费用远远达不到其辩护人所称实际业务所应当支付的税款数额，而犯罪嫌疑人李某某为自己虚开增值税专用发票后，也是绝对不会主动上缴这部分虚开的税款。

3. 从犯罪嫌疑人王某某行为的结果上看，辩护人一直坚称，如果犯罪嫌疑人王某某不找人虚开会导致自己多缴税款，但实际情况确是犯罪嫌疑人王某某的货款是不含税的价格，相当于购买的时候卖家已经将应缴纳的税款从货款中减去，只有购买的时候实际支付了应缴纳的税款，在后续的销售缴税过程中才存在抵扣的问题。

综上，笔者认为，真实业务的虚开，不能够一概扣减犯罪数额，对于是否属于"真实业务"，既要审查虚开的增值税专用发票的内容是否为真实的，如所购买的产品的名称、数量、价款等与实际情况是否一致，又要审查受票方接受虚开的增值税专用发票后国家税款的缴纳情况，尤其是虚开发票的一方或者受票方是否按照虚开的增值税专用发票如实缴纳税款。

（河北省遵化市人民检察院　张明玉）

为超载车辆提供交通执法信息收取费用的行为构成何罪

一、基本案情

2018年7月至10月，姚某某为防止运送砂石料的车辆超载被罚，其与犯罪嫌疑人王某取得联系，让其为姚某某的7辆货运车辆的货运司机通风报信，提供曹妃甸区域内交警、路政等相关执法检查部门的动态，帮助上述货运车辆在曹妃甸区域逃避查处。犯罪嫌疑人王某从姚某某处非法获取服务费50400元人民币。

二、分歧意见

对于王某的行为定性存在两种不同意见，即：

第一种意见认为，该行为违反了国家规定即交通管理条例，扰乱交通运输市场经济秩序，情节严重，应当认定非法经营罪。首先，犯罪嫌疑人王某以营利为目的，通过自己掌握的资源来满足超载车辆司机免受处罚的心理，收取管理费，是一种通过提供服务收取报酬的经营行为。其次，犯罪嫌疑人王某收取管理费帮助超载车辆躲避交警或路政人员的检查，是一种投机行为，违反了法律禁止性规定，即违反了道路运输条例的规定，扰乱了道路交通运输秩序，属于扰乱市场秩序的非法经营行为。最后，犯罪嫌疑人王某为超载货车辆司机躲避交警或路政人员检查收取管理费人民币50400元，损害了合法营运车辆的正当权益，严重扰乱了道路交通运输秩序，危害道路运输安全，属于《刑法》第225条第4款规定的"其他严重扰乱市场秩序的非法经营行为"。综上，犯罪嫌疑人王某的行为触犯了《刑法》第225条第4项的规定，涉嫌非法经营罪。

第二种意见认为，该行为属于阻碍执行职务，应当处以行政处罚。

三、评析意见

笔者同意第二种意见。具体分析如下：

根据《刑法》第 225 条规定，非法经营罪侵犯的客体是市场秩序，违反的是国家行政许可、专营专卖。虽然法律有从事其他非法经营活动，扰乱市场秩序，情节严重的行为，也认定为非法经营罪的规定，但是要求扰乱市场秩序的情形应当与上述规定相当，并且在司法解释中列举了具体情形，即非法买卖外汇，非法经营出版物，非法经营电信业务，在生产、销售的饲料中添加盐酸克伦特罗等禁止在饲料和动物饮用水中使用的物品，擅自设立互联网上网服务营业场所或擅自从事互联网上网服务经营活动，非法经营彩票的，可以认定为非法经营罪。就本案情况，显然不属于上述情形。

广义的运输市场，包括运输参与各方在交易中所产生的经济活动和经济关系的总和，即不仅是运输劳务交换的场所，而且还包括运输活动的参与者之间、运输部门与其他部门之间的经济关系。运输市场的构成包括需求方、供给方、中介方、政府方。所谓中介方，是指在运输需求和供给双方之间穿针引线，提供服务的各种客货代理。本案犯罪嫌疑人通风报信的行为明显不属于在运输市场中为需求方和供给方牵线搭桥的行为，不属于运输市场的主体。所以，行为人通风报信的行为扰乱运输市场秩序是违背逻辑的。实质上，该行为妨害了国家有关部门的行政执法，干扰了国家对于运输市场秩序的行政管理。针对超载运输者得不到法律处罚相对于遵守法律法规、合法运输经营者而言显失公平的说法，显然是将交通运输安全秩序的概念和运输市场秩序的概念混为一谈，交通运输安全秩序的核心在于交通运输的安全，而交通运输市场秩序涉及方方面面，道路交通安全只是其一。其错误之处在于不仅将超载行为直接侵犯的客体即交通运输安全忽略不计，而且对该行为的本质是对公共安全的危害也视而不见，将该行为的危害性集中到危害其他合法运输经营者权益上来，并据此认为，该行为扰乱交通运输秩序的同时，错误认为王某收取费用、帮助超载车辆躲避行政处罚违反了道路运输条例的规定，从而认为该通过报信的行为属于扰乱市场秩序的非法经营行为。这种仅以社会危害性划分犯罪类别的做法与法律规定相悖。作为向超载者通风报信、帮其逃避处罚的行为，其本身虽然没有实施侵犯交通安全的具体行为，但在一定程度上对违反交通运输管理法规的行为给予了帮助和纵容，其本身行为更阻碍了国家机关工作人员依法执行职务，直接侵犯的客体不是市场管理制度。

道路运输业作为国民经济的一个重要组成部分，需要建立和完善公平竞争、规范有序的道路运输市场，这是道路运输事业持续、快速、健康发展的内在要求。路政管理部门实施治理客货运输车辆超载超限运输，禁止损坏公路或者存在安全隐患的货运超限车辆行驶公路等管理行为，是维护道路安全秩序、强化道路运输市场监管的职责所在，是确保运输市场正常运行、维护公平竞争的必要措施。《道路交通安全法》第48条明确规定"机动车载物应当符合核定的载重量，严禁超载"，其目的在于维护交通秩序，预防和减少交通事故，保护人身安全，保护公民、法人和其他组织的财产安全及其他合法权益，提高通行效率。行为人为超载司机通风报信，逃避处罚的行为直接侵犯的客体是国家正常管理活动，但其行为特征不符合非法经营罪的法律构成。根据罪刑法定原则，王某的行为不构成非法经营罪。

（河北省唐山市曹妃甸区人民检察院　王秀玲）

为他人养卡行为是认定信用卡诈骗罪还是非法经营罪

一、基本案情

2017年9月至2018年六七月期间,犯罪嫌疑人段某某先在一安化黑茶店(现店铺已更名)作为经营办公地点,后于2018年1月与他人合伙注册成立一网络技术有限公司(现公司已注销)。犯罪嫌疑人段某某使用张某某等人的名义申领POS机,并实际控制上述POS机及绑定的银行卡。在没有发生任何交易行为的情况下,犯罪嫌疑人段某某利用POS机为他人刷卡套现,并将套现资金循环用于信用卡账单的归还,意图通过提高他人信用额度从中收取一定的手续费。犯罪嫌疑人段某某在上述期间利用POS机为他人非法套现1000余万元,并造成37张信用卡银行逾期25万余元。

二、分歧意见

第一种意见认为,段某某先是冒用他人信用卡进行消费,后在明知透支的信用卡已经还不上的情况下继续透支,段某某的行为构成信用卡诈骗罪。

第二种意见认为,段某某未经国家有关主管部门批准,非法从事资金支付结算业务,其行为涉嫌非法经营罪。

三、评析意见

笔者同意第二种意见。理由是:

信用卡诈骗罪,是指以非法占有为目的,利用信用卡进行诈骗,骗取数额较大的行为,其侵犯的客体是国家对信用卡的管理制度和公私财产所有权。

1. 犯罪嫌疑人段某某的行为不构成信用卡诈骗罪。《刑法》第196条规定了利用信用卡诈骗的四种方法,即使用伪造的信用卡或者使用以虚假身份证明骗领的信用卡、使用作废的信用卡、冒用他人信用卡、恶意透支。

首先,段某某使用他人信用卡的行为不属于"冒用他人信用卡"型的信用卡诈骗。最高人民法院、最高人民检察院《关于办理妨害信用卡管理刑事案件具体应用法律若干问题的解释》(以下简称《解释》)第5条第2款规定,"冒用他人信用卡"包括四种情形:拾得他人信用卡并使用的;骗取他人信用卡并使用的;窃取、收买、骗取或者以其他非法方式获取他人信用卡信息资料,并通过互联网、通讯终端等使用的;其他冒用他人信用卡的情形。这四种情形概括起来就是以非法方式得到信用卡并使用的。本案中,段某某手中的信用卡系持卡人主动、自愿交给段某某的。对银行来说,段某某用持卡人的信用卡进行消费是冒用;但对持卡人来说,段某某使用他人信用卡的行为系来自持卡人的授权,不是冒用。

其次,段某某的行为不属于"恶意透支"型的信用卡诈骗。《解释》第6条规定,持卡人以非法占有为目的,超过规定限额或者规定期限透支,并且经发卡银行两次催收后超过3个月仍不归还的,应当认定为《刑法》第196条规定的"恶意透支"。该条同时规定,除有证据证明持卡人确实不具有非法占有的目的外,具有以下六种情况的可以认定具有"非法占有目的",明知没有还款能力而大量透支,无法归还的;使用虚假资信证明申领信用卡后透支,无法归还的;透支后逃匿、改变联系方式,逃避银行催收的;抽逃、转移资金,隐匿财产,逃避还款的;使用透支的资金进行违法犯罪活动的;其他非法占有资金,拒不归还的行为。

从段某某为他人养卡的主观目的看,是为了谋取利益,即手续费,主观上没有非法占有目的;从段某某为他人养卡的客观行为和造成的结果看,段某某刷他人信用卡总额在1000万元以上,造成的银行逾期共25万余元,25万余元相对1000余万元,所占比例很小;且没有证据证明段某某是在故意透支大量资金后隐匿财产,或明知没有还款能力而大量透支。从25万余元银行逾期款形成的原因看,段某某辩称出现银行逾期主要是因为还卡还乱了,致信用卡额度降低,原本存入的钱刷不出来了,同时每刷POS机一笔交易均有刷卡金额0.6%的手续费产生,该刷卡手续应当由持卡人负担,而持卡人没有将0.6%的手续给自己,而是由自己负担了。现实中,正当、合法的商户与正常的交易,刷卡手续费是由商户承担的,但因为段某某养卡所列商户是虚拟的、交易是虚假的,段某某的辩解有一定的合理性。

2. 犯罪嫌疑人段某某的行为构成非法经营罪。《刑法》第225条第3项规定,未经国家有关主管部门批准非法从事资金支付结算业务情节严重的构成非法经营罪。

《解释》第12条规定，违反国家规定，使用销售点终端机具（POS机等）等方法，以虚构交易、虚开价格、现金退货等方式向信用卡持卡人直接支付现金，情节严重的，当依据《刑法》第225条的规定，以非法经营罪定罪处罚。根据该规定，信用卡套现构成非法经营罪必须具备四个条件：一是行为人违反国家规定；二是利用POS机虚构交易等方法；三是向信用卡持卡人直接支付现金；四是行为达到情节严重程度。

在案证据证明，段某某私自购进POS机并绑定虚设商户，以虚假交易的方式，通过POS机为他人非法套现、为他人信用卡还款后又虚假消费，通过这种不断刷卡消费、还款、消费、还款的方式非法进行资金结算，其行为构成非法经营罪。

（河北省滦州市人民检察院　傅秀辉）

"五证"不全销售商品房后经催缴仍不缴税的是否构成逃税罪

一、基本案情

2012年,某房地产开发公司与镇政府签订房地产开发协议,合同约定镇政府将甲村一块土地出售开发商,手续事后补办。在仅有国有土地使用证的情况下,开发商擅自开工建设高层住宅,其中四栋楼已经封顶。2013年至2016年,开发商在手续不全情况下违法向社会公开出售商品房100套、收房款5000余万元。该项目因各种因素,始终未能办下"五证",2016年上半年开发商资金链断裂,导致房子烂尾,购房者报案。2016年10月,税务部门向开发商下达税务处理决定书和税务处罚决定书,累计偷税200多万元(包含营业税、城建税、土地增值税、印花税、房产税、城镇土地税),并通过打电话、报纸公告、邮寄、当面送达等形式告知开发商,但该企业始终未补缴税款及滞纳金。2017年1月,公安机关以逃税罪对该公司法人张某立案侦查,后移送检察机关审查起诉。

二、分歧意见

税务部门在缴税时间节点未限定前提下是否可以随时或是提前介入,对"五证"不全销售商品房经税务部门多次催缴仍不缴税认定为偷税行为,进而司法机关依据税务部门意见认定涉案人犯逃税罪。

第一种意见认为构成逃税罪。主要理由是:本案完全符合逃税罪的"四个构成要件"。犯罪主体方面,开发商是具有纳税义务的单位,张某是公司法人兼总经理。主观上,开发商在接到税务部门催缴通知后仍不申报和缴纳税款,可以认定为故意。客观上,开发商具有不申报税款,逃税数额超过5万元,且占应纳税额的10%以上的行为。客体方面,侵犯了国家税收管理规定。

即开发商有收入就需要缴税、不申报税收就是违法的。

第二种意见认为不构成逃税罪。无预售许可证销售房子行为系无效合同，属于违法行为，收税违背合法性原则。主要理由是：违法售房行为，应通过其他途径进行行政处罚，税务部门不能明知是违法行为而提前介入，只管对结果行为进行收税。另外，商品房买卖一般办理房本时再缴税也是允许的，开发商一旦手续齐全，要办理房产证时必须缴税，只是时间的早晚，具有处罚的阻却事由，不具有逃税的可能性。

第三种意见认为仅属于暂时避税行为。避税是指利用税法的漏洞或模糊之处，通过对经营和财务活动的安排，以达到免税或少缴税目的之行为。避税行为表现两种情况：一是利用选择性条文避税，该行为不违法；二是利用不清晰条文、伸缩性条文、矛盾冲突性条文避税，这些行为违法但只能作补税处理。本案中开发商并没逃税的目的，只是尚不具备缴税的客观条件，利用税法缴税时间的模糊性规定，暂时性避税，不能认定为犯罪。

三、评析意见

笔者认为，税务部门规避售房交易行为的违法性判断，直接认定售房买卖协议是"应税合同"，进而认定售房款是应当收税的范畴不当，导致开发商具有逃税罪的处罚阻却事由，张某不构成逃税罪。分析如下：

（一）张某不具有入罪的有责性

逃税罪，是指纳税人采取欺骗、隐瞒手段进行虚假纳税申报或者不申报，逃避缴纳税款税额较大并且占应缴纳税款额10%以上，或者缴纳税款后，以假报出口或其他欺骗手段，骗取所缴纳的税款的行为，以及扣缴义务人采取欺骗、隐瞒等手段，不缴或少缴已扣、已收税款，数额较大的行为。经税务部门依法下达追缴通知后，补缴应纳税数额，缴纳滞纳金，已受行政处罚的，不予追究刑事责任。逃税罪的处罚阻却事由是两次行政处罚前置，除非纳税人五年内因逃避缴纳税款已经受到两次行政处罚，第三次再逃税的，司法机关才可以越过税务部门的处理直接追究行为人的刑事责任。

逃税罪构成要件包括两类行为主体、三种手段行为、一种目的行为和两个情节要求。"两类行为主体"为纳税人和扣缴义务人（身份犯），由此可见逃税主体范围狭小。本案中的主体是纳税人，即开发商，根据我国《税收管理法》第4条、第37条的规定，未按照规定办理税务登记的从事生产、经营的纳税人及临时从事经营的纳税人，可以构成偷税罪的犯罪主体，虽然2009年2月28日出台的《刑法修正案（七）》已将偷税修改为逃税罪，但仍可适用前法，张某是单位犯罪负责人，犯罪主体适格。"三种手段行为"分别是：（1）采取欺骗、隐瞒手段进行虚假纳税申报；（2）不申报，对此应限定经过税务部门通知申报而不申报；（3）缴税后以假报出口或其他欺骗手段，骗取所缴纳的税款，符合其他要件的。本案中开发商负有纳税义务，属于尚未依法办理税务登记"无证"经营，经税务部门多次依法书面通知其申报而仍不申报的第二种情形。"一个目的"行为是指逃避缴税，包括不缴、少缴及不符合退税条件却通过虚假手段取得退税款。"两个情节要求"是指逃税罪采用"数额+比例"的双重入罪标准，数额较大起点为 5 万元。本案中，开发商客观上具有逃税行为，其逃税数额和比例符合逃税罪追究标准。

本案属于普通逃税行为，开发商虽然持续 4 年不缴税，但系首次被税务部门按偷税予以行政处罚且此前未因逃避缴纳税款受过刑事处罚，如果张某向公司补缴税款及滞纳金，就不能被追究刑事责任。但开发商公告期满未履行义务，且逃税"数额+比例"均已达刑事立案标准，从表面看虽然符合逃税罪的构成要件，但恰恰反映"四要件"说不能保障从客观到主观认定犯罪的缺陷。按照构成要件符合性、违法性、有责性的"三阶层"体系，开发商的行为欠缺刑法意义上的有责性。有责性是指能够就符合构成要件的违法行为对行为人进行非难、谴责。对于开发商未缴税，其是没有违法认识或是期待可能性的，承担的应是义务和责任，不成立犯罪。

（二）税务部门收税行为违背合法性原则

一是本案中开发商违规售房行为系无效的买卖合同。根据《城市商品房预售管理办法》第 6 条规定，商品房预售实行许可制度。开发企业进行商品房预售，应当向房地产管理部门申请预售许可，取得《商品房预售许可证》。未取得《商品房预售许可证》的，不得进行商品房预售。房地产开发商售房时应当具有"五证"：国有土地使用证、建设用地规划许可证、建设工程规划许可证、建设工程施工许可证、商品房预售许可证，五证在时间、程序上依次取得，环环相扣，商品房能够取得预售许可证，证实之前国土、规划部门已通过审批，即"五证"齐全，此时向社会公开销售才被允许。商品房预售许可证是衡量商品房预售行为是否合法的最直接、最关键的书面证明文件。未依法取得商品房预售许可证而以预订、预约、认购、订购、排卡等方式变相预售商品房的，均属无证预售行为。本案中，开发商"五证"不全，售房行为在法律上是无效的。例外的是，根据最高人民法院《关于审理商品房买卖合同纠纷案件适用法律若干问题的解释》第 2 条规定，出卖人未取得商品房预售许可证明，与买受人订立的商品房预售合同，应当认定无效，但是在起诉前取得商品房预售许可证明的，可以认定有效。该条款旨在保护购房者的利益，因房价增长和购房者弱势地位的现况,如以当时签订的房款返还购房者,多半因开发商的过错却由购房者承担损失有违公平原则。即在民事诉讼开始前开发商取得预售证的,按照原协议签订正式的房屋买卖合同是有效的。但在本案中,开发商所建项目仅有国有土地使用证,"五证"不全,不具有商品房预售许可证,至刑事立案仍未办理预售许可证,且开发商已破产不具备后续开发办证的能力,开发商与买房人签订的购房合同当属无效,不受法律保护,购房者可以要求退款。

二是属于客观归罪。税务部门认定的事实虽存在,但开发商及张某辩称从没想逃税,只因手续不全无法缴税,待补办手续后再缴税,只是晚点交,主观上并无逃税的故意,主客观不一致。

(三)国家税收是否实际损失处于不确定状态

一是无效合同的后果导致征税行为是否应当不确定。购房合同与收据是税务部门计算开发商逃税和处罚的证据,但因售房属于违法行为,不受法律保护,购房者随时可以索回购房款,一旦房屋买卖交易行为终止不再存在,那么税务部门据此得出的逃税款也就没有,此时税务部门还可以利用法规的缺口,以退还税款的方式予以补救自己履职的过失。即计算税款的基础无效,那么税务部门催缴通知能否再直接作为逃税罪定案的根据?

二是征税行为是否应当影响逃税罪是否成立及量刑档次。如果有购房者退款,开发商营业收入自然减少,之前税务部门计算的税额是错误的,进而影响到是否构成犯罪或是量刑。因税务部门错误的执法行为,导致涉案人员进入司法程序被错误地追究刑事责任,而且因无效商品房合同交易行为的随时变化性,涉案人可能在侦查、检察、审判或是已判刑的各个环节,司法救济的时效性、及时性难以保障,实质是侵害税法保护法益的不确定性,不能入罪。

三是正常商品房交易过程中,购房者交纳房款时应由开发商同时开具发票,此情形下开发商不得不被动直接扣缴税款,但趋利性使开发商总以各种方式拖延缴纳税款,税收法规并没有明确规定延迟缴税的惩戒性条款,有些房地产项目已经交房几年仍未缴纳税款。因为该笔税款在办理不动产权证时必然要缴纳,属于逃不掉的税款。逃不掉的税款能否构成逃税犯罪?答案当然是否定的,开发商面对的是多个监管部门和购房者,其不履行合同约定的代价,要远远超过缴税的成本,因此只需要明确纳税人在收到预收款后起算的具体纳税期限及罚则即可。

(四)开发商不具有主动缴税的期待可能性

期待可能性,是指根据具体情况,有可能期待行为人不实施不法行为而实施其他适法行为。一是开发商及其法人张某主动申报税款的行为不具有期待可能性。开发商本就是违法无证售房,如果其主动申报纳税就是在变相"自我举报"违法预售房屋,该行为不具有期待可能性。二是侵犯逃税罪所要求保护的法益不确定。逃税罪表面侵犯的是国家税收管理规定,深层次侵犯的是国家收取税款的权力。但税务部门认定的开发商逃税是在合同无效的前提下计算得出。合同无效,开发商应当返还购房人钱款,那么买卖行为就此终结,营业款等税款即使缴纳也应当返还。除非其后具有补强行为,即开发商取得预售许可证,买卖行为不会被认定为无效,该笔税款无须返还。既然是需要返还的税款没有缴纳,就不应当认定侵犯了国家税收的权力。三是开发商不是避税,只是能否缴税、缴税早晚的问题。

综上,税收活动必须依法进行,此依法不能片面地认为有交易就必须收税,收税的前提范围应当限定在合法经营活动,违法所得不应收税,如对贩毒、赌博、卖淫嫖娼等都可以进行收税,就是变相对违法行为通过国家正常的税收予以合法性默许确认。开发商及张某不构成逃税罪。对待社会公共利益特别是购房者而言,开发商的行为社会危害性较大,导致群众上访等社会风险,其违法行为是一系列的,对此应当由规划、住建等政府职能部门予以没收违法所得等最严厉的行政处罚,严格打击"五证"不全销售及变相销售商品房的行为,以维护购房者的合法权益。而逃税罪"数额+比例"的双重入罪标准有违公平原则,逃税主体范围狭小使打击逃税行为疲软,不予追究刑事责任的规定不仅不能达到立法目的,纵容了逃税行为的发生,建议逃税罪主体一般化,提高入罪数额取消入罪比例,明确缴税时限,发挥逃税罪在规制逃税行为中的一般预防功能。

(河北省唐山市路南区人民检察院 王志凯)

成立分公司销售食盐能否认定非法经营行为

一、基本案情

犯罪嫌疑人刘某某与某盐业有限责任公司合作，被任命为销售分公司负责人。2017年底，张某某在参加盐业公司在唐山的展销会时，与刘某某结识，在刘某某的帮助下成立了某食品营销有限公司曹妃甸区分公司，同时被刘某某聘任为某盐业有限责任公司销售分公司业务员。犯罪嫌疑人刘某某将从某盐业有限责任公司购进的食盐共计77吨，通过某食品营销有限公司发往犯罪嫌疑人张某某处，犯罪嫌疑人张某某在唐山市古冶区及曹妃甸地区销售16.8吨，被唐山市盐政管理处查封60.6吨。

二、分歧意见

本案中，刘某某与张某某的批发食盐行为在新的盐改政策下能否定性为非法经营行为？

第一种意见认为，刘某某虽然通过与有资质的食盐销售企业合作成立销售分公司，但是刘某某成立的销售分公司不属于盐业管理办法中的自建分公司，故刘某某、张某某利用销售分公司销售食盐的行为应当认定为非法经营行为，应当以非法经营罪定罪处罚。

第二种意见认为，刘某某与某盐业公司合作成立销售分公司的成立过程合法，成立时属于符合盐改政策下依法成立的分公司，根据公司法关于分公司的规定，该分公司一经成立就自动取得了食盐批发资质，刘某某、张某某的食盐批发行为不属于扰乱食盐市场的非法经营行为。

三、评析意见

笔者同意第二种意见，根据工信部发布的关于食盐改革的相关规定，具有食盐批发资质的企业可以通过自建分公司进行食盐销售业务，自建分公司是自行建设或设立分公司。该分公司适用公司法中关于分公司的规定。持证企业"通过自建分公司进行食盐销售业务""通过自建销售网点直接开展食盐销售业务"，符合《公司法》第14条第1款规定，公司设立分公司性质，以持证企业的名义批发销售食盐。分公司的管理完全适用公司法的规定，是具有食盐批发资格的。具有食盐批发资质的企业可以通过自建分公司进行食盐销售业务，无论是不是该公司的人员，被聘任为该公司分公司的负责人，均不影响该分公司食盐批发的资格。故刘某某与张某某利用销售分公司进行食盐批发的行为属于公司行为，不应当认定为非法经营行为。

（河北省唐山市曹妃甸区人民检察院　张学茹）

出具虚假评估报告使他人获超额补偿的行为如何定性

一、基本案情

宋某注册成立甲工程造价咨询有限公司（以下简称甲公司），系只能出具咨询报告的咨询机构，该机构及员工均不具备出具评估报告的从业资质。

张某的养殖池将被政府征地占用，用于建设码头公司的港池。张某在明知甲公司资质的情况下，委托其对养殖池内养殖物、养殖场道路进行评估，以向码头公司索要补偿款；委托其对地上附着物进行评估，以向当地政府索要补偿款。宋某在未进行实地勘测核实、未查看相关养殖资料的情况下，出具了评估养殖池内养殖物的咨询报告，且在报告内将当地政府规定的养殖物补偿标准按照张某的要求私自提高。在未进行实地勘查、未查看任何票据材料的情况下，按照张某的口述确定养殖池道路和地上附着物的种类、数量，出具了评估道路和地上附着物损失价值的咨询报告。报告出具后，宋某按照张某的要求将咨询报告变更为评估报告，在没有依据的情况下多次提高评估报告数额，且报告中有多名关键评估小组成员的签字系宋某指使他人伪造。

宋某出具的评估报告显示，水中养殖物和养殖场道路共价值人民币24518206.03元（后经鉴定，实际价值为人民币2760320.6元）。张某根据此评估报告，多次使用阻止施工、威胁停工等手段要求码头公司进行赔偿，影响了码头公司的建设和生产运营，码头公司被迫支付给张某18793827.44元，造成码头公司损失人民币16033506.84元。宋某出具的评估报告显示，地上附着物价值人民币21125596.51元（后经鉴定，实际价值为人民币2000690元），当地政府根据此评估报告支付张某补偿款21125596.51元，损失国有资产人民币19124906.51元。

二、分歧意见

关于宋某构成何罪，存在以下两种分歧意见：

第一种意见认为，宋某构成敲诈勒索罪、诈骗罪。理由是：

张某采用威胁手段，使码头公司被迫交付财物；采用虚构地上附着物价值的手段，使当地政府基于错误认识交付财物，张某构成敲诈勒索罪、诈骗罪，宋某为张某实施犯罪提供了帮助，与张某系共同犯罪。

1. 犯罪客观方面。宋某仅根据张某的口述而不实地勘测、将咨询报告改为评估报告、按照张某的要求在评估报告内私自提高当地政府规定的补偿标准、指使他人伪造评估人员签字等一系列行为，客观上都是在为张某实施犯罪提供帮助。

2. 犯罪主观方面。宋某明知出具价格虚高的评估报告会使码头公司和当地政府对养殖池内养殖物、养殖场道路、地上附着物的损失价值产生错误认识，从而支付张某超额补偿款，但其仍按张某要求进行出具，显然主观上存在帮助张某实施犯罪的故意。

3. 因果关系方面。码头公司和当地政府向张某支付补偿款的直接依据是宋某出具的评估报告，因此宋某的行为与张某非法取得财物有直接的因果关系。

4. 犯罪主体方面。宋某符合敲诈勒索罪和诈骗罪的主体要求，且不符合提供虚假证明文件罪的主体要求。提供虚假证明文件罪要求犯罪主体系具有一定身份的特殊主体，如资产评估师、注册会计师、审计师等，但宋某及甲公司均不具备出具资产评估报告的从业资质，故不符合提供虚假证明文件罪的主体范围。

第二种意见认为，宋某构成提供虚假证明文件罪。

三、评析意见

笔者同意第二种意见，具体分析如下：

1. 从文理解释方面分析，符合提供虚假证明文件罪的法条表述。《刑法》第229条规定："承担资产评估、验资、验证、会计、审计、法律服务等职责的中介组织的人员故意提供的虚假证明文件，情节严重的……"本案中，甲公司接受委托，系承担对养殖池内养殖物、养殖场道路、地上附着物资产评估职责的中介组织，宋某系甲公司工作人员，即宋某系承担资产评估职责的中介组织的人员，其故意提供了虚假证明文件，且达到了刑事立案追诉标准，符合提供虚假证明文件罪的法条表述。

2. 从犯罪行为方面分析，符合提供虚假证明文件罪的客观要件。宋某的犯罪行为包括未进行实地勘测核实、虚构评估内容、将咨询报告改为评估报告、在没有依据的情况下多次提高评估报告数额、指使他人伪造评估人员签字、在评估内容严重失实的情况下，以甲公司名义出具报告等围绕提供虚假资产评估报告的一系列行为，且除了这些行为外，并未与张某共同实施或单独实施其他违法犯罪行为。

3. 从犯罪主体和立法目的分析，宋某符合提供虚假证明文件罪的主体要件。《刑法》第229条将犯罪主体表述为"承担……职责的……"可见对刑法对本罪主体范围的限定在于是否承担职责，而非具备某些资格。宋某虽不具有公司法规定的资产评估师的资质，但其在本案中实施了资产评估师的行为，出具了资产评估的证明文件，起到了资产评估师的作用，客观上成为"承担资产评估职责的中介组织的人员"。并且，根据立法者原意，本罪的制定是为了规制资产评估、验资、会计、审计等机构及人员依法进行经营活动，如果仅是为了惩治有权制作者制作出不真实的证明文件，那么无权制作者，虚构有权制作者的身份，制作出不真实的证明文件，根据刑法"举轻以明重"原则，更应当认定为犯罪。

4. 从犯罪心理方面分析，宋某符合提供虚假证明文件罪的主观要件。宋某明知自己提供的证明文件有虚假内容仍决意提供，符合主观故意的心理。现无证据证明宋某与张某存在共同实施敲诈勒索或诈骗的事先通谋，宋某只是获得了符合市场价格的咨询费，在得知张某取得码头公司和当地政府的大额补偿后，宋某也未联系张某索取好处费，表明宋某没有以非法占有补偿款为目的的主观心理，没有实施敲诈勒索或诈骗的主观故意。

5. 从罪责刑相适应原则的角度分析，宋某只是制作了虚假证明文件，获取了符合市场价格的劳务费，并未参与张某对码头公司的阻碍施工的行为，也未参与张某向码头公司或向当地政府商议补偿款等行为。张某犯敲诈勒索罪和诈骗罪，数额特别巨大，应当被判处十年以上有期徒刑，若宋某被认定为张某的共犯，则处罚过重，不符合刑法罪责刑相适应的原则。

综上，笔者认为，宋某构成提供虚假证明文件罪。

（河北省唐山市玉田县人民检察院　杨婧）

故意制造事故向保险公司索赔但未进入
理赔程序的行为如何定性

一、基本案情

2016年6月15日晚,孙某驾驶从犯罪嫌疑人张某处借来的奔驰牌轿车在某村道上与道路上限宽的隔离墩相撞,造成了车辆受损的交通事故。事故发生后孙某报警,同时通知保险公司,交警、保险公司分别派人勘查现场。在孙某报案后,作为车主的犯罪嫌疑人张某也到达事故现场。交警在本次事故发生后出警固定、记录了交通事故现场的情况,因保险公司到现场后怀疑该起事故系人为引发,遂要求公安部门调查,并申请公安机关就本次事故进行司法鉴定。公安机关经询问事故发生时的驾驶人孙某,孙某供述该事故系其在车主即犯罪嫌疑人张某的授意下故意造成的,但公安机关对犯罪嫌疑人张某进行讯问时,张某对孙某的说法予以否认,称其并不知情也并未授意孙某故意发生交通事故。后某司法鉴定中心接受公安机关委托,经鉴定后得出"被鉴定车辆气囊展开非本次事故造成、事故现场痕迹不符合意外交通事故特征"的鉴定意见。因犯罪嫌疑人张某对该鉴定意见不服,事故车辆一直被交警扣押,未将车辆送入保险公司指定的修理厂修理,保险公司根据车损外观情况,参照零部件的市场价格对车辆进行定损,向公安机关出具说明,证明本次事故车辆定损金额为115376.88元,并明确告知犯罪嫌疑人张某的行为是保险诈骗,保险公司不予赔偿。因多方协商未果,后犯罪嫌疑人张某主动向交警部门撤案,并取出被交警扣押的奔驰轿车,并与孙某一起向保险公司出具了放弃索赔的书面意见。后该车由犯罪嫌疑人张某自己负担修理。

二、分歧意见

关于犯罪嫌疑人张某、车辆驾驶人孙某的行为是否构成保险诈骗罪存在不同意见。车辆驾驶人孙某的行为是否构成保险诈骗罪？

三、评析意见

本案中犯罪嫌疑人张某及车辆驾驶人孙某的行为不构成保险诈骗罪。具体理由如下：

1. 从本案证据体系来看，现只有孙某供述其事前与张某合谋骗取保险金的一项证据可以认定犯罪嫌疑人张某涉嫌保险诈骗罪，但犯罪嫌疑人张某对此拒不承认，经多次讯问，张某均否认有骗取保险行为。因系孙某驾驶车辆时发生事故，某司法鉴定中心出具的事故报告只是证明事故不符合意外事故，不能证明该事故的发生与张某有因果关系。因此，除孙某供述外，没有任何证据能够证明犯罪嫌疑人张某有故意制造交通事故骗取保险金的行为，根据孤证不能定案原则，现有证据不足以认定张某涉嫌保险诈骗罪。

2. 即使现有证据充分，也不能认定犯罪嫌疑人张某涉嫌保险诈骗罪，理由如下：

（1）骗取保险金既遂与否是区分保险诈骗罪与非罪的重要标准。《刑法》第198条①列举的五种情形均为既遂行为，即只有实际取得了保险金，骗取行为既遂，才能构成保险诈骗罪。本案中，犯罪嫌疑人张某在保险事故发生后，只是向保险公司报险，后又向保险公司出具放弃索赔的书面意见，并未实际向保险公司申请理赔，因此，张某并未实际骗取保险金，不符合保险诈骗罪的犯罪构成。

（2）犯罪未遂是指已经着手实施犯罪，但因意志以外的原因未能得逞。犯罪预备是指为犯罪准备工具，制造条件。因保险诈骗是结果犯，其着手实施

---

① 《刑法》第198条规定，"有下列情形之一，进行保险诈骗活动，数额较大的，处五年以下有期徒刑或者拘役，并处一万元以上十万元以下罚金；数额巨大或者有其他严重情节的，处五年以上十年以下有期徒刑，并处二万元以上二十万元以下罚金；数额特别巨大或者有其他特别严重情节的，处十年以上有期徒刑，并处二万元以上二十万元以下罚金或者没收财产：（一）投保人故意虚构保险标的，骗取保险金的；（二）投保人、被保险人或者受益人对发生的保险事故编造虚假的原因或者夸大损失的程度，骗取保险金的；（三）投保人、被保险人或者受益人编造未曾发生的保险事故，骗取保险金的；（四）投保人、被保险人故意造成财产损失的保险事故，骗取保险金的；（五）投保人、受益人故意造成被保险人死亡、伤残或者疾病，骗取保险金的。有前款第四项、第五项所列行为，同时构成其他犯罪的，依照数罪并罚的规定处罚。保险事故的鉴定人、证明人、财产评估人故意提供虚假的证明文件，为他人诈骗提供条件的，以保险诈骗的共犯论处。"

应该以犯罪嫌疑人向保险公司申请理赔为着手点，在向保险公司申请理赔之前，均是为实施保险诈骗制造条件。本案中，孙某故意制造保险事故，是为了骗取保险金准备条件，事故发生后，二人只是向保险公司报案，并未进入理赔程序（未向保险公司申请、主张具体的保险金数额）。因交警部门对事故原因鉴定，导致犯罪嫌疑人张某产生畏惧心理，主动向交警部门撤案，并向保险公司出具放弃索赔声明，行为发生在事故报案之后，向保险公司申请理赔之前，其行为尚在保险诈骗罪的犯罪预备阶段，且属于犯罪预备阶段的中止。

根据最高人民法院、最高人民检察院《关于办理诈骗刑事案件具体应用法律若干问题的解释》第5条第1款规定，诈骗未遂，以数额巨大的财物为诈骗目标的，或者具有其他严重情节的，应当定罪处罚。如果将保险诈骗归属于诈骗的一种，即使适用上述规定，即使有证据证明犯罪嫌疑人张某进行了保险诈骗活动，从本案的犯罪形态上看，犯罪嫌疑人张某的行为属犯罪预备，而不是犯罪未遂，亦不能根据该条规定追究犯罪嫌疑人张某的刑事责任。

（3）根据最高人民检察院、公安部《关于公安机关管辖的刑事案件立案追诉标准的规定（二）》第56条规定，个人进行保险诈骗活动，数额在一万元以上的，应予立案追诉。本案中，因犯罪嫌疑人张某并未实际获取保险金，也并未对车损进行认定，而案件中涉嫌的犯罪数额是保险公司为了追究张某的责任，单方根据车损照片外观情况对车辆可能发生的保险金额进行了估算，不能作为认定保险诈骗的数额依据，因此，对犯罪嫌疑人张某涉嫌保险诈骗罪立案或者起诉没有数额依据。

3. 本案中，不能认定孙某涉嫌保险诈骗罪。本案中，孙某供认其与犯罪嫌疑人张某事前通谋故意制造保险事故，意图骗取保险金。抛开只有犯罪嫌疑人供述不能定罪的证据层面问题，从犯罪构成上讲，孙某不是保险诈骗罪的适格主体。根据《刑法》第198条规定，保险诈骗罪的主体是投保人、被保险人或者是受益人，而孙某既不是投保人、被保险人也不是受益人，不是保险诈骗罪的适格主体，不能以保险诈骗罪单独追究其刑事责任。从保险诈骗的共犯角度讲，在张某不构成保险诈骗罪的基础上，亦不能按照共犯追究孙某的刑事责任。且根据有关法律法规规定，保险诈骗罪的共犯仅限于保险事故的鉴定人、证明人、财产评估人，对法律规定之外的共犯不能进行扩大解释，因此不能以保险诈骗罪的共犯来追究车辆驾驶人孙某的刑事责任。

综上，张某、车辆驾驶人孙某的行为不构成犯罪。

（河北省唐山市曹妃甸区人民检察院　裴丽鸿）

冒用他人身份骗取贷款公司
专项贷款的是否构成贷款诈骗罪

一、基本案情

唐山市某电器销售有限公司为了增加销售业绩，推出了零首付分期贷款购买电器的销售模式，并成立了唐山市某小额贷款公司，专门为顾客购买该公司的电器提供贷款服务，并且该项贷款只能用于购买电器。被告人柴某、任某在知悉该电器销售有限公司可以进行零首付分期贷款消费的模式后，找到被告人杜某担任助理，通过被告人董某、付某找到唐山市滦州市某镇农民朱某等30名村民，谎称该电器销售公司有扶贫活动，借用这些村民的指标，拿着身份证就可以领取人民币1000元的虚假情况，自2018年10月18日至31日，分8次分别在该电器销售有限公司的三家门店办理了贷款分期共计人民币552015元，用于购买该电器销售有限公司的家电，事后以六到七折变卖获取赃款。后被告人柴某、任某、董某、付某、杜某五人将赃款分掉，某镇农民朱某等三十人自始至终不知道自己办理贷款购买电器的事实。

二、分歧意见

对于该案的定性有三种不同意见：

第一种意见认为构成贷款诈骗罪，因为在该案中涉及两个公司，即唐山市某电器销售有限公司和唐山市某小额贷款公司，后者作为贷款人向借款人（购买电器的客户）支付贷款用于购买电器销售公司的电器，借款人分期向小额贷款公司还款。被告人柴某等以非法占有为目的，将贷款骗出购买电器后低价变现，再将赃款私分，构成贷款诈骗罪。

第二种意见认为构成普通诈骗罪。柴某、任某让董某找客户（普通村民）办贷款买电器，董某找到付某办这个事，付某虚构"唐山市某电器销售有限公司有扶贫活动，拿着身份证就可以领1000元"的事实，骗取村民的信任，董某明知付某的欺骗行为但没有加以阻止，柴某、任某也故意不向村民说明事实真相。在村民购买了电器且不知情的情况下，柴某等人将电器低价变卖赃款私分，村民丧失了本该属于他们的电器的所有权，应当认定为诈骗罪。但是柴某、任某始终否认自己的犯罪故意，辩称他们向董某真实地说明了用贷款购买电器的事实，至于董某和付某怎么和村民说那是他们的事，他们也不知道村民最后到底得到了多少钱，根据行业行规他们不会也没有义务向村民说明真实情况。并且刑法对贷款诈骗罪的客观方面作了如下规定：（1）编造引进资金、项目等虚假理由的；（2）使用虚假的经济合同的；（3）使用虚假的证明文件的；（4）使用虚假的产权证明作担保或者超出抵押物价值重复担保的；（5）以其他方法诈骗贷款的。本案中，贷款行为与购买行为是绑定在一起的，贷款的目的就是购买电器，实际上也只能是、确实是购买了电器，柴某等人并未虚构其他事实也未改变贷款的实际用途，并且小额贷款公司并未丧失对实际借款人催收贷款的权利，柴某等人的犯罪行为只是给实际借款人即村民增加了债务和负担，并且这些人自始至终不知情，该案中实际的受害人应当为村民。

第三种意见认为构成合同诈骗罪。刑法中规定的合同诈骗罪情形之一为：以虚构的单位或者冒用他人名义签订合同的。本案中，贷款、购买电器的行为是同时进行的，在电器销售公司推出的手机App中同时包含了选购电器和办理贷款的流程，其中包含两个合同：一是贷款合同，二是电器买卖合同。这两个合同是绑定在一起的，以买卖合同为主，柴某等人以非法占有为目的，冒用村民的名义签订了这两个合同，骗取小额贷款公司的贷款用于购买电器，随后将低价变卖电器的赃款私分，并且通过没收手机卡的方式，企图阻止小额贷款公司向普通农民催收贷款，符合合同诈骗罪的构成要件。

三、评析意见

本案承办人认为，对柴某等人应以贷款诈骗罪定罪处罚。柴某等人的犯罪对象为小额贷款公司提供的专项贷款，且小额贷款公司为具有信贷业务的非银行金融机构，属于法律规定的"其他金融机构"的范围。本案中柴某等人分工明确，有人负责联系办理贷款业务，有人负责召集村民，其目的都是将小额贷款公司的贷款购买电器后变卖折现，均应对整体的犯罪行为负责。柴某等人还通过回收普通农民手机卡的方式阻止小额贷款公司催收贷款，非法占有目的明确，故应以贷款诈骗罪定罪处罚。

（河北省唐山市路南区人民检察院　曹源）

有真实经营的是否构成合同诈骗罪

一、基本案情

2009年5月,贺某某向刘某某编造自己与李某、蒋某三人合伙经营采砂场的事实,邀请刘某某入股并向刘某某提供了他与李某和蒋某的三方协议,称三人合伙经营采砂场,总投资额为100万元,李某和蒋某各出资30%,贺某某出资40%,主要负责采砂场经营和管理。贺某某说,如果刘某某想参与采砂生意,只能入到自己所占股份中,二人各占一半,算一个暗股,不和另外两个股东说,到时从自己获取的利益中分给刘某某一半的利润,刘某某表示同意,遂与贺某某签订了入股协议,刘某某以人民币20万元入股到贺某某所占三人合伙股份当中,并依照协议将入股现金20万元交给贺某某。2009年6月,贺某某对刘某某说采砂需要采砂船,让刘某某再出资10万元,两人合伙购买采砂船,之后把采砂船租给贺某某与李某、蒋某三人合伙的采砂场中,可以额外得租金。刘某某又将10万元给了贺某某,贺某某花费6.3万元购买了一台二手采砂船(加上维修费用不到10万元),安装在青龙河耿庄段,距离其与李某1等三人合伙的采砂船不到100米的下游河段。采砂船安装调试生产后不久当地政府基于青龙河私挖滥采河砂行为严重,出台治理措施,要求限期清理青龙河河段非法采砂行为,青龙河附近非法采砂船全部被强制拆除。实际上贺某某还没来得及卖出所采沙子就被政府要求拆除了。

经查,2009年4月贺某某与李某1、王某某、吴某某四人在青龙河耿庄段合伙租借一台采砂船进行非法采砂,四人分别投入2万元,共计8万元。贺某某在刘某某给其10万元后购买的采砂船就安装在距离四人合伙的采砂船不远的地方。贺某某向刘某某提供的三方合伙协议系其个人伪造,三方协议中的李某、蒋某两人并不存在,协议上的签字也都是贺某某自己所签,但贺某某辩称协议中的李某实际是李某1,蒋某实际上是姜某某,因为不熟悉而把名字写错。经向李某1核实,其称除了四人合伙的采砂船外未与贺某某合伙别的采砂船,姜某某称贺某某曾向自己说过要一起合伙采砂的事情,自己只需要到采砂场看着就行不需要实际出资,贺某某给自己30%的股份,贺某某曾给其看过所写的三方协议,发现贺某某把自己名字都写错了,觉得贺某某不可靠根本没有参与贺某某所说采砂的事情。贺某某先是以合伙经营采砂场邀请刘某某入伙,让刘某某出资20万元,之后又以购买采砂船让刘某某出资10万元。关于这30万元的去向贺某某前后供述均不一致,在侦查阶段称经营采砂时使用了,在审查起诉和庭审时贺某某称当时正在找一位朋友即彭某帮自己办理采沙证,为了办理采砂证,前后给了彭某70万元好处费,包括刘某某出资的30万元,并且给对方的全部是现金,经调查发现彭某实际已经于2009年12月死亡,刘某某曾与贺某某到过彭某家中,因为彭某妻子是贺某某中学老师,当时只是探望彭某夫妻,并没有涉及采砂证事宜。

二、分歧意见

第一种意见认为,贺某某不构成犯罪,虽然贺某某提供给刘某某的合伙协议为其个人伪造,但贺某某的确有与李某1、王某某、吴某某在青龙河耿庄段进行采砂活动,贺某某与刘某某签订入股协议后,也实际购买了一台采砂船并安装进行采砂活动,尽管不久就停产了,但系由当地政府对青龙河采砂行为进行行政治理导致的,并非贺某某主观上不想继续进行采砂经营,也就是说,贺某某在与刘某某签订了合伙协议后存在真实采砂行为,履行了合同。贺某某在与刘某某合伙过程中虽然有欺骗行为,但并非以非法占有为目的通过签订合同而实施诈骗的行为,如果贺某某能够继续经营下去,该采砂活动属于高利润行业,能够很快盈利,因此贺某某的行为不构成犯罪。

第二种意见认为,贺某某构成合同诈骗罪。贺某某提供给刘某某的三方合伙协议纯系其个人伪造,不仅伪造了签订合同的主体,对于合同内容也全部为其个人伪造,其目的就是使刘某某相信其正在进行一个投资百万元的采砂项目,进而邀刘某某加入,刘某某信以为真后加入了本不存在的合伙中,并前后出资30万元,而实际贺某某购买采砂船只花了6.3万元,与其合同所称的采砂场投资100万元的说法相去甚远。因此,贺某某是以非法占有为目的,在签订、履行合同过程中冒用他人名义,骗取刘某某财物,其行为构成合同诈骗罪。

三、评析意见

笔者认同第二种意见,理由如下:

1. 贺某某虚构了合同主体。所谓的"李某""蒋某",尽管其辩称"李某"其实是李某1、蒋某其实是姜某某,由于和对方不熟悉而将对方名字写错。经调查,李某1即为与贺某某、王某某、吴某某四人合伙进行采砂的股东之一。李某1称只和贺某某有这一个合伙采砂船,他知道贺某某在四人合伙采砂船的下游河段安装了采砂船,当时贺某某说是和别人合伙经营的,但他一直没见过与贺某某合伙的人,至于贺某某的三方合伙协议,是在采砂活动被停止后贺某某找自己让自己看过,在之前自己并没有见到过该三方合伙协议。姜某某表示贺某某找过自己去他要开的砂场工作,不需要自己出资,只需要在现场看着就行,给自己30%的股份,但后来自己见对方连合同名字都写错了,根本没有参与贺某某采砂的事情。至此,贺某某提供给刘某某的所谓三方合伙协议,不仅合同上写的合伙人并不真实存在,名字全都是贺某某一人所签,他所辩解的两个人也否定了与其合伙的事实。

2. 贺某某伪造合同内容。三方合同中约定采砂场投资共100万元,李某和蒋某投资各30万元,贺某某投资40万元。经调查发现,不仅李某1和姜某某分文未出,贺某某在该采砂活动中投入的10万元均是刘某某提供的,至于其所辩解的钱都给了彭某办理采砂证,以当时贺某某所说的情况根本不符合办采砂证的条件,事实上当时青龙河上采砂的人都没有采沙证,这也是政府后来进行取缔的原因,均属于非法采砂。综合全案事实发现,无证采砂的确利润可观,贺某某也是发现与李某1等人合伙采沙有利可图,为了能获取更多利益,邀刘某某入伙后再安装采砂船进行采沙。

3. 贺某某试图混淆两个合伙关系。贺某某与李某1、王某某、吴某某合伙租船采砂的四人合伙确实存在,且每人投入2万元。但该合伙关系与其向刘某某所述的与"李某""蒋某"的合伙关系毫无关联,刘某某的钱也没有用于四人合伙采砂活动中。但诉讼期间贺某某一直将四人合伙关系掺入有刘某某加入的合伙行为当中,剪辑对自己有利的片段,目的是通过混淆两个合伙关系,证明其没有欺骗刘某某的行为。

4. 真实经营行为成为其摆脱犯罪行为的说辞。庭审中贺某某称采砂船的确是安装并调试生产了,至于后来没经营下去是因为当地政府的清理行为,并非自己故意不经营,其并没有欺骗刘某某。笔者认为,合同诈骗罪规定在扰乱市场秩序犯罪一章,目的是保护正常的市场经济秩序,维护市场主体的合法利益,这也是合同诈骗罪区别于普通诈骗罪的关键点,不能将合同诈骗理解为纯粹的靠欺骗空手套白狼的行为,合同诈骗中如果没有任何经营行为,单纯借用合同形式进行诈骗,合同只不过是行为人实施诈骗行为的借口,这其实属于普通诈骗行为,不属于扰乱市场秩序的合同诈骗行为。回到本案,贺某某购买采砂船花费 6.3 万元加上维修费用不到 10 万元，在采沙被叫停后贺某某将采砂船转卖出去所得钱款也由其本人占有，而其通过采砂一事前后从刘某某手中获取 30 万元，办案人在最后认定其涉嫌合同诈骗数额时认定其中的 20 万元属于合同诈骗数额，对于其实际购买采砂船的 10 万元未予认定。

综合以上，笔者认为贺某某以非法占有为目的，在签订、履行合同过程中，虚构了合伙事实、编造虚假合伙主体、合同事项约定与实际的经营行为完全不符，以入股合伙的名义占有刘某某 20 万元，而在停产之后直到案发并没有归还刘某某，其行为符合《刑法》第 224 条的规定，应当以合同诈骗罪追究其刑事责任。

（河北省迁安市人民检察院　张平玮）

"五证"尚未取得即违规销售房屋是否构成非法经营罪

一、基本案情

2017年1月至7月,犯罪嫌疑人梁某某在担任唐山某房地产开发有限公司法定代表人、总经理期间,为尽快吸收资金,用于丰南区某地块房产项目开发,伙同某房地产经纪有限公司法定代表人耿某某、经理刘某及北京某网络科技有限公司法定代表人马某某、经理马某,在明知该房地产有限公司开发的地产项目未取得《国有土地使用证》《建设用地规划许可证》《建设工程规划许可证》《建筑工程施工许可证》《商品房预售许可证》,不具备销售条件的情况下,仍违反国家法律规定,以"压房认购""内部认购"的形式向社会公众销售房产,其间共销售房产1060套,销售金额11581万元,涉案金额巨大,严重扰乱了正常的房地产市场秩序,同时由于该项目所涉地块的权属争议,该房地产公司始终未对该地块进行任何商业开发,购房人的合同目的无法实现,造成了群体性的上访事件。2017年底,梁某某所在房地产公司在用购房款购买路北区某地块前,曾召集业主代表开会,主要内容就是告知业主是否想用惠丰尚景的房子置换路北区房产,当时业主意见不统一。案发后梁某某所在房地产公司共退回购房人购房款4195万余元,剩余7382万余元用于该房地产公司购买路北区某地块和公司日常开支,无证据显示房地产公司收款后房款用于丰南区地产项目开发。截至目前尚有7310余万元购房款未能退回。

二、分歧意见

关于本案中各犯罪嫌疑人的行为是否构成非法经营罪,有以下两种意见:

第一种意见认为,梁某某等人的行为构成非法经营罪。理由是:罪刑法定原则虽要求刑法条文在表述上应明确、具体,但由于法律条文的局限性,无法穷尽现实经济生活中的所有犯罪行为，《刑法》第225条对非法经营罪进行了表述，该条前三项明确具体，第四项规定的"其他严重扰乱市场秩序的非法经营行为"属于概括式表述，要结合现有法律条文和司法实践综合判断，此种意见认为，"其他非法经营行为"是违反国家规定的经营许可制度，且行为严重扰乱了市场秩序，达到《刑法》第225条规定的"情节严重"标准的犯罪行为，要结合非法经营数额来和个案的社会影响来综合认定是否符合刑法非法经营罪的构成要件。本案中梁某某在未取得许可证的情况下，伙同耿某某、刘某等人对房屋进行销售，违反了《中华人民共和国城市房地产管理法》等法律规定，上述法律规定是全国人民代表大会及其常务委员会制定的法律，显然属于"违反国家规定"；房产销售金额达1亿多元，严重扰乱了社会秩序，且房屋又始终未开始施工建设，造成了多起严重的上访案件，达到了情节严重的标准，属于《刑法》第225条规定的"其他严重扰乱市场秩序的非法经营行为"，构成非法经营罪。

第二种意见认为，梁某某等人的行为不构成非法经营罪。理由是：当事人虽有违规，但是梁某某所在房地产公司本身具备相应资质与手续，只是因为权属争议以及尚未取得"五证"而不符合房屋预售条件，属于行政违法行为而不具有刑事违法性。另外，非法经营罪并非口袋罪，且司法实践对于非法经营罪的认定越来越严格，《刑法》第225条规定的兜底性条款必须要有最高人民法院、最高人民检察院的司法解释予以明确，才不违反罪刑法定的刑法原则，而我国现行法律和司法解释并未明确将此类房地产领域犯罪规定为非法经营罪，因此本着法无明文规定不为罪的原则，不应认定各犯罪嫌疑人构成非法经营罪。

三、评析意见

笔者同意第二种意见，梁某某等人不构成非法经营罪，理由如下：

1. 定罪量刑须坚持罪刑法定原则。罪刑法定原则是我国刑法最重要最基本的一项原则，即对于刑法分则没有规定为犯罪的行为，不得定罪处罚。首先，我国《房地产管理法》《城市房地产开发经营管理条例》等法律规定，开发商对外销售房屋，应当具备《商品房预售许可证》，达到"五证"齐全的要求，未取得相关资质的情况下建设或销售商品房时，可以责令停工、停止预售活动或者没收违法所得并可以罚款，但并未有"构成犯罪的，依法追究刑事责任"的规定，也就是说，法律只规定违规卖房只是一种行政违法行为，开发商若违反此规定，在"五证"不全的情况下对外售房，不一定构成犯罪。

其次，本案中梁某某等人虽然扰乱了市场秩序，但结合《刑法》第225条前三项明确规定的非法经营行为，可以判断非法经营罪处罚的一般是国家禁止经营的行为，而不是允许经营却没有履行相关手续，因此，笔者认为根据同类解释原则，第四项兜底条款也应遵循前三项的立法本意，应与前三项规定的行为在行为方式及危害程度上具有相当性，即行为人必须违反实体法而非程序法。本案中房地产公司的行为是缺少"五证"，不符合预售条件而并非禁止经营，该房地产公司本身具有经营销售涉案房产的合法资质，若解决权属争议后取得"五证"则应该允许经营，因此不应将此类犯罪纳入非法经营罪的外延，将无证销售房产行为定性为非法经营行为属司法实践中的盲目扩大解释。且除本条规定外并无相关的法律和司法解释将房地产领域无证销售的行为规定为非法经营罪，房地产领域有单独的法律规定，若认定梁某某等人构成非法经营罪有违罪刑法定原则。

2. 刑法的谦抑性。刑法是维护社会稳定的最后一道屏障，因此我们一直主张刑法的谦抑性。刑法的谦抑性是刑法追求的三大价值目标之一，即对于某种危害社会的行为，国家只有在运用民事的、行政的法律手段和措施，仍不足以抵制时，才能运用刑法的方法，发挥刑法的补充性作用。本案中梁某某等人无证销售房屋的行为的确违反了《房地产管理法》第45条与《城市房地产开发经营管理条例》第23条、第27条和第29条的规定，但这两个法律是国家行政机关对于开发商开发、销售房屋加以限制的行政管理性规范，行政主管部门可依据相关行政法律法规对违法主体予以较重的行政处罚，维护正常市场秩序，没有必要利用刑法这一最严厉惩罚措施来调整。因此，笔者认为对该房地产公司的行政违法行为应依法按照《房地产管理法》第68条的规定进行行政处罚，可以由县级以上人民政府房地产管理部门责令停止预售活动，没收违法所得，并处罚款。

3. 不认定为非法经营罪更有助于实现法律效果和社会效果的统一。本案的舆论焦点主要在购房者的损失上，案发前梁某某等人提出可置换路北区房产，说明对购房人的购房款没有非法占有的目的，案发后梁某某等人也已经退还了部分购房人的购房款项，但还是导致了群体性的上访案件，社会舆论反响很大，是因为仍有部分购房款无法退回，数额巨大，给购房人带来了巨大的经济损失。此种情况下，单纯用刑法的强制性措施无法更好地维护购房人的利益，也无益于更好地解决上访难题。实际上梁某某等人与房地产公司的行为已经违反了我国民事法律的相关规定，根据最高人民法院《关于审理商品房买卖合同纠纷案件适用法律若干问题的解释》第2条的规定，未取得商品房预售许可证明而销售，商品房预售合同无效，合同被认定无效后，梁某某所在房地产公司应返还因合同取得财产。

综上，笔者认为本着法无明文规定不为罪的原则，对本案中各犯罪嫌疑人涉及的非法经营行为不应认定为非法经营罪，应先对房地产公司作出相应行政处罚，督促协调梁某某等人退回购房款，消除社会影响。作出行政处罚后，若房地产公司仍不悔改，可以再以非法经营罪追究刑事责任。

（河北省唐山市丰南区人民检察院　于思萌）

重复抵押合同诈骗案中如何认定被害人

一、基本案情

2014年11月,毕某某为偿还赌博所欠债务,便产生了用自己名下肖某乙实际出资购买的奥迪车进行二次抵押借款的想法。当肖某甲得知毕某某此想法后,为收回欠款,肖某甲便与毕某某合谋实施该计划,并完成了由肖某甲负责自肖某乙处赊购上述奥迪车和二人到车辆管理所补办该车登记证书等工作。2014年11月中旬某日,二人在他人帮助下找到刘某某,协商了车辆抵押借款事宜。同年11月17日,经肖某甲事先联系,二人到唐山市某公司签订了抵押借款协议,约定毕某某将其名下奥迪车的相关手续(该手续为二被告人后期补办)押于该公司,该车仍由毕某某使用,毕某某从该公司借款17.424万元。次日,毕某某收到上述借款16.72万元(扣除部分费用)后,用于偿还对肖某甲等人的欠款。

2014年11月18日,毕某某驾驶奥迪车找到刘某某,向刘某某隐瞒了该车已经抵押借款的事实,并按双方之前的约定与刘某某签订了抵押借款协议,由毕某某将该奥迪车及相关手续押于刘某某处、刘某某向毕某某提供借款17.37万元。毕某某收到上述17.37万元后,用于偿还对肖某甲等人的欠款。

二、分歧意见

第一种意见认为,毕某某、肖某甲隐瞒奥迪车已经抵押的事实,又将奥迪车原车辆登记证书及奥迪车抵押给刘某某,借款17.37万元,被害人系刘某某,合同诈骗金额是17.37万元。

第二种意见认为,毕某某和肖某甲事先预谋利用奥迪车重复抵押借款,后又找到刘某某协商了抵押借款的数额和方式。二人在与某公司办理抵押借款时,就已经隐瞒其想利用某公司"押手续不押车"的漏洞,继续二次抵押,并且因刘某某借款毕某某时有奥迪车做质押,因此,某公司是实际的受损者,即被害人,合同诈骗的金额是 16.72 万元。

第三种意见认为,在以上两种意见的基础上,毕某某和肖某甲实际实施了两个诈骗行为,首先,二人隐瞒已经与刘某某商量好抵押车辆借款的事实,又与某公司签订抵押手续;其次,又向刘某某隐瞒车辆已经抵押的事实,并且使用已经作废的原车辆登记手续质押借款,因此,某公司和刘某某均是本案的被害人,诈骗金额应当累加,即 34.09 万元。

三、评析意见

笔者同意第一种意见。主要理由如下:

1. 毕某某和肖某甲的主观目的是隐瞒车辆抵押事实进行二次抵押。毕某某和肖某甲产生重复抵押借款的犯罪故意之后,先去车辆管理所挂失奥迪车车辆手续,并补办了该手续,为将来的二次抵押做好了准备。之后,二人先联系刘某某商量抵押车辆借款事宜,这实质是民法上的质押。质押权自车辆交付时生效,此时虽然双方已经对质押合同的内容有了合意,但是并没有交付车辆,质押合同未生效。随后,毕某某、肖某甲又联系了某公司,和某公司签订了抵押借款协议,并且到车辆管理所办理了抵押登记。办理了抵押登记的抵押权就已经能够对抗善意第三人,之后毕某某再次找到刘某某按照之前的约定签订了抵押借款协议,并将奥迪车质押给刘某某。从二人实施的一系列行为看,二人的主观目的就是一车二押,第一次抵押使用真实车辆手续并办理抵押登记,再通过欺骗刘某某车辆已经办理抵押的事实,第二次骗取抵押借款。

2. 毕某某和肖某甲对刘某某的欺骗行为属于"以虚假的产权证明作担保"。《刑法》第 224 条规定了合同诈骗罪的五种表现形式,其中第二项为"以伪造、变造、作废的票据或者其他虚假的产权证明作担保的"。那么,毕某某和肖某甲使用失效的车辆登记证书向刘某某质押借款是否属于使用"虚假的产权证明作担保的"?《担保法》第 35 条规定:"抵押人所担保的债权不得超出其抵押物的价值。财产抵押后,该财产的价值大于所担保债权的余额部分,可以再次抵押,但不得超出其余额部分。"根据法律规定,在没有超出抵押物价值的前提下可以重复担保,但如果超出了抵押物的价值,则意味着超出部分并不存在抵押物。本案中,毕某某和肖某甲在与某公司签订抵押借款合同的时候,已经将奥迪车进行评估,评估价格是 22 万元,根据公司规定借款数额为评估价的 80%,此时根据双方约定,毕某某仅具有车辆的使用权,无权私自处分奥迪车。在这种情况下,虽然形式上毕某某和肖某甲将车辆质押给了刘某某，车辆也在刘某某手里，但是车辆已经被抵押，对于刘某某而言，该车已经不具有质押物的价值，因此，应该认定毕某某和肖某甲是在以虚假的产权证明作担保。

根据刘某某的陈述，当其得知该车为抵押车后，曾与某公司进行协商，因协商不成，其将该车的 GPS 拆掉，并卖了 9 万元。对此，有人质疑，刘某某已经通过卖车获得了部分财产损失，而本案中实际受损的应该是某公司，将刘某某视为被害人是否合适？因毕某某和肖某甲利用奥迪车重复抵押，刘某某得知该车为抵押车后，其已经不能私自处分该车。但是，刘某某的卖车自救行为不影响毕某某和肖某甲使用虚假的产权证明实施合同诈骗犯罪的事实。故刘某某应该承担其私自处分奥迪车的责任，但是不能仅仅因为其私自处分了奥迪车，就否认其成为本案被害人的事实。

3. 毕某某和肖某甲对某公司的欺骗行为属于欺诈，而非诈骗。

首先，从欺骗内容上看，毕某某和肖某甲向某公司隐瞒了抵押的真实目的，但是他们与某公司签订了协议，并且按照协议的要求提交了真实的车辆手续，在车辆管理部门办理了抵押登记，如实记录了车辆设有抵押权的事实。二人与某公司签订的抵押协议是真实有效的，当毕某某和肖某甲违约时，某公司可以根据约定对抵押车辆行使权利。

其次，从欺骗程度上看，毕某某和肖某甲的行为足以让某公司相信其是在真实抵押。根据陈兴良的观点，欺骗程度是指行为人采用的欺骗方法，是否达到使他人产生错误处分财物的程度。毕某某和肖某甲虽然采用了欺骗手段，但是并没有达到让对方产生错误认识而自愿交付财物的程度。此外，如果毕某某和肖某甲只实施了向某公司抵押借款的行为，此时并不能体现二人的非法占有故意，更无从谈起二人涉嫌犯罪。

4. 前后两个抵押行为的关系。通过以上分析，毕某某和肖某甲共实施了两个行为，分别是隐瞒履行抵押合同的真实意思，与某公司签订借款抵押合同；隐瞒车辆已经抵押的事实，通过质押的方式向刘某某借款。二人在与某公司签订抵押借款协议前就已经产生通过重复抵押的方式骗取借款的想法，前后两个行为之间具有不间断性，前一行为是后一行为的犯罪手段，应作为一个整体评价。在前一行为不构成犯罪的基础上，若将前后两个行为并罚且将犯罪数额累加是对行为人实施的前后两个行为的割裂，对毕某某、肖某甲有失公平。

如果毕某某、肖某甲先是以作废的原车辆手续与刘某某签订借款协议，并将奥迪车质押给刘某某，之后又以补办的车辆手续与某公司签订押手续不押车的借款协议，同样的情节，只是改变了两次抵押的先后顺序，此时毕某某和肖某甲向刘某某质押借款时虽然使用了作废的车辆手续，有欺骗行为，但是将奥迪车实际质押给刘某某,刘某某取得车辆的质押权,二人再次与某公司签订抵押协议骗取借款,那么二人与某公司签订抵押借款协议的标的物因已经被质押,而不具有被再次抵押的权益。即使二人使用的车辆登记手续是真实的,并办理了抵押登记,仍然应认定用于抵押的车辆的价值为零,二人是在使用虚假的产权证明实施合同诈骗行为,因此,被害人就是某公司。

  综上,笔者认为,在重复抵押的合同诈骗犯罪中,行为人一般是在后行为中使用虚假的产权证明与当事人签订抵押借款合同,因此被害人应该是后行为中提供借款的当事人。

(河北省唐山市丰南区人民检察院　张宝玉)

证券从业人员以个人名义代他人买卖股票是否构成非法经营罪

一、基本案情

郑某某系某证券咨询公司法定代表人。2013年2月28日、5月13日,郑某某以帮助对方炒股理财为名,先后与李某甲、于某签订委托理财协议书。协议约定,李某甲、于某委托郑某某在郑某某指定的证券公司以李某某、于某身份开户的账户进行全权交易,委托资金分别为460万元、100万元,委托时间均为1年,按照委托方70%、郑某某30%的比例分配投资收益。协议签订后,郑某某代委托方买卖股票,共计获利46万元。

2014年7月31日,犯罪嫌疑人郑某某以帮助被害人李某乙炒股理财为名与李某乙签订委托投资理财协议,协议约定委托资金1000万元,委托时间为1年,郑某某自负盈亏,协议期满向李某乙支付1400万元。同年8月4日,李某乙通过银行转账的方式转账给郑某某人民币1000万元;8月12日,郑某某将其中600万元转到了自己的证券账户用于证券交易;10月28日,将股票全部卖掉所得588万元转入郑某某所持有股份的某化工有限公司账户,用于归还贷款。郑某某将其余400万元陆续转入他人账户,公安机关未能查清去向。协议到期后,2015年7月31日,郑某某与李某乙书面约定继续履行协议至2015年9月30日。2016年4月27日,郑某某与李某乙签订还款协议,约定偿还李某乙1610万元。2016年6月20日,郑某某又与李某乙签订抵押协议,约定将被告人郑某某在某证券的460万股权作为履行还款协议的抵押物。后郑某某未能还款并逃匿。

二、分歧意见

本案中对郑某某违反证券法规定,以牟利为目的,未经证券监督管理机构批准接受委托代为理财的行为定性，存在两种不同意见。

第一种意见认为，郑某某代理客户买卖股票，只是基于客户对行为的信任与委托，是双方的民事代理行为。行为人只是代他人买卖股票非经营股票、证券等行为，不构成刑事犯罪，不宜进行刑事追究。

第二种意见认为，郑某某以牟利为目的，未经证券监督管理机构批准非法代理客户买卖股票，数额高达1560万余元，其行为构成非法经营罪。

三、评析意见

笔者同意第二种意见，理由如下：

根据《刑法》第225条的规定，非法经营罪，指是违反国家规定，未经许可经营法律、行政法规规定的专营、专卖物品或其他限制买卖的物品的；买卖进出口许可证、进出口原产地证明以及其他法律、行政法规规定的经营许可证或者批准文件；未经国家有关部门批准，非法经营证券、期货或者保险业务的，或者方法从事资金结算业务的；从事其他非法经营活动，扰乱市场秩序，情节严重的行为。本罪的主体是一般主体；本案中主观方面为故意，且以牟利为目的，客观上未经证券监督管理机构批准的情况下接受委托代为理财；侵犯的客体是国家限制经营许可的市场管理制度。

《证券法》第58条规定，任何单位和个人不得违反规定，出借自己的证券账户或者借用他人的账户从事证券交易；第161条规定，证券投资咨询公司及其从业人员从事证据服务业务不得有下列行为：（1）代理委托人从事证券投资；（2）与委托人约定分享证券投资收益或者分担证券投资损失……本案中，郑某某作为证券咨询公司法定代表人，违反证券法上述法律规定，以牟利为目的，未经证券监督管理机构批准的情况下接受委托代为理财，数额达到1560万余元，远远超过最高人民检察院、公安部《关于公安机关管辖的刑事案件立案追诉标准的规定（二）》（公通字〔2010〕23号）第79条."非法经营案（刑法第二百二十五条）"规定的30万元追诉标准，其行为构成非法经营罪。

（河北省唐山市路北区人民检察院　刘树利）

侵犯公民人身权利、民主权利罪

误会他人抢劫将其刺死的行为是否构成过失致人死亡罪

一、基本案情

2019年2月7日凌晨5时许，张某在骑三轮车去采购生鲜的途中，遇到了丢失三轮车而追寻的褚某甲和褚某乙，褚某甲和褚某乙追上张某对其喊"不许动"，褚某甲上前抓住了张某的手，被张某挣脱。褚某甲还要上前去抓张某，张某大喊"抢劫"，并拿出随身携带的单刃刀刺向褚某甲，致褚某甲肝破裂经抢救无效死亡。

二、分歧意见

对于本案中张某的行为如何定性，存在以下三种不同意见：

第一种意见认为，本案中张某的行为主观上有伤害他人的故意，客观上有伤害他人的行为，且实际上造成了被害人死亡的结果，因此张某的行为构成故意伤害（致人死亡）罪。

第二种意见认为，本案中张某的行为是一种由假想防卫引发的意外事件，张某误认为褚某甲和褚某乙追上前来，是要抢劫自己钱财，并因此误认为存在不法侵害而实施"假想防卫"，但从主观上讲缺乏犯罪的故意及过失，纯粹是一种意外，不构成犯罪。

第三种意见认为，本案中张某用刀将人刺死的行为，应是一种误认为不法侵害存在而实施的"假想防卫"行为，但张某行为时由于疏忽大意没有预见客观的实际情况，因此主观上有过失，应承担过失致人死亡的法律责任。

三、评析意见

笔者同意第三种意见，理由如下：

首先，本案不构成故意伤害（致人死亡）罪。本案中张某虽然在客观上存在持刀将人刺死的行为，但从整个案件发生的情况来看，案件发生的时间是凌晨5点前后。当时，褚某甲和褚某乙由于发现放在屋外的三轮车不见而出门寻找，两人看到前面的张某骑一辆三轮车时，就追上前去欲查问是不是自己丢失的三轮车，并大喊"不许动"，褚某甲还紧追不舍，并抓住了张某的手不放，在这种情况下，张某误以为是自己碰到了抢劫犯，出于保护自己合法权益的角度出发，张某拿出了随身携带的单刃刀刺向了褚某甲。因此，从整个案件发生的情况来分析，从主观上讲，张某误以为自己的合法权益受到了他人的不法侵害而实施了防卫，即"假想防卫"。"假想防卫"人在行为时，其主观上以为自己是对不法侵害实行正当防卫，是保护自己的合法权益，并没有故意危害社会的结果，所以主观上缺乏故意犯罪的犯意，不可能构成故意犯罪，也就不可能构成故意伤害（致人死亡）罪。

其次，本案不构成意外事件。刑法的意外事件是指行为虽然在客观上造成了损害结果，但不是故意或过失，而是不能抗拒或者不能预见的原因所引起的。本案从客观发生的案情分析，张某误以为自己受到了不法侵害，而实施了"假想防卫"。虽然从其主观上讲是以为，自己是在对不法侵害实行正当防卫，是在保护自己合法权益，并没有故意危害社会的意图，也就是说没有犯罪的故意，但并不能说是意外事件。因为从主观上讲构成犯罪包括故意和过失，没有故意并不证明就没有过失。从本案的实际发生情况来看，当时褚某甲和褚某乙两人上前追上张某，两人当时赤手空拳，只是叫张某"不许动"，在当时的情况下褚某甲和褚某乙既没有抢劫犯意的实际流露，也没有抢劫的行为。张某实施了所谓的"假想防卫"，客观上造成了他人遇刺身亡的严重后果，故张某当时主观上有过失。

综上所述，由于未尽自己的注意义务而疏忽大意，张某对褚某甲和褚某乙的行为产生认识上的错误存在过失，张某应对自己刺死褚某甲的行为承担过失致人死亡的后果，其行为构成过失致人死亡罪。

（河北省唐山市路北区人民检察院　单庆梅）

承继的共同强奸案中"轮奸"情节如何认定

一、基本案情

张某某同被害人王某吃完夜宵，开车带其来到张某某朋友周某的单元房，强行与其发生了性关系。事后，张某某邀请周某也过来与被害人发生性关系。周某在明知张某某已和被害人发生性关系的情况下，无视被害人的抗拒，强行与其发生了性关系。张某某再次进屋后，见被害人躺在床上，又强行与其发生了一次性关系。

二、分歧意见

对于本案如何处理，存在两种不同意见：

第一种意见认为，张某某、周某的行为均构成轮奸，理由是主观上周某在对被害人实施强奸行为之前就已经明知张某某已将被害人强奸，客观上二人连续地对被害人实施了强奸。

第二种意见认为，张某某的行为构成轮奸，周某的行为则不构成轮奸。

三、评析意见

笔者赞同第二种意见，理由如下：

1. 从法学方法论上来说，有必要对"轮奸"这一用语进行文理解释。现行刑法关于轮奸的完整表述是"二人以上轮流强奸"，其中具有限制意义机能的用语有"二人以上""轮流"。"二人以上"是指轮奸行为人必须是复数，限定了一人连续多次强奸不能构成轮奸；"轮流"是指依照次序一个接替一个地实施某个行为，由此则限定了二人以上无序地先后对被害人实施强奸也不构成轮奸。二人以上要有序地对同一被害人进行某一行为，一种情况是数个行为人通过事先通谋在先后次序上达成共识；另一种情况是后行为人先促使前行为人实施某一行为后自身又再实施同一性质行为；再一种情况则是先行为人自身已完成某一行为后又安排后行为人再实施同一性质行为。本案中，轮奸的有序性表现为第三种情况，即张某某对于强奸次序的安排，张某某在对被害人实施强奸行为后又唆使周某对被害人实施强奸，其行为应认定为轮奸；周某则因不存在对于次序上的安排，故对其行为不应认定为轮奸。第一种意见的错误之处在于未准确区分轮流强奸与先后强奸的区别，未能充分理解"轮流"所具有的有序性内涵。

2. 从共同犯罪理论来看，本案二被告人属于承继的共同犯罪。承继共犯是共同犯罪的一种特殊现象，其特征是前行为人已经开始着手实施犯罪，后行为人与前行为人形成犯罪合意并与前行为人共同继续实施该犯罪行为。责任主义原则是刑法的基本原则之一，包括主观责任原则和个人责任原则两个方面。其中，个人责任原则是指只能将行为人因个人的行为所造成的法律后果归责于行为人，即罪责自负原则。在承继的共同犯罪中，后行为并未对前行为予以物理上或心理上的加功，后行为人的行为不可能成为前结果的原因，因此不能将前结果归责于后行为人。本案中，周某事前并没有与张某某合谋轮奸被害人，也没有为张某某完成强奸行为提供帮助，被害人第一次被张某某强奸的结果与周某没有因果性，因此，周某对于张某某第一次强奸被害人的结果不承担责任。张某某在强奸被害人之后，又唆使周某强奸被害人，应对周某强奸被害人的结果承担责任。此外，二被告人之间没有在周某强奸被害人之后由张某某再行强奸被害人的共谋，张某某第二次强奸被害人的结果也不能归责于周某。因此，张某某的行为构成轮奸，周某的行为不构成轮奸。

3. 从罪责刑相适应原则出发，有必要对二被告人在认定是否构成"轮奸"方面予以区别对待。《刑法》第2条明确了刑法的目的就是保护法益，刑事司法必须贯彻这一目的，在定罪量刑上均应根据各行为人的客观罪行对法益侵害的严重程度作出判定。强奸罪的法益是妇女性行为的自主决定权，轮奸相对于普通强奸来说对该法益的侵害程度更为严重，因此刑法对两种情形规定了不同的量刑档次。本案中，是否应认定二被告人构成轮奸应分别考察其行为对被害人受保护的法益的侵害程度。张某某连续性地对被害人实施强奸三次（其中一次是通过唆使周某完成），因此，其客观罪行对法益的侵害程度可认定为是严重的，认定其构成轮奸能满足罪责刑相适应原则；而周某则仅在被他人唆使后强奸被害人，其客观罪行对法益的侵害程度与普通强奸对法益的侵害程度相差无几，如仍认定其构成轮奸，则与罪责刑相适应原则相悖。因此，对周某的行为不应认定为轮奸。

（河北省唐山市路北区人民检察院　闫磊）

事出有因殴伤他人的行为是否构成故意伤害罪

一、基本案情

2017年与韩某谈恋爱的杜某因涉嫌妨害公务罪被公安机关刑事拘留，在进行民事调解时，韩某为杜某支付了7万元的民事赔偿金。2018年3月韩某与杜某登记结婚，2018年6月二人因性格不合而离婚。离婚后，韩某和杜某在交往中又确立了恋爱关系。2019年10月28日韩某与杜某因民事赔偿金问题，二人发生争吵，杜某搬回娘家。2019年11月16日、17日连续两天，韩某到杜家找杜某，向杜某要已支付的民事赔偿金，杜某都没有理韩某，韩某一气之下将杜家的一块玻璃砸碎（价值100元）。2019年11月18日，韩某再次到杜家楼下喊杜某下楼，杜某还是不理韩某，韩某又砸了杜家的一块玻璃（价值100元），这时，杜某的弟弟下楼找到韩某，二人发生争执并打在一起，杜某的母亲、杜某、杜某的父亲也先后到楼下，韩某和杜某一家人打在一起。后韩某被现场围观的群众拉开。杜某的伤情经法医鉴定为轻伤。

二、分歧意见

本案对韩某行为的定性产生两种不同意见，一种意见认为韩某涉嫌寻衅滋事罪，另一种意见认为韩某的行为应定性为故意伤害罪。

第一种意见认为，韩某连续三天到杜某家无理取闹，随意毁坏杜家的物品。后在杜某的弟弟下楼与其理论时，又与杜某的弟弟发生争执，并无故将杜某打成轻伤。其行为符合《刑法》第293条"随意殴打他人，情节恶劣"规定。

第二种意见认为，韩某行为应定性为故意伤害罪。理由是：（1）韩某在主观上有伤害的故意。韩某到杜家找杜某，不是去挑衅滋事，而是向杜某要已支付的民事赔偿金，杜某不理韩某，韩某将杜家的玻璃砸碎。韩某将杜某及其家人打伤，是在与杜某的弟弟发生争执后，杜某及其家人与韩某打在一起时才造成的结果，韩某在主观上是伤害的故意。（2）从侵害对象来看，韩某所侵害的目标是有针对性的，那就是与其厮打在一起的杜某及其家人。在打架现场，有围观的群众进行劝解，韩某并没有殴打当中的任何一人，而只是对杜某及其家人进行殴打，也就是说，韩某的殴打对象是有针对性的，不是一种随意性的寻求刺激。（3）韩某殴打行为的发生具有一定的前因性。韩某找杜某是想向杜某索要民事赔偿金，进而与杜某及其家人发生争执，因此韩某的伤害行为有一定的前因，其是有目的、有针对性地对特定对象实施的一种故意殴打行为。

三、评析意见

笔者同意第二种意见，理由如下：

故意伤害罪和寻衅滋事罪分别规定在刑法第四章"侵犯公民人身权利、民主权利罪"和第六章"妨害社会管理秩序罪"，两罪主要有以下区别：一是两罪侵犯的法益不同。故意伤害罪侵犯的是公民的身体健康权，侵犯的一般是特定对象。寻衅滋事罪侵犯的主要是公共秩序或社会秩序，侵犯的一般是不特定对象。二是主观故意表现不同。故意伤害罪主观故意表现为故意伤害他人身体，可以是直接故意也可以是间接故意。寻衅滋事罪主观方面为直接故意，一般还具有耍威风、取乐、刺激等不健康心理。三是在客观方面。故意伤害具有故意非法侵犯他人"身体健康"的行为。寻衅滋事表现为《刑法》第293条规定的"随意殴打他人，情节恶劣的"，根据最高人民法院、最高人民检察院《关于办理寻衅滋事刑事案件适用法律若干问题的解释》第2条规定，随意殴打他人，情节恶劣，包括致1人以上轻伤。

对本案或类似案例的定性，关键看行为人的后伤害行为与前原因是否有联系，行为人在主观上有何故意，是为了前原因而殴打伤害他人还是为了逞强好胜、自我显示、寻求刺激等目的，其次还要看行为人打击的目标是否特定，有无随意性。本案中，行为人韩某是在与杜某发生矛盾的前提下找到了杜家，进而双方发生争执。争执过程中，韩某对杜某及其母亲、弟弟实施了殴打行为，是在发生争执厮打在一起的情况下实施的行为，不是为了寻求精神上的刺激、逞强好胜等原因而无故殴打他人。且在殴打过程中，杜某的打击目标确定，只针对参与打架的杜某家人，而对劝解的群众未实施任何行为。综合上述原因，对于行为人韩某的行为宜认定为故意伤害。

故意伤害罪所侵犯的客体是他人的身体健康权利，是单一客体，而寻衅滋事罪所侵犯的客体是社会秩序。笔者认为，寻衅滋事与故意伤害在轻伤后果以上的情况下有重叠之处。如行为人的行为造成他人轻伤的情况下，既符合寻衅滋事罪的客观方面，也符合故意伤害罪的客观方面。这时我们应从犯罪构成的四要件去分析到底行为人的行为符合哪个罪名。如果只看客观方面就去定罪量刑，这是只重视行为客观方面的客观归罪理论，背离了"主客观相统一"这一基本原则。

（河北省唐山市路北区人民检察院　薄英杰）

因殴打与特殊体质因素导致
被害人死亡的如何定罪

一、基本案情

2017年9月某天，在某小区门口被告人郭某某与保安人员孙某某因停放电动车问题发生冲突，从现场监控录像的视频可以清晰看出：被害人孙某某从值班室冲出来拦住要进入楼内的被告人郭某某，二人明显产生了言语上的争执，孙某某先推搡并指责郭某某，伸手将郭某某所戴的眼镜打落在地。随后，郭某某很激动，用拳头击打孙某某面部两拳，致其倒地不动。见状，被告人郭某某拨打110报警并拨打120联系医护人员施救。民警到达后将被告人郭某某带走接受调查，医护人员也迅速赶到现场对孙某某展开救治。次日，被害人孙某某经抢救无效死亡。经鉴定，孙某某符合头面部受到外力作用造成脑干挫伤，同时在脑细小动脉病变的基础上出现泛发性蛛网膜下腔出血等，导致中枢性功能障碍而死亡；其自身存在的脑细小动脉病变在其死亡结果中起少部分作用。

二、分歧意见

第一种意见认为，被告人郭某某的行为不构成犯罪。理由是：本案中，导致被害人死亡的原因是多方面的，法医鉴定认为，孙某某符合头面部受到外力作用造成脑干挫伤，同时在脑细小动脉病变的基础上出现泛发性蛛网膜下腔出血等，导致中枢性功能障碍而死亡；虽然鉴定意见注明了其自身存在的脑细小动脉病变在其死亡结果中起少部分作用，但不能就此认定被告人郭某某就构成了刑事上的犯罪；被害人自身年龄较大、冲突中情绪激动、自身存在特殊体质等因素，被告人不可能预见到，死亡结果与这些自身因素都紧密相关。由此不能确认被告人的拳击行为与被害人死亡结果之间具有刑法上的因果关系，故应宣告被告人郭某某无罪。

第二种意见认为，被告人郭某某的行为构成过失致人死亡罪。理由是：被告人郭某某既没有伤害的故意，也没有杀人的故意，只是由于应该预见而没有预见，才造成被害人死亡结果的发生。因此，应定过失杀人罪。

第三种意见认为，被告人郭某某的行为构成故意伤害罪。理由是：被告人郭某某对被害人头部、胸部分别连击数拳的行为，其主观上能够认识到可能会伤害被害人的身体健康，虽然死亡后果超出其本人主观意愿，但符合故意伤害致人死亡的构成要件。

三、评析意见

笔者认同第三种意见，认为认定被告人郭某某故意伤害罪更为合适。具体分析如下：

根据《刑法》第234条第2款规定，故意伤害致人死亡的，处十年以上有期徒刑、无期徒刑或者死刑；第233条规定，过失致人死亡的，处三年以上七年以下有期徒刑；情节较轻的，处三年以下有期徒刑。可见，一个行为被定性为故意伤害致人死亡还是过失致人死亡，被告人承担的刑罚会差别很大，甚至是生与死的差别。因此，此类案件的准确定性，对保障被告人的合法权益有着关键意义。

故意伤害致人死亡和过失致人死亡，行为人的行为都导致了被害人死亡的结果，区别仅在于行为人的主观方面，前者是伤害的故意，后者是过失。行为人主观方面是行为人的主观范畴，认定往往具有一定难度，所以，在司法实践中故意伤害致人死亡和过失致人死亡的甄别是一个难点。

如何区分行为人在行为时是故意还是过失？笔者认为应根据行为人所处的环境、实施行为时的具体表现和事后的具体行为来判断。具体来说，通过行为人所处的环境、实施行为时的具体表现和事后的具体行为，判断行为人对后果是否认识到，对后果发生的态度，如果行为人已经认识到可能会伤害到被害人，仍然希望或者放任伤害结果的发生，那么是伤害的故意；如果是应该预见但是因为疏忽大意没有预见导致死亡结果的发生，或者已经预见到但是轻信能够避免导致死亡结果的发生，那么是过失致人死亡。故意伤害致人死亡的，属于故意伤害罪的结果加重犯，是指行为人明知自己的行为会造成他人身体伤害的结果，并且希望或放任伤害后果的发生，结果却出乎意料地造成了死亡。其犯罪构成的特征是：（1）客观方面表现为非法损害他人身体健康的行为，并且造成了他人死亡的结果；（2）主观方面，行为人明知自己的行为会造成他人身体伤害的结果,并希望或放任危害结果的发生,但并不希望或放任死亡结果的发生,即只有致人伤害的故意而无致人死亡的故意。过失致人死亡罪,是指行为人由于过失导致他人死亡的行为。其犯罪构成的特征是:(1)客观方面表现为由于行为人的作为或不作为,造成他人死亡的结果。(2)主观方面出于过失,包括过于自信的过失和疏忽大意的过失。根据上述二罪的犯罪构成特征,可以明确区分其相同点和不同点。其相同点是,二者在客观上都造成了被害人死亡的结果,主观上对死亡的结果均出于过失,既不希望也不放任死亡结果的发生,死亡结果的发生是出乎意料的。不同点是,故意伤害致死显然以具有伤害的故意为前提,而过失致人死亡行为中则没有伤害他人身体的故意。因此,区分二者的关键在于,行为人主观上是否具有伤害的故意。认定行为人主观上是否具有伤害的故意应综合全案考察主客观方面的因素,如实施行为时的场合、环境、打击的工具、打击的部位、力量和频率、双方的关系及造成的伤害程度等不同情况,分析行为人是否具有伤害他人的故意,是有意地伤害他人还是只出于一般殴打的意图而过失或意外致人死亡。

就本案而言,被告人的行为符合故意伤害罪的构成要件,构成故意伤害(致人死亡罪)罪。

第一,从主观方面分析,首先,被告人实施犯罪行为意识非常清醒,被告人郭某某是在受到被害人的指责、攻击后,特别是在被害人将其眼镜打落在地后彻底被激怒。其用拳头击打被害人时是有非常清醒的认识,就是要攻击伤害对方,向对方进行还击,其主观上伤害被害人的故意非常明确,而不仅仅是逃避、阻止被害人殴打之目的。其次,从其对被害人打击力度、次数、部位上看,被告人显然具有伤害的故意。被告人虽然只打了被害人两拳,但是力度很大,被告人不是选择推搡、撕扯或是殴打被害人身体的其他部位,而是直冲被害人的头面部。可见被告人在愤怒下已经完全丧失理智,对被害人实施了伤害行为,主观上存在伤害之故意。最后,从造成的后果上看,被害人因中枢性功能障碍而死亡。这一结果确实由多重原因所致,但一方面鉴定明确给出:其自身存在的脑细小动脉病变在其死亡结果中起少部分作用,其次被告人的攻击行为对死亡结果的产生起到了至关重要的作用,符合刑法上的因果关系理论。

第二,从客观方面分析,被告人对被害人实施了故意伤害的行为,并造成了死亡的结果。被告人和被害人双方因琐事发生冲突,用了足以致被害人受伤的手段攻击被害人,致使被害人身体受伤,造成了被害人死亡的严重结果,应当承担相应的刑事责任。

对于偶发性的故意伤害案件,应与一般的故意伤害案件在量刑上予以区别。这类案件被告人一般在主观恶性上、社会危害性上与一般的故意伤害案件相比较小。在对这类案件的量刑上应比社会上逞强斗狠、蓄意伤害类的故意伤害案件较轻。就本案而言，被告人郭某某在案发后，第一时间报警并拨打急救电话对被害人进行抢救，郭某某的家属第一时间赔付了被害人全部损失并取得了被害人家属的谅解。鉴于郭某某的行为系一时冲动，其自身具有自首的情节，而且其一贯表现良好，在本次犯罪后一直保持有良好的认罪态度，应在量刑上对其减轻、从轻处罚。

（河北省唐山市曹妃甸区人民检察院　张建新）

与仅有部分性防卫能力的人发生性关系是否构成强奸罪

一、基本案情

张某某刚满14周岁，智力有缺陷，因家庭条件有限，经常到邻居排某某（51岁）家中蹭无线网。后因张某某家属看到二人在街上拉拉扯扯，遂询问张某某与排某某的关系，张某某承认与排某某多次发生性关系，但是被强迫的。排某某称知道张某某智力有问题，与张某某多次发生性关系，均为张某某自愿，且每次与张某某发生性关系后，均给予其金钱、手机等财物。经检查，张某某处女膜环不完整，有陈旧性撕伤，未发现身体有遭暴力痕迹。经鉴定，张某某为轻度精神发育迟滞，案发时有部分性自我防卫能力。另查明，张某某此前经常从社交软件结交"男朋友"，且有过性经历。

二、分歧意见

第一种意见认为，排某某的行为构成强奸罪。

一方面，轻度精神发育迟滞者的性自由权也应受到法律保护。精神发育迟滞是精神疾病的一种，我国对精神发育不全患者，按照智能障碍的严重程度，大体分为三类：白痴，为重度智能缺损；痴愚，为中度智能缺损；愚鲁（鲁钝），为轻度智能缺损。前两类的共同特征是不能正确表达意思，不能明辨是非，甚至生活不能自理。白痴和痴愚型的妇女属于1984年4月26日最高人民法院、最高人民检察院、公安部《关于当前办理强奸案件中具体应用法律的若干问题的解答》中所称的"程度严重"的痴呆者，即在明知其为痴呆者（程度严重）的情况下，与其发生性关系，不管犯罪分子采用什么手段，都应以强奸论处。愚鲁患者的特征是理解、推理和判断事物的能力较差，不善于辨别是非，但有一定的意志能力，能够独立生活，从事简单的劳动。对于这种被害人案件要具体问题具体分析。

本案中的被害人正是这种愚鲁类被害人，经鉴定，其具有部分性防卫能力，不能完全理解性行为的违法性及危害后果。另外，张某某系14周岁未成年人，由于其年龄为幼女和妇女的分界线，其对于性行为的认知并未完全成熟，不能要求其在年满14周岁后认知立刻达到成年人水平。因此，张某某因智力的缺陷削弱了对性行为的认知，而年龄的原因又使其对性行为的认知大打折扣。综合张某某的年龄和智力情况，应该推定其无法认知性行为的侵害性，对其性权利的保护应当等同于幼女或者严重程度的痴呆者，即排某某与其发生性关系，不论是否自愿，均应按强奸论处。

另一方面，排某某对张某某实施了引诱行为。根据最高人民法院、最高人民检察院、公安部、司法部《关于依法惩治性侵未成年人犯罪的意见》规定，"以金钱财物等方式引诱幼女与自己发生性关系的以强奸罪论处"。排某某利用张某某年龄小、智力有缺陷的弱点，以链接网络、给予财物等为由，引诱张某某与其发生性关系，结合前一点论断，排某某的行为性质等同引诱幼女发生性关系，应以强奸论处。

第二种意见认为，排某某的行为不构成强奸罪。

张某某系轻度精神发育迟滞者，不能将其等同于程度严重的痴呆者予以保护。且根据本案证据，无法认定排某某与张某某发生性关系是否违背张某某意志，依据疑罪从无原则，排某某的行为不构成犯罪。

三、评析意见

笔者同意第二种意见。

在实践中，对于性侵精神病人或者痴呆者案件，犯罪嫌疑人是否构成犯罪最重要的一个证据就是对被害人精神及性防卫能力的鉴定。对于经鉴定为精神病或者程度严重的痴呆者，一般也无性防卫能力，这类案件比较好认定，可以参照1984年相关解释定罪。但是对于轻度精神发育迟滞者，由于其具有一定的认识、理解能力，故其性防卫能力鉴定一般为具有部分性防卫能力。这类案件需要结合案情，具体案件具体分析。

笔者认为，与具有部分性防卫能力人发生性关系是否构成强奸罪，应从以下几个方面分析：

1. 被害人与犯罪嫌疑人的关系。具有部分性防卫能力人一般为智力有缺陷者，这类人本身对人、事、物的认知、理解有一定偏差，在处理人际关系时亦是如此。但作为轻度发育迟滞者，其与正常人一样，会选择信赖自己熟悉的人，而对陌生人会排斥、抗拒。因此，如果陌生人强行与部分性防卫能力人发生性关系，被害人一般会通过挣扎、反抗来表达自己的不情愿，因此也会留下一些暴力胁迫的证据。对于自己熟悉的人，如老师、亲属、邻居等，这些人会让部分性防卫能力人放下心理防卫，加之以语言哄骗、财物诱惑，部分性防卫能力人就会失去辨别是非的能力，继而自愿与行为人发生性关系。

2. 被害人的性认知程度。精神发育迟滞影响人的心理活动的各个方面，包括思维、感知、情感、意志行为和社会功能。虽然精神发育迟滞会影响性防卫能力，但是二者并非一定呈正比。在刑事案件对精神发育迟滞的被害人进行性防卫能力评定前，通常要先进行韦氏智力测验，而后对性防卫能力评定时，智力因素为其中一个方面，但还要考查被害人对性的不可侵犯性、性行为的后果等的理解。在实践过程中发现智力因素相当，但性防卫能力不同的现象，因此性防卫能力的认定应当综合多方因素考量，不应仅凭智力水平判断。

3. 被害人的年龄。本案中被害人有一个特殊身份，即刚满14周岁，这是幼女与妇女的界限，也是罪与非罪的界限。我国刑法对于幼女和妇女作了年龄划分，即14周岁为分界线，这是综合身体发育、智力、认知等多方面因素得出较为科学、合理的年龄界限。但对事物的认知和理解应该是一个循序渐进的过程，不能因年龄的满足，而苛刻地要求其认知水平迅速提升。刑法对女性进行年龄划分，是为了有效保护身体、心理尚未发育成熟幼女性权利不受侵害，而不应因年龄的限制，使那些身心还未发育完全的少女遭受人身的侵害。本案中的被害人既是精神发育迟滞者，又是刚满14周岁的人，其对性的认知应该等同于14周岁以下或者程度严重的痴呆者。

4. 发生性关系的次数。很显然，如果当事人只发生一次性关系，又没有其他证据时，很难判定是否违背妇女意志。但是，如果当事人发生多次性关系，就要考量被害人是否说谎被强奸。按照常理，被害人如果被强奸一次，就会对犯罪嫌疑人产生防卫心理，与犯罪嫌疑人保持安全距离，不会再主动找犯罪嫌疑人，使自己处于被强奸的危险之中，如果被害人放任自己处于危险之中，其对自己的性自由权利处于放任状态，法律也不应予以保护。

5. 发生性行为的环境。笔者认为，对于发生性行为的环境可以分为两种，即处于被害人的控制之下的环境和处于犯罪嫌疑人控制之下的环境。前者如被害人家里，后者如犯罪嫌疑人的家里或者指定场所，如宾馆等。对环境因素考量的同时，还应将当事人之间的主动、被动关系因素考量进来。对于处于被害人控制之下的环境，如果是被害人主动邀请犯罪嫌疑人去的，案件分析时将对被害人不利；如果是犯罪嫌疑人主动去的，被害人处于被动状态，则对犯罪嫌疑人不利。对于处于犯罪嫌疑人控制之下的环境同理处之。

6. 被害人的社会关系。虽然我国相关法律规定，在认定是否违背妇女意志时，不能以被害妇女作风好坏来划分，但是，在具体的案件中，尤其是被害人为精神发育迟滞案件中，这也是一个重要考量因素之一。因为被害人的性防卫能力评定是认定犯罪嫌疑人构成强奸罪的重要依据，如果被害人虽然性防卫能力有一定欠缺，但是能理解性行为的意义，可以懂得交友、结婚、生子。对于这种被害人，笔者认为其具有基本的性行为认知，不应将其归类于不懂得性防卫能力人群，与其自愿发生性关系不应以犯罪论处。

通过以上分析，本案掺杂罪与非罪多种因素，但是综合来看，张某某虽然刚满14周岁，轻度精神发育迟滞，但其已经具备了基本的性认识，知道使用社交软件，且会通过社交软件结交男朋友，并有过性经历。在此之后主动多次去排某某家，与排某某发生性关系。本案为典型的一对一证据，没有其他证据证实排某某使用了暴力、威胁等手段，强行与张某某发生性关系，根据疑罪从无原则，排某某的行为不应认定是强奸。

（河北省唐山市玉田县人民检察院　李倩倩）

被害人因前置暴力行为不敢反抗发生性行为的，对被告人如何定罪处罚

一、基本案情

2019年2月25日前后，被告人彭某某利用交友软件"陌陌"与被害人马某某相识，彭某某自称"张某某"，后二人相互添加微信好友。2019年2月27日，彭某某与马某某相约吃饭，当天下午彭某某开车到马某某上班的地方接马某某，后二人到某烧烤店吃饭，饭后，彭某某欲驾车带马某某溜达一圈，行驶到半路时，马某某想要回去，彭某某阻拦且威胁不让马某某走。随后二人在某酒店登记入住，后彭某某与马某某发生性关系。

二、分歧意见

基于以上事实，对犯罪嫌疑人是否构成强奸罪，出现两种分歧意见：

第一种意见认为，因事实不清，证据不足，不构成强奸罪。理由是：2019年2月28日被害人陈述"他一把就将我的头发采住了"，该细节被害人2019年4月8日22时55分又陈述"他抓着我的胳膊，没有采我的头发，我是想着把被告人说坏点"，结合证人证言及酒店录像，可以证实被告人没有采被害人头发；同时通过证人证言及酒店录像，被害人问被告人"你还总来这咋的"及录像中被告人先下车，过了几十秒后被害人拿着两罐饮料及自己的手机下车，在被告人先进宾馆后被害人又让被告人给其开门，登记房间后被害人将放在服务台上的两罐饮料继续拿着跟随被告人上楼的情况，证实被害人办理酒店入住登记时不存在被被告人控制的情形；被害人多次陈述对发生性关系是否被脱掉内衣等细节相互矛盾，综上，因事实不清、证据不足，被告人不构成强奸罪。

第二种意见认为，本案事实清楚，证据确实、充分，构成强奸罪。理由是：

彭某某违背妇女意志，以暴力手段强奸妇女，其行为触犯了《刑法》第236条规定，犯罪事实清楚，证据确实、充分，应当以强奸罪追究其刑事责任。

三、评析意见

笔者同意第二种意见。被告人彭某某构成强奸罪，事实清楚，证据确实、充分。

1. 审查、判断证据必须客观、全面。审理案件的结果正确与否，是建立在正确认定事实的基础之上的，正确认定事实的过程实际上就是审查、判断证据的过程。在同一案件的适格证据中，既有证明被告人有罪的证据，也有证明被告人无罪的证据，故应当客观、全面地分析证据的证明力，而不是简单地采信某一个证据或无罪的证据。强奸案件的证据具有特殊性，即直接证明强奸行为是否成立的直接证据往往只有被告人供述和被害人陈述。在这种"一对一"的情况下，简单地采信某一个证据都是不正确的，应当将被害人陈述和被告人供述结合其他间接证据进行分析、比较、整合，去伪存真。尤其是被告人作出有罪供述后，当庭又翻供的，就更要将各证据进行比较分析，在分析的基础上，确定各证据的证明力。

本案中，被告人在侦查卷宗的讯问笔录中作出强奸罪的有罪供述后，在庭审中予以翻供，辩解称被侦查人员刑讯逼供，作出了虚假的有罪供述。故根据刑事诉讼法及司法解释"被告人庭审中翻供，但不能合理说明翻供原因或者辩解与全案证据矛盾，而其庭前供述与其他证据相互印证的，可以采信其庭前供述"。被告人彭某某对强奸罪的犯意、过程、结果的供述与被害人的陈述，证明指向完全一致，其供述应被采纳，但是法庭只简单地采信了其庭审中翻供的无罪供述，对侦查阶段的有罪供述不予采信，其得出的事实不清、证据不足的结论显然错误。

2. 被告人彭某某与被害人不存在感情基础。根据被告人供述及被害人陈述及微信聊天记录可以证实，双方通过陌陌认识添加微信好友，被告人自称"张某某"，网聊两三天后被告人约被害人吃饭。被告人供述"我跟马某某联系的目的就是想跟她吃个饭睡一觉不想有多深的交往，就没有告诉她真实姓名……我跟马某某联系就是想跟她发生关系……"被害人陈述"在吃饭的时候跟我动手动脚的，摸我的肩膀、大腿，但是他一碰我我就给他推开"，且侦查阶段的证据证明，二人在案发前均无以谈恋爱为目的进行交往的意思表示，故分析比较证据可知双方不存在感情基础。

3. 被告人彭某某违背妇女意志强行与被害人发生性行为。

（1）被告人对被害人采用了暴力、胁迫手段。被告人供述"马某某还是想回去，后来马某某就想开车门跳下去，当时她在副驾驶，我就用右手搂着她的脖子把她拽了回来，拽的时候还采到她的头发。拽回来以后我就跟她说你要是敢跳下去我就开车撞你，然后她就没有再开车门"，被害人陈述"我就想开车门跳车，他就一把将我的头发采住了，特别凶狠说，你想干啥，你要是敢跳车我就撞死你，要不成天上你们公司截你去。我当时特别害怕，就没敢动"。被害人第四次笔录中更正为"他抓住我的胳膊，没有采我的头发，我是想着把被告人说坏点"。但以上证据能够证实被告人在封闭的汽车中对被害人采取了押、拽、拉扯的暴力手段及恫吓的胁迫的手段。

（2）被害人因害怕或受威胁等原因不敢反抗或者失去反抗能力。法庭认为，指控被告人彭某某构成强奸罪，事实不清、证据不足的理由为：被害人陈述被告人对其实施暴力行为的细节有描述不真实情形；证人证言及录像，可以证实被害人办理酒店入住登记时不存在被被告人控制的情形。被害人多次陈述对发生性关系是否被脱掉内衣等细节相互矛盾。

本院认为法庭根据被害人对采住头发细节的变更、证人及酒店的录像未看到被害人被采头发、自己下车、脱掉内衣等细节相互矛盾不予采信，认为构成强奸罪事实不清、证据不足，明显属于错误。

对于被害人被采头发这一事实，被告人及被害人均予以证实，可以形成完整的证据链条。该事实发生的地点是封闭轿车中，酒店工作人员及录像必然无法对上述情节予以证实，以此证实被告人未对被害人采用暴力、胁迫手段显然片面；被害人晚于被告人几十秒下车及拿饮料的情节不能证实被害人办理酒店入住登记时不存在被被告人控制的情形。通过证据可知被害人是在一个陌生、封闭环境下，单独面对性格暴躁的、几乎陌生的男性，且该男性对其采用暴力、胁迫的手段，难免产生孤立无援、害怕之情，使被害人精神上受到恫吓或强制，迫使被害人不敢反抗。被害人精神上受到恫吓是一个持续、长久的过程，在被告人的车中及酒店该精神控制一直存在，且在入住酒店后被强制发生性行为。被害人陈述"我之前没有经历过这样的事，都吓傻了，就服软了，跟着他进了酒店……这个男的劲特别大，只要我一反抗，他就采我的头发，当时我就吓傻了……"足以客观印证其受精神控制的持续性。关于发生性关系时被害人内衣是否被脱掉的细节，被害人2019年2月28日陈述、2019年4月8日第一次陈述、第二次陈述，本院认为，被害人在当时精神受到强制的情况下，对该细节记忆模糊符合常理，证实被害人当时存在害怕、精神受到恫吓，形成了巨大心理压力，致使一些细节记忆混乱，足以客观反映被害人陈述的真实性。且对该细节的三次陈述并无明显矛盾，不能否认强奸事实的存在。

综上所述,被害人因被告人对其采用暴力、胁迫的前置手段,在其形成巨大心理压力下,令其不能反抗、不敢反抗,且该恐惧心理因被害人未实际脱离被告人的控制,持续存在。

(3)被告人违背妇女意志,与被害人强制发生性行为。本案中,被害人首先基于威胁、恫吓,精神受到强制,不敢反抗;其次被害人当时处于孤立无援的状态;再次双方身体力量的悬殊,反抗表示不明显;最后被害人在自己的身份证及手机被归还后,彻底脱离被告人控制后及时报警,被害人事后对性交持否定态度,亦是证实其在不愿意情况下发生的性交行为。

综上,在客观、全面分析证据内容及证明力,从多角度对证据充分性问题进行论证,确定案件事实是否达到证据确实、充分的程度,本案中被告人因前置的暴力行为致使被害人不敢反抗,强制与其发生性行为的证据是确实、充分的。

(河北省滦州市人民检察院 王学辉)

催债致人自杀的行为如何定罪处罚

一、基本案情

A银行委托B公司对信用卡欠款人进行催缴，B公司委派员工刘某、冯某、宋某三人对欠款9万余元的轩某进行催缴。

2019年2月13日，冯某、宋某赴轩某户籍地（轩某老家）外访，见家中无人便将报案通知函塞入门缝。后双方电话约定于次日上午在轩某租房处见面协商。

2019年2月14日上午，三名犯罪嫌疑人如约而至。轩某情绪激动，称在老家被催要欠款已造成负面影响，随即拿出农药说"我当着你们的面喝喽！"刘某说："喝喽！"宋某抢下农药，轩某说："我早就喝过了，今天谁也别想走！"轩某又拿出另一瓶农药，被抢洒，但一部分被轩某喝掉。刘某等人多次拨打110和120，劝轩某吐出来，轩某不配合催吐，到医院后不配合治疗，于当晚因急性农药中毒身亡。

侦查过程中了解到轩某欠下诸多欠款，债权人范围包括亲戚、朋友、同事、多家银行，已经有人威胁过轩某要去找她的父母和单位领导。轩某和其他催要欠款的人表示过"压力大、已经买好毒药、不想活了"。

二、分歧意见

本案是否构成犯罪？构成何罪？存在以下三种分歧意见：

第一种意见认为，构成故意杀人罪（间接故意）。理由是：（1）客观方面，去轩某老家催要欠款的行为、面对拿起农药的轩某高喊"喝喽"出言挑衅的行为，均给轩某造成了巨大的心理压力，促使其决定自杀，犯罪嫌疑人的客观行为系具有现实危险性的危害行为。（2）主观方面，刘某看见轩某情绪激动打算喝药自杀时，明知自己的行为已经使轩某产生了自杀的想法，但仍然让轩某喝喽，说明刘某明知自己的行为可能造成轩某死亡的结果，仍然放任这种结果的发生，系间接故意。（3）因果关系方面，在轩某喝下农药之后，犯罪嫌疑人即使进行了抢救，但依然造成了轩某的死亡，未能有效防止犯罪结果的发生，未能有效切断危害行为与危害后果之间的因果关系。

第二种意见认为，构成过失致人死亡罪（疏忽大意的过失），理由是：（1）犯罪客体方面，犯罪嫌疑人的行为造成了轩某的实际死亡结果，本罪属于结果犯，符合本罪成立的客观前提。（2）主观方面，本案中，在轩某拿起农药宣称喝药自杀的时候，刘某仍出言挑衅轩某，致轩某情绪失控吞服农药。轩某明确表示要喝药自杀时，犯罪嫌疑人应当预见若对其加之言语刺激后，会导致轩某喝药的后果，但仍然高喊"喝喽"，系疏忽大意的过失。

第三种意见认为，不构成犯罪。

三、评析意见

笔者同意第三种意见，分析如下：

1. 客观方面，其行为不具有社会危害性。在轩某老家的催债行为是将报案通知函塞入门缝，在轩某租房处的催债行为是主动表明身份、来意、出示授权委托书，并且积极劝导轩某不要激动等。催债过程有全程录音，并无破坏财物、贴报喷字、威胁殴打等违法行为，系合法催还欠款的民事行为，不具有社会危害性。

2. 主观方面，无伤害轩某的主观故意。三名犯罪嫌疑人系催债公司员工，目的只是拿回欠款，并不想对轩某的人身构成威胁，从劝轩某不要激动、抢走轩某的农药、报警、叫救护车、进行催吐等行为均可表现出三人对轩某无伤害的主观故意。

3. 催债行为与死亡结果之间无因果关系。轩某被多家银行和机构催缴，已经被其他催账人员威胁过将此事告知单位领导，巨大的心理压力促使其产生了服毒自杀的念头。本案犯罪嫌疑人进行催缴之前，轩某已经打算服毒。

4. 不符合过失致人死亡罪的要件。刘某高喊"喝喽"时，轩某刚刚拿起农药，刘某认为轩某这样做仅是为了吓唬恐吓催账人员以达到拖延还款甚至少还款的目的。此时刘某没有预见轩某的自杀心理不是因为疏忽大意，而是生活经验和工作经验的积累，因此不应当认定为疏忽大意的过失。

5. 根据罪责刑相适应原则和刑法的谦抑性，该行为不能用刑法加以规范。与社会上普遍存在的暴力催收相比，三名犯罪嫌疑人没有破坏社会正常生产生活秩序、没有向轩某予以暴力威胁、没有向朋友同事散布谣言以增加轩某的心理压力，仅是以口头方式向轩某催促尽早还款，电话催收和见面催收都有全程录音，完全系合法催收。催收过程中最为过激的就是，刘某出于对工作中经常见到的欠款人撒泼打滚以拖延还款行为的反感和不耐烦而说了"喝喽"二字，主观恶性较小，情节显著较轻，若以故意杀人罪或过失致人死亡罪定罪处罚，不符合立法者原意。

6. 本案基本事实不清，不能排除合理怀疑。根据现场录音，轩某自称在该三人到达之前，已经喝过农药。根据现有技术不能鉴定轩某喝药时间，故不能排除刘某在喊"喝喽"之前轩某已经中毒的合理怀疑。

综上，笔者认为本案不构成犯罪。

（河北省唐山市玉田县人民检察院　杨婧）

公共场所向他人喷射精液是否构成强制猥亵、侮辱罪

一、基本案情

王某得知一时尚亮丽女子赵某的上下班路线后,驾驶面包车在赵某单位附近守候。在等待赵某经过期间,王某在车内手淫,将精液放入事先准备好的医用塑料注射器内。待赵某经过时,王某立即降下车窗,迅速用注射器将精液喷射到赵某面部和身体上,随即驾车离开。王某分别于2017年10月、2018年1月3日、2018年4月4日以同样方式向赵某喷射精液三次。

二、分歧意见

王某的行为是否构成强制猥亵、侮辱罪,存在以下两种分歧意见:

第一种意见认为,不构成犯罪,应当进行行政处罚。理由是:

1. 客观方面。王某手淫后采取趁其不备的方式将精液喷射至赵某身上,没有采取暴力、威胁等强制手段,没有性器官的接触,并未对赵某造成损害。因此,王某的行为情节显著轻微,危害不大,不应当认定为犯罪。

2. 主观方面。王某通过自己手淫的方式满足性欲,之后喷射精液的行为追求的是一种其他内容的心理,类似于寻衅滋事中的随意追逐、辱骂他人取得乐趣的心理,而这种心理与性无关,可见其主观上没有猥亵的故意。

3. 根据刑法的谦抑性原则,只有当其他制裁方式不足以抑制这种违法行为、不足以保护合法权益时,才动用刑法来进行惩处。现有《治安管理处罚法》第44条规定:"猥亵他人……情节恶劣的,处5日以上10日以下拘留……"当王某未与赵某进行直接接触,未对赵某造成实际损害的情况下,如果说隔空喷射精液属于此法规定的"情节恶劣",那么以治安管理处罚法进行行政拘留已是相当严厉的惩罚,足以遏制类似行为、保护合法权益,无须动用更加严厉的

刑法。

4. 与其他猥亵行为对比。司法实践中，搂抱、亲吻、隔衣抚摸非隐私部位等行为一般被采取行政拘留，只有抠摸下体和胸部这种严重侵犯性自主权的行为才会被判处强制猥亵罪。本案没有直接接触行为，从危害程度上来说，是轻于搂抱、亲吻、隔衣抚摸非隐私部位等行为的，若将其与抠摸私处的行为同等对待，明显违反了"罪责刑相适应原则"。

第二种意见认为，构成强制猥亵、侮辱罪。王某为满足性刺激，违背赵某意志，采取赵某不知反抗、不能反抗的手段当众向其喷射精液，犯罪情节严重，足以认定强制猥亵、侮辱罪。

三、评析意见

笔者同意第二种意见。分析如下：

1. 从侵犯客体上分析，王某将精液喷射至赵某面部及身上，使赵某的人身受到非法干预，侵犯了赵某的性自主权、性羞耻心，甚至社会秩序，符合强制猥亵、侮辱罪的客体要件。

2. 从强制手段上分析，王某趁赵某不备，突然向其喷射精液，其行为虽没有直接采取暴力、威胁手段，但明显违背被害人意愿，在被害人来不及进行反抗时就已经完成，应属于被害人不知反抗、不能反抗的情形，属于使用"其他方法"强制猥亵妇女。

3. 从侮辱行为上分析，侮辱妇女，是指用下流动作或淫秽语言调戏妇女的行为，包括涂抹污物、泼洒腐蚀物、追逐堵截、偷剪发辫衣服等行为。王某喷射精液的行为属于侮辱妇女罪中的"涂抹污物"。浙江省西湖区（2017）浙0106刑初2号刑事判决书同样也认为，趁人不备将精液涂抹至被害人嘴部、面部的行为构成犯罪。

4. 从犯罪心理上分析，王某供述表明王某主观心理是通过侵犯赵某的性羞耻心，以达到追求性刺激、满足性欲的目的，符合强制猥亵、侮辱罪的主观要件。

5. 采取非直接接触行为同样构成犯罪。最高检第十一批指导性案例中，骆某利用网络恐吓被害人，获其裸照，被认定猥亵儿童罪既遂。这表明不直接接触与直接接触具有同等的社会危害性，也应当构成强制猥亵罪。王某的身体虽未与赵某直接接触，但其性器官分泌物却直接接触到赵某，这一犯罪手段相比指导性案例中骆某的犯罪手段而言更为恶劣，应当被处以刑罚。

6. 区别猥亵行为的行政违法与刑事违法，二者的根本区别在于违法程度不同。一般来说，身体部位性色彩越浓，违法程度越高。从被侵害部位方面看，同样是被行为人用手抚摸身体，接触腰部、肩膀等非隐私部位的，多属于一般违法行为，而接触胸部、下体的，则构成强制猥亵、侮辱罪。从行为人方面看，同样是接触被害人身体的同一个非隐私位置，行为人使用性色彩淡的部位，如用手，则处以行政处罚即可；若行为人使用性色彩浓的部位，如使用性器官，则违法程度就会显著提高。单独考虑被侵害的身体部位，而不考虑行为人的身体部位，是不全面的逻辑思维。本案中，虽然被侵犯的部位是面部及面部附近的身体，但行为人使用的却是极隐私部位的分泌物，性色彩极浓，显然与抚摸腰部、搂抱等行为相比，猥亵侮辱的意味更强。虽然王某的性器官未与赵某直接接触，但王某的精液与赵某进行了直接接触，同样具有强烈的性色彩和较高的违法程度，应当以强制猥亵、侮辱罪加以处罚。

7. 笔者认为，"公共场所当众"这一加重处罚的情节在猥亵行为较轻时可以作为入罪情节，构成强制猥亵基本罪。也就是说，猥亵行为因在公共场所当众实施而被评价为情节严重。从而避免两种情况的出现：一是行为人当众打强制猥亵罪的"擦边球"，而司法机关不能以强有力的手段加以规制；二是猥亵行为虽然较轻，但达到了定罪标准，犯罪地为公共场所，符合强制猥亵、侮辱罪的加重处罚，被判处五年以上有期徒刑的过重处罚。加重情节可以作为入罪情节的直接例证是交通肇事后的逃逸，当肇事后果没达到入罪标准，但具有逃逸这一加重情节时，可以认定其构成交通肇事罪的基本犯。

近年来，在公交、地铁等公共场所发生的猥亵行为越来越多，但公共场所的猥亵因行为隐蔽、手段受限、时间受限等因素，未必都能达到情节严重的程度，如果公共场所不作为入罪要素，那么绝大多数发生于公共场所的猥亵行为难以得到应有的处罚，这不符合如今对性侵行为零容忍的社会认知。本案中，王某的犯罪情节与一般司法实践中认定强制猥亵罪的抠摸私处行为相比，情节较轻，对于是否入罪存在较大争议。若认为王某情节轻微，不构成犯罪，则不利于对近年频发的利用五花八门手段进行性侵行为的治理；若认定王某构成强制猥亵、侮辱罪，加上"公共场所当众"这一情节，王某将被判处加重刑。本案发生于赵某上下班路上，存在被不特定人群看见的可能，这加重了对赵某心灵和社会风化的侵害，提高了王某行为的社会危害程度。因此，笔者认为，可以将"公共场所当众"作为评价王某行为恶劣程度的入罪情节，一方面加重了王某行为的违法性和社会危害程度，使认定犯罪毋庸置疑，另一方面避免处罚过重违反刑法"罪责刑相适应"的基本原则。

综上，笔者认为王某的行为构成强制猥亵、侮辱罪。

（河北省唐山市玉田县人民检察院　杨婧）

一般伤害行为致特异体质人死亡的行为如何定性

一、基本案情

刘某福与刘某东曾合伙在刘某东耕地上挖砂，后形成的大坑被刘某福占用养鱼，二人因此事多次发生争执。2018年11月13日10时许，被告人刘某松见被害人刘某东拆鱼坑护栏，遂电话告知其父亲刘某福，刘某福到现场后，与被害人刘某东发生争吵并相互厮打，刘某福头面部受伤，刘某松持木棍击打刘某东背部、臀部，刘某东倒地后死亡。经鉴定，刘某东符合背部遭受钝性物体打击，因外伤疼痛诱发冠心病急性发作而死亡。

二、分歧意见

本案涉及一般伤害行为导致特异体质的人死亡是否构成犯罪，以及构成何种犯罪的问题。本案中，刘某福与被害人因纠纷发生争吵厮打，刘某松殴打被害人致使被害人因外伤疼痛诱发心脏病而死亡，刘某松的行为是构成故意伤害（致死）、过失致人死亡还是意外事件？刘某福是否构成犯罪以及构成何种犯罪？

三、评析意见

1. 就刘某松的行为如何定性，共有三种意见：

第一种意见认为，被害人死亡的直接原因是心脏病，刘某松的加害行为与被害人的死亡结果之间不存在刑法上的因果关系，刘某松也不可能预见到被害人的特异体质进而预见到危害结果的发生，因此本案属于意外事件，刘某松不构成犯罪，不应当负刑事责任。

第二种意见认为，刘某松对被害人实施了故意伤害行为，并产生了致人死亡的后果，行为和后果之间存在刑法上的因果关系，其行为符合故意伤害罪的结果加重要件，因此应当以故意伤害罪定罪处罚。

第三种意见认为，刘某松作为一名具有相当社会生活经验的成年人，应当能够预见用木棍殴打他人可能导致他人死亡的危害后果，但因为疏忽大意而没有预见到，导致了被害人死亡的危害后果，故应当以过失致人死亡罪定罪处罚。

笔者认为，本案中应当以故意伤害（致死）罪对刘某松定罪处罚，具体理由如下：

（1）刘某松的行为与被害人死亡结果之间具有刑法上的因果关系。因果关系旨在确定涉案行为与危害结果之间是否存在引起与被引起的关系，属于事实层面的归因问题。只要涉案行为对于危害结果的发生具有原因作用力，就可以认定二者存在刑法因果关系。

本案中，尸体鉴定意见表明，刘某东本身患有严重的心脏疾病，因腰背部受钝性物体打击，外伤疼痛诱发冠心病急性发作而死亡，由该鉴定意见可知，被害人的死亡属多因一果，虽然被害人的特异性体质是其死亡的内在原因，但不能否认的是，正是因为刘某松持木棍殴打的行为诱发被害人心脏病发作而死亡，并非被害人自身原因促发死亡。刘某松的打击行为是被害人死亡的外因，因此可以认定被告人的殴打行为与被害人的死亡有因果关系。

（2）刘某松具有故意伤害他人身体健康的主观故意。上海市中级人民法院举办"轻微暴力致人死亡案件法律适用研讨会"（最高法相关庭、室领导），会上讨论认为可以通过考察起因、被告人被害人双方关系，殴打工具、殴打部位、殴打力度和介入因素等进行综合判断、区分。

主观故意通过客观行为予以体现，在实务层面可以通过殴打力度、殴打工具、双方关系等客观要素认定主观故意。例如打击工具，若被告人持有刀具、铁管、木棒等明显具有杀伤力的工具进行打击，可直接认定行为人具有伤害故意。本案中，刘某松作为一个智力正常的成年人，年轻力壮，持具有杀伤力的木棍对被害人进行殴打，应认定为具有伤害故意。

综上，刘某松的行为应当认定为故意伤害（致死）。但被害人生前患有较严重的冠心病，被告人刘某松的伤害行为只是导致被害人心脏病发作的外因，将被害人的死亡后果全部由被告人刘某松承担，与罪责刑相适应原则不符，因此应对被告人刘某松减轻处罚。

2. 关于刘某福是否构成犯罪以及构成何种犯罪的问题，有两种意见：

第一种意见认为，刘某福虽与被害人发生了争吵及厮打，但被害人死亡的原因是遭受钝性物体打击，因外伤疼痛诱发冠心病急性发作而死亡。刘某福的伤害行为与被害人死亡没有因果关系，刘某福不构成犯罪。

第二种意见认为，刘某福虽然没有直接实施致死被害人的行为，但是刘某福的行为与被告人刘某松的行为构成共同犯罪，应以故意伤害（致死）追究其刑事责任。

笔者同意第二种意见，被告人刘某松与刘某福的行为构成共同犯罪。

从客观方面来讲，刘某福与刘某松所实施的伤害被害人身体的行为都是犯罪行为，且为共同的犯罪行为，第一，二人的行为均指向同一的目标，彼此联系，相互配合，形成了一个有机的犯罪行为整体；第二，二人的行为由一个共同的犯罪目标将他们单个行为联系在一起，形成了一个有机的活动整体；第三，二人的行为均与发生的犯罪结果有因果关系。

从主观方面来讲，二被告人具有伤害被害人身体健康的犯罪故意。首先，二人有共同的认识因素，不仅认识到自己伤害刘某东的身体健康行为，而且还认识到，二人共同实施伤害刘某东身体健康的行为；其次，二人有共同犯罪的意志因素，二人对共同伤害行为会发生危害被害人身体健康的结果，都抱有希望或者放任的态度。

本案中，被告人刘某松、刘某福基于共同的伤害故意，实行了共同的伤害行为，两者之间是简单的共同犯罪，没有具体分工，共同实施故意伤害被害人身体的行为。在具有两个以上实行犯的场合，并不一定要求每一个人的实行行为都独立地完全符合犯罪构成要件，只要行为结合在一起符合某一犯罪的构成要件即可。因此被告人刘某松与刘某福在共同故意的支配下共同实施了法律所禁止的伤害他人身体的行为，符合共同犯罪的特征。刘某福构成故意伤害（致死）罪。但被害人死亡的诱因是被告人刘某松持木棍殴打的行为，因此刘某福属于从犯，应比照刘某松的行为减轻处罚。

（河北省遵化市人民检察院　岂淑铭）

在女方谎称已满 14 周岁的情况下与其发生性关系系强奸既遂还是未遂

一、基本案情

2019 年，甲（17 周岁）与乙（未满 14 周岁）通过网络聊天相互认识，甲在询问乙的年龄后被告知已满 14 周岁（实际为 13 周岁），便与其确定恋爱关系。在网络上相处一个月后，两人约好现实中见面。见面当天晚上，甲进入乙家中欲与之发生性关系，后乙家长发现并报警。经体检检测表明，乙处女膜边缘破裂。

二、分歧意见

对甲的强奸行为应认定为既遂还是未遂有不同意见：

第一种意见认为，甲的行为应该认定为强奸罪未遂。甲在实施强奸行为前询问乙的年龄，在得到乙的回答后，产生对乙年龄的判断，认为她的年龄在 14 周岁以上。在这种条件下，甲并不知乙是幼女，且并未造成严重的实质性损害，应认定其行为是强奸罪（未遂）。

第二种意见认为，甲的行为应当认定为强奸罪既遂。甲与不满 14 周岁的幼女发生关系，此时认定既遂的标准不应为"插入说"，而应当采取"接触说"，即接触就为既遂。因此，应认定甲的行为是强奸罪（既遂）。

三、评析意见

笔者同意第二种意见，应当认定为强奸既遂。

强奸罪，是指违背妇女意志，使用暴力、胁迫或者其他手段，强行与妇女发生性交，或者同不满 14 周岁的幼女发生性关系的行为。在强奸犯罪中，针对成年被害人的犯罪既遂应当以生殖器的结合为标准（插入说），针对不满14周岁的幼女来说，只要双方生殖器发生接触，就应当认定为犯罪既遂（接触说）。本罪的主体要件为年满14周岁的男子，但妇女教唆或者帮助男子强奸其他妇女的，可以构成强奸罪的共犯；本罪侵犯的客体是妇女性的不可侵犯的权利或者幼女的身心健康；主观方面由直接故意构成，并且具有强行奸淫的目的；客观方面表现为以暴力、胁迫或者其他使妇女不能抗拒、不敢抗拒、不知抗拒的手段，违背妇女意志，强行与妇女发生性交的行为。

本案中：（1）甲为年满17周岁的男子，符合本罪的主体要件；（2）甲的行为侵犯了不满14周岁幼女的身心健康；（3）甲的直接目的是和乙发生性关系，符合客观要件；（4）甲利用乙不满14周岁，对性权利没有正确认识这一情况，而强行与之发生性关系。

从以上情节来看，甲与不满14周岁的幼女发生性关系，双方生殖器产生接触，强奸行为既遂，按照《刑法》第236条规定，甲涉嫌构成强奸罪（既遂）。

本案中存在一个情节，即乙在真实年龄上做了隐瞒，使甲对乙的年龄产生了错误的判断，那么这是否影响甲成立强奸罪既遂呢？笔者认为不影响。

乙在年龄上做了隐瞒这不假，但是在现实中二人见面时，甲并没有准确核实乙的年龄，从乙的身高、发育情况等，很容易判断乙的年龄区间。从这一点来看，乙本身具有过错，但不足以影响甲成立强奸罪既遂。我国刑法保护未满14周岁幼女的性权利，在强奸罪既遂的成立标准上，对不满14周岁幼女的性侵犯，以生殖器接触为既遂标准。甲乙生殖器发生接触时，甲的强奸行为已然成立，而乙的欺瞒行为虽不影响甲强奸罪既遂的认定，但可影响甲的量刑幅度。

司法实践中，与不满14周岁幼女发生性行为是不是都要定罪处罚呢？我国法律对此有特殊规定。

已满14周岁不满16周岁的未成年人，与不满14周岁的幼女交往密切，双方自愿发生性行为的；或者因受某些不良影响，与幼女发生性行为，情节显著轻微，危害不大的，依照《刑法》第13条的规定，可不认定为犯罪，责成家长和学校严加管教。2006年1月11日，最高人民法院《关于审理未成年人刑事案件具体应用法律若干问题的解释》规定："已满十四周岁不满十六周岁的人偶尔与幼女发生性行为，情节轻微、未造成严重后果的，不认为是犯罪。"对情节和后果的判断，应综合考虑行为人与幼女是否存在恋爱关系，以及对于幼女的身心影响等因素综合判断；对行为人采取利诱、欺骗甚至强制手段与幼女发生性关系的，或者导致幼女怀孕流产、严重伤害幼女身心健康等后果的，一般不宜认定为"情节轻微、未造成严重后果"。

　　未婚男性与发育较早、貌似成人、虚报年龄的已满 12 周岁不满 14 周岁的幼女，在谈恋爱的和交往过程中，或者在确实不知道幼女真实年龄的情况下，双方自愿发生性行为的，可不以强奸罪论处，但应特别严格掌握。针对司法实践中，被告人提出不明知对方不满 14 周岁的辩解，2013 年 10 月 23 日最高人民法院、最高人民检察院、公安部、司法部《关于依法惩治性侵未成年人犯罪的意见》对判断"明知"作出明确规定：（1）知道或者应当知道对方是不满 14 周岁的幼女，而实施奸淫等性侵害行为的，应当认定行为人"明知"对方是幼女。（2）对于不满 12 周岁的被害人实施奸淫等性侵害行为的，应当认定行为人"明知"对方是幼女。（3）对于已满 12 周岁不满 14 周岁的被害人，从其身体发育状况、言谈举止、衣着特征、生活作息规律等观察可能是幼女，而实施奸淫等性侵害行为的，应当认定行为人"明知"对方是幼女。根据上述规定，第一，与不满 12 周岁的被害人发生性关系的，一般应当认定行为人明知对方是幼女。因为 12 周岁以下幼女基本都处在接受小学教育阶段，社会关系简单，外在幼女特征相对较为明显；即使个别幼女身体发育早于同龄人，但一般人从言谈举止、生活作息规律等其他方面也足以观察其可能是幼女。第二，考虑到已满 12 周岁不满 14 周岁年龄段的幼女，其身心发育特点与已满 14 周岁的未成年少女较为接近，因此要从被害人的身体发育状况、言谈举止、衣着特征等观察可能是幼女，而实施奸淫等性侵害行为的，也应认定行为人"明知"。对已满 12 周岁的幼女实施奸淫等性侵害行为的，如无极其特殊的例外情况，一般均应当认定行为人明知被害人是幼女。这里的极其特殊的例外情况，具体可以从三个方面把握：一是客观上被害人身体发育状况、言谈举止、衣着、生活作息规律等特征确实接近成年人；二是必须有证据或者合理依据证明行为人根本不可能知道被害人是幼女；三是行为人已经足够谨慎行事，仍然对幼女年龄产生了误认，即使其他正常人处在行为人的场合，也难以避免这种错误判断。相反，如果行为人采取引诱、欺骗等方式，或者根本不考虑被害人是不是幼女，而甘冒风险对被害人进行奸淫等性侵害的，一般都应当认定行为人明知被害人是幼女，以实现对幼女的特殊保护，堵上惩治犯罪的漏洞。

（河北省滦州市人民检察院　陈继云）

轮奸案中一人强奸既遂一人未遂如何处理

一、基本案情

李某在网吧上网的时候认识了小红,也见过几次面,后来李某的朋友王某得知了此事,王某看过小红的照片之后觉得小红面容姣好,身材不错便心生歹意,共同商量对小红实施强奸。

两人预谋,约小红喝酒然后将其灌醉实施强奸。随后李某通过聊天软件约小红去 KTV 唱歌,说还有自己的一个朋友王某。小红应邀来到 KTV,三人便开始一起唱歌、喝酒,等小红喝多了之后,李、王二人将已经处于深度醉酒状态的小红带至 A 市 B 区某宾馆内,趁小红酒醉无知觉、无反抗能力之机,李、王二人先后对其实施奸淫。李某在对王某实施奸淫的过程中,由于自己也饮酒过多所以未能得逞;王某奸淫得逞。

二、分歧意见

轮奸案件中各行为人均奸淫得逞或因意志以外原因均奸淫未逞时,应当认定为轮奸,并以强奸罪既遂或未遂,对各被告人予以处罚,对此不存在争议。但对如本案这种一人强奸既遂一人未遂的应如何处理,实践中认识不一。本案存在以下分歧观点:一种观点认为,由于两被告人有轮奸的共同故意,且轮流实施了奸淫行为,其中一人奸淫得逞,就应当全案认定为强奸既遂。至于轮奸,只是法律所规定的强奸罪的加重处罚情节之一,本身不存在既未遂问题;另一种观点认为,轮奸也有既未遂问题,其中一人由于意志以外的原因未得逞的,就应认定为轮奸未遂。对轮奸未遂的,可以比照轮奸既遂的刑罚予以从轻处罚。

三、评析意见

1. 轮奸案件中,轮奸情节本身没有独立的既未遂问题,只有强奸罪的既未遂问题。

首先，共同犯罪是违法阶层的一种犯罪样态，认定共同犯罪的基本原理是"违法是连带的，责任是个别的"。"违法是连带的"，是指在违法阶层，二人共同制造了违法事实（法益侵害事实）；在制造违法事实方面，二人具有连带性。"责任是个别的"，只是在责任阶层，就二人共同制造的违法事实而言，谴责谁，不谴责谁，分别进行。

此案李、王二人属于共同正犯，即共同实行犯，客观上，二人的行为具有相互协作的关系，一方为另一方提供了物理性或心理性的贡献，他们的客观行为相同。主观上，二人具有意思联络，主观故意相同，具备这两项条件，二人的行为便形成了一种合力（物理上或者心理上的合力），共同对法益制造了危险及实害，因此在强奸犯罪事实中李、王二人具有连带性。

就强奸罪而言，李、王二人因为具有连带性，所以产生了"部分实行，全部责任"的处理原则。这是指某个正犯虽然只实施了一部分的实行行为，但也需要对其他正犯制造的犯罪事实承担责任。我们所讲的"承担"不是指可谴责意义上的责任，而是指需要对其他正犯制造的法益侵害结果负责，是因果关系意义上的结果归属责任即由违法行为的连带性推导出违法结果的因果性。

轮奸是指两个以上男子出于共同的奸淫认识，在同一段时间内，先后对同一妇女（或幼女）轮流实施奸淫的行为。轮奸是法律所明确规定的强奸罪的加重量刑情形之一，作为强奸罪加重处罚的一种法定情形，它解决的仅是对行为人所要适用的法定刑档次和刑罚轻重问题。各行为人只要实施了轮奸行为，就应当对其适用相应的法定刑，反之，如行为人未实施轮奸行为，则不适用该加重处罚情形。至于轮奸中各行为人是否奸淫得逞的具体情形，包括均得逞、因意志以外原因均未得逞或者一人以上得逞、一人以上未得逞的，则属于强奸罪既遂或未遂所要解决的问题。这是因为，首先，所谓未遂，仅是犯罪的一种未完成形态，轮奸并非独立一罪，只是强奸罪的一种情形。因此，轮奸本身并没有独立的既未遂问题，只有强奸罪的既未遂问题。认为轮奸也有既未遂的观点，是把认定轮奸这一强奸罪的加重处罚情形与认定强奸罪既未遂形态相混淆了，是不可取的。其次，根据轮奸也有既未遂的观点，对轮奸中一人以上奸淫得逞、一人以上奸淫未得逞的情形，是对全案以轮奸未遂定，还是仅对奸淫未得逞的个人以轮奸未遂定，势必难以作出合理的回答。如果说全案应定强奸罪未遂，那么无疑会轻纵已奸淫既遂的其他人；反之，如果说仅对奸淫未遂的被告人定强奸罪未遂，而对其他被告人仍以强奸罪既遂定，那么，轮奸到底是既遂还是未遂，势必难以自圆其说。

笔者认为，对轮奸中一人以上强奸既遂，一人以上未遂的情形，由于各行为人均实施了轮奸行为，故首先应对各被告人以强奸罪定罪并按轮奸情节予以处罚。其次，由于轮奸是基于共同奸淫认识的共同实行行为，按照强奸罪中认定既未遂的一般原理，即只要实行犯强奸既遂的，对其他共犯，无论其为帮助犯、教唆犯、组织犯还是共同实行犯，都应按强奸罪既遂论，这也适用于我们常说的共同犯罪中的"部分实行，全部责任"。当然，所谓"都应按强奸罪既遂论"，并不是说具体量刑时就无须区别对待。相反，对帮助犯、从犯一般应当依法给予从宽处罚，而对个人奸淫未得逞的共同实行犯也可以酌定从轻处罚。具体到本案，被告人李某、王某违背妇女意志，实施了轮流奸淫妇女的行为，其中一人既遂（强奸妇女的既遂标准为性器官插入说，奸淫幼女的既遂标准为性器官接触说），一人未遂，从共同犯罪的形态看，虽然王某与小红完成性交，李某没有完成性交，但是共同预谋，共同与小红喝酒，将小红拉到宾馆，这些实行行为均共同完成，对两人均应以强奸既遂论，且须按轮奸情节确定所适用的法定刑。对个人奸淫未得逞的李某，具有可酌定从轻处罚的情节，故依此决定对其予以减轻处罚也是可以的。

2. 如何把握强奸罪中的"其他手段"。强奸罪的行为结构为，由犯罪嫌疑人对被害人使用暴力手段，达到了使被害人无法反抗、不敢反抗、不知反抗的状态，最后与被害人发生性关系（强奸罪的被害人必须是女性，因为强奸罪保护的法益为女性的性自主权）。判断所发生的性行为是否违背妇女意志，首先要看行为人是否采取了强奸罪法条所规定的手段，即是否采用了暴力、胁迫或其他手段，进而与该妇女发生了性行为。实践中，对采用暴力手段强行与被害妇女进行性行为或者采用胁迫手段，迫使被害妇女不得不与自己进行性行为的，认定为强奸罪，一般不难，难点主要在于如何把握暴力胁迫以外的"其他手段"。所谓"其他手段"，一般认为应当包括以下情形：（1）采用药物麻醉、醉酒等类似手段，使被害妇女不知抗拒或无法抗拒后，再予以奸淫的；（2）利用被害妇女自身处于醉酒、昏迷熟睡、患重病等不知抗拒或无法抗拒的状态，趁机予以奸淫的；（3）利用被害妇女愚昧无知，采用假冒治病或以邪教组织、迷信等方法骗奸该妇女的等，本质是指使妇女不知反抗、不能反抗、不敢反抗。具体到本案，李某、王某事前经过预谋，二人与被害人小红在一起饮酒，明知小红已醉酒到无知觉（无意志表达能力、不知抗拒或无法抗拒），仍将其带到他地趁机将其奸淫，符合强奸罪的构成。最后，轮奸是指对两次强奸的实行行为负责的情形。时间要求具有连续性，但空间不要求是同一地点。

（河北省唐山市丰南区人民检察院　张四海）

侵犯财产罪

"烈性女子"行为是索债还是抢劫

一、基本案情

被告人杨某在案发日前一天晚上发现丈夫马某海通过手机微信转给"孙某丽"（化名）钱财并怀疑其关系暧昧后，次日上午，被告人杨某和被告人马某楠（丈夫妹妹）强令马某海驾车到被害人工作的地点，将被害人"孙某丽"哄骗出来后强行带至车上，逼问其与马某海的关系和接受钱财情况，对其进行暴力殴打，致其轻伤，并强索其随身佩戴的金首饰等物品和手机账户钱款1500元，后强行带离其到他处进行恐吓、殴打。在被害人的哭喊之下，马某海开车将被害人送回。

二、分歧意见

第一种意见认为，被告人以讨债为由，对受害人进行非法拘禁并且在此过程中使用了暴力，应当以非法拘禁罪定罪处罚，故被告人杨某、马某楠构成非法拘禁罪。理由是：被告人杨某、马某楠因为被害人是从事特殊行业的人员，与杨某丈夫关系暧昧，并且杨某丈夫的手机微信有多次转给被害人钱财的事实，被告人出于愤怒，讨回的是原本属于被告人夫妻共同拥有的财产，被告人丈夫未经被告人同意，擅自处分夫妻共同财产应无效。被告人采用拘禁方法讨债，并在期间使用了暴力，应当以非法拘禁罪定罪处罚。

第二种意见认为，本案受害人在受到暴力、胁迫之后，当场交出财物，属于典型的采取暴力手段劫取他人财物的行为，符合抢劫罪的犯罪构成，应当以抢劫罪定罪处罚。

三、评析意见

对此,笔者同意第二种意见。

1. 二被告人具有非法占有他人财物的目的。抢劫罪属于取得财物型的侵犯财产类犯罪,该类犯罪以"非法占有为目的",属于转移占有的犯罪。占有是一种事实、不是权利,是一种物的归属秩序。无论是有权占有还是无权占有,均受法律保护。对侵害占有的行为,民法规定了公力救济,刑法也提供了保护方法。刑法上的占有重在事实上的支配、控制,包括物理上的支配、控制与社会观念上的支配、控制。本案中,二被告人采用暴力手段教训、报复了被害人,同时,也实现了非法占有被害人财物的目的。

本案被告人与被害人在案发之前互不相识,互无经济来往,不存在任何债权债务关系,认为被告人杨某、马某楠为向被害人索取债务而拘禁被害人,属于主观臆断。

二被告人的行为侵犯了被害人对其财产的合法占有。抢劫罪侵犯的对象不仅包括他人的合法财产,也包括他人违法持有、占有的财产,即使在法律意义上属于国家所有的违禁品,本质上仍然属于"他人财物"的范畴。被告人杨某怀疑丈夫与被害人关系暧昧并发现有给被害人金钱的转账记录,其出于泄愤、教训和要回钱财的多重目的殴打被害人并逼迫被害人退回其丈夫马某海所送的金钱。二被告人自以为讨要的是自家财产,实际上侵犯了被害人对该财产的合法占有,该错误认识不影响定性。被害人账户中的钱、身上佩戴的首饰、携带的手机原本就是其个人合法财产,二被告人采用暴力方法侵犯其合法占有,即非法占有他人财物。认为被告人拿走被害人的首饰是为了让被害人还钱,不具有非法占有的故意的观点完全无视二被告人以非法手段控制上述财产的客观事实,牵强推断其"不具有非法占有的故意"。

2. 被告人杨某、马某楠以暴力、胁迫手段劫取了他人财物。本案被告人杨某发现丈夫马某海有给被害人通过手机微信多次发"红包"、怀疑其关系暧昧后,指使丈夫驾车带她以及被告人马某楠前往对方女子工作地点,诱骗被害人出来见面,在被告人马某楠的配合之下,强行将被害人带上车辆,逼迫其说出马某海到底送了其多少钱,并且二被告人采用殴打手段向对方索钱。被害人正是在二被告人暴力殴打、恐吓、威逼以及孤立无援的境况之下通过手机转账1500元给被告人,又被迫取下佩戴的首饰交给对方,以求解脱。二被告人采取暴力手段,当场侵犯了被害人合法占有的财物,触犯了刑法关于抢劫罪的犯罪构成。至于其将被害人强行带上车限制人身自由并对其殴打致轻伤的行为,是为其抢劫被害人财物创造条件,按照牵连犯的处罚原则应择一重罪处罚,依法认定抢劫罪。

　　3. 二被告人采用暴力手段迫使被害人当场交出财物。二被告人抢劫被害人银行卡内现金、佩戴的首饰及手机的证据，有被害人第一时间的报警记录和询问笔录、伤情照片、医院病历和公安机关办案说明、被告人指认抢劫物品的作案现场照片、银行转账记录、退还赃物的照片以及马某海等人证言、被害人的陈述、赔偿协议、谅解书、收条等书证，足以印证被害人报案时所陈述内容客观、真实，具有可信性。尽管被告人杨某、马某楠对抢劫上述物品的事实不予供认，但通过查看被害人的耳部照片，没有撕裂受伤痕迹，说明耳环、耳钉等不是被外力拉扯而脱落；通过查看被抢耳钉、耳环、项链等物品的外部特征，没有发现缺损、变形的痕迹，不符合强拉硬拽而坠落的特征；且两副耳环（耳钉）、一条项链分别佩戴在被害人身体不同的部位，即使双方撕扯中不经意碰掉，也不可能一件不剩、不可能全部完好。因此，足以判断该物品系是人为取下。对此，被害人在侦查阶段的笔录也证实了自己在受到暴力殴打之下、被告人强索其上述物品时，迫于恐惧心理而自己取下耳钉等物品交给被告人的事实。因此，认定二被告人使用暴力，迫使被害人自己摘下首饰交给二被告人这一事实，证据充分。被告人杨某丈夫马某海事后称上述物品在车脚垫处发现，不符合客观事实，不予采信。

　　无论被害人当场转给被告人丈夫马某海微信 1500 元还是迫不得已将所戴首饰交予二被告人，均属于受到暴力、胁迫之后，当场交出财物的行为，符合抢劫罪犯罪特征。

（河北省唐山市曹妃甸区人民检察院　王秀玲）

他人盗窃车辆后助其盗窃车辆登记证书的行为构成何罪

一、基本案情

2019年1月4日凌晨1时许，犯罪嫌疑人王某跳墙进入一户人家意欲盗窃财物，在翻看室内物品过程中，其在窗台上发现一把面包车钥匙，又从电视柜里翻出该车的登记证书。于是，王某将停放在院中的面包车开走。途中，王某打电话给曾共同在监狱服刑的好友李某，告知其盗窃车辆的经过，李某称如果有车辆登记证书，该车可以卖个好价钱。此时王某发现自己在慌乱中并未将车辆登记证书盗出。李某得知后表示愿意与其共同返回寻找该证书。于是，王某开车将李某从家中接出来，二人共同返回被害人家中窃取出车辆登记证书。直至被查获，该车辆一直由王某驾驶，经价格认证部门鉴定，该车辆被盗之日的市场价格为3.5万元。

二、分歧意见

本案中，关于犯罪嫌疑人王某构成盗窃罪并无争议，对于犯罪嫌疑人李某的行为如何定性，存在三种不同意见：

第一种意见认为，李某的行为构成掩饰、隐瞒犯罪所得罪（预备）。理由是：李某盗窃车辆登记证书是为了实现盗窃车辆的价值，具有掩饰、隐瞒犯罪所得的主观故意，而客观上尚未着手实施出售或转移车辆的行为，故系预备状态。

第二种意见认为，李某的行为构成盗窃罪，犯罪数额仅及于车辆登记证书本身的价值。理由是：当李某得知王某盗窃车辆时，王某的盗窃行为已经既遂，李某所参与盗窃的车辆登记证书，价值尚未达到要刑法保护的标准，不过因系入户盗窃而构成犯罪。

第三种意见认为，李某的行为构成盗窃罪，犯罪数额及于被盗车辆价值，理由是：王某的行为分为两个环节评价，首先是盗窃车辆，其次是登记证书，两个行为具有密切关联且系连续实施，李某参与了后半部分，属于事中加入的共犯，二人应共担责任。

三、评析意见

笔者同意第三种意见，理由如下：

根据我国刑事犯罪理论，共同犯罪可以分为事前有通谋的共同犯罪与事前无通谋的共同犯罪。所谓"通谋"，是指各行为人为了实行特定的犯罪，以将各自的内在意思付诸实现为内容而进行谋议的行为。本案中，很显然犯罪嫌疑人李某在盗窃车辆之前并未与王某进行通谋，李某对其盗车行为毫不知情。然而，根据共同犯罪理论，在事前无通谋的共同犯罪中，存在一种情形为"承继的共同犯罪"，即指前行为人已经实施部分正犯行为之后，后行为人知情并参与犯罪，与之共同实施或者帮助其实施的情况。此时，前后行为人成为共同犯罪人，均应对犯罪行为承担责任。

结合本案，正确分析两名犯罪嫌疑人行为的前提是准确认定两次所盗之物的性质及其内在关联。众所周知，车辆登记证书是机动车的产权凭证和必要从属物品，在办理车辆转籍、过户等任何登记时均须出具。此外，正如犯罪嫌疑人李某所言，车辆登记证书可以提高二手车辆的交易价格，具有一定的财产性价值。如果行为人入户仅仅盗窃一份车辆登记证书，并且没有使用该证书实施其他违法犯罪活动，当然可以认为该证书价值低廉从而作出相应的处理，但在本案中，由于机动车与该证书均成为被盗物品，所以应当对两个物品的自然属性、内在关联及车辆登记证书对于该车价值的提升所起到的作用进行综合考量。

笔者认为，犯罪嫌疑人王某盗窃车辆的过程应当分为两个步骤予以认定：首先是盗窃主物即面包车，之后与犯罪嫌疑人李某共同盗窃从物，即车辆登记证书。二人实施后一个行为，理由是该证书能够提高已盗车辆的价值，两物具有内在必然联系，所以二人连续实施的行为也应被评价为同一个盗窃行为。犯罪嫌疑人李某在明知前行为人王某盗窃车辆的前提下，与其共同实施盗窃车辆登记证书的后行为，属于事中参与盗窃，且二人决定实施后行为与李某的提议具有直接因果关系，可以认定李某在该环节中起到关键作用。如果对李某的行为进行单独认定，就无法正确评价车辆登记证书在被盗车辆价值中的体现，会出现罪责刑不相适应的情况。

综上所述，本案中，由于两次盗窃的物品及行为具有内在不可分割的联系，二人的行为属于承继的共同犯罪，性质相同，应作统一认定，均成立盗窃犯罪，犯罪数额为被盗车辆含登记证书的整体价值。

（河北省滦州市人民检察院　厉志勇）

"监守自盗"的行为构成何罪

一、基本案情

犯罪嫌疑人王某系某酒店前台服务员,负责客户的入住登记及现金保管等事项,该酒店前台有一抽屉,专门用于存放现金,抽屉钥匙共两把,分别由主管和当值服务员保管。2019年3月,犯罪嫌疑人王某在自己当值期间私自配备了该抽屉钥匙一把,次日在自己不当值的时候来到酒店,趁当值服务员不注意,从抽屉中拿走现金4000余元。过了几日,犯罪嫌疑人王某见此事无人追究,越发胆大,用同样的方式又作案三次,共拿走现金2.3万元。2019年4月,在犯罪嫌疑人王某当值的时候,听闻主管要临时查账,担心事发受处罚,于是索性一不做二不休,将前台抽屉内7万余元现金全部带走并逃匿。

二、分歧意见

本案中,关于犯罪嫌疑人王某的行为应当如何定性,存在三种不同意见:

第一种意见认为,犯罪嫌疑人王某的行为构成盗窃罪一罪,理由是:王某每次实施犯罪都是以非法占有为目的,采取趁人不备的手段,秘密窃取酒店的财物,符合盗窃罪的构成要件。

第二种意见认为,犯罪嫌疑人王某的行为构成职务侵占罪,理由是:王某每次实施犯罪且顺利得逞,均离不开其职务身份所提供的便利,应为职务侵占罪。

第三种意见认为,犯罪嫌疑人王某的行为分别构成盗窃罪和职务侵占罪,应数罪并罚,理由是:王某多次共窃取2.3万元的行为利用的是工作便利,而非职务之便,构成盗窃罪;窃取7万元的行为则利用了其职务便利,构成职务侵占罪。

三、评析意见

笔者同意第三种意见,具体理由如下:

"监守自盗",其字面含义一目了然,是指盗取自己负责看管的财物,那么在认定"监守自盗"型犯罪的性质时,一定要区分清楚,行为人实施"盗"的时候,是否在其实施"职务行为"期间,即是否具有"监"的职责。所谓"职务",是指职位规定应当担任的工作,其本质在于确定行为人是否在案发当时对单位财产具有控制、支配地位,是否在依职权占有该财产。如果行为人是在具有看管职责的情形下,通过秘密的手段将财物据为己有,就可以认定为职务侵占行为。相反,如果行为人在获取财物的当时,并不具有"职务"上的看管义务,就不是职务侵占行为,应认定为普通的盗窃行为。

结合本案,首先分析犯罪嫌疑人王某在窃取他人当值时酒店财产的行为,可以分为两个阶段进行:一是配备钥匙的行为,犯罪嫌疑人王某因具有看管现金抽屉的职责,所以可以接触到钥匙,即其"职务"为配备钥匙提供了便利条件。但结合整个犯罪事实而言,配备钥匙仅仅属于犯罪预备行为,尚未着手实施犯罪,在犯罪行为实施终了的情况下,该预备行为被实施行为吸收,不另行评价。二是具体实施窃取抽屉内现金的行为,由于实施该行为时,犯罪嫌疑人王某均不当值,即当时王某并不具有管理酒店财产的职权,在王某获取财产之前,财产均由他人占有和保管,王某实施犯罪的得逞系通过财产的占有转移而实现,王某将单位占有且在其控制下的财产变为自己占有,应认定为盗窃罪。

其次分析犯罪嫌疑人王某最后一次性窃取7万元的行为,当时王某正当值,本身具有保管酒店前台抽屉内现金的职权,也是上述财产的实际占有者。很显然,在实施本次犯罪行为时,王某利用了自己保管财产的便利条件,该职权使得她可以轻易拿到财物,这正是侵占型犯罪的典型特征。故王某窃取该7万元的行为,构成职务侵占罪。

综上,犯罪嫌疑人王某在不当值时多次、秘密窃取任职单位的财物,数额较大,应当以盗窃罪定罪处罚;犯罪嫌疑人王某作为酒店的职工,利用职务上的便利,在当值时将其保管的本单位财物非法占为己有,数额较大,应当以职务侵占罪定罪处罚,故最终对其应当以上述两罪数罪并罚。

(河北省滦州市人民检察院 胡斯琴)

骗取他人信用卡信息
取得财物的行为如何定罪

一、基本案情

何某某以帮忙提高信用卡额度为由,向被害人谎称需用微信或支付宝绑定信用卡进行扫码操作,由此骗得被害人交付手机、信用卡账户、密码及微信支付密码等信息让何某某操作;或是由何某某指导被害人进行操作,操作过程中何某某提供的操作码实为收款码,从而将刚绑定的信用卡透支金额支付到收款账户上,得手后何某某谎称操作失误将操作返还,实则找机会溜走。何某某利用上述手段,取得6名被害人财物28303元。

二、分歧意见

本案何某某的行为如何定性,存在三种不同意见:

第一种意见认为,何某某通过骗取的手段获取被害人的信用卡信息资料,而后操作被害人手机或指导被害人操作手机,通过微信或支付宝将被害人信用卡内的钱款扫码转走,符合最高人民法院、最高人民检察院《关于办理妨害信用卡管理刑事案件具体应用法律若干问题的解释》第5条第2款"冒用他人信用卡"中的"窃取、收买、骗取或者以其他非法方式获取他人信用卡信息资料,并通过互联网、通讯终端等使用的"情形规定,应当认定为信用卡诈骗罪。

第二种意见认为,何某某虚构可帮忙提高信用卡额度的事实,使被害人的微信或支付宝绑定的信用卡提高额度,并称只需进行扫码支付的操作即可,从而骗取被害人信任,使被害人自愿操作或是交付何某某操作微信或支付宝扫码支付,将信用卡上的金额转到何某某账户上,是以虚构事实的方法骗取被害人的钱款,其行为构成诈骗罪。

第三种意见认为，何某某以提高信用卡额度为借口，以收款的二维码代替申请提高额度的二维码进行操作，将被害人信用卡上的金额秘密透支转走，构成盗窃罪。

三、评析意见

笔者同意第三种意见，理由如下：

1. 本案不构成信用卡诈骗罪。信用卡诈骗罪，是指以非法占有为目的，违反信用卡管理法规，利用信用卡进行诈骗活动，骗取财物数额较大的行为。本罪侵犯的客体是复杂客体，其既对国家的信用卡管理制度造成影响，同时也侵犯了银行以及有关的公私财物所有权。本案中，何某某取得钱款的关键在于利用被害人不知情，通过调换收款的二维码代替操作提高信用卡额度的二维码，从而成功转走信用卡的透支额度，而不是"骗取被害人的信用卡信息资料，并利用所骗取的信用卡的信息资料，通过互联网、通讯终端等使用"，自然也就没有侵害信用卡的正常结算管理制度或国家正常的金融管理秩序，仅侵害了公民的财产权。因此，何某某的行为不符合信用卡诈骗罪的构成要件。

2. 本案不构成诈骗罪。诈骗罪，是指以非法占有为目的，用虚构事实或者隐瞒真相的方法，骗取数额较大的公私财物的行为。本罪在客观上表现为使用欺诈方法骗取数额较大的公私财物。首先，行为人实施了虚构事实或者隐瞒真相的欺诈行为；其次，该欺诈行为使财物的所有者、保管者或者经手者产生错误的认识，从而"自愿"将财物交付给行为人，即要求被害人有处分财物的意思表示或是行为。成立诈骗罪要求被害人陷入错误认识之后作出财产处分，本案中，被害人并没有处分财产的意思表示，其提供给何某某相关信用卡或支付软件的信息，目的是提高其信用卡额度，而非处分信用卡中的钱款给何某某的意思。因此，本案不符合诈骗罪的犯罪特征。

3. 本案构成盗窃罪。盗窃罪，是指以非法占有为目的，秘密窃取公私财物，数额较大，或者多次盗窃、入户盗窃、携带凶器盗窃、扒窃的行为。本案何某某谎称线上操作提高信用卡额度，实际是在被害人不知情的情况下，用收款码代替操作码，扫码透支信用卡上金额，转移占有被害人财物的行为，虽有实施欺骗手段，但是线上操作提高信用卡额度的欺骗理由并不能直接获得信用卡内的透支金额，而只是为后续的调换二维码、扫码支付的盗窃行为创造条件，何某某非法取得信用卡上的透支金额主要是通过调换二维码的秘密窃取手段来实现的。其秘密性主要体现在：（1）主观认识的秘密性，即该调换二维码的手法，何某某在主观上不想让被害人知道；（2）手段的秘密性，即该调换手段不为被害人所知;(3)结果的秘密性,即调换二维码后被害人并不知道信用卡上的金额已透支到何某某所控制的账户。可见,正是何某某实施的"调换二维码"这一秘密手段,才使得本案钱款从被害人的信用卡上转移到何某某的账户上,这一秘密手段是获取信用卡上透支金额的关键。据此,何某某通过调换二维码的手段取得财物控制权的行为符合盗窃罪"秘密窃取"的行为特征,应定性为盗窃罪。

(河北省唐山市路北区人民检察院　魏宝成)

冒用单位名义与他人签订合同骗取财物并逃匿的行为如何定性

一、基本案情

犯罪嫌疑人包某系 A 公司业务员，负责销售产品及收取货款等工作。2019 年 8 月，A 公司决定与老客户 B 公司终止合作。包某得到公司通知后，利用其持有的加盖公司印章的空白销售合同擅自与 B 公司签订合同，不知情的 B 公司按照惯例将货款 20 万元支付给包某，包某随即携款潜逃至外地。后经 B 公司催货，A 公司方知此事并无奈履行了合同，同时将包某开除。包某在逃跑期间，发现 C 公司需要大量 A 公司产品，于是按照 A 公司合同模板制作合同并加盖伪造的 A 公司印章，谎称自己是该公司业务员，与 C 公司签订合同并收受其预付款 5 万元，后逃匿。

二、分歧意见

本案中，关于犯罪嫌疑人包某的行为如何定性，存在两种不同意见：

第一种意见认为，包某的行为构成合同诈骗罪，理由是：包某两次作案均以非法占有为目的，冒用 A 公司名义，在签订、履行合同过程中，骗取对方当事人财物，收受其给付的货款或者预付款后逃匿，完全符合合同诈骗罪的构成要件。

第二种意见认为，包某的行为分别构成职务侵占罪和合同诈骗罪，理由是：包某与 B 公司签订合同时其具有该公司职务，且后果由 A 公司承担，包某侵害的是 A 公司利益，故应认定为职务侵占罪；对于 C 公司，由于签订合同时包某不再具有 A 公司业务员的身份，A 公司不承担合同后果，故实际受害人为 C 公司，包某构成合同诈骗罪。

三、评析意见

笔者同意第二种意见,具体理由如下:

财产犯罪经常会涉及多方利益主体,而且涉及民事法律关系的效力问题,所以首先要厘清各方法律关系,包括内部身份情况等,从而准确认定犯罪性质。本案中,首先能够确定,犯罪嫌疑人包某在实施两起犯罪行为时均具有如下共同特征:一是具有非法占有的目的;二是其与相对人签订合同时均未经过 A 公司的同意,即冒用 A 公司名义;三是均采取了虚构事实、隐瞒真相的手段。但分析两起案件仍存在差别,具体而言:

犯罪嫌疑人包某在与 B 公司签订合同时,其身份是 A 公司业务员,具有销售产品及收取货款等职责,且依职权掌握公司的空白销售合同,并据此骗得 B 公司的签约,之所以说"骗",是因为犯罪嫌疑人包某在签订合同时向 B 公司隐瞒了自己并未获得该笔业务授权的真相以及自己非法占有的目的。合同签订后,作为合同一方的 A 公司,其虽未授权犯罪嫌疑人包某签约,但是基于包某身份和民法上表见代理制度的相关规定,A 公司不得不认可包某的签约行为,从而承担合同后果。因犯罪嫌疑人包某收款潜逃,A 公司承担合同义务,却未获取合同利益,故成为本起犯罪真正的被害人。可见,本案中,包某系利用自己职务上的便利,侵吞应由 A 公司获得的财产,侵犯的是 A 公司的利益,构成职务侵占罪。

犯罪嫌疑人包某在与 C 公司签订合同时,因公司已将其开除,其不再是 A 公司的业务员,即包某失去了职务身份,主体资格发生改变,对于犯罪嫌疑人包某与其他人签约的行为,A 公司不再承担合同责任,故包某不可能构成职务侵占犯罪。本案中,C 公司未审核犯罪嫌疑人身份,轻信包某,误以为其具有 A 公司的合法授权,并基于此份信任向包某交付了财产,犯罪嫌疑人包某因此获取非法利益。由于犯罪嫌疑人包某此次行为不构成民法上的表见代理,A 公司不具有承担合同义务的法律根据,故真正受到财产损失的主体是 C 公司,即 C 公司是真正的被害人。包某此次行为并未利用职务便利,且侵犯的是 C 公司的利益,构成合同诈骗罪。

综上所述,犯罪嫌疑人包某在签订、履行合同的过程中,以 A 公司的名义,先后实施两次看起来相同的诈骗犯罪,但是由于其主体身份的变更、合同义务承担主体的不同、侵犯法益的不同,导致其触犯的罪名也不同,故对犯罪嫌疑人包某应当以职务侵占罪、合同诈骗罪数罪并罚。

(河北省滦州市人民检察院 胡斯琴)

骗取他人为其开通"亲密付"后转走他人账户内资金的行为如何定性

一、基本案情

2019年1月,张某发现共享单车用户存在押金无法及时退还或退押金周期长的困扰,遂产生骗取共享单车用户押金的想法,其在网上发布虚假的共享单车快速退还押金客服电话。某天,王某通过手机App申请退还共享单车押金时遭遇系统异常,后王某拨通张某发布的客服电话寻求帮助。张某以快速退还押金需要绑定支付宝"亲密付"为由,骗取王某为张某的支付宝开通"亲密付",并随即转出王某账户资金2.8万元。"亲密付"是支付宝为亲人、密友等亲密关系打造的极简支付服务,亲人、密友在预先设定的额度内消费时无须开通者确认,可直接从开通者账户中支付款项。

二、分歧意见

对张某的行为如何定性存在不同意见。

第一种意见认为,张某的行为构成诈骗罪。理由是:张某为了骗取共享单车用户押金,以在网上发布虚假的共享单车客服电话的方式,虚构快速退还押金需要绑定支付宝"亲密付"的事实,骗取王某的信任,使王某基于错误的认知"自愿"为其开通支付宝的"亲密付",之后从王某的账户中划走现金2.8万元,数额较大,其行为符合诈骗罪的构成要件。

第二种意见认为,张某的行为构成盗窃罪。理由是:张某为了非法占有共享单车用户押金,采用骗取王某为其支付宝开通"亲密付"的方式窃取王某支付宝账户资金2.8万元,数额较大,符合盗窃罪构成要件。

第三种意见认为,支付宝账户属于信用卡,张某从王某支付宝账户内获取资金的行为属于信用卡诈骗行为,构成信用卡诈骗罪。

三、评析意见

笔者同意第二种意见，张某的行为构成盗窃罪。

1. 诈骗罪与其他财产型犯罪相区分的关键在于是否采用了欺骗的方法使他人产生错误认识，"自愿"地处分财物。本案定性的关键在于张某有无处分行为。处分行为由客观行为和意识行为两部分构成。在认定处分行为时，必须坚持主客观相统一原则，除了分析客观上有无"交付"行为，还要判断主观上有无"交付"财物的意思表示。本案中，张某主观上出于非法占有他人财产的目的，虚构了共享单车客服电话以及快速退还押金需要绑定支付宝"亲密付"的事实，骗取王某的信任，使王某基于错误的认知为其开通"亲密付"，但开通"亲密付"并不意味着王某自愿地将支付宝账户内的资金处分给张某。一是王某没有自愿地将支付宝账户的资金交付给张某的意思表示；二是王某为张某开通"亲密付"，王某支付宝账户上的资金并没有发生转移。故张某的行为不成立诈骗罪。

2. 支付宝为第三方支付平台，"亲密付"是支付宝为亲人、密友等亲密关系人打造的极简支付服务功能，其依托支付宝账户，让开通者的亲密关系者在设定的额度内自主消费。虚构事实骗取他人为其开通"亲密付"，转走账户数额较大钱款的行为能否认定为信用卡诈骗罪，主要看支付宝账户是否属于信用卡。根据全国人大常委会《〈中华人民共和国刑法〉有关信用卡规定的解释》规定，信用卡是指由商业银行或其他金融机构发行的具有消费支付、信用贷款、转账结算、存取现金等全部功能或部分功能的电子支付卡，即包括所有的银行卡。支付宝账户虽然可以绑定信用卡，账户金额可以直接消费、还款或转到信用卡，但支付宝账户金额不属于任何一张信用卡内的资金。所以，支付宝账户不属于信用卡。因此，张某的行为不构成信用卡诈骗罪。

3. 认定盗窃罪的关键在于行为人是否有窃取行为。本案中，张某具有非法占有他人财产的主观目的，欺骗王某为其开通"亲密付"，为之后的盗窃行为提供了便利条件。之后，张某在王某无意识的情形下，秘密窃取了王某支付宝账户内的2.8万元，数额较大，符合盗窃罪构成要件。此外，行为人在实施的犯罪活动中既使用了欺骗手段，又使用了窃取手段的情况下，区分二者的关键在于行为人非法占有财物起主要作用的手段是什么。如果起主要作用的手段是欺骗，成立诈骗罪；否则，应以盗窃罪论处。本案中，欺骗手段和窃取手段对张某实现资金转移都起着重要作用，但相对窃取手段而言，诈骗手段只是为资金转移占有提供便利条件，起关键性作用的还是窃取行为，所以笔者认为本案应认定为盗窃罪。

（河北省滦州市人民检察院　吴丽英）

犯罪工具被他人损坏而勒索钱财的
能否认定为敲诈勒索罪

一、基本案情

2014年10月29日，王某某、李某某等渔民的船组在渤海海域拖网捕捞，作业过程中将犯罪嫌疑人尹某某、桑某某组织的渔民投放在海底捕捞的定置串联倒须笼（俗称地笼网，经鉴定：属禁止使用的捕捞工具）刮坏，犯罪嫌疑人尹某某、桑某某等人将王某某、李某某的渔船逼停并强行登船，还将渔船上的一渔民打伤。后犯罪嫌疑人尹某某、桑某某等人将2条渔船控制、押回码头，致使渔船不能出海捕捞作业达十余日。被害人王某某、李某某迫于渔船被扣押、无法从事捕捞作业，每日都有重大损失的经济压力，通过中间人孙某某找犯罪嫌疑人进行调解。在没有确定"地笼网"确切的损失数额的前提下，犯罪嫌疑人尹某某、桑某某以渔民受到损失需赔偿为由，向被害人王某某、李某某二人索取人民币15万元。犯罪嫌疑人尹某某、桑某某用"地笼网"捕捞的行为被判定为非法捕捞水产品罪。

二、分歧意见

第一种观点认为，犯罪嫌疑人尹某某、桑某某的行为不构成敲诈勒索罪。因为渔民地笼网确有损失，并且是被害人的行为造成的，有民事侵权行为在先，犯罪嫌疑人具备要求赔偿的合理的理由，虽然采取私自扣押他人船只的手段不符合法律规定，但不影响此案定性。类似的情况如交通肇事罪，在事故有主次责任区分的情况下，被害人对犯罪嫌疑人的财产损失也应承担相应的责任，犯罪嫌疑人对此部分权利的主张，不因其实施了犯罪行为而不受法律保护。

第二种观点认为，犯罪嫌疑人尹某某、桑某某的行为构成敲诈勒索罪。其用"地笼网"捕捞的行为被判定为非法捕捞水产品罪,"地笼网"为作案工具,属于犯罪成本因素,在实施行为过程中,被害人王某某、李某某无意中将"地笼网"刮坏,不具有提出民事索赔的合法依据。犯罪嫌疑人尹某某、桑某某私自扣押他人捕捞作业的渔船十数日,给被害人造成重大经济损失,并胁迫被害人赔偿,其行为构成敲诈勒索罪。

三、评析意见

笔者同意第二种观点。理由是:

1. 关于犯罪嫌疑人尹某某、桑某某用"地笼网"捕捞的性质问题。尹某某、桑某某等渔民使用的"地笼网",属于"禁用渔具",其投放"地笼网"捕捞的行为,依照《中华人民共和国渔业法》第38条"……使用禁用的渔具、捕捞方法和小于最小网目尺寸的网具进行捕捞……没收渔获物和违法所得,处五万元以下的罚款;情节严重的,没收渔具,吊销捕捞许可证;情节特别严重的,可以没收渔船;构成犯罪的,依法追究刑事责任"规定,犯罪嫌疑人尹某某、桑某某的捕捞行为,是"使用禁用渔具非法捕捞"的犯罪行为,犯罪嫌疑人尹某某、桑某某均犯非法捕捞水产品罪被处刑。可见,用于实施非法捕捞行为过程中"地笼网"是犯罪工具,不是法律保护对象,是法律惩罚(如没收)的目标之一,所以,犯罪嫌疑人尹某某、桑某某赔偿请求不具备正当性。

2. 犯罪嫌疑人尹某某、桑某某要求所谓"赔偿"的手段具有非法性。犯罪嫌疑人尹某某、桑某某供述"如果不赔偿我们,就耗时间不让他们走,让他们赔偿我们钱",此为扣船的目的之一。捕捞季节正是渔船生产作业的黄金时段,关乎渔民的收入,被害人及船员证明,渔船不生产,每天船员工资和日常消耗就有1万多元,再加上捕捞渔获物的损失,每天约在20万元,被扣押时间越长损失越大,在强大的压力之下,迫使被害人答应赔偿,因此其赔偿手段不具备正当性。

综上,犯罪嫌疑人尹某某、桑某某以非法占有的目的,使用非法手段勒索他人财物,数额巨大,构成敲诈勒索罪。

(河北省滦州市人民检察院 王永庆)

员工偷盗厂中物品行为
认定为职务侵占罪还是盗窃罪

一、基本案情

2019年9月，某钢厂雇佣一外包施工队对钢厂一厂中的内冷却塔设备进行更换，更换下来的废旧设备中可回收物品需运至厂中指定地点，不能回收利用的物品则要运至厂外垃圾坑。该施工队随即联系了该厂一厂大班长张某，让张某帮忙联系车辆清运所有废料。后张某找到了一辆清运车以及司机戚某，在之后的多次清运过程中，张某指使戚某在装运废料的过程中将可回收的铁质、铝制物品偷偷藏在不可回收废料车的车底运至厂外自己家中。由于掩盖得当，以及检查不严等，二人多次成功通过了大库人员、监察人员的检查，偷运出价值数千元的物品。后经人举报，该钢厂监察人员在门口拦截该清运车并发现偷运情况后随即报警。

二、分歧意见

对张某和戚某的行为认定罪名存在不同意见。

第一种意见认为，张某和戚某的行为应认定为盗窃罪，张某为案件主犯，戚某为帮助犯、从犯。张某指挥戚某将该厂所有的可回收物品夹藏在不可回收物品之中躲避检查、违规秘密转移出厂，并非法占为己有，损害该厂利益使自己非法获利，该行为符合《刑法》第264条盗窃罪的主、客观构成要件，应依法认定为盗窃罪，其中张某为案件犯意的发起者、犯罪行为实施的指挥者，为主犯；戚某在明知张某实施偷盗行为的前提下仍然为其提供帮助，应认定为帮助犯、从犯。

第二种意见认为，张某和戚某的行为应认定为职务侵占罪，其中张某为主犯，戚某为帮助犯、从犯。张某作为该厂一厂大班长，负责管理一厂所有事宜，包括施工队联系张某让其找车清运相关拆除的废料事宜。张某利用自己大班长职务的便利，躲避检查，将该厂所有的可回收物品以夹藏的方式秘密转移出厂，非法占为己有，非法获利。其行为符合《刑法》第 271 条职务侵占罪的犯罪构成要件，应依法认定为职务侵占罪，其中张某为案件主犯，并有职务身份；戚某在明知张某实施偷盗行为后依旧听从其指挥给张某提供帮助，属于从犯，顾二人均应认定为职务侵占罪。

三、评析意见

笔者同意第一种意见，张某、戚某二人的行为应当认定为盗窃罪。

本案现有证据包括犯罪嫌疑人张某、戚某的供述与辩解、证人证言、被害人陈述以及现场勘验笔录等，可以证明犯罪嫌疑人张某以非法占有为目的，利用从钢厂清运废料的机会，秘密窃取、转移公司财物非法获利的犯罪事实，以及犯罪嫌疑人戚某作为犯罪嫌疑人张某找来运输清运物品的司机，在明知犯罪嫌疑人张某盗窃财物的行为后，仍然向其提供帮助的犯罪事实。

犯罪嫌疑人张某、戚某二人以共同的犯罪故意，共同、多次、秘密窃取他人财物，致使他人财物受损、自己非法获利的行为触犯了《刑法》第 264 条规定，符合盗窃罪的主、客观犯罪构成要件，犯罪事实清楚，证据确实、充分，应当以盗窃罪追究二人的刑事责任。

关于存在的第二种观点，认定张某、戚某二人构成职务侵占罪，笔者持否定意见。原因如下：

职务侵占罪区别于盗窃罪最大的特征在于犯罪嫌疑人是否利用了职务上的便利。本案中张某的职务为一厂大班长，确有任职身份，但是根据犯罪嫌疑人的供述以及相关证人证言等证据可得知，清运任务并不在张某的职责范围之内，张某只是在施工队的请求下，帮忙联系了清运车以及清运车司机，清运过程中负责装车的是施工队工人，监督装车的是该厂的监察人员，确认装车完毕、合格的是该厂大库人员，可见仅靠张某及其职权，并不能决定将什么物品装车、运至何处，也不能避开检查直接出厂，即张某的职权对于本案犯罪并不能提供明显的帮助。因此笔者认为不宜认定为职务侵占罪，作为帮助犯、从犯的戚某也不能认定为职务侵占罪。

（河北省滦州市人民检察院　张颖）

可否依据销赃价值认定盗窃数额

一、基本案情

2018年12月至2019年3月，犯罪嫌疑人尹某某、李某某利用某钢铁公司管理的漏洞，先后雇用霍某某、孙某某、康某某从中盗窃焦炭，尹某某为盗窃专门购买货车一辆并租赁一煤场专门存放盗窃的焦炭，将焦炭卖至某工业园区内一企业。经调取尹某某等人的交易记录，共非法获利245876元。

本案中被害单位无法提供丢失焦炭的数量；犯罪嫌疑人也无法说清盗窃焦炭的数量，均为估算，而且几名犯罪嫌疑人说法不一；收赃单位管理不规范，无法提供每次收购的单价及数量，只有转账凭证。

二、分歧意见

第一种意见认为，盗窃数额按照销赃价值计算。

第二种意见认为，不能按照销赃价值计算，现行关于盗窃的司法解释并无此规定。

三、评析意见

笔者同意第一种意见，理由如下：

1. 以销赃价值认定盗窃数额符合法律规定。2013年4月4日施行的最高人民法院、最高人民检察院《关于办理盗窃刑事案件适用法律若干问题的解释》（以下简称《解释》）第4条第1项规定："被盗财物有有效价格证明的，根据有效价格证明认定；无有效价格证明，或者根据价格证明认定盗窃数额明显不合理的，应当按照有关规定委托估价机构估价。"此《解释》删除了1998

年实施的《关于审理盗窃案件具体应用法律若干问题的解释》中"销赃数额高于按本解释计算的盗窃数额的,盗窃数额按销赃数额计算"的规定。这也是第二种意见持有者对不能以销赃数额认定盗窃数额的依据。

《〈关于办理盗窃刑事案件适用法律若干问题的解释〉的理解与适用》中曾解释删除盗窃数额按销赃数额计算的主要考虑是:"销赃数额高于实际盗窃数额的,被害人所遭受的损害并没有增加,以销赃数额作为盗窃数额,进而决定对行为人的定罪量刑,有失妥当。"可以看出删除条文仅针对销赃数额高于实际价格的情况。

笔者认为,司法解释并未对能否以销赃价值认定盗窃数额进行规定,主要是考虑通常的盗窃案,或被害人能够提供购物发票、进货单等能证明被盗财物价格的有效凭证;或财物能被追回,价格认定机构可以根据实物进行认定;即使被盗物不存在,也可根据被害人陈述的物品特征等证据进行认定。但实务中的案件情况复杂,形式多样,具体到本案,犯罪嫌疑人供述盗窃焦炭吨数不一,被害单位无法提供丢失焦炭吨数,收赃单位无法提供收购的焦炭吨数,全案中数额唯一确定的就是销赃数额。

根据《解释》第4条规定,"盗窃电力、燃气、自来水等财物,盗窃数量能够查实的,按照查实的数量计算盗窃数额;盗窃数量无法查实的,以盗窃前六个月月均正常用量减去盗窃后计量仪表显示的月均用量推算盗窃数额;盗窃前正常使用不足六个月的,按照正常使用期间的月均用量减去盗窃后计量仪表显示的月均用量推算盗窃数额"。由此可见,为有效打击犯罪,盗窃数量无法查实的情况,还可以用估算方法。盗窃数额无法确定时,以销赃价格认定盗窃数额,不会降低盗窃罪的入罪标准,也不会扩大盗窃罪的打击面。

根据《刑事诉讼法》第2条规定,"中华人民共和国刑事诉讼法的任务,是保证准确、及时地查明犯罪事实,正确应用法律,惩罚犯罪分子……保护公民的人身权利、财产权利、民主权利和其他权利",因此,当销赃价值远远大于盗窃罪追诉标准,以销赃价值认定盗窃数额是符合法律规定的。

2. 以销赃价值认定盗窃数额符合有利于被告人原则。根据社会常识和商品交易规律以及犯罪嫌疑人为减少交易风险,快速套现,对待赃物一般也是以"贱卖"的心态,实践中,销赃价格均低于物品实际价值,本案中焦炭的合同价格为2072元/吨,经犯罪嫌疑人掺杂后销赃价格在700~800元,远远低于焦炭实际价值,按照销赃价值认定符合证据采信规则中有利于被告人的原则。

3. 以销赃价格认定符合司法公平正义的要求。实务中,盗窃案件社会危害性极大，不仅侵害了人民群众的财产权利，也使得人民群众的安全感下降，处理不当，会使得人民群众对司法的公平正义性产生怀疑。笔者认为，法律及司法解释不可能对各种犯罪形态及如何认定进行规定，司法人员应用法律，不能机械地理解，因此在赃物无法追回、无法估价，只有销赃价值的情况下，以查明的销赃数额作为犯罪数额提起公诉具有合法性、合理性、可操作性，能够更好地体现检察机关的担当精神。

（河北省唐山市路北区人民检察院　母宏）

取走他人遗忘在 ATM 机银行卡内钱款并将其打伤拒不退还的行为构成何罪

一、基本案情

2019年2月11日晚,李某从一自助银行 ATM 机取款,离开时将卡遗留在 ATM 机内。之后被告人晏某操作该 ATM 机时发现机内有他人遗留的银行卡,遂连续取款5次,共计取款1万元。李某收到取款短信提示后立即返回自助银行,要求仍在操作 ATM 机的晏某交还钱款。晏某遂对李某进行殴打,致李某受轻微伤。晏某逃离现场后,将赃款挥霍。

二、分歧意见

本案中,被告人晏某的行为可分为两部分:一是晏某发现 ATM 机中有他人遗留的银行卡遂操作取款;二是被害人返回自助银行要求晏某交还取出的钱款,晏某殴打被害人并逃离现场。晏某实施的前部分行为,根据最高人民法院、最高人民检察院《关于办理妨害信用卡管理刑事案件具体应用法律若干问题的解释》第5条第2款的规定,属于"冒用他人信用卡"行为,构成信用卡诈骗罪,对此并无争议。但对于晏某实施的后部分行为应如何评价,对其实施的全部行为能否适用《刑法》第269条的规定认定为转化型抢劫,存在不同意见。

第一种意见认为,从严格遵循罪刑法定原则出发,《刑法》第269条规定的"犯盗窃、诈骗、抢夺罪"仅限于该章规定的盗窃、诈骗、抢夺罪,其他特殊盗窃、诈骗、抢夺罪,刑法分则均另行规定了罪名和法定刑。在没有规范性文件予以明确规定的情况下,不能将信用卡诈骗罪纳入转化型抢劫的前提罪名范围,故晏某不构成抢劫罪。

第二种意见认为,《刑法》第269条规定的"犯盗窃、诈骗、抢夺罪"应理解为侵犯财产的具有犯罪行为，并不限于第五章规定的三种罪名，信用卡诈骗具有明显的侵财性，故晏某的行为可以转化为抢劫罪。

三、评析意见

笔者同意第二种意见，具体分析如下：

《刑法》第269条规定的"犯盗窃、诈骗、抢夺罪"是指具体犯罪行为，还是仅指刑法分则第五章规定的盗窃罪、诈骗罪和抢夺罪，直接关系到转化型抢劫的适用范围。如将上述"犯盗窃、诈骗、抢夺罪"解释为第五章规定的盗窃、诈骗、抢夺罪，形式上符合罪刑法定原则，但存在一定的局限性。刑法分则在规定罪名和法定刑时，并不是严格按照对一种行为只认定为一种犯罪的模式，而是根据打击犯罪的需要，将同一性质的行为分置于不同的罪名中予以规定，从而形成法条竞合犯、想象竞合犯、结果加重犯等多种复杂的罪数形态。就盗窃、诈骗、抢夺罪而言，除刑法分则第五章规定的三个普通罪名外，还有诸多散见于各章节的相关特殊罪名，如盗伐林木罪、盗掘古墓葬罪、合同诈骗罪、金融诈骗犯罪、战时掠夺居民财物罪等。这些犯罪与普通盗窃、诈骗、抢夺罪存在法条竞合关系，前者是特殊罪名，后者是一般罪名。上述特殊类型财产犯罪完全符合普通盗窃、诈骗、抢夺罪的构成要件，因此把这些犯罪归入《刑法》第269条规定的转化型抢劫的前提犯罪，并不违反罪刑法定原则。如盗窃正在使用中的电缆，属于盗窃罪与破坏电力设备罪的想象竞合犯，虽然一般根据从一重罪处断的原则认定为破坏电力设备罪，但不能否认该行为也同时符合盗窃罪的构成要件，该行为同样可以作为转化型抢劫的前提犯罪。全国人大常委会法制工作委员会在答复最高人民检察院关于相对刑事责任年龄人承担刑事责任范围问题时指出："刑法第十七条第二款规定的八种犯罪，是指具体犯罪行为而不是具体罪名。"这便突破了将该条规定的八种犯罪仅理解为具体罪名的思维模式，对理解第269条的前提犯罪范围具有重要的参考意义。因此，将《刑法》第269条规定的"犯盗窃、诈骗、抢夺罪"理解为侵犯财产的具体犯罪行为，既有利于打击侵犯财产犯罪，也符合该条的立法本意。

本案中，被告人晏某拾到被害人信用卡并使用的前部分行为构成信用卡诈骗罪，而信用卡诈骗罪与诈骗罪存在法条竞合关系，晏某的行为符合诈骗罪的构成要件，可以充当转化型抢劫的前提犯罪；之后被告人晏某在被害人要求交还钱款时殴打被害人，属于实施诈骗行为后为抗拒抓捕当场使用暴力情形，因此其实施的全部行为可以认定为抢劫罪。

(河北省唐山市路北区人民检察院　杨韵含)

私自转租获取租金的行为是否构成诈骗罪

一、基本案情

张某于 2017 年与周某签订了租赁周某所有的坐落在某小区的住房合同，租期止于 2019 年 12 月 16 日。2019 年 10 月初张某因找到新的住房，其找到周某要求提前退房，并退还两个月的租金，周某以租赁未到期，张某违约不同意退租。为此，张某为了减少自己损失，便通过在网上刊登出租广告的形式，与汤某取得了联系。张某找人制作了一份假房本和一张自称为李某的假身份证。后张某以假名李某并称系房主儿子的名义与汤某签订了租房协议，租期从 2019 年 11 月 15 日至 2020 年 5 月 15 日，汤某签订后当场将半年的租金 9000 元和押金 2000 元给付了张某。张某拿到钱后将所办假证件及为出租房新买的手机卡扔掉。2019 年 12 月 9 日，房主周某到租房处找张某，汤某发现自己被骗了，后及时报警。

二、分歧意见

本案对张某的行为应如何定性，存在较大的分歧。

第一种意见认为，张某的行为是普通的经济纠纷，不构成犯罪。张某虽然超越合同规定的权限，但是张某是在合同未到期仍有使用权的情况下，又转租了汤某，且合同到期后，张某仍有与房主周某续订租房协议的优先权，汤某和张某的合同有继续履行的条件。张某合同签订后，先行占有对方租金、押金，而后对履约持消极态度。只是表明行为人不愿意继续积极履行合同，不能说明行为人有骗取对方财物的目的，此时只能引出两种民事法律后果：一是欺诈合同无效；二是张某赔偿对方当事人的损失。这种情况下只能构成民事欺诈，只有当行为人无正当理由拒不返还租金、押金时，才能涉嫌刑事诈骗。现原合同尚未到期，不能认定张某无法履行合同，其行为不涉嫌犯罪。

第二种意见认为,张某的行为应认定为合同诈骗。租房协议即为合同。张某在签订合同过程中,以非法占有为目的,用虚假房本、身份证,使用假姓名与汤某签订合同,将全部合同款项占为己有。张某的行为符合合同诈骗罪的构成要件。

由于利用合同骗取财物的行为必须达到数额较大的程度才构成犯罪,本案利用合同骗取的财物数额为11000元,尚未达到追诉标准(唐山市中级人民法院追诉标准为20000元),故张某的行为不构成合同诈骗罪。

第三种意见认为,张某的行为应认定为诈骗罪。张某为了减少损失,以非法占有为目的,在明知其对该出租房只有两个月的使用权限的情况下,却用假的身份证件、假房本、假姓名与汤某签订了6个月的租房协议,并收取了汤某6个月的租金及押金,且将为转租房屋而购买的新手机卡扔掉。张某的行为符合诈骗罪的犯罪构成要件。但同时张某又符合特殊诈骗罪,即合同诈骗罪的特征,由于涉案金额没有达到合同诈骗罪的追诉标准,故依据法条竞合的理论,以普通诈骗罪论处。

三、评析意见

笔者赞同第三种意见,张某的行为应定性为诈骗罪。

本案中,张某以非法占有为目的,在合同签订过程中使用虚构的身份信息和虚假的产权证明与汤某签订了租房协议,将汤某的租金占为己有,其行为既符合诈骗罪的构成要件,又符合合同诈骗罪的构成要件,属于法条竞合。根据法条竞合原则,即特别法优于普通法、同一法律的特别条款优于普通条款、重法优于轻法,本案中,张某涉嫌合同诈骗数额达不到法律规定的追诉标准,故依据罪责刑相适应原则及法条竞合重法优于轻法的原则,对张某以诈骗罪追究刑事责任。

(河北省唐山市路北区人民检察院 薄英杰)

暴力强奸后拿走被害人财物的行为如何定性

一、基本案情

2019年8月的一天上午8时许,被告人曹某某在某小区一单元楼东侧遇到被害人蒋某某后,便产生了强奸的想法。随即,曹某某便尾随蒋某某至该单元一楼楼梯间,乘无人之机,将被害人蒋某某拖拽至通往地下一层的楼道平台处,采取殴打、威胁的手段对被害人实施强奸。其间,被害人欲打电话求救,手机却被曹某某抢过来扔至一边(距离双方2米)。后曹某某因听到楼梯内有动静便慌忙逃走,同时拿走了被其强行扔在一旁的被害人的OPPO手机。被害人蒋某某称自己都被吓傻了,顾不上手机了,直到曹某某离开后才回过神儿来找手机,发现手机不见了。曹某某离开案发现场返回家中后,立即将该手机恢复出厂设置。后在被害人家人多次打电话并提出给曹某某转账300元后,曹某某才将手机返还给被害人。经鉴定,该手机的市场价格为人民币493元。

二、分歧意见

第一种意见认为,曹某某对被害妇女实施暴力强奸,在听到动静害怕被发觉而仓皇逃跑时,顺手将被害妇女手机拿走,拿走手机时,被害妇女根本没有发觉,因此,其行为应当构成盗窃罪,但因没有达到盗窃罪立案标准,不能以盗窃罪追究曹某某的刑事责任。

第二种意见认为,曹某某在对被害妇女实施强奸的过程中,先将手机抢过来扔到一旁,强奸完成后,又将被害人手机拿走。虽然从表面上看,被告人是在被害人没有察觉的情况下取得手机,貌似秘密窃取,但并不符合难以察觉秘密窃取财物的特征。被害人没有及时察觉,是由于其之前遭受被告人的暴力强奸,在心怀恐惧的特殊情况下,已然失去反抗和觉察的能力,而非因被害人难以察觉的自身原因所致,所以,被告人的行为具备了使被害人不知反抗或者丧失反抗能力,而当场掠走财物的特征。其行为不仅侵害了被害人的人身权,同时也侵害了被害人的财产权,应当认定为抢劫罪。

三、评析意见

笔者同意第一种意见,理由如下:

1. 被告人取得财物是具有非法占有的目的。本案中,从被告人曹某某看到被害人,而后一路尾随被害人,到对被害人实施暴力,整个过程中,被告人曹某某的主观目的明确,就是为了强行与被害人发生性关系。甚至在发现被害人欲通过手机求救后,将被害人的手机强行夺走并扔到一旁的行为,也是为了更好、更顺利地完成强奸犯罪,为完成强奸行为扫除障碍,此时曹某某主观并没有产生强行劫取财物的想法,没有非法占有的目的。但在曹某某实施强奸行为过程中,因突然听到有声音,害怕被人发现便离开,此时强奸行为已经完成,被告人曹某此时将被害人手机拿走,除防止被害人报警外,其随后的一系列操作即解锁手机密码、恢复出厂设置等,都是为了使该手机为己所用,具有非法占有的主观目的。

2. 被告人没有采用暴力取财的手段行为。

(1) 虽然盗窃罪和抢劫罪都是以非法占有为目的,但两罪客观表现上不同,盗窃罪是采取秘密手段,窃得他人财物的行为;而抢劫罪是当场使用暴力、胁迫或其他方法,强行劫取他人公私财物的行为。本案中,被告人曹某某对被害人实施拖拽、殴打、脱衣服、抢手机等暴力手段,一系列的暴力行为都是为了能够顺利完成强奸,而不是针对被害人的财物。所以,本案中的暴力就是针对能够强制完成性行为而实施的,并非为了劫取财物而强行压制被害人反抗事实的暴力。

(2) 虽然手机在当时是被曹某某强行夺过来的,但夺过来的目的是防止被害人求救,而不是非法占为己有。强奸行为完成后,被害人的手机已经离开了被害人的人体,曹某某完成犯罪、临时起意将手机拿走之时,被害人蒋某某还处在因遭受强奸所带来的恐惧中,根本不能顾及手机是否存在。此时手机已经脱离了被害人的身体,被害人已经失去了对手机的控制,如果强奸行为完成后,行为人利用被害人受伤等不能抗拒的处境而将被害人身上的物品拿走,如手机还在被害人手中或者在被害人兜里或者在脖子上挂着,行为人将其取走,则可以认为是行为人利用被害人不能反抗、不敢反抗的处境公然劫取被害人财物的行为。本案中,手机已经脱离被害人蒋某某的控制,曹某某在强奸后随手取走被害人手机,虽然违背对方意志,但没有达到压制反抗,强取财物的客观条件，所以不符合抢劫罪的客观要件。

（3）最高人民法院《关于审理抢劫、抢夺刑事案件适用法律若干问题的意见》第8条关于抢劫罪数额的规定："行为人实施伤害、强奸等犯罪行为，在被害人未失去知觉，利用被害人不能反抗、不敢反抗的处境，临时起意劫取他人财物的，应以此前所实施的具体犯罪与抢劫罪实行数罪并罚；在被害人失去知觉或者没有发觉的情形下，以及实施故意杀人犯罪行为之后，临时起意拿走他人财物的，应以此前所实施的具体犯罪与盗窃罪实行数罪并罚。"本案中，被害人蒋某某面对突然遭遇的暴力侵害，一直在反抗，其也试图利用手机求救，但因为身体力量的悬殊，均没有成功，虽然整个过程使蒋某某失去反抗的能力，但其没有失去知觉。也就是说，曹某某是在被害人没有发觉的情况下，临时起意拿走手机的，应当对曹某某以强奸罪、盗窃罪实行数罪并罚。但本案中因手机的价值过低，没有达到盗窃罪的立案标准，所以不能以盗窃罪追究曹某某的刑事责任。

（河北省唐山市曹妃甸区人民检察院　郑雪娇）

违法经营获取投资者钱款的行为如何定性

一、基本案情

2018年2月，犯罪嫌疑人陈某使用作废的批文组建某虚假网络交易平台，开展类期货业务，并为运行此平台注册成立某商贸公司。该公司由陈某实际控制，陈某先后安排犯罪嫌疑人郭某、凌某担任公司主管，管理公司日常事务，犯罪嫌疑人王某某等人担任部门负责人，负责公司的技术、财务、市场（招商）、终端、客服等工作。该公司作为交易所（交易中心），下边有会员单位（都是公司），会员单位下边是代理商（会员单位招的），代理商下边是散户，会员单位和代理商可以发展客户，客户向公司缴纳手续费，会员单位向公司缴纳手续费和保证金。客户在交易平台进行实名注册后，可通过向第三方支付公司账户转账的方式，根据国际期货行情源的K线图买涨买跌。公司业务员伪装身份通过拨打电话、微信聊天等方式取得客户信任后，吸引客户在交易平台开户入金。实际上这笔钱并未进行期货交易，而是通过后台操作全部转入陈某控制下的个人账户，截至2019年2月，转入陈某个人账户共计人民币145万余元。

二、分歧意见

关于本案的定性，存在三种观点：

第一种观点认为，陈某等人的行为构成非法经营罪。理由如下：陈某等人未经国家有关主管部门批准，通过网络交易平台进行类期货交易，违反了国家有关规定，其经营行为是违法的。作为一种经济领域的营业活动，陈某等人受非法营利目的的驱使，收取客户和会员单位的手续费及会员单位的保证金，并通过后台技术实际控制交易，将客户注入第三方支付公司账户的钱款转出，其经营范围、经营手段违法，严重扰乱了市场秩序，且已达到认定"情节严重"

的数额标准。虽然在过程中也使用了欺骗的手段,但是为了取得客户的信任,从而吸引客户投资,因此,本案应认定构成非法经营罪。

第二种观点认为,陈某等人的行为构成诈骗罪。理由是:陈某组织人员成立某商贸公司开展网络平台业务,以类期货交易为名,利用公司业务人员伪装身份,使用QQ、微信等社交工具与客户聊天,取得客户信任后,以高额回报为诱饵,引诱众多人员通过实名注册并开户的方式向某网络交易平台注入资金,隐瞒可后台控制交易及限制出金数额的事实。后以实际非法占有客户钱款的目的,通过后台操作将客户注入第三方账户的资金转移到个人账户,据为己有,涉案金额145万余元。因此,本案应认定构成诈骗罪。

第三种观点认为,陈某等人的行为构成非法经营罪与诈骗罪的想象竞合犯,应择一重罪处罚。理由是:陈某等人的行为符合想象竞合犯的基本特征,一是行为人实施了一个危害行为,这里的"一个行为"是以法定犯罪构成客观方面的行为要件为判断标准,而不仅仅是基于自然的观察或者社会的一般观念认为的一个行为。本案中,陈某等人只实施了一个符合犯罪构成客观要件的行为,即利用无资质的公司经营网络交易平台,非法从事期货交易,以高额回报诱使公众投入资金的行为。二是一个行为触犯了数个罪名所代表的数个性质不同的犯罪构成,即该行为因具有多重属性同时符合非法经营罪和诈骗罪的犯罪构成。本案中,陈某等人为达到刑事责任年龄,具有刑事责任能力的自然人,主观上具有犯罪的直接故意,客观上实施的"一个行为"同时侵犯了国家限制买卖物品和经营许可证的市场管理制度和公私财物所有权。三是行为所触犯的数个罪名均无法全面评价该行为,行为所触犯的各犯罪构成之间应无重合之关系,即犯罪构成的各个要件不存在包容与交叉关系。想象竞合犯使两个本来并无重合关系的法条建立起了偶然的联系,使其区别于一罪而具有不完整数罪的特征。

三、评析意见

笔者同意第二种观点,陈某等人的行为应认定构成诈骗罪,分析如下:

诈骗罪要求主观上具有非法占有的目的,客观上表现为一个特定行为的发展过程:行为人实施欺骗行为——对方产生错误认识——对方基于错误认识处分(交付)财物——行为人取得财物——被害人遭受财产损失。

第一,陈某等人主观上具有非法占有的目的。诈骗罪要求欺诈行为具有财产处分的导向,因此,行为人实施欺骗行为主观上是以非法占有为目的。本案中,陈某等人开设公司建立网络交易平台,其业务人员伪装身份使用社交工具与潜在的客户建立感情,利用虚假宣传、夸大收益的方式吸引不特定人员投资,再通过后台恶意控制交易并将钱款从第三方支付账户转移到自己的账户。陈某等人的行为并非为赚取交易的手续费,其"经营"行为只是手段,以此作为非法侵财的方式和手段,为后来将不特定投资者的投资款转到个人账户做铺垫,其主观上具有非法占有的意图,根本目的在于直接骗取他人的财物,从而侵犯了他人的财产权。这种非法占有钱财的主观目的,也是诈骗罪区别于非法经营罪的主要标准之一。

第二,行为人实施欺骗行为。所谓诈骗,顾名思义,就是行为人采取虚构事实(积极地捏造虚假的信息)或隐瞒真相(对应当如实告知的信息故意不告知)的方式实施了欺骗行为,在认识因素上给予了他人信息上的误导,且这种信息误导具有明确的财产侵害的目的指向。本案中,陈某等人谎称投资网络交易平台可以获得高额利润,虚构交易记录和有专业知识的分析师团队,引诱客户进行交易。蓄意隐瞒可以后台控制交易及支配资金的事实,利用后台实际控制相关交易,如限制客户登录,在客户赚钱时恶意阻止交易,限制客户出金及数额,通过后台登录客户投资的第三方支付账户等,这显然是一种欺诈行为。

第三,被害人产生错误认识。首先,被害人的认识错误与行为人的欺诈行为有密切联系,即在他人没有错误认识的情况下,行为人采取欺诈手段使被害人陷入错误认识,进而处分财产。其次,被害人的认识错误必须与其处分财产的行为相关,即被害人是基于错误认识进行处分行为,导致财物的支配或控制状态的变更。本案中的不特定投资者作为有认识判断能力的主体,通过陈某公司的虚假宣传,认为在专业人员指导下投资网络平台的类期货交易,可以获得高额回报,并基于这样的错误认识向平台投入资金。可见,被害人的错误认识是处分行为的前提,错误认识的内容与处分财产的行为密切相关。

第四,被害人基于错误认识进行处分行为。首先,错误认识与处分行为之间存在因果关系,即财物处分行为必须基于处分人的错误认识做出。其次,这里的"处分行为"要求被害人具有处分能力和处分权限,即在被害人具有完全的认识、辨别能力和财物处分权限的前提下,将对财物的占有权或所有权自愿交付给了自己以外的他人,是财物的控制或支配状态在主体上的转移,从而使自己遭受损失。因此,这里的"处分行为"应具有决定的自愿性和财产减损的直接性。本案中,被害人基于陈某等人的欺诈行为产生了这种"投资"风险小收益高的错误认识,从而做出了向平台注入资金的财产处分行为,其处分行为是基于错误认识而做出。且被害人做出的财产处分行为不具有心理强制或心理压迫,是完全自愿做出的。但投资者的资金实际并未进入市场进行相关交易，而是被陈某等人转出并支配，从而使投资者遭受了财产损失，且达到法定数额。犯罪行为人的欺骗行为直接是为取得他人财物服务的。

第五，行为人取得了财物且被害人遭受了财产损失。在每一个具体的诈骗案件中，都有一个与行为人相对应的被害人的反应，行为人的欺骗与被害人的反应在财产处分权或变更财产的支配上是一致的，即因处分行为使得行为人取得财产且被害人遭受损失，行为人侵害的是被害人的财产权。陈某等人通过后台操作登录第三方支付公司账户，将客户投入的资金转出到个人支配控制的银行卡，致使投资者直接遭受了财产损失。

综上，陈某等人以非法占有为目的，在交易过程中通过欺骗手段直接转移客户资金到个人账户的行为，符合诈骗罪的构成要件，因此，本案应认定构成诈骗罪。

（河北省唐山市玉田县人民检察院　蔡晓锦）

行为人在出租屋抢劫的行为
是否构成"入户抢劫"

一、基本案情

2015年7月16日15时许,被告人刘某在网上看到一条租房信息后,起心借看房之机抢劫,便电话联系房主罗某某约定看房。当日16时许,被告人刘某与罗某某见面后一起到罗某某待出租的房屋看房,通过聊天使罗某某放松警惕后,掏出水果刀威逼罗某某拿钱,过程中罗某某的左腕部被划伤。被告人刘某用随身携带的透明宽胶带将罗某某的双脚绑在椅子腿上,捆住其双手,搜得人民币700元和3张银行卡,并逼问出银行卡密码,又逼迫罗某某将支付宝中的钱转到银行卡上,再用宽胶带封住罗某某的嘴巴,后逃离现场。经法医鉴定,罗某某的受伤程度属轻微伤。被告人刘某于次日被公安机关抓获归案后,其亲属赔偿罗某某人民币3000元,并取得其谅解。

二、分歧意见

本案的主要争议是"案发出租屋"是否属于刑法意义上的"户",刘某的抢劫行为是否构成"入户抢劫"。按照2005年最高人民法院《关于审理抢劫、抢夺刑事案件适用法律若干问题的意见》关于"入户抢劫"的规定,入户抢劫是指为谋财而进入供他人生活的与外界相对隔离的住所等场所进行抢劫的行为,"户"应当具有供他人家庭生活的功能性特征,和与外界相对隔离的场所性特征。出租屋一般位于住宅小区内,具有与外界相对隔离的场所性特征,而出租屋是否具有供他人家庭生活的功能性特征,就成为其能否被认定为刑法意义上的"户"的关键。

第一种观点认为,只要具备一定的生活设备,可随时拎包入住,出租屋就具有供他人家庭生活的功能性特征,应该认定为刑法意义上的"户",而不论该出租屋内是否实际有人生活居住。

第二种观点认为,出租屋除需具备基础的生活设施,可随时拎包入住外,还需要有人在里面居住和生活,否则,该出租屋就不能认定为刑法意义上的"户"。

三、评析意见

笔者赞同上述第二种观点。第一种观点表达的意思其实是可供他人家庭生活的功能性特征,这一特征属于形容词形态,即形式要件;而第二种观点表达的是供他人家庭生活的功能性特征,属于动词形态,即实质要件。也就是说,第一种观点强调人可以在里面生活,第二种观点强调人在里面生活,很明显,第二种观点更符合《刑法》规定"入户抢劫"这一从重处罚情节对于公民居住权的保护目的。我国将"入户"作为可能判处十年有期徒刑以上刑罚的抢劫罪加重处罚情节进行刑事立法,主要是考虑到"户"作为公民生活、居住的场所,是公民最基本的人身权利和财产权利的庇护场所,是公民保护自己人身和财产权利不受非法侵犯的最后一道防线,因此,是否有人在出租屋内居住和生活,是认定出租屋是否具有供他人家庭生活的功能性特征,是否能认定为刑法意义上"户"的关键所在。

笔者认为,由于入户抢劫的起点刑是十年有期徒刑,因此在出租屋能否被认定为刑法意义上的"户"这个问题上,应充分考虑到刑法的谦抑性原则,严格把握"户"的功能性特征,不仅要从形式上把握出租屋的客观功能性,还要从实质上把握该出租屋是否具有家庭生活属性,才更符合刑法的立法本意。当然,有人在出租屋内居住和生活,并不是指一定要一直在出租屋内居住和生活,现实生活中,有的会同时有多个住处,分别在工作时和休息时居住,某些被空置的房屋也会用来出租。笔者认为,有人在出租屋内生活不等于每天都要在里面生活,只要对该出租屋的居住和生活一直在持续中,时间上偶有间隔也是可以的,不影响对出租屋作为刑法意义上"户"的功能性特征的认定。但对于还在建未交付使用的房屋,及尚未装修或还在装修的房屋,特别是用来出租但尚未出租出去的出租屋,虽然从形式上看,该出租屋也许具备形式上客观的基础生活条件,但因为出租屋内不具备实质上的家庭生活属性,该出租屋就不能认定为刑法意义上的"户"。当然,如本案中此类出租屋,应当依法认定为刑法意义上的"户",予以严加保护。

(河北省遵化市人民检察院　黄建奎)

负责发展客户的人员是否应对团伙实施的全部诈骗行为承担责任

一、基本案情

2018年4月至今，犯罪嫌疑人吴某甲组织缪某甲、何某甲、缪某乙、吴某乙、谢某某、何某乙、吴某丙等人在多地的出租屋内，利用电脑、手机等工具用微信软件大规模添加好友，并冒充成功人士诱骗他人投资人为操作的App软件平台，骗取他人钱财。其中，缪某甲等人为负责利用微信等聊天工具诱骗被害人投资的人员（对诈骗行为明知）。其间，缪某甲等人利用吴某甲在该团伙建立的微信群内发送包装好的虚假成功人士的信息进行包装自己，各自寻找目标，待取得被害人信任后，向被害人发送下载App平台的二维码，让被害人下载安装并完成注册登记等工作。缪某甲等人到此阶段后，即将后续诈骗工作交由吴某甲亲自实施，最终诱骗被害人投资，通过人为操纵App平台数据涨落，骗取被害人钱财。其间，团伙人员统一吃住，底薪3000元，诈骗成功每笔按成功数额的10%提成（人员工资、提成等均为团伙诈骗所得）。

其间，犯罪嫌疑人吴某乙与被害人孟某某聊天，诱骗孟某某在虚假的"华弘期宝"期货App软件上投资，成功骗取孟某某168418元；犯罪嫌疑人缪某甲以同样方法，骗取郭某某15万余元；犯罪嫌疑人谢某某骗取张某某3万元；犯罪嫌疑人缪某乙自己承认做成功四五单，其中骗取新疆徐某某8888元，并拉邓某某和林某某加入团伙；犯罪嫌疑人何某甲加入团伙时间较短（5天），聊得不太好，谢某某和吴某甲帮助其聊天才成功诈骗成都一名女子一万多元，其只是前期聊天，没有向对方发送二维码。犯罪嫌疑人吴某丙于2018年4月到6月在吴某甲处参加聊天诱骗被害人投资（但未能成功引诱被害人投资），其还将自己的身份证提供给吴某甲办理诈骗处所租房手续；犯罪嫌疑人何某乙从2017年11月开始在吴某甲处工作，公安机关扣押的聊天记录显示，何某乙曾骗取王某某4000元。

二、分歧意见

第一种观点认为，吴某丙与何某甲不构成犯罪，理由是：本案中，吴某丙与何某甲虽然利用虚假的身份参与犯罪团伙利用微信等聊天软件进行聊天，发展客户。但他们是单独和社会上不特定人员聊天，彼此之间对特定聊天客户情况不交流，并且没有成功引诱被害人投资。虽然在吴某丙与何某甲参与期间，其他团伙人员有诈骗成功的事实，但其他人员诈骗成功的行为其没有具体参与，根据犯罪构成，即主客观相统一的原则，不能一概按照共同犯罪，让其承担其他人员诈骗成功的法律后果。

第二种观点认为，吴某丙与何某甲构成犯罪，理由是：

一是认定本案属于团伙共同犯罪。缪某甲等人加入该团伙时均明知其从事的是诈骗行为，在同一个租住房间内实施诈骗行为，接受吴某甲的领导和指挥，均使用吴某甲发给的"剧本"进行自我包装，使用虚假身份信息进行聊天，具有诈骗的故意。

二是诈骗行为的"着手"认定。缪某甲等人开始聊天，寻找合适诈骗客户，可认为是实施诈骗行为的预备。在取得聊天客户信任后，即向被害人发送下载软件的二维码，并指导客户进行下载安装认证等行为，应认定为"着手"实施诈骗行为，接下来就是被害人自己向该虚假 App 平台投资转款。

三是共同犯罪中责任承担问题。共同犯罪是指二人以上共同故意犯罪，而三人以上为共同实施犯罪而组成的较为固定的犯罪组织，是犯罪集团，其中起主要作用的是主犯。本案中，犯罪嫌疑人吴某甲为首要分子，应为主犯。吴某丙与何某甲等人在此期间仅起到次要作用，可认定为从犯。因为吴某丙与何某甲虽然简单地看没有诈骗成功，但其团伙诈骗的形式是通过网络向社会上不特定人员诱骗，属于"广撒网"的形式。且他们是在一个租住房间内进行，谁诈骗成功或者没有成功都彼此知道，虽然没有严格的培训和交流形式，但在微信群内彼此之间都可以查看（吴某甲在微信群内发送如何包装的图片等内容和某人成功诈骗的信息），客观上对各团伙成员存在激励和促进的影响力。

另外，根据最高人民法院、最高人民检察院、公安部《关于办理电信网络诈骗刑事案件具体应用法律若干问题的意见》《检察机关办理电信网络诈骗案件指引》，多数人共同实施电信网络诈骗，犯罪嫌疑人、被告人应对其参与期间该诈骗团伙实施的全部诈骗行为承担责任。所以，吴某丙与何某甲等人应对其参与期间该团伙的全部诈骗行为承担责任，以诈骗罪从犯定罪处罚。

三、评析意见

犯罪嫌疑人利用电信网络手段实施诈骗行为,属于电信网络诈骗。本案中,犯罪嫌疑人明知自己实施的行为是诈骗行为,也明知其他犯罪嫌疑人与自己在共同实施该犯罪行为,自己的行为和他人的共同犯罪行为结合会发生危害社会的结果,应构成共同犯罪,根据共同犯罪处罚原则,即部分行为共同责任原则,按照最高人民法院、最高人民检察院、公安部《关于办理电信网络诈骗刑事案件具体应用法律若干问题的意见》以及《检察机关办理电信网络诈骗案件指引》对犯罪嫌疑人定罪处罚符合立法本意。不能片面地认为共同犯罪中某个具体行为没有参与,就不负责任,不处以刑罚,这与当前打击电信网络诈骗的宗旨是不一致的,也违背了共同犯罪的处罚原则。故笔者同意第二种观点。

(河北省遵化市人民检察院　张连东　辛雅楠)

工人将藏匿同一物品拆分多次偷带出厂的行为是多次盗窃还是一次盗窃

一、基本案情

犯罪嫌疑人范某（43岁）系某钢厂工人，在钢厂工作期间，看到其他工人将一根完好的电缆放到了墙角处，范某某就想将电缆从钢厂偷出来卖掉。范某偷偷将电缆切断成若干段藏匿于厂内墙角处，在之后的一个月内，欲分多次将电缆拿回家，每次拿两段，第五次准备带出厂时，被钢厂保安检查时发现并抓获。经鉴定，该电缆价值1600元。

二、分歧意见

对范某是否应按盗窃罪追究刑事责任？

第一种观点认为，范某的行为是一次盗窃既遂。依据"失控说"观点，范某将电缆藏起来时，钢厂已经失去了对电缆的控制。

第二种观点认为，范某的行为属多次盗窃。范某将电缆分割开来，分多次将电缆带出厂区，每次都应当是一次盗窃既遂行为，属于数个盗窃行为的集合，符合刑法理论中集合犯的特征，应当按照多次盗窃追究范某刑事责任。

第三种观点认为，范某的行为属一次盗窃。范某将藏匿的同一物品拆解后分多次偷带出厂，其盗窃的状态在一个月内都在持续中，应视为刑法理论上的继续犯。已经带出去的是既遂，未带出去的属未遂。因整根电缆价值未达到数额较大标准，因此不应当以盗窃罪追究刑事责任。

三、评析意见

笔者同意第三种观点，不应当按照盗窃罪追究范某的刑事责任。

1. 盗窃罪是结果犯，应以对公私财产所有权造成直接损害结果为构成要件齐备的标志。所有权的损害结果表现在所有人或持有人控制之下的财物因被盗窃而脱离了其实际控制，一般而言，也意味着被盗财物已被行为人控制。本案中，范某的犯罪对象是整根电缆，而非某一段电缆，其将电缆藏起来，仅在一定程度上控制了电缆，但出入厂区有保安检查，虽然有一部分已经被带出厂区，但整根电缆并未完全脱离厂区的控制，不能理解为整根电缆"已经失控"，更不能简单地认定范某盗窃电缆的行为既遂。

2. 范某将电缆藏起来，主观上是想将整根电缆带出场外占为己有。盗窃的对象是一个整体，其每次偷带出厂外的两段都是整根电缆的一部分。范某每次偷带出厂的行为看似可以评价为一次盗窃行为，但并不符合主客观相统一原则，根据主客观相统一原则，范某主观犯意针对的是整根电缆，所以应当对范某的盗窃行为进行总体评价，视为一次盗窃，而非多次盗窃。范某将电缆藏起来的行为，应当认定其为盗窃做准备，属犯罪预备。

3. 范某分多次偷带出厂的行为在一定时间内是持续的，不间断的，属于继续犯。所谓继续犯，是指作为作用于同一对象的一个犯罪行为从犯罪行为着手实行到行为终了，犯罪行为与不法状态在一定时间内同时处于继续状态的犯罪。第一，范某从开始藏电缆到被抓，其主观上始终是在一个犯意支配下，客观上自始至终是一个盗窃行为；第二，范某的犯罪对象始终是一根电缆，而不是每一段电缆；第三，范某的盗窃行为在继续，其接续盗窃行为使得钢厂对电缆的所有权损害状态一直在持续；第四，范某的盗窃行为在时间上具有持续性。

《刑法》第89条第1款规定："追诉期限从犯罪之日起计算；犯罪行为有连续或者继续状态的，从犯罪行为终了之日起计算。"范某的盗窃行为应当从其开始藏匿电缆开始，其已经偷带出厂外的属盗窃既遂，被当场抓获的属盗窃未遂，其隐藏未被发现的属犯罪预备。

基于被盗电缆的总价值没有达到数额较大标准，不应当以盗窃罪追究范某的刑事责任。

（河北省滦州市人民检察院 刘向红 李鹏）

黑中介诈骗中能否扣减"房产中介费"等犯罪成本

一、基本案情

被害人许某家住无电梯的老旧小区5层，因老伴瘫痪在床，一直想挣钱换套一层的房子居住。在收藏品公司销售人员沈某鼓动下，许某寻求用房子抵押贷款，投资艺术品赚钱买房。沈某向其介绍了朋友董某，董某联系到边某，边某找到小周，小周又将许某介绍给放贷人小梁。董某辩称，许某答应贷到钱后给其15%的房产中介费；边某称董某答应给他中介费，没向许某说要多少；许某事后称给中介费，但没商量标准和支付时间、方式。2019年3月14日，在董某和边某的撮合下，小梁让许某夫妇签订了他事先准备好的房屋买卖合同，以"过户抵押"名义欺骗许某将房子过户到小梁名下，小梁转账给许某35万元的"贷款"后立即以首月贷款利息、管理费、评估费名义从中扣除2.4万元，并口头协议按照每月利息3分，要求许某每月支付利息10500元，直至许某归还本金为止。小梁离开后，董某通过POS机以收取工本费80元、房产交易税3680元为名要求许某刷卡转账，董某自行输入转账金额并向许某隐瞒了转账的实际金额，许某在不知情的情况下输入3次密码分3笔转入董某的银行卡上共计12万元，董某分给在一旁的边某6万元，二人所得赃款用于个人消费。3月19日，许某以自己实际得款只有约19万元为由向市不动产登记中心提出终止房屋买卖的申请，小梁接到不动产登记中心电话通知后，让犯罪嫌疑人想法让许某继续过户，否则让犯罪嫌疑人还他35万元。此时边某也觉得自己收中介费太高害怕出事就退给董某4万元，要求还给许某。董某找到许某，说服许某办理撤销终止房屋交易申请后，退给许某4万元。4月初许某家人报警，案发至今许某的房子仍在小梁名下，小梁下落不明。

二、分歧意见

本案争议的焦点是，房产中介的诈骗成本、实施犯罪过程中是否还有合法中介费收入，能否计算在犯罪数额内。具体涉及三笔费用：一是犯罪嫌疑人在实施犯罪过程中主动替许某缴纳的房产工本费80元、房产交易税3680元，这是其为促成"贷款"不得已而为之；二是15%中介费是否应当直接从许某贷款35万元中扣减；三是公安机关立案前，犯罪嫌疑人归还许某的4万元，是否可以扣减，不作为犯罪数额论。

第一种意见认为，本案的诈骗金额是23740元。主要理由是：15%的中介费，犯罪嫌疑人替许某缴纳的房产工本费80元、房产交易税3680元不具有非法占有的目的，是正常的中介服务费，应当从犯罪数额12万元中扣除；刑事立案前犯罪嫌疑人退还许某的4万元不作为定罪数额论，也应当一并扣减。据此，许某的贷款是35万元，中介费是52500元，此部分是犯罪嫌疑人的合法收入。

第二种意见认为，本案的诈骗金额是8万元。主要理由是：参照最高人民法院《关于申付强诈骗案如何认定诈骗数额问题的电话答复》，在案发前已被追回的被骗款额扣除，按最后实际诈骗所得数额计算。本案中虽行骗12万元，但案发前退给被害人4万元，实际诈骗金额以8万元论，在量刑时对这种情况作为酌情从轻情节予以考虑。中介费只是一种以合法形式掩盖非法占有他人财产的说辞、房屋过户时产生的费用都是犯罪成本，不应当从犯罪数额中扣减。

第三种意见认为，本案的诈骗金额是76240元。扣减4万元、中介费不扣减的理由同第二种意见。区别是房屋过户时产生的费用本应由被害人承担，犯罪嫌疑人替许某支付的房产工本费80元、房产交易税3680元，该部分应当从犯罪数额中扣减。

第四种意见认为，本案的诈骗金额是12万元。15%的中介费，犯罪嫌疑人替许某缴纳的房产工本费80元、房产交易税3680元、4万元退赃不应当从犯罪数额中扣除。

三、评析意见

笔者同意第四种意见，即房产黑中介诈骗中不应扣减"中介费"等犯罪成本。认定本案首先要厘清犯罪嫌疑人以房产中介的名义，向被害人房产抵押贷款联系、介绍、帮助行为的性质，是真正的房产中介服务，还是犯罪的手段，即是诈骗犯罪还是民事欺诈行为，区分的关键是涉案人是否具有非法占有他人财产之目的。如构成犯罪，诈骗数额如何认定，涉及犯罪成本是否应当扣减，影响到诈骗是数额较大还是巨大，事关是在三年以上还是三年以下量刑的问题。

1. 边某二人的行为并非单纯的房产中介民事欺诈。准确把握欺诈行为的实质和效果，是正确把握刑事诈骗与民事欺诈界限的基础。如果民事上是合法的，则可以排除犯罪的成立。反之，民事欺诈行为成立，是诈骗的先决条件。

（1）犯罪嫌疑人与许某之间不成立合法的居间合同法律关系。房屋买卖居间合同，是指中介人向买卖房屋委托人提供订立合同的机会或媒介服务，委托人支付报酬的合同。在正常的商品房买卖中介活动中，卖房人、买房人之间的权利义务应当由中介人明示，并签订三方居间合同。二手商品房买卖的流程是：卖房人通过中介服务机构等渠道发布卖房信息，购房人通过中介寻找房源，购房人了解房屋的权益，交易双方签订房屋买卖合同，办理交易过户、登记领证以及房屋交接手续，房屋交易费用原则上应由卖房人承担，但现实中多是双方协商由谁支付，中介不会替任何一方缴纳。本案中，沈某找到董某，董某找到边某，边某联系到放贷人小梁，董某和边某带着许某夫妇办理房产过户手续，许某获得35万元房屋抵押款后，立即在其不知情的情况下从中骗得12万元后平分。涉案房屋"贷款"35万元，扣除放贷人2.4万元，被骗12万元、介绍人沈某1万元，实际得款19万余元，案发至今，因犯罪嫌疑人的行为导致许某的房子低价转移到小梁名下，损失并未完全恢复到案发前的状态，社会危害性客观存在。许某作为委托人是要房产抵押，而犯罪嫌疑人提供的"服务"是卖房，被害人存在认识错误，而犯罪嫌疑人是"明知故犯"，因此居间合同不能成立。如果边某二人是合法的居间人，根据居间合同规定，其故意隐瞒与买卖房屋有关的重要事实，损害到许某的利益，也不得要求支付中介费，并应当承担损害赔偿责任，促成合同成立居间活动的费用由居间人负担。即无论居间合同成立与否，15%的"中介费"和房产工本费80元、房产交易税3680元许某都可不支付。

（2）犯罪嫌疑人的行为不是单纯的房产中介民事欺诈。区分民事欺诈与诈骗罪可分为两个层次：先是判断行为人是否具有非法占有之目的，然后判断行为人骗取财物的数额是否达到诈骗罪的数额标准。如果这两个层次的判断结论都是肯定的，则行为人构成诈骗罪，本案被害人被骗12万元，数额远超过诈骗罪的刑事立案标准，关键是需要从全案看犯罪嫌疑人何时产生非法占有之目的。"以非法占有为目的"应当坚持主客观相一致的原则，不能仅根据损失结果客观归罪，本案应结合犯罪嫌疑人的身份、行为、与许某的关系、如何取得"中介费"、事后态度等方面综合判定是否构成实质性欺诈。一是从身份上看边某和董某都不是房地产中介公司人员。在案中的角色只是通常社会意义上的介绍人或称"黑中介"而已，没有与许某签订中介合同，当事人之间没有成立对等的民事法律关系。二是犯罪嫌疑人自始至终没有明确向许某告知中介收费标准。房产中介费一般不超过房价总额的2‰，且其收取总房款15%的中介费远高于市场价，没有合法依据，且当时许某的允诺只是给服务费，并不知道收多少或答应给犯罪嫌疑人多少，在许某得知被骗后董某也对怎么收取的12万元无法做出合理性解释，亦未达成补充居间报酬协议。

2. 在介绍以房贷款中嫌疑人具有故意隐瞒真相的欺诈行为。

（1）许某的真实意思是用房屋抵押贷款，而不是卖房。董某和边某并没有尽到如实告知、风险提示的义务，致使许某在办理过户时经不动产局工作人员提醒，许某才知道是卖房，在其犹豫不决之际，作为介绍人，即董某和边某明知是将被害人的房子卖给小梁，不存在法律意义上的房屋过户抵押交易类型，仍积极劝说是办理"过户抵押"，许某是80岁的老年人，理解认知上低于常人，认为只要还本金房子就能随时拿回来，不知卖房的法律后果，且放贷人小梁也说是房产过户抵押，如此环环设局，骗取许某信任签字卖房，在这个过程中，犯罪嫌疑人并没说是将房子卖给小梁，隐瞒了所谓"过户抵押"就是卖房的事实真相，目的是牟取高额的中介费，其行为已非单纯的房产中介行为，而是利用被害人认识错误，诈骗其财产。

（2）犯罪嫌疑人具有非法占有许某部分房款之目的。诈骗罪中行为人的非法占有目的一般产生于其非法控制财物之前，但有时也可以在后。本案中董某，在从银行获取12万元后，犯罪已经完成，至于占有骗取许某12万元房款的目的犯意，其辩解是拿回中介费。事实上，正常中介服务结束后，应当由卖房人许某按照事先约定，自行决定支付中介费给犯罪嫌疑人，同样是介绍人的沈某，许某事后给其1万元的劳务费，正是因为双方自愿，而不是如边某2人骗取许某被动、不知情操作转账12万元，这恰恰可以佐证二人事先预谋行骗之实。民法上规定房产抵押是不转移占有的，名为房子过户抵押贷款实为卖房，小梁在成为户主后能够自由支配、处置许某的房子。在整个借贷过程中，许某有重大误解，且显失公平，被害人财产损失与犯罪嫌疑人的行为具有刑法上的直接因果关系。

（3）嫌疑人明知小梁非法放贷仍积极促成是为牟取私利。小梁与许某之间是民间借贷，还是"套路贷"，因证据链条不完整不能界定为犯罪。根据最高人民法院、最高人民检察院、公安部、司法部《关于办理非法放贷刑事案件若干问题的意见》，小梁放贷35万元，资金来源称是个人拆借，月息3分即年利率36%，并以砍头息等名义扣减2.4万元，借贷流水及买卖合同证据上虽是 35 万元，许某实际能够完全支配和使用的借款金额只有 32.6 万元，其行为实质上是放高利贷，但不构成非法经营罪立案标准，只是非法借贷行为。根据相关规定，以合法形式掩盖非法目的的合同无效，据于此小梁与许某的商品房买卖合同是无效的。综上，犯罪嫌疑人边某和董某共同构成诈骗罪。

3. 诈骗行为完成时导致许某的实际损失是 12 万元。董某等 2 人完成诈骗犯罪行为时，被害人实际被骗取的是 12 万元，与犯罪嫌疑人非法牟利数额是一致的。

（1）法律层面诈骗已既遂，在立案前退赃的 4 万元扣减无依据。1991 年 4 月 23 日，最高人民法院《关于申付强诈骗案如何认定诈骗数额问题的电话答复》规定，在案发前已被追回的被骗款额扣除，按最后实际诈骗所得数额计算。2001 年 1 月 21 日《全国法院审理金融犯罪案件工作座谈会纪要》中规定：认定金融诈骗犯罪的数额，应当以行为人实际骗取的数额计算。对于行为人为实施金融诈骗活动而支付的中介费、手续费、回扣等，或者用于行贿、赠与等费用，均应计入金融诈骗的犯罪数额。该纪要否定了上述电话答复观点，是支持"诈骗数额是行为人实际骗取的数额"，而不是以被害人实际损失的角度认定犯罪数额，解决了犯罪预备和未遂形态下的诈骗数额认定难题。1996 年 12 月 24 日，最高人民法院《关于审理诈骗案件具体应用法律的若干问题的解释》第 9 条对多次诈骗案发前已经归还的数额扣除的观点突破了刑法犯罪构成规定，颇受诟病，2013 年 1 月 18 日已被全文废止不再适用。2011 年 4 月 8 日，最高人民法院、最高人民检察院《关于办理诈骗刑事案件具体应用法律若干问题的解释》中对此并无规定，也无须界定，因为犯罪嫌疑人实施了诈骗行为，在符合诈骗罪构成要件的前提下，即使案发前将诈骗所得财物全部还清，亦不影响诈骗罪的成立，否则认定数额将会放纵诈骗行为，导致罪刑失衡，违反刑法罪责刑相适应原则。就本案而言，董某等 2 人在案发前退给许某 4 万元，是因为许某发现被骗吃亏，欲终止交易不卖房，此时董某等 2 人为让许某答应继续配合完成房产交易，退钱是手段，目的是帮助放贷人从而达到收到所谓剩余 8 万元"中介费"，因此从犯罪的主观心态、社会危害性上，不宜将 4 万元在犯罪总额中扣减，以彰显罚当其罪。

（2）缴纳的房产工本费 80 元、房产交易税 3680 元，性质上属于犯罪成本，不应从诈骗数额中扣减。犯罪成本，即犯罪嫌疑人为实施犯罪而付出的物质成本，如为实施犯罪购买作案工具、伪装道具、租用场地、交通工具甚至雇佣他人等，是否应该扣减应当结合被害人的财产损失具体认定，只有那些能弥补被害人财产损失的犯罪成本才能扣减。本案不具有扣减的理由：一是缴费的主观目的是牟取所谓的"中介费"。在房产过户过程中，董某让边某先给垫上房产工本费 80 元、房产交易税 3680 元，其目的是积极促成交易，进而自己从贷款中抽取 12 万元。在许某得知被骗要终止卖房时，董某退还许某 4 万元，仍是希望房屋能继续交易。从事前与事后行为看，犯罪嫌疑人之所以支付工本费和过户费共计 4760 元，主观上是为了完成诈骗行为，客观上是为了占有被害人的合法财产，如果扣减，等于变相承认其行为合法，而许某事实上因被骗导致的此部分损失无人承担法律后果，显然法理上是讲不通的。诈骗罪以非法获取他人财物为目的，犯罪嫌疑人为此而付出的经济成本不应从犯罪数额中扣除。

(3) 15% 中介费并非犯罪嫌疑人合法收入，不应当扣减。如扣除 15% 的"中介费"，等于变相承认犯罪嫌疑人与被害人之间成立二手房居间合同法律关系。所谓的 15% 中介费，不是明码标价，是犯罪嫌疑人在虚构事实，被害人基于重大错误认识下未答应的"许诺"，不应受法律保护。一是 15% 中介费只是其诈骗多少的辩解，不影响犯罪数额认定。边某及许某证实，被害人只是同意给其好处费，但并没有答应给多少，二手房买卖中介费一般不高于房款总额的千分之二，而董某并不能说出 15% 的收取标准。边某称向放贷人介绍许某，只是向董某索要好处费，并没有说是要 15%。二是放贷人的目的佐证犯罪嫌疑人提供的不是中介服务。本案中小梁表面上看是买房人，实际上是放贷人，在许某的房子过户到其名下后，小梁转账给许某 35 万元，并制造银行流水痕迹，以头月利息、服务费名义从中扣除 2.4 万元，要求许某每个月还利息 10500 元，年利率达 36%，从其行为看实为收取高利贷，不是买房，对此造成的危害结果犯罪嫌疑人明知，并在事后仍然积极介入，促成房屋顺利过户，案发后串供称是介绍买卖房子。

综上所述，本案不是民事当事人双方自愿达成意思表示一致的结果，侵害了许某的利益，有违公序良俗，是以提供房产抵押中介服务为名，行诈骗之实。综观全案，许某的目的是用房产抵押贷款，买房人即放贷人小梁是为收取高利贷并用房子做回款牟利的保证，起牵线搭桥作用的"黑中介"即犯罪嫌疑人边某、董某明知双方真实交易目的，仍然积极促成并侵吞许某部分卖房款，一系列行为之目的是骗钱，而非提供中介服务，故不应当扣减相应犯罪成本，诈骗数额为 12 万元，法定刑期为三年以上。全案是董某、边某共同为之，不宜区分主从犯，因边某有案发前退赃 4 万元的行为，可以酌情从轻量刑。

(河北省唐山市路南区人民检察院　王志凯)

挪用可以流通变价的商品的行为构成职务侵占罪还是挪用资金罪

一、基本案情

2017年6月26日,张某(35岁)在任某卫浴公司(以下简称卫浴公司)业务员期间,为偿还个人债务,利用职务之便,通过编造所负责某医院项目工地用货的理由从卫浴公司提走坐便器130个,水龙头180个。张某将该坐便器和水龙头先后卖给刘某等人,所得款项均用于偿还个人信用卡和外债,致使卫浴公司财物损失总计人民币153482元。2018年8月,公安机关在贵州省花溪区某单位宿舍内将张某抓获,经讯问张某对犯罪事实供认不讳。张某辩解称,其提走卫浴公司坐便器和水龙头是为了变卖以后应急偿还债务,并且当时的想法是事后再想办法找钱归还卫浴公司。后因债务实在太多,未能找到钱及时归还,才导致自己有躲避债务,暂不归还的想法。经询问,卫浴公司负责人也表示,这笔款项可以以账外资金的形式补交。目前张某的父亲已于2018年7月,代替张某将153482元归还卫浴公司。

二、分歧意见

张某的行为客观上采取了虚构事实,骗走货物的行为,具有严重的社会危害性;主观上又具有故意;且主体适格,对于构成犯罪并无任何异议,但对张某构成何罪,司法实践中存有较大争议,主要集中为以下两种意见:

第一种意见认为,张某利用作为卫浴公司业务员且负责某医院工地项目的职务便利,虚构所负责医院工地项目用货的事实,将卫浴公司130个坐便器和180个水龙头提出变卖,并将所得款项非法占为己有,且数额达到较大标准。张某主观上属于故意,侵犯的客体是公私财物所有权,侵犯的犯罪对象为水龙头和坐便器(属于物的范畴)而不是卫浴公司的资金,事实上应认定张某挪用的是卫浴公司的财物,其行为完全符合职务侵占罪的全部构成要件。因此,应当以职务侵占罪追究张某的刑事责任。

第二种意见认为,被张某挪用的水龙头和坐便器表面上看是卫浴公司的商品,但其可以在流通领域变价,且从挪用行为一开始,就明白无误地指向水龙头和坐便器的变价款。事实上,张某最终也使用了变价款而不是商品本身。因此,其利用职务上的便利,挪用其所在卫浴公司财物的变价款归个人使用,本质上仍是挪用卫浴公司资金的行为,应当认定张某构成挪用资金罪。

三、评析意见

笔者同意第二种意见,理由如下:

职务侵占罪,是指公司、企业或者其他单位的人员,利用职务上的便利,将本单位财物非法占为己有,数额较大的行为。挪用资金罪,是指公司、企业或者其他单位的工作人员,利用职务上的便利,挪用本单位资金归个人使用或者借贷给他人,数额较大、超过3个月未还,或者虽未超过3个月,但数额较大、进行营利活动的,或者进行非法活动的行为。

结合职务侵占罪和挪用资金罪定义以及二者的区别对本案进行分析:

1. 张某的犯罪行为侵犯的是挪用资金罪的客体和对象。职务侵占罪侵犯的客体是公司、企业或者其他单位资金的所有权,对象是公司、企业或者其他单位的财物,既包括货币形态的资金和有价证券等,也包括实物形态的公司财产,如物资、设备等。挪用资金罪侵犯的客体是公司、企业或者其他单位的资金使用权,对象是公司、企业或者其他单位的资金。从本案中张某侵犯的客体来看,根据张某的辩解,其作案时是想从卫浴公司骗出水龙头和坐便器后变卖成钱财,用于偿还个人信用卡和外债,事后再找钱补给卫浴公司,并无非法占有的目的,且其事后也已把钱还上,其本质上侵犯的是卫浴公司资金的使用权。从侵犯的对象来看,张某骗取的是卫浴公司的水龙头和坐便器,与职务侵占罪的客体非常相似。但从本质上来看,张某挪用的坐便器和水龙头是卫浴公司的商品,其是可以在流通领域变价的,并且张某的行为从挪用开始,就明白无误地指向坐便器和水龙头的变价款,而不是商品本身。

2. 张某的犯罪行为符合挪用资金罪的特征。职务侵占罪的行为方式是侵占,即行为人利用职务上的便利,侵吞、窃取、骗取或者以其他手段非法占有本单位财物。职务侵占罪只有侵占本单位财物"数额较大"的,才构成犯罪。挪用本单位资金进行非法活动的,并不要求"数额较大"即可构成犯罪;挪用资金罪的行为方式是挪用,即未经合法批准或者许可而擅自挪归自己使用或者借贷给他人。挪用单位商品予以变现并使用的行为，行为人挪用时追求的就是商品的价值，商品被挪用后，往往通过进入流通领域实现其价值，变现的款项又为行为人擅自使用。在这种情况下，可以说行为人挪用的商品已不是具有实用价值意义上的物，而是商品价值的载体，即资金。这尽管是一个从商品到资金的过程，但本质上与挪用资金是一样的。

本案中，如果张某在实施行为时追求的是商品的使用价值且具有非法占有的目的，那么其行为构成职务侵占罪。反之如果追求的是商品的价值且无非法占有的目的，那么其行为构成挪用资金罪。张某从实施挪用水龙头和坐便器行为时起，追求的就不是水龙头和坐便器的使用价值，事实上张某也不需要水龙头和坐便器，其追求的是其价值，即变价款。因此，张某行为的性质是挪用资金，其行为完全符合挪用资金罪的一切特征。

3. 张某挪用卫浴公司的资金达到了"数额较大"的标准。根据最高人民法院、最高人民检察院《关于办理贪污贿赂刑事案件适用法律若干问题的解释》的规定，挪用资金罪中的"数额较大""数额巨大"以及"进行非法活动"情形的数额起点，按照该解释关于挪用公款罪"数额较大""情节严重"以及"进行非法活动"的数额标准规定的2倍执行。也就是说，公司、企业或者其他单位的工作人员，利用职务便利，挪用本单位资金归个人使用或者借贷给他人，进行营利活动或者超过3个月未还，数额在10万元以上的，构成"数额较大"。本案中，张某挪用公司资金达到了153482元归个人使用，已经达到法律规定的"数额较大"标准。

4. 张某主观上并不想非法占有其挪用的资金。职务侵占罪行为人的目的在于非法取得本单位的财物的所有权，而并非暂时使用。挪用资金罪行为人的目的在于非法取得本单位资金的使用权，但不企图永久非法占为己有，而是准备用后归还。挪用本单位资金数额较大不退还，实际生活中分为两种情况：一种是主观上想退还，但客观上无能力退还；另一种是客观上虽有能力退还，但主观上已发生变化，先前的挪用本单位资金的故意已经转化为侵占该资金的故意。

司法实践中，如果行为人在挪用本单位资金后，确属犯罪故意发生转变，主观上不再想退还，而是企图将挪用的资金永久非法占为己有；在客观上有能力退还而不退还的，则属于刑法中的转化犯，应当根据处理转化犯的原则，直接以职务侵占罪定罪处罚。

本案中，张某在主观上一直辩解自己在犯罪之时就是想先把水龙头和坐便器变卖后，用于偿还个人所欠信用卡和外债，过后再想办法把钱还给卫浴公司。从此方面来看，张某仅是非法取得本单位资金的使用权，并且无其他证据能够证实其具有永久非法占有卫浴公司资金的故意。且在案发后，张某父亲积极筹措资金归还卫浴公司。由此可见，张某没有非法占有卫浴公司资金的故意，也不存在犯罪故意发生转变的情况。

综上，张某的行为构成挪用资金罪。

（河北省唐山市丰南区人民检察院　冯玉明）

"当场使用暴力"抢夺财物的如何定罪处罚

一、基本案情

2018年3月20日20时许,赵某(30岁)在某商业步行街爱恋珠宝店内以挑选首饰为借口,趁人不备抢走足金手镯两只(共46.8克)。珠宝店店员和保安随即追赶赵某,在即将抓住赵某时,其暴力反击,并致一名店员受轻微伤,后赵某疯狂逃窜。第二天赵某找到杨某所经营的首饰回收店,将两个足金手镯以每克321元的价格出售给了杨某,所得赃款15000余元被其挥霍。2018年3月28日,天津市滨海新区民警在巡逻至汉沽新开中路与文化街交口时,对可疑人员进行盘查,发现被盘查人员赵某为河北省唐山市网上追逃人员,该所民警当场将其抓获。经讯问赵某对其犯罪事实供认不讳。后经某价格认证中心认定,被赵某抢走的两只足金手镯价值人民币16963元。

二、分歧意见

赵某抢走黄金手镯行为构成犯罪无任何异议,但对于构成何罪,司法实践中存在较大争议,具体有两种意见:

第一种意见认为,赵某的行为构成抢夺罪。抢夺行为必须公然进行,既直接对财物实施暴力而不直接对人的身体实施暴力;实施抢夺行为的,被害人可以当场发觉但来不及抗拒,而不是被暴力制服不能抗拒,也不是受胁迫不敢抗拒。即使行为人夺取财物的行为致使被害人跌倒或者死亡,也不成立抢劫罪;对伤害与死亡结果另成立其他犯罪的,视情况从一重罪论处或者与抢夺罪实行并罚。该案中虽然赵某抢夺黄金手镯之时并未对人直接使用暴力,而将追来的珠宝店店员打伤的行为属于抢夺足金手镯完成以后的行为,并且如上所述"行为人夺取财物的行为,即使被害人跌倒或者死亡,也不成立抢劫罪",因此赵某应构成抢夺罪。

第二种意见认为，赵某首先实施的是抢夺行为，单看此行为构成抢夺罪无异议，后将追来的珠宝店店员打伤的行为属于转化型抢劫犯罪，因此赵某的行为构成抢劫罪。

三、评析意见

笔者认同第二种意见，理由如下：

1. 赵某的行为侵犯的是复杂客体。抢夺罪，是指以非法占有为目的，趁人不备，公然夺取数额较大的公私财物，或者多次抢夺的行为。从抢夺罪的定义来看，抛开赵某暴力反击，打伤前来追赶他的珠宝店店员的行为，其趁人不注意，抢走金手镯的行为完全符合抢夺罪的定义。抢劫罪，是指以非法占有为目的，对财物的所有人、保管人当场使用暴力、胁迫或者其他方法，强行将公私财物抢走的行为。本罪侵犯的客体是公私财物的所有权和公民的人身权，属复杂客体，侵犯的对象是国家、集体、个人所有的各种财物和他人的人身。抢夺罪侵犯的客体是公私财物所有权，且不危害人身安全，属于单一客体，侵犯的对象是一般的财物。本案中，赵某的犯罪行为侵犯的客体属于复杂客体，一方面，其抢夺黄金手镯的行为侵犯了他人财物的所有权；另一方面，赵某暴力抗捕并反击的行为致使前来抓捕他的珠宝店店员受轻微伤的行为，侵犯了他人人身权利，而侵犯人身权的最终目的是抢劫财物。

2. 赵某打伤珠宝店店员的行为应认定为"当场使用暴力"。从本案来看，赵某抢夺手镯的先前行为构成抢夺罪无疑。本案的关键在于其抢夺手镯后，当场为抗拒抓捕而暴力反击前来追赶的珠宝店店员和保安的行为是与其抢夺黄金手镯的行为一起评价，还是应当单独评价。根据最高人民法院《关于审理抢劫刑事案件适用法律若干问题的指导意见》（以下简称《意见》）指出，关于转化型抢劫犯罪的认定，"根据刑法第二百六十九条的规定，'犯盗窃、诈骗、抢夺罪，为窝藏赃物、抗拒抓捕或者毁灭罪证而当场使用暴力或者以暴力相威胁的'，依照抢劫罪定罪处罚……'当场'是指在盗窃、诈骗、抢夺的现场以及行为人刚离开现场即被他人发现并抓捕的情形。对于以摆脱的方式逃脱抓捕，暴力强度较小，未造成轻伤以上后果的，可不认定为'使用暴力'，不以抢劫罪论处"。因此笔者认为，赵某暴力反抗并打伤前来追赶的珠宝店店员的行为是在抢夺手镯过程中发生的，其前后是一个完整的犯罪行为，属于"当场使用暴力"的范畴，应当予以一起评价。

3. 赵某当场使用暴力致使店员受轻微伤的行为，是认定抢夺转化为抢劫的关键所在。根据最高人民法院《关于审理抢劫、抢夺刑事案件适用法律若干问题的意见》(以下简称《两抢意见》)关于转化抢劫的认定,"行为人实施盗窃、诈骗、抢夺行为,未达到'数额较大',为窝藏赃物、抗拒抓捕或者毁灭罪证当场使用暴力或者以暴力相威胁,情节较轻、危害不大的,一般不以犯罪论处;但具有下列情节之一的,可依照刑法第二百六十九条的规定,以抢劫罪定罪处罚:(1) 盗窃、诈骗、抢夺接近"数额较大"标准的;(2) 入户或者在公共交通工具上盗窃、诈骗、抢夺后在户外或交通工具外实施上述行为的;(3) 使用暴力致人轻微伤以上后果的;(4) 使用凶器或以凶器相威胁的;(5) 具有其他严重情节的。"

本案中,赵某在实施抢夺手镯后,为抗拒抓捕,使用暴力打伤前来追赶的珠宝店店员,并致其受轻微伤的结果,符合《两抢意见》第5条第3项的规定。

4. 赵某抢走黄金手镯的价值达到了"数额较大"的标准。根据《两抢意见》关于转化抢劫的认定,"犯盗窃、诈骗、抢夺罪"主要是指行为人已经着手实施盗窃、诈骗、抢夺的行为。但是所涉及财物明显低于"数额较大"的标准,又不具有《两抢意见》第5条所列五种情节之一的,不构成抢劫罪。因此可以看出,行为人实施盗窃、诈骗、抢夺的行为,其侵犯的对象,也就是财物,一般也应达到"数额较大"标准。从本案来看,赵某抢夺黄金手镯的价值标准应当按照抢夺罪"数额较大"的标准衡量。根据最高人民法院、最高人民检察院《关于办理抢夺刑事案件适用法律若干问题的解释》的规定,抢夺公私财物价值1000元至3000元以上的,应当认定为"数额较大"。赵某所抢的两个黄金手镯,经某价格认证中心认定为价值人民币16963元,已达到"数额较大"的标准。

5. 赵某抢劫财物的行为属于既遂犯。根据《两抢意见》关于转化抢劫的认定,"犯盗窃、诈骗、抢夺罪"主要是指行为人已经着手实施盗窃、诈骗、抢夺的行为,一般不考察盗窃、诈骗、抢夺行为是否既遂。犯罪既遂与犯罪未遂二者区别如下:(1) 犯罪结果不同。未遂的结果是犯罪目的无法完成,既遂则是完成了犯罪目的。从本案分析,一是赵某抢劫的财物已到手并变卖;二是其财物的价值远超抢劫罪"数额较大"的标准。(2) 定义不同。已经着手实行犯罪,由于犯罪分子意志以外的原因而未得逞的,是犯罪未遂,实施完成的是既遂。本案中,赵某不存在因为意志以外的原因而未得逞的情形。(3) 量刑不同。犯罪既遂按照相关法律规定定罪,而犯罪未遂在量刑上往往有所减免,可比照既遂犯从轻或者减轻处罚。从这个角度来讲,赵某抢劫的行为属于既遂犯罪。

6. 对第一种意见的驳斥。第一种意见认为"行为人夺取财物的行为,既使被害人跌倒或者死亡，也不成立抢劫罪"。针对此种情况是有前提条件的，如当行为人飞车抢夺时，用力过猛造成被害人倒地死亡或者受伤，则应作为抢夺罪的从重情节在量刑上从重处罚；如果行为人抢夺财物时被害人不撒手，行为人利用机动车辆行进的力量强行拖拽，致使被害人倒地死亡的，应认为是抢夺过程中遇到反抗而转化为直接以暴力作为手段取得财物，应认定为抢劫罪。

综上，赵某的行为应当构成抢劫罪。

（河北省唐山市丰南区人民检察院　冯玉明）

以暴力胁迫手段索取大额财物的行为构成何罪

一、基本案情

犯罪嫌疑人郭某某有10万元贷款，因急于还贷，遂萌生绑架梁某某到偏僻地点，向她要10万元的念头，并多次在梁某某家附近踩点。2019年12月26日7时前后，犯罪嫌疑人郭某某再次来到梁某某家附近蹲守，9时前后梁某某独自驾车从家中出来，犯罪嫌疑人郭某某在梁某某行至森林公园门口附近时，谎称梁某某车牌掉落、骗梁某某停车，借机上到梁某某车的副驾驶座，手拿木棍威胁梁某某开车前行，梁某某按犯罪嫌疑人郭某某的要求驾车前行一段距离后趁犯罪嫌疑人郭某某不备逃跑。后郭某某被抓获归案。

二、分歧意见

关于本案定性有两种意见：

第一种意见认为，郭某某的行为构成绑架罪。理由是：郭某某想要索取的财物金额较大，一般人不会随身携带，郭某某以木棍挟持的方式意图绑架他人到偏僻的地方向被害人或其家属索要财物，其行为符合绑架罪的构成要件。

第二种意见认为，郭某某的行为涉嫌抢劫罪且未遂。理由是：郭某某在非法占有的主观故意支配下着手实施劫持他人的行为，但尚未实施向被害人索要钱财的行为，在此情况下，认定为抢劫未遂更能体现罪责刑相适应原则。

三、评析意见

笔者同意第二种意见，郭某某的行为涉嫌抢劫罪且为未遂。

区分绑架罪与抢劫罪的关键在于：一是是否具备"当场性"。绑架罪在客观方面表现为，行为人利用被绑架人的亲属或者其他人对被绑架人安危的忧虑，迫使被绑架人的亲属或者其他人交出一定的财物，换取被绑架人的人身安全，财物的取得不具有当场性，即财物的取得是在以后的特定时间、地点；抢劫罪表现为，行为人劫取财物一般在同一时间、同一地点，具有当场性。二是索取财物的对象。绑架罪中被索取财物的对象为被绑架人之外的第三人，而抢劫罪中被索取财物的对象是被抢劫的当事人。

本案中，犯罪嫌疑人郭某某以非法占有为目的，使用胁迫手段，欲索取他人财物，因意外因素的出现，其索取财物的行为尚未实施，在此情况下判断郭某某索财的对象对于本案的定性至关重要。根据供述，郭某某索取财物的首要对象是梁某某，在梁某某实在给不了钱的情况下会找其亲属。从郭某某的供述看，其后续实施的索取财物的行为既可能是抢劫，也可能是绑架。因犯罪行为未实施完毕，根据罪疑从轻的理念，认定抢劫罪更能体现罪责刑相适应原则。

从犯罪形态讲，已经着手实施，但因意志以外的原因未能完成，属于犯罪未遂。被害人在犯罪嫌疑人手持"凶器"胁迫下，应郭某某要求向前开车，后被害人趁其不备逃脱控制。根据最高人民法院《关于审理抢劫、抢夺刑事案件适用法律若干问题的意见》第10条规定，抢劫罪侵犯的是复杂客体，既侵犯财产权利又侵犯人身权利，具备劫取财物或者造成他人轻伤以上后果两者之一的，均属抢劫既遂；既未劫得财物，又未造成他人人身伤害后果的，属抢劫未遂。犯罪嫌疑人郭某某在着手实施抢劫时，因意志以外的原因未能得逞，既未造成被害人人身伤害，也未劫得财物，其行为为抢劫未遂。

综上，犯罪嫌疑人郭某某以非法占有为目的，采取暴力、胁迫方法抢劫他人财物，其行为触犯了《刑法》第263条规定，构成抢劫罪，系抢劫未遂。

（河北省滦州市人民检察院　傅秀辉）

故意杀人后取财的行为如何定性

一、基本案情

2016年7月，王某与张某系同一所医科大学学生，两人学习成绩非常好，出国公费留学名额拟定在二人之间选择。王某自知在动手做实验方面稍逊色于张某，为了得到公费留学的机会，王某在张某约会回校途中将其杀害，并随手带走张某的苹果手机及电脑，造成抢劫致人死亡的假象。后经公安机关大量走访取证，最终将王某抓获，王某对其犯罪事实供认不讳。

二、分歧意见

第一种观点认为构成抢劫罪。此观点认为，行为人事先只有非法剥夺他人生命的目的，而无抢劫他人财物的目的，杀人以后，见财起意，又将其财物拿走，对此应以故意杀人罪和抢劫罪实行数罪并罚，因为行为人基于杀人的故意，实施杀人的行为，构成故意杀人罪；后又基于非法占有被害人财物的故意，实施了抢劫的行为，构成抢劫罪，且这两个罪之间没有内在的牵连关系。

第二种观点认为构成盗窃罪。此观点认为，出于其他目的杀害他人后，产生窃取财物的故意的，应定性为盗窃行为。但是对于构成盗窃罪的理由的论述存在巨大的差别。如死者占有说认为，被害人死亡后其对生前的财物仍然处于占有的状态下，行为人或者第三者取走财物的，侵害了死者的占有，应认定为盗窃罪而非脱离占有物侵占罪。死者生前占有说认为，行为人取走死者财物的行为侵犯了死者生前的占有，因此构成盗窃罪。死者继承人占有说认为，当被害人死亡后，其生前的财物转为继承人所占有，所以取走被害人生前所有财物是对继承人占有的侵害，成立盗窃罪。

第三种观点认为构成侵占罪。此观点是在对死者占有说和继承人占有说进行否定的基础上建立起来的，他们认为，当被害人死后其生前的财物实际处于无人占有的状态，行为人取走无人占领的财物构成侵占。然而，我国刑法关于侵占罪所侵犯的客体只规定了保管物、埋藏物和遗忘物，对于死者财物却没有规定。

第四种观点认为应区别对待。该观点认为，当被害人死于荒郊野外时，其生前所携带的财物不属于任何人占有，在法律上属于脱离占有物，但我国刑法尚未规定脱离占有物侵占罪，根据罪刑法定原则，该取财行为只能作为故意杀人的量刑情节予以考虑，不能作为单独罪名定罪处罚。当被害人死亡地点在家中时，且行为人取得财物地点在被害人家中的情形下，由于家这个特殊的地点，可以推定为继承人占有，所以取财行为是对继承人占有的侵害，应认定为抢劫罪。

三、评析意见

笔者认为，根据取财行为场地的不同，应认定为盗窃罪或者侵占罪。

1. 对抢劫罪的批判。虽然杀人行为可以作为抢劫罪的手段行为，但是当行为人实施杀人时并无抢劫他人财物这一主观的构成要件要素时，其客观行为就不能评价为抢劫罪构成要件中的行为，如果强行将前一杀人行为作为后一取财行为的手段行为，则违反了刑法中的"一事不再罚原则"。

2. 关于盗窃罪的评析。第一，作为刑法上占有的主体，必须同时具备事实上的支配关系和主观上的占有意思，而死者在其死亡的那一刻，其已经不具备事实上的控制关系和占有的意思，所以，不能成为占有的主体从而对其生前所占有的财产持续的占有。所以，主张侵害死者占有的盗窃罪的观点是不成立的。第二，关于继承人占有说，该说认为，死者在死亡之后其生前所有的财产由继承人占有。根据继承从被继承人死亡时开始，因继承或者受遗赠取得物权的，自继承或者受遗赠开始时发生效力，继承人在被继承人死亡时即取得被害人生前财物的所有权，可能是一部分抑或是全部，但是取得所有权并不代表在客观上对该财物具有事实上的支配关系。当被害人死于非封闭的公共空间或者无人的荒野时，从社会一般人的观念也不能推定其占有，加之刑法保护的是对财物的占有而不是所有，因此将行为人的取财行为理解为是对继承人占有的侵害是不成立的。第三，针对死者生前占有说，笔者认为，所谓的时间和场合上的接近性，是一个很抽象很模糊的概念，到底什么场合、什么时间是接近性，没有也不可能有一个供实践操作的具体标准，而且其在理论上找不到支撑点。

3. 关于侵占罪的评析。一方面，此说认为死者对其生前的财产的占有是不存在的，此时行为人取走财物的行为构成侵占罪，但是死者不能继续占有其生前的财产并不代表此时财产处于无人占有的状态。将"二重控制理论"运用到此处可以得出：当被害人的财物处于特定的非公共的场所时，该物实际上是有双重控制的，即财物所有人是第一重控制，特定非公共场所的管理者或者所有者对于财物所有人之财物存在第二重控制。当财物所有人失去对其财物的控制时，此时财物并不是无人占有之物，而是处于特定非公共场所的管理者或者所有人的第二重控制之下，并且认为第二重控制人的占有是抽象的、概括的，根据一般的社会观念推定的占有。另一方面，《刑法》第270条规定，"将代为保管的他人财物非法占为己有，数额较大，拒不退还的……将他人的遗忘物或者埋藏物非法占为己有，数额较大，拒不交出的，依照前款的规定处罚。本条罪，告诉的才处理"。由此可知，行为人即使取得无人占有之物，但当此物的所有人没有向行为人追要，或者行为人应所有人的要求将其取得财物偿还给所有人时，不存在刑法上拒不归还的情形，即不符合侵占的构成要件，从而不能对行为人以侵占罪定罪量刑。

4. 笔者关于故意杀人后临时起意取财行为的看法。笔者认为，取财地点的不同对于后一取财行为有着决定性的作用。笔者将从室内取财和室外取财两个角度来展开论述。

（1）室内取财。室内，是指封闭的私人空间或者特定的非公共空间，前者如被害人的住所，后者如宾馆、办公室等。行为人在室内将被害人杀死后临时起意取得其财物的行为，应当定性为盗窃罪。具体而言，杀人行为发生在被害人家中，死者丧失了对财物的占有，但此时由于特定的空间的存在，所以死者生前的财物并不是无人占有之物，而是由其继承人或者与死者生前共同居住生活的第三人等其他可能对该财物享有所有权的人占有。继承人或者第三人对财物的占有是通过住宅这一封闭的空间来实现的，即死者生前财物处于继承人或者共同生活的第三人的事实性支配领域内，即使没有现实的握有或者监视，也能肯定他们的占有。此时只要有事实性的支配即可，主观上占有意思的有无不影响占有的成立。正如前文所说，主观上的占有意思仅仅是对事实性支配起补充作用。当行为人取财地点位于特定的非公共场所时，行为人杀死被害人临时起意取得其生前财物的行为亦定性为盗窃罪。具体而言，当被害人的财物处于特定的非公共空间时，此时财物处于双重控制之下，即原占有人和该特定空间的管理者或者所有者双重控制之下，只是第一控制人尚未丧失对财物的控制时，第二重的控制是不存在的。

（2）室外取财。室外，是指露天场所。笔者认为，行为人取财行为符合侵占罪的客观构成要件，是否构成侵占罪还须主观上有据为己有之意思。如果两者都具备，则该行为具有刑事违法性，应当受到刑罚的否定。如果欠缺主观方面的意思，则不能说明取财行为具有刑事违法性，从而只能做无罪处理。死者的财物是哪一种具体的客体呢？埋藏物？遗忘物还是保管物？首先对埋藏物予以排除。是遗忘物还是保管物？此处涉及对遗忘物和保管物的解释。具体到本案，所谓遗忘物，是指财物所有人或持有人有意地将财物放置某一场所，而由于某种原因忘记带走或者忘记具体的放置地点，进而失去控制之物。将死者生前所携带的财物解释为遗忘物已经超出了国民的预测可能性，属于类推解释。因此，死者生前所携带财物不是遗忘物。相反，将其理解为保管物是比较合理的。具体而言，在行为人杀死被害人之后，被害人丧失了对其生前所携带财物的占有，此时只有行为人对财物具有事实性的支配，并且通过其后的取财行为即主观的占有意思对其财物进行暂时性的保管。如果财物所有人向其主张所有权，行为人拒不归还的，可以认定该行为具有刑事违法性，进而符合侵占罪的全部构成要件，应当以侵占罪定罪量刑。如果行为人将财物返还所有人，则其取财行为不具有刑事违法性，不能作为独立的罪名予以定罪处罚。

特殊情形下，如果行为人取财现场有死者继承人或者与被害人有法律上或者社会观念上的亲密关系的第三人存在时，被害人死亡时其随身携带的财物由上述人占有。行为人取财行为侵犯了上述人对死者财物的占有，构成盗窃罪。

（河北省唐山市路南区人民检察院　田新）

基于同一犯意反复、多次、连续实施盗窃的行为如何认定盗窃次数

一、基本案情

犯罪嫌疑人周某与洪某、刘某经事先预谋，欲盗窃电动自行车卖钱后购买汽车。2019年9月4日14时许，三人窜至某村寻找作案目标，趁四周无人之机，将卢某停放于家门口的雅迪牌电动自行车盗走，送至某废品站销赃。回来后三人于当日15时许返回该村继续寻找盗窃目标，在卢某家东侧的刘某家门口将刘某停放于此的金箭牌电动自行车盗走，同样送至某废品站销赃。随后三人又于当日16时许再次返回该村，将杜某停放于家门口的三枪牌电动自行车盗走并销赃。最后，三人又一次返回该村寻找盗窃目标时被巡逻民警抓获。

二、分歧意见

盗窃次数的认定关系着对犯罪嫌疑人的最终量刑。在审查本案时，对犯罪嫌疑人周某、洪某、刘某等三人的行为是认定为一次盗窃还是三次盗窃，办案人员存在两种不同的观点：

第一种观点认为，应当认定犯罪嫌疑人周某、洪某、刘某等人的行为系一次盗窃犯罪。理由如下：三名犯罪嫌疑人在不到半天的时间内在同一地点连续实施三次同种盗窃行为，即在一个相对集中的时间内并且是在相对固定的地点进行了连续的犯罪，依照同时同地原则，应认定是多次盗窃行为的集合，而非多次盗窃罪的集合。最高人民法院《关于审理抢劫、抢夺刑事案件适用法律若干问题的意见》第3条规定，对于行为人基于同一个犯意实施犯罪的，如在同一地点同时对在场的多人实施抢劫的；或基于同一犯意在同一地点实施连续抢劫犯罪的，如在同一地点连续地对途经此地的多人进行抢劫的；或在一次犯罪中对一栋居民楼房中的几户居民连续实施入户抢劫的，一般应认定为一次

犯罪。该司法解释是对连续犯次数认定的限制性规定。根据该司法解释，认定在同一犯意下连续实施的多次犯罪行为是一次犯罪还是数次犯罪，关键是要从以下三个方面来进行甄别：（1）犯意的同一性或者概括的犯意；（2）时间上的连续性；（3）空间上的相对同一性。以上三个方面同时具备就应当认定为一次犯罪。从本案来看，首先，犯意的同一性是很明显的即盗窃电动自行车卖钱买汽车；其次，时间上也有明显的连续性，在同一日的14时至16时；最后，空间上的相对同一性，这里有一点需要注意，"相对"同一性是相对，不能过于严格地限定为完全同一。从空间上来说，在同一相对固定的范围内即可认定为相对同一，本案中三名犯罪嫌疑人实施盗窃的地点都固定在同一个村子，这一客观事实是符合对空间相对同一性的认定的。综上，应当认定犯罪嫌疑人周某、洪某、刘某等人实施三次盗窃电动自行车的行为是盗窃行为的集合，而不是盗窃罪的集合，应当认定为一次盗窃犯罪。

第二种观点认为，应当认定犯罪嫌疑人周某、洪某、刘某等人的行为是不同犯意、不同地点、非同一时间内的连续作案，系连续重复犯，每一次均可单独认定为盗窃罪，应当认定为三次盗窃犯罪。理由如下：司法实践中，"多次盗窃"的犯罪现象普遍存在，通常表现为行为人基于多次盗窃的犯意，反复、连续、多次实施盗窃的行为。关于"次"的理解与判断，目前刑法学界通说的观点，主要是看行为是否在同一时间、同一地点、针对同一对象一次性实施，如果是，就认定为一"次"；如果不是，就认定为"多次"。该通说与最高人民法院《关于审理抢劫、抢夺刑事案件适用法律若干问题的意见》中对连续犯次数认定的限制性规定是完全一致的。在司法实践中，对三个"同一"应当严格把握和界定，不能作扩大解释，进行广义理解，否则就会违背罪责刑相适应原则。同一时间的认定，应当以多次行为实施的时间具有延续性，以不中断的紧密相连为标准；同一地点的认定，也要以行为所实施的各个地点属于同一个具有相对固定的独立性的空间为前提；至于同一犯意的认定，更要与相同犯意进行严格的区分，基于多个相同犯意屡次实施类似的犯罪行为，不能认定为同一犯意。综上，本案显然不符合三个"同一"的情形，不能认定为一次盗窃犯罪，而是应当认定为犯罪嫌疑人周某、洪某、刘某等人的行为系三次盗窃犯罪。

三、评析意见

笔者同意第二种观点，具体分析如下：

司法实践中，对于行为人在连续时间内在同一地点实施的多次同种盗窃行为是认定为"一次盗窃"还是"多次盗窃"向来存在争议。有观点认为这种情况中行为人如果是基于一个概括的犯意,连续地实施一系列的犯罪行为,只能认定为一次犯罪。这种观点过于注重时间的连续性、行为的重复性,而忽视了犯罪对象及其所在空间的独立性,同时也忽视了犯罪的主观恶性及社会危害性大小的区别。同时,时间的连续性和行为的重复性也是相对而言的。多次盗窃中"次"的判断,应结合具体案件的具体情况,从主观方面考量行为人是基于一个盗窃的故意,还是多个盗窃的故意;同时,需要结合客观方面的行为方式、实施行为的条件,以及条件所造成的后果等来判断。

结合到本案中:

1. 从犯意上来看,三名犯罪嫌疑人就是想偷电动车卖钱,每次都是基于这一个犯意来实施行为,但相同的犯意是不是就可以简单地认为是"同一犯意",答案当然是否定的。三名犯罪嫌疑人在流窜中作案,其盗窃的对象是不确定的,三次盗窃行为不能认定为基于同一犯意,而是重复地出于"偷电动车卖钱"这个相同的犯意,显然不能认定为同一犯意。

2. 从时间上来讲,本案中犯罪嫌疑人周某、洪某、刘某等人在同一天的14时至16时连续三次实施盗窃行为,其行为在时间上确实紧密相连,但三名犯罪嫌疑人的三次盗窃行为并非连续实施的,而是经过了"盗窃—销赃—又盗窃—又销赃—再盗窃—再销赃—还盗窃被抓"的一个循环往复的过程,三次盗窃行为在时间上具有间隔性,从客观上造成了犯罪行为连续性的中断,因此不能认定为同一时间内的连续实施。

3. 从空间上来讲,本案的盗窃地点在地域范围上是同一个村子,且相距不远,但均位于村户家门口的路边,不具备空间的相对独立性,不能认定为同一地点。

4. 从本案的客观表现来看,三名犯罪嫌疑人单次行为实施完毕后均已离开盗窃地点,并且均完成了盗窃后的销赃行为,每次行为均具备完整的犯罪构成。

5. 从主观恶性和社会危害性来看,三名犯罪嫌疑人在实施一次盗窃行为得手尝到甜头后,即敢于在短时间内反复实施盗窃,如果不被抓获还不会停手,其行为足以体现其主观恶性和社会危害性明显大于一次性盗窃。

综上,应当认定犯罪嫌疑人周某、洪某、刘某等人的行为系三次盗窃犯罪。

(河北省唐山市丰南区人民检察院　兰爱丽)

"仙人跳"行为如何认定性

一、基本案情

2018年11月至12月间,被告人小刚、小明、小娟(女)、小山(均系未成年人,且为化名)等人知悉朋友以"仙人跳"的方式弄了不少钱,便决定也找人一起干。之后,被告人小刚、小明又纠集了被告人小亮、小军、小华、小海、小兵等人(其中三名为未成年人,故均为化名),九名被告人以非法获取他人财物为目的,经事先预谋,交叉结伙,由被告人小娟(女)或其朋友小爽、小艳(该二人均未达刑事责任年龄)等女孩通过微信"附近的人""陌陌"等添加被害人为好友,以发生性关系引诱微信好友到事先租好的日租房、出租屋见面,被告人小刚、小明、小山、小亮、小军、小华、小海、小兵等人在楼梯间、房间内躲藏,等候被告人小娟或小爽、小艳等女孩将被害人骗至屋内脱衣、洗澡后,冲进屋内对被害人拍摄裸照、视频等,之后以对其实施殴打、恐吓的方式相威胁,强行取得被害人随身携带的全部财物或胁迫被害人将微信钱包内或信用卡内的钱财悉数转到其指定的账户。九名被告人共交叉结伙作案9起,强行取得人民币71823.99元,不同品牌手机三部,价值人民币3700元,款物总价值人民币75523.99元。九名被害人均未因被殴打而造成伤害后果,有四名被害人在案发后未报案,直到侦查机关找到其才向侦查人员作出陈述。

二、分歧意见

在本案办理过程中,对被告人小刚、小明、小娟等九人的行为如何定性存在两种不同的观点:

第一种观点认为,被告人小刚、小明、小娟等九人的行为构成抢劫罪。理由如下:本案中,在每起具体的犯罪实施过程中,均有一名或几名被告人对被害人实施了殴打,存在暴力威胁,之后强迫被害人交出财物、说出微信钱包支付密码或信用卡密码用于转款,符合"当场使用暴力、胁迫,当场取得财物"这一抢劫罪的典型特征,所以应当认定九名被告人的行为构成抢劫罪。

第二种观点认为,被告人小刚、小明、小娟等九人的行为构成敲诈勒索罪。理由如下:抢劫罪的暴力、胁迫需足以使被害人不能反抗或者使被害人内心产生恐惧而不敢反抗,而作为被害人完全是因为慑于暴力而被迫交出财物或不敢阻止而任由行为人强行取走财物。如果不是以使用暴力相威胁,而是对被害人以将要揭露隐私、毁坏财产等相威胁,则构成敲诈勒索罪。本案中,虽然每名被害人均遭到了暴力殴打,但客观上被害人连轻微伤都没有形成,足以证明暴力殴打是极为轻微的,而被害人更为害怕的是几名被告人把自己的不齿行为告知家人或者几名被告人作出其他有损自己名誉或声誉的行为,因此才会交出财物,并且多名被害人在案发后并不敢报案,这也更有力地佐证了被害人害怕的是什么。所以被害人并非因不能反抗的暴力或暴力胁迫而交出财物,本案的客观表现更符合敲诈勒索罪的特征,不能以存在轻微暴力就认定被告人小刚、小明、小娟等九人的行为构成抢劫罪,而应当以敲诈勒索罪对其进行处罚。

三、评析意见

笔者同意第一种观点,认为九人的行为构成抢劫罪。具体分析如下:

首先分析抢劫罪与敲诈勒索罪的犯罪构成及主要区别。抢劫罪,是指以非法占有为目的,对财物的所有人或者管理人、持有人当场使用暴力、胁迫或者其他方法,迫使被害人当场交出财物或将财物抢走的行为。构成本罪必须具备"两个当场"的特征。这里的"暴力",是指行为人对财物的所有者、管理人、持有人实施暴力侵袭或者其他强制力,包括捆绑、殴打等使他人处于不能或者不敢反抗状态即抢走财物或者交出财物的方法。这里的"胁迫",是指以当场使用暴力相威胁,对被害人实行精神强制,使其产生恐惧,不敢反抗,被迫当场交出财物或者不敢阻止而由行为人强行取走财物。敲诈勒索罪,是指行为人对被害人实施威胁或要挟的方法,迫使其交付数额较大的财物的行为。所谓"威胁或要挟方法",是指对公私财物所有者、保管者给予精神上的强制,造成其心理上一定程度的恐惧,以致不敢反抗。威胁或要挟的内容可能涉及被害人的诸方面利益,包括合法与非法利益,通常表现为:(1)以在一定时间或条件下,对被害人及其亲属的人身暴力的相威胁;(2)以毁坏被害人的人格、名誉相威胁;(3)以毁坏财物相威胁;(4)以揭发被害人的隐私或弱点相威胁、要挟；（5）以在信息网络上发布、删除等方式处理网络信息为由，威胁、要挟他人；（6）以其他方法进行威胁，如利用栽赃陷害相威胁、要挟等。敲诈勒索罪与抢劫罪均为侵犯财产类犯罪，被害人均因恐惧而被迫交出财物。但两罪还是有很大区别的，我们可以从以下两个方面进行区分：（1）两罪的客观表现不同。敲诈勒索罪的威胁行为仅以被害人产生畏惧心理，并使交出公私财物为限，不会对被害人的人身造成现实的威胁，被害人可以权衡利弊作出取舍、尚有相当程度的意志自由和延缓的余地，换言之，是否交出财物，被害人还有一定的主动权。抢劫罪中的暴力、胁迫或者其他方法都是对被害人的人身安全造成现实的威胁，没有任何延缓的余地，交出财物与否完全不在被害人意志控制内。（2）两罪侵害的客体不同。虽然两罪侵害的都是双重客体，并且主要客体都是他人的财产权，但侵害另一客体却是有明显不同的。抢劫罪还会侵害到他人的人身权，具体主要包括他人的人身安全或身体健康权；敲诈勒索罪通常也会侵害到他人的人身权，具体主要包括隐私、名誉、人格等。抢劫罪对双重客体的侵害都是现实的、同时发生的；而敲诈勒索罪对人身权的侵害并不完全与财产权同时发生，其侵害程度是有未来期待扩大性的，行为人正是以此对被害人相要挟来达到取得财物的非法目的，被害人往往正是为了阻止自己的人身权遭受更大的侵害而选择让财产权受侵害。

具体到本案，九人先将被害人诱骗到完全陌生的封闭环境中，然后在毫无防备的情况下，多名被告人突然出现，对其控制并施以拳脚、威胁，被害人多数还在裸体或半裸体状态，其内心的恐惧可想而知，所以根本没有反抗的余地，只能任由各被告人强行取走自己随身的全部财物。本案中各被害人的人身安全均受到了极大的并且紧迫的现实侵害和威胁，在这种情况下不得不交出财物或说出密码任由被告人转走自己账户内的钱财。本案的客观表现具有非常典型的抢劫罪特征，虽然各被告人除了殴打还以揭露被害人丑事相威胁，但这也只是给被害人造成更多的恐惧，并不影响本案认定为抢劫罪。

（河北省唐山市丰南区人民检察院　李彬）

破坏尚未使用的电力设备的行为如何定性

一、基本案情

2018年8月,国网冀北电力某供电公司对遵化市热电厂220千伏线路改造工程开工建设,该工程经过层层转包由被告人贺某甲的工程队负责施工。2018年11月,工程队各组逐步完工时,工人们开始索要工资,但一直未果。11月28日,当被告人贺某甲得知该线路通电后便不再负责工人工资时,便将此事告知施工组组长杨某某,11月29日14时许,被告人杨某某再次带领部分工人讨薪时受阻,众人提议在高压线上用铝线搭接地线,阻止高压线路通电,以引起重视,达到讨薪目的。被告人杨某某、黄某某便指挥被告人朱某某、王某某、欧某乙、欧某甲四名工人搭接地线,用铝线将高压线与铁塔连接。2018年11月30日凌晨1时许,该线路在通电试运行时出现短路,某供电公司派人及时检查修复被毁坏的电路,直至2018年12月1日17时许才通电运行。经遵化市价格认定中心认定:塔基被毁坏物品修复费用共计6508元。

二、分歧意见

第一种观点认为,被告人杨某某等人的行为破坏的是电力设备,应构成破坏电力设备罪。理由是:(1)根据《刑法》第118条规定,破坏电力设备罪是指故意破坏电力设备,足以危害公共安全的行为。该罪的主观方面是指被告人明知自己的行为可能具有危害公共安全的危险,客观行为即实施了破坏电力设备的行为。这里的电力设备,根据最高人民法院《关于审理电力设备刑事案件具体应用法律问题的解释》是指:处于运行、应急使用中的电力设备;已经通电使用,只是由于季节或者电力不足等原因暂停使用的电力设备;已经交付使用但尚未通电的电力设备,不包括尚未安装完毕,或者已经安装完毕但尚未交付使用的电力设备。本案中,被告人杨某某等人都是从事电力工程的工作人员，其主观当然知晓其阻止通电的危险性，客观上破坏了供电公司的电路改造工程，通过卷中证人证言看，该线路已经交付给供电公司，随时具有通电的可能，因此，属于电力设备，因此被告人杨某某等人的行为构成破坏电力设备罪。

第二种观点认为，被告人杨某某等人构成故意毁坏财物罪。理由是：故意毁坏财物罪是故意毁损、破坏公私财物，数额较大的行为。本案中，被告人杨某某等人为了达到个人目的，针对塔基实施的破坏的造成的损失已达到数额较大标准，因此构成故意毁坏财物罪。

第三种观点认为，被告人杨某某等人行为构成破坏生产经营罪。根据《刑法》第276条规定，破坏电力设备罪是指由于泄愤报复或者其他个人目的，毁坏机器设备、残害耕畜或者以其他方法破坏生产经营活动的行为。本案中，被告人杨某某等人为了达到索要工资的个人目的，破坏供电公司的线路改造工程，破坏供电公司的正常经营活动，因此构成破坏生产经营罪。

三、评析意见

根据本案证据情况，笔者同意第三种观点，即构成破坏生产经营罪。

首先，该案中被告人杨某某等人破坏的线路不属于电力设备，因此，不构成破坏电力设备罪。根据最高人民法院《关于审理电力设备刑事案件具体应用法律问题的解释》规定，本案的关键是该线路是否属于已经交付使用的电力设备。多名证人（供电公司一方）提出整个工程已经交付使用，主要依据是其公司内部的交令录音；而被告人一方则称整个工程并未经过验收合格。双方陈述矛盾。通过审查供电公司的分包合同发现，合同上对于工程验收程序有明确规定，即工程符合竣工标准时，应书写竣工验收报告，甲方组织验收，验收合格后，签字为竣工日期。也就是整个工程的验收不应依据双方的言词证据，而应以书面的竣工报告为依据，但是供电公司一方不能提供竣工报告，根据证人证言和邯郸电力出具的鉴定报告显示，当时通电并未带负荷运行，因此，这次通电是试运行，应属于验收工程的一部分。因此，综合全案证据看，无法认定此改造路段已经交付使用，不符合破坏电力设备罪的犯罪构成要件。

其次，本案应构成破坏生产经营罪而非故意毁坏财物罪。破坏生产经营罪与故意毁坏财物罪两者同属于侵财性犯罪，犯罪主体均为一般主体，主观方面均表现为故意，行为上也有相似之处，因为行为人通过毁坏机器设备、残害耕畜、破坏生产经营的同时，必然毁坏公私财物。但两者仍有本质的区别：（1）主观目的不同。破坏生产经营罪主要是采用毁坏机器设备、残害耕畜等手段，虽然会造成财物的损坏，但这不是行为人的目的，行为人的目的是通过上述手段毁坏生产经营活动，进而达到自己泄愤或者其他个人目的。毁坏机器设备、残害耕畜等仅仅是其实现目的的手段；而故意毁坏财物罪的目的是将公私财物加以毁坏，使其部分或者全部丧失使用价值。（2）所侵害的对象不同。破坏生产经营罪的对象是特定的财物，即与生产经营直接相关的已经投入使用的机器设备等，而正是通过毁坏直接关系到生产经营活动的财物的毁坏进而实现破坏生产经营的意图。倘若与生产经营无关，已不能成为本罪的犯罪对象，但可以构成故意毁坏财物罪的对象。（3）直接客体不同。破坏生产经营所侵害的是国有的、集体的以及个人的生产经营正常活动；而故意坏坏财物罪则是公私财物所有权。

  结合本案事实，杨某某等人虽然实施了破坏塔基的行为，但是行为人的目的并不是针对塔基本身，而是想通过破坏塔基达到破坏供电公司的改造工程，进而实现其索要工资的目的。高压线路改造是供电公司企业经营活动的一部分，杨某某等人通过破坏塔基的方法，破坏了供电公司线路改造的正常生产经营活动，因此应按破坏生产经营罪定罪处罚。

（河北省遵化市人民检察院　王立薇）

杀人后从被害人手机转账的行为如何定罪处罚

一、基本案情

赵某与杨某因结婚彩礼问题产生矛盾，杨某意欲与赵某分手。在赵某家中，二人发生矛盾，杨某用语言激怒了赵某，赵某遂用铁锤猛击杨某头部数下，致杨某倒地后昏迷，杨某清醒后，赵某告知杨某会因流血过多而死亡，趁机向杨某询问手机微信的支付密码。适遇杨母来赵某家，杨某趁机呼救，赵某给杨母开门后携带杨某手机逃跑，在逃跑后过程中将杨某手机微信里19000元转账至自己手机。杨某经抢救无效死亡，逃跑两小时后，赵某在亲友规劝下主动到公安机关投案。

二、分歧意见

本案中，对于赵某杀人后从杨某手机微信转账的行为应如何认定：

第一种意见认为，不构成犯罪。赵某对杨某实施的暴力犯罪行为已经结束，后取财行为与前暴力行为属于两个独立的行为，应当分别予以评价。就后取财行为而言，杨某告知赵某支付密码时意识清醒，系自愿主动告知，应当认为是其自由处分财物的行为，且赵某在取财时未对杨某使用暴力、胁迫等手段致使杨某不得不交出财物，现有证据不能证明赵某主观上具有非法占有杨某财物的故意和目的，因此不构成犯罪。

第二种意见认为，构成盗窃罪。因为赵某在实施杀人行为之前并没有占有杨某财物的主观意思表示，但在实施暴力行为之后，赵某未对尚未死亡的杨某采取抢救措施，而是在杨某苏醒之时，临时起意，趁机询问其手机支付密码，此时足以证明赵某在主观上已具有非法占有他人财物的故意和目的，后在逃跑过程中被害人不知情的情况下以秘密的方式将钱款转移给自己。在获取财物的整个过程中，赵某并未对杨某采取暴力或以暴力相威胁，而是采取了平和的非暴力手段实现了对财物的非法占有，这种窃取财物的行为完全符合盗窃罪的特征，故应认定为盗窃罪。

第三种意见认为，构成抢劫罪。虽然杨某告知赵某密码时，赵某未使用暴力，但基于当时特殊情况，赵某已经对杨某实施了严重暴力，且对后续抢劫行为已经形成震慑，杨某基于对赵某行为的恐惧，应当属于在暴力威胁下当场劫取财物的行为。

三、评析意见

笔者同意第三种观点，赵某后取财行为构成抢劫罪，应与故意伤人罪数罪并罚。理由如下：

1. 取财的起意时间决定数罪。通说认为，在故意杀人实施之前或实施过程中就具有非法占有财产的故意，杀人行为则为取财的必要手段，取财则是杀人行为的目的，这种情况下造成生命权的侵犯，故意杀人行为被取财行为吸收，应定为抢劫罪。如果取财的起意时间是在故意杀人之后，那么犯罪行为所导致的后果已经产生，且故意杀人行为不以非法占有财物为目的，与后取财行为无内在联系，则认为只要后者符合犯罪构成要件，一般应认定为数罪。本案中赵某实施故意杀人行为时，并没有非法占有杨某财物的目的，临时起意取财是在前杀人行为之后，且取财行为在主观上具有非法占有财物的故意和目的，因此应当根据后续取财行为符合的犯罪要件，与故意杀人罪实行数罪并罚。

2. 符合抢劫罪的成立条件。《刑法》第263条规定，抢劫罪是以暴力、胁迫或者其他方法抢劫公私财物。

（1）本案中行为人对被害人采取了强制行为，属于当场、现实的胁迫。赵某虽然取财时对杨某未再次使用暴力，但故意杀人的行为已经实施，其危害结果客观上已经使杨某内心产生恐惧，不能反抗也不敢反抗。杨某在遭到赵某用铁锤重力击打晕倒后苏醒，又被赵某告知自己会因流血过多身亡，身体上已然造成实质性伤害，不具有反抗能力，同时赵某与杨某处于同一空间，其本身的存在及语言都对杨某产生精神上的胁迫，以致其不敢反抗，因此赵某的行为已经完全达到了使杨某本身不能也不敢反抗的程度。

（2）强制行为与取财行为存在因果联系。根据罪责自负原则，一个人只能对自己的危害行为及其造成的危害结果承担刑事责任。因此，当危害结果发生时，要使某人对该结果负责任，就必须查明他所实施的危害行为与该结果之间具有因果关系。这种因果关系，是在危害结果发生时使行为负刑事责任的必要条件。本案中，财产损失的结果是由于在特定场所下，杨某迫于先前赵某对其实施的暴力行为,在精神上对赵某产生高度恐惧,杨某因害怕且不能预料如果不如实告知,赵某是否还会对其继续实施暴力。因此,杨某不能反抗的原因是赵某的强制行为直接导致,非自身原因不能反抗。正是因为赵某的先暴力行为导致苏醒后的杨某在心理上产生极大的恐惧,新的胁迫产生,从而导致赵某顺利取财。强制行为与取财行为之间的特定因果联系,符合抢劫罪的构成要求。

(3)行为人具有非法占有财物的故意和目的。通常暴力伤害后行为人会采取两种措施,一是积极救助;二是放任或加剧危害结果的发生。本案中,杨某被暴力袭击晕倒后苏醒,赵某未对其采取任何抢救措施,而是放任危害结果的同时趁机询问杨某手机支付密码,以此主观上想积极获取杨某财产,说明赵某已具有非法占有他人财物的故意和目的。

本案赵某利用先前的暴力行为对杨某形成当场、现实的精神胁迫,积极获取财物,虽未当即转账接收,但是财物已实际被赵某控制。从后取财行为的整体来看,杨某的财产权利和人身权利均受到了侵犯,属于复杂客体。根据主客观相统一原则,对于赵某故意杀人后从杨某手机微信转账的行为应认定为抢劫罪。

3. 符合最高人民法院的司法解释。根据最高人民法院《关于审理抢劫、抢夺刑事案件适用法律若干问题的意见》第 8 条规定,行为人实施伤害、强奸等犯罪行为,在被害人未失去知觉、利用被害人不能反抗、不敢反抗的处境,临时起意劫取他人财物的,应以此前所实施的具体犯罪与抢劫罪实行数罪并罚;在被害人失去知觉或者没有发觉的情形下,以及实施故意杀人犯罪行为之后,临时起意拿走他人财物的,应以此前所实施的具体犯罪与盗窃罪实行数罪并罚。该案中,赵某临时起意,以前暴力行为的伤害为压制和胁迫,非法占有杨某财物,且赵某取财时杨某未失去知觉,应认定为抢劫罪。

综上,笔者认为,赵某杀人后从杨某手机微信转账的行为应认定为抢劫罪,与故意杀人罪数罪并罚。

(河北省唐山市玉田县人民检察院 任丽文)

实施诈骗的过程中主动出具借条的行为可否转化为民间借贷

一、基本案情

2017年底无业人员甲通过微信与乙交往并发生男女关系。一个月后,甲以调动乙女儿的工作为由向乙要钱,其间又以自己经营水泥生意为由向乙借钱、要钱。乙先后通过现金、转账等方式给甲钱款共计人民币53万余元。甲将钱款用于购买彩票、赌博等挥霍一空。在此期间,乙向甲要求返还钱款,甲便向乙出具借条,但甲并没有还款能力,且表示并无还款意愿。

二、分歧意见

甲在刑事诈骗过程中出具借条后,其行为是否转化为民间借贷有不同意见。

第一种意见认为,甲的诈骗行为因为出具借条应当认定为民间借贷。甲与乙在交往过程中,乙给予甲的钱财应当认为是因为有男女关系而发生的赠与。在此过程中,甲出具了借条,那么此时赠与关系应当转化为民间借贷,且该款项通过100多次转账,不符合诈骗罪的普遍行为模式,故而应当认定为民间借贷。

第二种意见认为,甲的行为涉嫌诈骗罪,单有出具借条的行为不可以转化为民间借贷。且甲在出具借条时,不具有还款能力和还款意愿,那么此时的借条并不是甲的真实意思表示,只是甲为了安抚乙而作出的虚假表示。

三、评析意见

笔者同意第二种意见,甲的刑事诈骗行为不应当因为其出具了借条转化为民间借贷。

诈骗罪，是指以非法占有为目的，用虚构事实或者隐瞒真相的方法，骗取数额较大的公私财物的行为。本罪的主体为一般主体，主观方面只能是直接故意，侵犯的客体是公私财物的所有权，客观要件则包括虚构事实、隐瞒真相以及达到数额较大的程度。

本案中：（1）甲年满16周岁且具有刑事责任能力；（2）甲为无业人员，本身没有经济能力，以各种虚假理由从乙处获得财物是他的直接目的，甲的主观方面为直接故意；（3）甲从乙处骗取财物，侵犯了乙对财物的所有权；（4）甲在与乙交往的过程中，虚构自己可以帮助乙的女儿调动工作的事实，骗取乙的信任，以及编造做生意等理由，多次向乙借钱、要钱，乙多次转款且数额巨大，符合诈骗罪的客观构成要件。

综上，甲以非法占有为目的，在没有偿还能力和意愿的情况下，虚构事实，骗取他人财物数额巨大，使他人遭受财产损失，按照《刑法》第266条规定，构成诈骗罪。

本案犯罪嫌疑人甲一直坚称与乙之间的经济关系为赠与和借贷关系，对此意见，笔者不能认同。

赠与关系是指赠与人将自己的财产无偿给予受赠人，受赠人表示接受的一种行为。事实上，乙给予甲财物并不是无偿赠与，而是听信了甲所编织的谎言后才有此处分财物的行为，既然不是无偿赠与，便不宜认定为赠与关系。

关于借贷关系，借贷是指出借人将所拥有的财物借给借款人，双方约定在到达一定时间后或满足一定条件后，借款人将所借财物归还给出借人。本案中，甲将从乙处得到的金钱用于赌博等行为，那么他不具有还款能力；在乙向其要求归还借款的过程中出具了借条，但他没有还款意愿，亦不应认定为借贷关系。

诈骗罪的客观要件包括两个方面：一是行为人使用骗术，即虚构事实或者隐瞒真相，使财物所有人、管理人信以为真，"自愿地"交出财物的行为；二是必须达到"数额较大"的程度。

虚构事实，是指捏造不存在的事实，骗取被害人的信任，从而"自愿地"交出财物。这种虚构的事实，既可以是全部的虚构，也可以是部分的虚构。"隐瞒真相"，是指故意对被害人掩盖客观存在的某一事实，以哄骗被害人，使其"自愿地"交出财物。这种"自愿"实际上是受行为人的欺骗而上当所致，并非出自被害人的真正意愿。采用欺骗的方法骗取他人的财物，是诈骗罪区别于抢劫罪、抢夺罪、盗窃罪、敲诈勒索罪的本质特征。诈骗公私财物数额较大，是构成诈骗罪的必备要件。根据刑法规定，诈骗公私财物的行为，除了需要符合以上构成要件以外，还必须达到"数额较大"的程度，才构成犯罪。按照最高人民法院、最高人民检察院《关于办理诈骗刑事案件具体应用法律若干问题的解释》（以下简称《诈骗解释》），诈骗公私财物价值 3000 元至 1 万元以上，应当认定为"数额较大"。

在司法实务中，要重点区分罪与非罪：

首先，诈骗数额达不到数额较大标准的，不以犯罪处理。对于诈骗公私财物数额较小，危害不大的行为，不以诈骗罪论处。刑法对本罪的构成要件以数额较大为唯一标准，因此，不论诈骗情节严重程度以及造成的危害后果有多重，只要数额没有达到较大的标准，都不能以诈骗罪论处。另外，刑法已经取消了惯骗罪，因此，不能再对虽有多次诈骗行为，但诈骗数额尚未达到较大的行为人以诈骗罪定罪处罚。

其次，不具有非法占有目的的行为。对于以代人购物为名，取走货款，为买到物品，又擅自挪用该货款，且拖欠不还的行为，应当查明其真实目的，正确判断其是否具有非法占有的意图。

再次，诈骗罪与民事经济纠纷最大的区别在于是否虚构事实和是否有非法占有的目的。若符合以上两个条件，那么不能将构成诈骗罪的行为作为民事经济纠纷处理。

最后，诈骗数额虽达到数额较大标准，但具有特定情节。根据《诈骗解释》第 3 条规定，诈骗公私财物虽已达到本解释第 1 条规定的"数额较大"的标准，但具有下列情形之一，且行为人认罪、悔罪的，可以根据《刑法》第 37 条、《刑事诉讼法》第 142 条规定不起诉或者免予刑事处罚：（1）具有法定从宽处罚情节的；（2）一审宣判前全部退赃、退赔的；（3）没有参与分赃或者获赃较少且不是主犯的；（4）被害人谅解的；（5）其他情节轻微、危害不大的。根据《诈骗解释》第 4 条的规定，诈骗近亲属的财物，近亲属谅解的，一般可不按照犯罪处理。诈骗近亲属的财物，确有追究刑事责任必要的，具体处理也应酌情从宽。

（河北省滦州市人民检察院　陈继云）

以暴力、威胁手段向他人借钱并出具借条的行为如何定性

一、基本案情

犯罪嫌疑人张某甲与被害人张某乙的儿子是小学同学,知道张某乙家经济条件好,张某甲因手头拮据,决定去张某乙家"借钱"。2019年5月8日13时许,张某甲从家带着自制锥子、匕首,戴着口罩来到张某乙家。张某甲见张某乙一人在家,遂谎称张某乙儿子欠其朋友的钱、自己代朋友来要账,进入张某乙家中,手持自制锥子、匕首,控制、威胁、恐吓张某乙并索要10000元现金,在抢走张某乙家中的500元现金后继续向张某乙要钱,张某乙表示可以去借、但肯定借不到10000元,张某甲称5000元也行,并主动出具了5000元的借条。后张某甲跟随张某乙去卫生院的收费室借钱,到卫生院后,张某乙进入收费室借钱,张某甲在大门口处等候张某乙取钱出来,后张某乙趁张某甲不备通知家属报案,张某甲被抓获。

二、分歧意见

关于本案定性,有两种意见:

一种意见认为,张某甲与张某乙认识,具有借钱的事实基础,且张某甲给张某乙出具了借条,在这种情形下不能认定张某甲具有非法占有的目的,张某甲的行为构成强迫交易罪。

另一种意见认为,张某甲以非法占有为目的,进入他人家中,采取暴力威胁等手段强行劫取他人财物,其行为构成抢劫罪。

三、评析意见

笔者同意第二种意见，张某甲的行为构成抢劫罪。

抢劫罪是指以非法占有为目的，当场使用暴力、胁迫或其他方法，强行夺取公私财物的行为。强迫交易罪是指以暴力、威胁手段强买强卖商品，强迫他人提供服务或者强迫他人接受服务等，情节严重的行为。

虽然两罪的客观方面都表现为使用暴力、胁迫或威胁的手段，但侵犯的客体不同，抢劫罪既侵犯了公私财产的所有权，同时也侵犯了被害人的人身权利，而强迫交易罪侵犯的是正常的市场交易秩序。

最高人民检察院《关于强迫借贷行为适用法律问题的批复》指出，以暴力、胁迫手段强迫他人借贷，属于《刑法》第226条规定的"强迫他人提供或者接受服务"，情节严重的以强迫交易罪追究刑事责任；以非法占有为目的，以借贷为名采用暴力、胁迫手段获取他人财物，符合《刑法》第263条规定的，以抢劫罪追究刑事责任。

1. 张某甲出具借条的借款行为不属于强迫交易罪中交易的范围。强迫交易罪属于破坏市场经济秩序的犯罪，只有发生在商业经营或交易活动中，意图通过不公平的交易来牟取非法经济利益的行为才能构成本罪。被害人张某乙并不从事商品买卖、借贷服务活动；犯罪嫌疑人张某甲与张某乙之间也并无任何买卖商品、提供或接受服务等交易往来，张某甲使用暴力威胁手段强行向张某乙借款的行为，因不是发生在商业经营活动中，所以不能成立强迫交易罪。

2. 张某甲主观上具有非法占有他人财物的目的。张某甲与张某乙的儿子是小学同学，其与张某乙仅是同村相识关系，二人之间没有任何的经济纠纷，张某甲缺少向张某乙借钱的基础条件。张某甲去借钱之前准备锥子、匕首等作案工具，到张某乙家时为避免被人认出戴上口罩、用谎话骗张某乙开门等一系列行为看，张某甲对张某乙不会同意借钱给其主观上是明知的，眼见谎言被揭穿，便使用自制锥子、匕首威胁张某乙找钱，张某甲的行为证明其从一开始就具有非法占有的目的。

3. 张某甲没有归还欠款的意愿。张某甲辩称自己一个月挣3000多元钱，每月月底开工资，有能力归还借款，事实上月底开的工资到案发前张某甲已然入不敷出。张某甲借钱不是因为遇到重大变故等急需用钱的情况，就是感觉没钱了需要找点钱花，想到张某乙的儿子上学时花钱大方、家里条件好，就决定去张某乙家"借钱"，张某甲辩称等自己有钱就会还钱给张某乙，但始终未说明什么时候还钱，可见其还钱只是一种说辞，其主观没有还钱的意愿。

4. 张某甲书写借条承诺还款的行为仅是其为实施犯罪、逃避法律追究的掩饰行为。张某甲用谎话骗张某乙开门、进入张某乙家中后，上来即手持自制锥子抵住张某乙脖子，后又用匕首朝张某乙比画，劫得500元，在张某乙同意为其去借款后，张某甲担心张某乙出去后报警，在这种情形下张某甲提出出具借条，后跟随张某乙外出去借款，可见张某甲给被害人打借条的目的是防止被害人报警。

综上，张某甲的行为涉嫌抢劫罪。

（河北省滦州市人民检察院　傅秀辉）

以介绍工作为由骗取他人钱财
但在案发前退赔的是否构成诈骗罪

一、基本案情

2018年8月,张某甲的父亲张某乙、谢某某的母亲张某丙为帮张某甲、谢某某通过县信用社面试,通过中间人找到庞某某,之后庞某某找到冯某某帮助办理此事。冯某某向庞某某谎称找人运作此事总共需要7万元,庞某某为了不白忙活转而向张某甲的父亲张某乙、谢某某的母亲张某丙分别要了12万元;在张某甲的面试通知单未下来前,得到冯某某肯定能够办成的消息后,庞某某又以面试的事儿钱不够为由向张某乙要了5万元。面试当天,庞某某以打点考官为由向张某丙要了2万元,后来张某甲、谢某某均未通过面试。冯某某先退回了3万元,在剩余4万元还没退的时候,冯某某又向庞某某提供了农商行招人的信息,庞某某将此信息告知张某乙、张某丙,二人同意办理农商行的工作。后冯某某向庞某某提出要10万元给领导送礼,庞某某从自己手中拿出10万元给了冯某某,但冯某某实际没有运作此事,直至张某甲、谢某某均未通过考试。经两名被害人多次催要,在案发前,冯某某将之前索要的共计17万元如数退还给庞某某,庞某某在2018年10月16日公安机关立案前退还给被害人16万元,在案发后将剩余15万元如数退还。

二、分歧意见

针对此案存在以下观点:

第一种意见认为,冯某某、庞某某均不构成犯罪。首先,冯某某虽然主观上具有以非法占有为目的取得他人财物的故意,客观上也实施了隐瞒真相并收取他人钱款的行为,但是其在公安机立案侦查之前已经把所得钱款悉数退还,而案发前已经归还的数额不具备非法占有的故意,客观上没有给"被害人"

造成实际损害，冯某某没有获取经济利益，亦未达到诈骗罪的定罪标准，所以不构成犯罪。其次，庞某某主观上是基于其对冯某某的充分信任，认为冯某某完全有能力给张某甲和谢某某安排工作，客观上向被害人实施了索取他人财物之行为，额外收取的钱款是想从中捞取好处，其并无诈骗犯罪的故意，在案发前后主动返还了全款，也不构成犯罪。

第二种意见认为，冯某某、庞某某均构成诈骗罪。首先，诈骗罪应当以实施诈骗行为当时诈骗得到的数额作为诈骗数额予以认定，对其案发前退还给被害人的钱款，应当以案发前、案发后主动或者被动退赃作为量刑情节根据不同情况在量刑时予以适当考虑，所以冯某某实施诈骗行为时就已犯罪既遂。其次，庞某某主观上具有非法占有他人财物之故意，客观上以隐瞒真相的方式从被害人手中取得了钱财，庞某某亦构成诈骗罪，按照前面的说法，其返还数额可以在量刑时作为参考。

第三种意见认为，冯某某构成诈骗罪、庞某某构成侵占罪。与第二种意见的区别在于，认为庞某某并没有非法占有他人财物的目的，进而虚构事实或者隐瞒真相向被害人索取钱财，而是借机将被害人向其交付（代为保管）的财物非法占为己有，是侵占行为，因数额巨大，构成侵占罪。

第四种意见认为，冯某某构成诈骗罪、庞某某不构成犯罪。与第三种意见的区别在于，认为庞某某主观上没有非法占有他人财物的故意，客观上向"被害人"索要钱财完全是基于其对冯某某的充分信任而实施的行为，也没有虚构事实或者隐瞒真相，且案发前后向"被害人"积极返还了全款。

三、评析意见

对于上述四种意见，笔者同意第四种意见，认为冯某某构成诈骗罪，庞某某不构成诈骗罪。

1. 案件事实证据方面。本案的证据可以证实冯某某接受庞某某请托并以虚构事实、隐瞒真相等方式，以帮被害人张某乙儿子张某甲、张某丙女儿谢某某找工作为由，通过庞某某向被害人索要财物17万元，实际上冯某某并未找人运作此事，其行为构成诈骗罪。

对于庞某某是否构成诈骗罪，本案现有证据无法证实庞某某主观上具有非法占有的目的以及虚构事实的行为，认定其行为构成诈骗罪证据不足。理由如下：根据微信语音聊天记录显示，庞某某通过冯某某为被害人孩子找工作的过程中，庞某某完全相信冯某某有能力帮忙，庞某某是根据冯某某所说向被害人传话并要钱，其行为都是基于对冯某某的信任，其并未虚构事实。虽然在此过程中，庞某某存在向被害人多要 14 万元的事实，但这仅仅是因为其认为工作可以找成，自己想从中得到一些好处，不能等同于刑法上的欺骗行为，不能据此认定庞某某主观上具有非法占有的目的。此外，二人事先无共谋，故认定庞某某的行为构成诈骗罪证据不足。

2. 案件定性和法律适用方面。犯罪嫌疑人冯某某的行为触犯了《刑法》第 266 条的规定，构成诈骗罪，诈骗数额为 17 万元，数额巨大，应处三年以上十年以下有期徒刑。

根据本案现有的银行往来流水、微信聊天记录显示，第一次犯罪嫌疑人冯某某在被害人孩子张某甲和谢某某未通过县农村信用社面试之后将 3 万元退还给庞某某；第二次冯某某在帮被害人孩子运作农商行小贷中心工作未成功后，冯某某及时将所收款项悉数返还给了庞某某。同时，通过庞某某的供述，证实冯某某已经将钱如数退还给自己。根据最高人民法院研究室《关于申付强诈骗案如何认定诈骗数额问题的电话答复》，在具体认定诈骗犯罪数额时应将案发前已被追回的被骗款额扣除，按最后实际诈骗所得数额计算。根据受案登记表、立案登记表显示，冯某某在案发前已经将其所诈骗数额全部退回，属于主动消除社会影响的情况。根据《刑法》第 37 条规定，冯某某犯罪情节轻微可以免予刑事处罚。

综上所述，对于诈骗罪中的数额认定，犯罪嫌疑人（被告人）在侦查机关介入之前，犯罪既遂后返还赃物的，不影响既遂，仅影响对数额的认定，其诈骗的数额应当从犯罪数额之中予以扣除。

（河北省乐亭县人民检察院　孙杰）

出借人以借款时签订的双倍欠条为由起诉的是否构成犯罪

一、基本案情

自2017年开始，犯罪嫌疑人唐某某与马某某成立工作室，对外通过微信加好友、加群外发进行宣传，办理信用贷款。2017年李某某在工作室中借款20000元，打下了40000元欠条，实际拿到借款15500元，每月应还利息4000元，实际共还款45000元；马某某于2017年8月在工作室借款10000元，打下了18000元的欠条，实际拿到借款7000元，每月应还利息为2500元，后因马某某无力支付利息，经唐某某、马某某打电话、发微信催账无果后，唐某某以18000元的欠条将马某某起诉至法院，法院判决马某某连本带利还唐某某10000元；孙某某于2018年8月在工作室借款8000元，打下了24000元的欠条，实际到手借款6000元，每月应还利息1700元，未及时还利息的每天加收400元违约金，因孙某某无力支付高额利息，经唐某某、马某某打电话催账无果后，唐某某以24000元的欠条将孙某某起诉至人民法院，因孙某某称有录音，唐某某遂撤诉。公安机关以唐某某、马某某涉嫌诈骗、虚假诉讼向检察院提请批准逮捕。

二、分歧意见

第一种意见认为，唐某某、马某某的行为属于"套路贷"，应当以诈骗罪追究其刑事责任。

"套路贷"是对以非法占有为目的，假借民间借贷之名，诱使或迫使被害人签订"借贷"或者变相"借贷""抵押担保"等相关协议，通过虚增借贷金额、恶意制造违约、肆意认定违约、毁匿还款证据等方式形成虚假债权债务，并借助诉讼、仲裁、公正或者采用暴力、威胁以及其他手段非法占有被害人财物的相关违法犯罪活动的概括性称谓。

最高人民法院、最高人民检察院、公安部、司法部《关于办理"套路贷"刑事案件若干问题的意见》明确规定,实施套路贷过程中,未采用明显的暴力或者威胁手段,其行为特征从整体上表现为以非法占有为目的,通过虚构事实、隐瞒真相骗取被害人财物的,一般应以诈骗罪定罪处罚。唐某某、马某某的行为属于通过虚增借贷金额(签订双倍、多倍欠条)的形式形成虚假债权债务,并借助诉讼占有被害人财物的行为,属于"套路贷",应当以诈骗罪追究其刑事责任。

第二种意见认为,唐某某、马某某的行为不符合"套路贷"的行为模式和特征,也不符合诈骗罪、虚假诉讼罪的犯罪构成要件。

唐某某、马某某虽然让借款人签下了双倍甚至多倍欠条,但是在借款人主动找到唐某某、马某某,并知道签订双倍、多倍欠条的后果的情况下自愿签署的,且违约是借款人的原因造成的,唐某某、马某某以虚高欠条为依据起诉至法院,但其与借款人之间确实存在真实的债权债务关系,因此,唐某某、马某某的行为不符合"套路贷"的行为模式。根据罪刑法定原则,刑法规定的犯罪构成是认定犯罪的法律依据,认定犯罪的任何一个环节,都不得以非刑法概念取代刑法规定,判断唐某某、马某某的行为是否构成诈骗罪、虚假诉讼罪,要看其行为是否满足诈骗罪、虚假诉讼罪的犯罪构成要件。

三、评析意见

笔者认同第二种意见,理由为:

诈骗罪是指以非法占有为目的,用虚构事实或者隐瞒真相的方法,骗取数额较大的公私财物的行为。本罪客观上表现为使用欺诈方法骗取数额较大的公私财物。首先,行为人实施了欺诈行为。欺诈行为从形式上说包括两类:一是虚构事实;二是隐瞒真相,二者从实质上说都是使被害人陷入错误认识的行为。欺诈行为的内容是,在具体状况下,使被害人产生错误认识,并作出行为人所希望的财产处分。其次,欺诈行为使对方产生错误认识。对方产生错误认识是行为人的欺诈行为所致,即使对方在判断上有一定的错误,也不妨碍欺诈行为的成立。再次,成立诈骗罪要求被害人陷入错误认识之后作出财产处分。最后,欺诈行为使被害人处分财产后,行为人便获得财产,从而使被害人的财产受到损害。

本案中,唐某某与马某某先后向李某某、孙某某、马某某等人放贷,按所贷款数额的两倍或多倍打下欠条,先期收取一个月高额利息、家访费后要求借款人按月支付高额利息,在借款人未按期支付高额利息的情况下,收取违约金,通过打电话、到借款人家中催讨。在整个借贷过程中,借款人对于"虚高债务"是明知的,并且同意打下双倍甚至多倍欠条,唐某某、马某某不存在欺骗行为,借款人也没有自愿处分自己财产的行为,唐某某、马某某的行为虽然不属于正常的民间借贷,但存在真实的借贷关系,因此不能认定为诈骗罪。

虚假诉讼是指以捏造的事实提起民事诉讼,妨害司法秩序或者严重侵害他人合法权益的行为。最高人民法院、最高人民检察院《关于办理虚假诉讼刑事案件适用法律若干问题的解释》(以下简称《解释》)将虚假诉讼罪限定为"无中生有型","捏造"是指无中生有、凭空捏造和虚构,"事实"是指行为人据以提起民事诉讼、人民法院据以立案受理、构成民事案由的事实。"捏造事实"行为的本质是捏造民事法律关系、虚构民事纠纷,两者应同时具备,缺一不可。《解释》第1条明确规定,隐瞒债务已经全部清偿的事实,向人民法院提起民事诉讼,要求他人履行债务的,以"以捏造的事实提起民事诉讼"论。对于"部分篡改型"虚假诉讼行为,即民事法律关系和民事纠纷客观存在,行为人只是对具体的诉讼标的额、履行方式等部分事实作夸大或者隐瞒的行为,不属于刑法规定的虚假诉讼罪的范畴。

本案中,唐某某、马某某对于借出的款项催讨无果后,以借款人所打双倍或多倍欠条对被害人提起民事诉讼,属于"部分篡改型",即唐某某、马某某之间存在真实的借贷关系,借款人确实未按照约定支付利息及本金,且这种违约行为是借款人行为引起的,唐某某、马某某只是对具体的诉讼标的额作夸大,或隐瞒借款人已经偿还部分借款的事实,按照《解释》的规定,不宜按照虚假诉讼罪处罚。

(河北省遵化市人民检察院　张连东　辛雅楠)

隐瞒借钱用途不予归还的可否认定为诈骗罪

一、基本案情

2018年1月,犯罪嫌疑人李某为归还自己无力偿还的欠账及欠账利息,以做生意的名义向被害人王某借款10万元,承诺月息4分,并实名出具了借条,借款期限一年。借款到期后,王某多次催要无果。

二、分歧意见

关于李某行为的定性有以下两种意见:

第一种意见认为,李某在明知无力偿还的前提下,虚构事实的借款行为符合诈骗罪非法占有的特征,故李某的行为应定为诈骗罪。

第二种意见认为,李某的行为为正常的民间借贷,虽然隐瞒了借款的真实用途,使得借款实际用途与约定用途不一致,但并不能认定李某借款时有非法占有借款的目的,可以通过民事诉讼予以追还。

三、评析意见

笔者同意第一种意见,对被告人李某按诈骗罪定罪处罚。

诈骗罪与正常民事借贷主要有以下区别:

一是行为人的主观意图不同。诈骗罪以行为人具有非法占有为目的作为主观构成要件,因此,行为人"借钱"只是其虚构的幌子,主观上根本没有归还的意图。而正常的借贷人在借款时却具有归还的意思,往往只是因为客观原因造成债务不能及时归还。

二是行为人采取的方式不同。诈骗人在借款时都会采用虚构事实和隐瞒真相的手段,导致被害人产生错误的认识,如虚构借款用于某种投资或营利性的活动，又如虚构自己的财务状况，使被害人误信其有归还的能力。而正常借贷中，借款人往往会如实地告知其借款用途，很少采用欺骗的方法。

三是行为人对借款的态度不同。诈骗人在骗得财物后不会考虑归还财物，因此在财物的使用上毫无顾虑和节制，直接造成财物的灭失，如将借款用于赌博、吸毒或个人挥霍。而民间借贷中，借款人本身具有归还借款的能力，或者将借款用于可产生合法收益的途径，以保障归还借款。

本案中，李某虽然以借款的名义向被害人"借"款，并且实名出具了借条，但其行为符合诈骗罪的构成要件，应以诈骗罪定罪处罚，理由是：

第一，李某具有非法占有他人财物的主观故意。李某在获得了被害人的借款后，全部用于归还自己的欠账、支付欠账利息及生活所需，这些用途不可能产生收益，必然导致资金无法收回，说明其借钱时根本没有还钱的打算和规划，在主观上具有非法占有他人财物的意图，符合诈骗罪的主观要件。

第二，李某实施了虚构事实骗取他人财物的客观行为。李某向被害人虚构了其做生意的事实，并以承诺给予高息回报为诱饵，骗取了被害人的信任，将大量资金"借给"他。因此，李某实施了虚构事实的行为，使被害人产生错误认识，从而骗取被害人的钱款，其行为符合诈骗罪的客观要件。

综上，李某的行为符合诈骗罪的犯罪构成特征，应当以诈骗罪定罪处罚。

（河北省唐山市曹妃甸区人民检察院　孙喜霞）

使他人放弃财物继而占有财物的行为如何定性

一、基本案情

2019年7月中旬,受害人王某某在人民公园观赏荷花,其间为了拍照多次将随身携带的手包、遮阳伞等物品放置在脚下,犯罪嫌疑人张某路过时觉得手包价值不菲遂见财起意,于是趁人不备向王某某拍照旁的草丛中扔了几只鞭炮,王某某被鞭炮声吓到,误以为发生了事故,迅速拿起遮阳伞弃包逃离,张某趁机拿走了王某某的手包。此时王某某发现没有发生事故,但因受到惊吓,心情被影响准备开车离开,上车时发现手包丢失(停车地点距离观赏荷花地点不到100米),遂回去寻找,未找到手包,但根据公园游人的指证找到了尚未离开公园的张某,张某拒不承认自己的行为,不肯交出手包。王某某于是报警,经查手包中共有500余元现金和一部手机以及购物卡、身份证等贵重物品,共价值6000余元。

二、分歧意见

对于张某通过扔鞭炮使被害人受到惊吓逃走继而取得财物的行为如何定性,有以下四种意见:

第一种意见认为,张某构成诈骗罪。理由是:根据《刑法》第266条的规定,诈骗罪的犯罪过程是犯罪嫌疑人采用虚构事实或隐瞒真相的方式使被害人产生错误认识,被害人基于错误认识处分财产,最后犯罪嫌疑人取得财产。张某使用欺骗手段使王某某误认为产生了危险而弃包逃离,属于使用虚构事实隐瞒真相的方法使王某某产生了错误认识,王某某基于恐惧心理自愿放弃了财物,属于基于错误而认识处分了财产,张某最终取得财物,整个犯罪过程符合诈骗罪的构成要件。

第二种意见认为,张某构成盗窃罪。《刑法》第264条规定,盗窃罪是指以非法占有的目的，盗窃公私财物且数额较大的行为。本案中，王某某虽然逃离现场，但是因为误以为发生了事故而离开，且停车地点距离手包丢失地点不到100米，可以视为没有放弃对包的占有，包仍为王某某占有，张某拿走包属于以非法占有的目的窃取了他人的财物，构成盗窃罪。

第三种意见认为，张某构成抢夺罪。抢夺罪客观上表现为趁人不备，公然夺取财物的行为。张某故意向王某某拍照旁的草丛中扔鞭炮，王某某感到害怕，因此被迫弃包逃离，属于受到了心理强制，来不及抗拒，张某制造事由分散王某某的注意力，趁机拿走财物，符合抢夺罪的构成要件。且公园内人员聚集，一部分人看到张某拿走了地上的手包，属于在不特定人面前实施抢夺行为，可以看作公然夺取财物，因此应该认定为抢夺罪。

第四种意见认为，张某构成侵占罪。理由是：王某某误以为发生了事故而弃包逃离，此时包应视为遗失物，根据《刑法》第270条的规定，因此张某将他人的遗失物非法占为己有的行为部分符合了侵占罪的构成要件，但侵占罪要求达到"数额较大"的立案标准，按照河北省《关于常见犯罪的量刑指导意见》第270条规定侵占数额1万元以上不满10万元的属于"数额较大"，因此本案犯罪数额未达到侵占罪的立案标准，张某不构成刑事犯罪，若张某始终拒不退还手包及其中的贵重物品，王某某可以通过民事诉讼的方式取回财产。

三、评析意见

笔者同意第二种意见，张某构成盗窃罪，理由如下：

1. 张某不构成诈骗罪。盗窃罪与诈骗罪二者的主观目的是一致的，均具有非法占有他人财物的目的，但在犯罪手段以及财物的转移占有、入罪标准等方面又有所不同。从犯罪手段上说，盗窃表现为秘密窃取，而诈骗要实施虚构事实、隐瞒真相的行为；从受害者意志上说，盗窃罪是违背被害人意志而取得财产的犯罪，诈骗罪是基于被害人意志瑕疵而取得财物的犯罪；从有无处分财产的行为上看，盗窃罪中受害人未处分财产，而诈骗罪要求基于认识错误处分财产；从财物转移占有的方式上说，盗窃过程中不需要被害人的参与，犯罪嫌疑人秘密窃取财物然后转移占有，而诈骗被害人主观上要陷于错误的认识，自愿交出财物。在上述盗窃罪与诈骗罪的诸多不同中，笔者认为二者区分的关键在于，被害人是否基于错误意思而交付财产，即处分行为的有无划定了盗窃罪与诈骗罪的界限，被害人处分财物就构成诈骗罪，被害人没有处分财物就构成盗窃罪。本案即是如此，张某的确使用了欺骗手段，以虚构事实、隐瞒真相的行为使王某某产生了错误认识，但不能因为张某的行为部分符合了诈骗罪的犯罪手段与财物转移占有的方式要件就片面认为张某构成诈骗罪，还是要看二罪的关键区分，即处分行为。本案中王某某始终保持着对财物的占有，也就是说，其并未处分自己的财产，因为在刑法中，处分要具有处分意识和处分行为，处分意识是指处分人意识到将自己占有的财物转移给对方占有，在张某的整个犯罪过程中，王某某并未意识到财物占有状态的改变，也没有交付财物的处分行为，因此本案中张某的行为不构成诈骗罪。

2. 张某不构成抢夺罪。根据《刑法》第267条的规定，抢夺罪是以非法占有的目的公然直接夺取财物。盗窃罪与抢夺罪的区别在于客观方面是不是公然夺取，盗窃是以非法占有为目的，采取平和的手段将他人占有的财物转移占有；抢夺罪在客观方面表现为趁人不备，使他人来不及抗拒，而取得数额较大财物的行为。抢夺行为必须公然进行，所谓"公然进行"，主要是相对于财物所有人、占有人而言，即当着他们的面，趁其不备，夺取财物，所以笔者认为公然性仅仅以当着财物所有人或者占有人的面进行为条件，不以他人在场或在不特定人面前实施为条件。如果当着财物所有人、占有人的面突然夺取，即使没有其他人在场，也属于抢夺行为；如果背着财物所有人、占有人悄悄偷取财物，即使有其他人在场目睹，也属于盗窃。同时抢夺要求对物使用暴力而不直接对人的身体使用暴力。本案中张某通过扔鞭炮使王某某受到惊吓从而弃包逃离，属于趁人不备，但张某没有当着王某某的面突然夺取，而是采用了平和的手段转移占有，受害人王某某逃离时并未意识到财物被抢，不能因为有他人在场看到张某拿走手包而认定张某行为的公然性，且张某扔鞭炮的行为不属于对物使用暴力，因此笔者认为张某不构成抢夺罪。

3. 王某某仍保持对手包的占有状态，张某不构成侵占。在司法实践中，盗窃罪一般是秘密窃取公私财物的行为，在盗窃时，财物并不在行为人控制之下；而侵占罪则是行为人将他人交由自己保管的财物、遗忘物或者埋藏物非法占为己有，数额较大，拒不交还的行为。可见构成侵占罪的重要前提是要通过正当、善意、合法的手段，持有他人财物，因此在认定行为是构成盗窃还是侵占时，首先应当判断涉案财物是否为别人所占有，其次行为人是否意识到了别人占有这个事实。手包一直放在王某某脚下，张某必然意识到了财物是别人在占有，那么分析王某某受到惊吓弃包逃离后是否仍保持占有就成了本案的关键，刑法意义上的"占有"是指事实上的占有，或者说事实上的支配、现实的支配。对财物的事实上的支配，意味着被害人在通常情况下能够左右财物，对财物的支配没有障碍。事实上的支配，不是根据物理的事实或者现象进行判断，而是根据社会的一般观念进行判断。当财物虽然在表面上处于他人支配领域之外，但存在可以推知由他人事实上支配的状态时，也属于他人占有的财物。因此本案中王某某虽然因为受到惊吓而弃包逃离，但拍照地点距离停车位仅有100米的距离，遗忘的时间短、距离近且发现后立刻返回寻找，可以认为王某某没有丧失对手包的占有，手包并非遗忘物。此外，侵占罪存在一个善意占有的前提，张某故意扔鞭炮使被害人受到惊吓弃包逃离的行为不具有善意，因此不宜认定为侵占罪。

综上，笔者认为张某构成盗窃罪。张某扔鞭炮使被害人王某某受到惊吓的行为可以看作盗窃的手段，王某某弃包逃离是基于恐惧心理，实际上并未放弃手包，没有处分行为，也无处分意识，包仍由王某某占有。因此张某以非法占有的目的，采用了使被害人受到惊吓的盗窃手段，秘密窃取了受害人王某某的财物，且达到了"数额较大"（2000元）的标准，构成盗窃罪。

（河北省唐山市丰南区人民检察院　于思萌）

将他人遗忘在 ATM 机内的银行卡及其钱款据为己有的行为如何定性

一、基本案情

犯罪嫌疑人蔡某某到某农村信用社 ATM 机取款，遇霍某某正在 ATM 机上取款，霍某某离开后，蔡某某发现霍某某将银行卡遗忘在 ATM 机内没有拔出，便试探性地支取了 3000 元现金，支取成功后又支取了 3000 元，后将两次支取的 6000 元现金及霍某某的银行卡拿走据为己有，后蔡某某到公安机关自首。

二、分歧意见

对蔡某某的行为如何定性，存在以下不同意见：

第一种意见认为，蔡某某的行为构成侵占罪。蔡某某拾得他人遗失的财物并据为己有，其行为构成侵占罪。

第二种意见认为，蔡某某的行为构成信用卡诈骗罪。蔡某某使用他人遗失在 ATM 机上的银行卡取款并据为己有，数额较大，属于"冒用他人信用卡"情形中的"拾得他人信用卡并使用"的情形，根据最高人民法院、最高人民检察院《关于办理妨害信用卡管理刑事案件具体应用法律若干问题的解释》（以下简称《解释》）以及最高人民检察院《关于拾得他人信用卡并在自动柜员机（ATM 机）上使用的行为如何定性问题的批复》（以下简称《批复》）规定，蔡某某的行为构成信用卡诈骗罪。

第三种意见认为，蔡某某的行为构成盗窃罪。霍某某虽将银行卡遗忘在 ATM 机上，失去了对该银行卡的占有，但该银行卡仍属银行占有，蔡某某对该卡的占有使用行为不是拾得并使用的行为，而是盗窃行为，应当以盗窃罪追究刑事责任。

三、评析意见

笔者同意第三种意见,蔡某某的行为构成盗窃罪。理由如下:

1. 蔡某某虽取得了霍某某的银行卡,但并不当然占有银行卡内的资金,其行为不构成侵占罪。霍某某取款后忘记拔卡,将银行卡遗失在 ATM 机内并离开,失去了对其银行卡的占有,但并未失去对其卡内资金的占有。霍某某将钱存入银行,与银行之间形成债权债务关系,其银行卡内的资金系由银行直接占有,霍某某对其银行卡内的资金享有法律上的占有。因此,蔡某某虽然取得了霍某某的银行卡,但并未占有卡内资金,捡到他人银行卡不等于捡到钱,故其行为不构成侵占罪。

2. 蔡某某使用霍某某的银行卡不是基于拾得行为,也没有冒用霍某某的身份,不构成信用卡诈骗罪。

第一,蔡某某对霍某某遗忘在 ATM 机内的银行卡的占有、支配和使用行为不是拾得行为。《刑法》第 196 条第 1 款第 3 项规定,冒用他人信用卡进行诈骗活动,数额较大的构成信用卡诈骗罪。《解释》及《批复》将拾得他人信用卡并使用的行为规定为冒用他人信用卡,构成犯罪的,以信用卡诈骗罪追究刑事责任。以上规定是对于拾得型侵占信用卡并使用的行为应当以信用卡诈骗罪定罪处罚的法律依据。

拾得型侵占中,他人的遗忘物必须是脱离占有之物,即不为任何人占有之物,拾得型侵占信用卡并使用构成信用卡诈骗罪的前提是,行为人拾得已脱离任何人占有的信用卡。但如果持卡人遗失的信用卡正被其他第三人占有,则行为人对该卡的占有使用就不可能是拾得型侵占。

ATM 机系银行设立,由银行所有、管理和维护,在持卡人操作失误,如超时未取卡、使用挂失卡等情况下,ATM 机会根据程序设定而吞卡,以保证银行卡的安全。因此,遗留在 ATM 机内未取走的银行卡由银行占有和管理。本案中,霍某某取款后将其银行卡遗忘在 ATM 机内并离开,从而失去了对其银行卡的占有,此时银行卡已由其本人占有变为银行占有,并非脱离占有之物。

第二,蔡某某支取霍某某银行卡内现金时并未冒用霍某某的身份。冒用他人信用卡,是指行为人冒充合法持卡人的身份,未经持卡人同意,以持卡、签名、输入密码等明示或默示的行为方式向他人表明自己是合法持卡人而非法获取财物的行为。如行为人持信用卡到银行柜台取款、到特约商户消费时,其持卡、签字、输入密码等行为就属于冒用行为。本案中,由于霍某某取款时已输入密码,所以在随后蔡某某支取霍某某银行卡内现金时不需要再输入密码。此外，在 ATM 机上取款不同于在银行营业柜台上取款或在特约商户消费，不需要营业员的协助，也不需要以签名的方式表明自己是合法持卡人。因此，蔡某某在 ATM 机上支取霍某某银行卡内现金时没有也不需要冒用霍某某的身份。

3. 蔡某某主观上没有诈骗故意，客观上没有诈骗行为，其支取霍某某银行卡内现金的行为是盗窃而不是诈骗。

盗窃罪与诈骗罪的根本区别在于行为人是否使他人陷入错误认识而自愿处分财产。盗窃罪是行为人违背他人意志，将他人占有的财产变为自己占有，财产的占有转移非被害人自愿。而诈骗罪是行为人采取欺骗手段，使他人陷入错误认识而自愿处分财产，财产的占有转移基于被害人有瑕疵的处分意识。信用卡诈骗罪是诈骗罪的特殊类型，必须符合诈骗罪的特征，即必须使对方陷入错误认识而处分财产，冒用他人信用卡构成信用卡诈骗罪，就必须是行为人冒用了合法持卡人的身份，使对方陷入其是合法持卡人的错误认识并基于该错误认识处分财产。

本案中，蔡某某使用他人遗忘在 ATM 机内的银行卡支取现金，没有虚构事实、隐瞒真相的故意，没有输入密码、签名等冒用他人身份的欺骗行为，因此其行为不构成信用卡诈骗罪。蔡某某在 ATM 机上直接输入金额支取霍某某银行卡内的现金，以平和方式占有他人财产，符合盗窃罪财产占有的转移方式，因此，蔡某某的行为构成盗窃罪。

（河北省滦州市人民检察院　刘向红）

妨害社会管理秩序罪

对"金字塔"式网络传销"时时彩"的行为如何定罪

一、基本案情

2018年4月以来,犯罪嫌疑人张某某利用"凯天娱乐"手机软件的代理账号生成二维码,提供给他人扫描二维码下载"凯天娱乐"软件,并通过代理账号为他人注册子账号及密码,使扫描其二维码下载软件的人成为其一级下线,供其下线利用"凯天娱乐"手机软件内的"时时彩"进行赌博,一级下线也可以上述方法发展下线,成为张某某的二级下线,以此形成金字塔式团队,一级下线、二级下线等子账号参与赌博就为张某某代理账号产生代理返点,张某某发展的团队16个账号总投注金额为2237821.66元,张某某共得到代理返点人民币13205.557元。

二、分歧意见

基于以上事实,对本案是否构罪,构成何罪,出现四种分歧意见:

第一种意见认为,张某某的行为构成开设赌场罪。理由是:张某某利用网络散发广告,招揽赌客,为赌博网站担任代理,接受赌客的投注,其行为完全符合最高人民法院、最高人民检察院、公安部《关于办理网络赌博犯罪案件适用法律若干问题的意见》开设赌场罪的规定,应当以开设赌场罪追究其刑事责任。

第二种意见认为,张某某的行为构成赌博罪。理由是:张某某利用赌博网站召集多人进行聚众赌博,涉赌金额达2237821.66元,其行为构成赌博罪,应当以赌博罪追究其刑事责任。

第三种意见认为,张某某的行为构成非法经营罪。理由是:张某某利用网络销售非法彩票进行赌博,其行为符合最高人民法院、最高人民检察院《关于办理赌博刑事案件具体应用法律若干问题的解释》的规定,即未经国家批准擅自发行、销售彩票,构成犯罪的,依照《刑法》第225条第4项的规定,以非法经营罪定罪处罚,应当以非法经营罪追究其刑事责任。

第四种意见认为,张某某的行为不构成犯罪。理由是:张某某虽为赌博网站发展会员、投放广告,但其并未直接接受赌客的投注,且其收取的服务费数额在2万元以下,因收取返点款未达入罪标准,故不应当对其追究刑事责任。

三、评析意见

笔者同意第四种意见,张某某的行为不构成犯罪。

1. 本案行为系开设赌场而不是赌博。在我国刑法中,开设赌场罪是从赌博罪中分离出来的,虽然它们之间有很多共同的特征,但是开设赌场罪作为一个独立的罪名,二者之间还是有本质的区别的。开设赌场的行为人对赌博场所、赌场的内部组织和赌场经营等整个赌博活动都具有明显的控制性、支配性,而聚众赌博通常只表现为召集、组织、聚集等行为。近年来,微信、QQ、支付宝等新型网络工具,成为网络开设赌场的平台或支付工具,在这种新型的网络中以设立网站招揽赌客赌博成立开设赌场罪没有问题,但一般赌博网站设立在国外,而一部分赌客成为赌博网站的代理,抑或接受投注,对此在司法实践中常常难以有非常准确的答案。笔者认为,设立网络开设赌场只有短时间、小范围内招揽他人利用自己拥有的"会员"账户赌博的行为才应认定为赌博罪。因为如果行为人将自己的账号出借给他人使用的行为已经在事实上建立起了赌客与赌博网站的联系,这种联系一旦在持续时间、规模等方面为一定范围内的公众所知晓,那么必然是具有了规模性、经营性、开放性的特点,而这些特点正是实体赌场所具备的特征,只是由于网络技术的运用,使得该类赌场没有了物理空间和时间的限制,在经营范围内所吸收的资金规模、吸引的人群数量等方面与传统赌场相比具有较大的优势,更具有社会危害性。因此,如果行为人提供账号给他人赌博的行为持续时间短、规模小、没有固定的时间,则仅属于行为人利用自己的账号招揽他人聚众赌博并非法营利的行为,才宜认定为赌博罪。

本案中犯罪嫌疑人张某某从2018年4月为"凯天娱乐"赌博网站发展会员的行为,已形成固定的时间、地点、规模,其运作模式在一定时间范围内长久持续且该种模式为一定范围内的公众所熟知,意味着实质上形成了"网络赌场",应以开设赌场罪追究其刑事责任。

2. 本案行为系开设赌场而不是非法经营。首先，开设赌场罪与非法经营罪在犯罪构成上有本质的区别。二者侵犯的客体不同，开设赌场罪侵犯的是社会管理秩序，而非法经营罪侵犯的客体是国家的市场交易管理秩序；二者在客观方面的表现不同。根据最高人民法院、最高人民检察院、公安部《关于办理网络赌博犯罪案件适用法律若干问题的意见》（以下简称《意见》）规定，为赌博网站担任代理并接受投注的，属于刑法第303条第2款规定的"开设赌场"行为。明知是赌博网站，而为其提供互联网接入、服务器托管、网络存储空间、通讯传输通道、投放广告、发展会员、软件开发、技术支持等服务，收取服务费数额在2万元以上的，属于开设赌场罪的共同犯罪，依照刑法第303条第2款的规定处罚。

最高人民法院、最高人民检察院《关于办理赌博刑事案件具体应用法律若干问题的解释》（以下简称《解释》）的规定，未经国家批准擅自发行、销售彩票，构成犯罪的依照《刑法》第225条第4项的规定，以非法经营罪定罪处罚。《刑法》第225条第4项的规定为：违反国家规定，其他严重扰乱市场秩序的非法经营行为。

其次，利用"时时彩"中奖号码竞猜，以财物下注输赢的行为，不属于非法发售彩票的行为。

非法经营罪作为一个口袋罪，在一段时间常被随意套用，除了擅自发行、销售彩票进行赌博被认定为非法经营罪外，其他的赌博行为具应认定为赌博罪或开设赌场罪。在我国，国家将发行、销售彩票纳入专营范围，进行规范管理，未经审批擅自发行、销售彩票的行为，必然扰乱国家对彩票发行、销售的正常管理秩序，因此，《解释》将这种行为以非法经营罪定罪处罚，但本案中各赌客仅利用"时时彩"的中奖号码参与竞猜对赌，张某某与"时时彩"经营机构之间无关联行为，不属于非法发行、销售彩票的非法经营行为，而是一种赌博行为。张某某没有利用"彩票"这一物质载体，不具备利用国家有关彩票规定的特定方式去干扰正常的彩票市场的特征；张某某系利用他人发行的"时时彩"，以提取返点的方式非法牟利，实际上与经营机构不存在关联，非法所得也不交彩票发行中心。其本质上只是利用了"时时彩"中奖号码这一形式，为参赌者提供一个判断输赢的衡量标准，系通过竞猜号码确定输赢的赌博行为，并不是发行、销售彩票的行为。

3. 本案张某某是否构成犯罪的问题。前面笔者已经分析张某某的网络传销"时时彩"系开设赌场的行为，但该行为是否构罪，需要讨论的疑点有两个：一是为赌博网站发展会员，会员直接于网络赌博网站平台进行账户结算，但代理按照下家投注的一定比例获得收益该如何定性的问题，或者说如何认定开设赌场罪中的"接受投注";二是代理获得的收益是否应将自己作为其会员参赌的返点费刨除。

第一，张某某没有接受投注的行为和意图，应认定为开设赌场罪的共犯，理由如下：

首先，根据《意见》规定担任代理并接受投注，才能构成开设赌场罪。代理，是指受托代人处理某种活动，结果由被代理人及委托人承担。这里的代理，应是指利用某一现成的赌场及赌博网站接受投注，具备设定赌博对象赔率方式，投注额度抽成比例，开设或注销参赌会员账号等权利，属于事实上间接开设赌场的行为。代理不仅要对行为后果负责，而且要以开设赌场的实行犯，而非帮助犯的身份与上级代理，或者直接开设赌场的庄家共同承担刑事责任。

其次，接受投注必须是代理直接接受投注，不包括赌博网站直接接受投注。本案中张某某并没有接受投注的行为和意图，其发展的会员都是用自己的支付宝、微信、网银等与赌博平台直接进行资金结算。张某某与其发展的会员之间并未产生管理与被管理、控制与被控制的关系，现有证据也不能够证实张某某有经手投注的资格和权限，其除了提供账号，并不能进行远程的指挥和控制，因此应当认定其只是负责发展会员和提供账号，对其下家的投注没有实际的控制权，应认定为开设赌场罪的共犯。

再次，如果代理为赌博网站吸收人员参赌并按赌资收取抽头的行为都可以理解为接受投注，那么《意见》再另行规定"投放广告、发展会员"等各种表现形式为开设赌场的帮助犯就显得多此一举。事实上，接受投注与仅实施提供链接或其他广告方式、发展会员等帮助行为之间，虽然目的都是赚取抽头，但其在赌博网站中参与的程度、行为的积极性和作用的直接性显然都是有差异的，其对赌资和赌局的控制力以及得到的回报也往往不同。如果是接受投注，赌客的赌资直接打入代理人的账户中，代理人对该笔资金具有事实上的掌控能力，相当于在该赌博网站设立了一个分赌场，认定其为开设赌场的实行犯完全正确。但如果仅是发展会员，尽管其知悉所发展的会员在其中参赌的赌资数额，最后也是按照赌资数额进行抽头，但行为人发展会员进入赌博网站后，对会员参赌的情况并没有直接现实的掌控权，就不能将其认定为开设赌场的主犯。

最后，《意见》规定的"服务费"可以抽头的方式在网站所有者和帮助者之间进行结算。因此，仅具有发布链接等广告的帮助行为，而没有实施收取赌资、接受投注等开设赌场的直接行为，应认定为开设赌场的帮助犯。根据《意见》规定，发展会员，成为开设赌场的帮助构成犯罪是前面提到的三种情况，本案中不存在资金结算的情况，亦没有为10个以上赌博网站投放与网址、赔率等信息有关的广告或者为赌博网站投放广告累计100条以上的情形，故本案入罪的情形为收取服务费2万元以上。

第二，应将代理获得的收益作为会员参赌的返点费予以减除，理由如下：

代理人在代理权限内以被代理人的名义实施民事法律行为，被代理人对代理人的代理行为承担民事责任。本案中，张某某作为网络赌博的代理，赌博网站所有者因其帮助网站发布广告、发展会员等实施的代理行为，按照被代理人及其发展的会员投注的比例给予一定的"服务费"，而其个人作为赌客直接参赌的行为，不能等同于代理行为，这时其与其他会员是一样的身份，只是一个参赌人员，但因其不能作为自己的代理人，在张某某作为一级代理自身参赌，而代理人张某某获得的服务费应予以减除，可看作网站给张某某的优惠点，张某某参赌所获的返点数应计入发展张某某的代理人的服务费中。

综上，张某某为赌博网站发展会员，不直接接受投注，收取服务费的数额未达到入罪标准，不宜定罪处罚。

（河北省滦州市人民检察院　王学辉）

发消息聚众扰乱交通秩序但未起作用的行为如何定性

一、基本案情

犯罪嫌疑人林某等人（含公司所有业务员）因听信某公司高额回报的承诺，投资入股该公司。后该公司因涉嫌非法吸收公众存款罪被公安机关立案侦查，相关责任人员携款逃匿，公司无力返还投资款项。犯罪嫌疑人林某与该公司业务主管夏某商议，在具有500余名投资人员的客户群里发微信消息，以讨要投资款为由，组织业务人员及投资人员到某镇102国道与某某公路交叉口处，拉举条幅，拦截车辆，从而引起政府重视、社会关注。消息发出后，许多群成员表示同意并共同出谋划策，竞相召集人员，上述二人亦持续通过微信消息与群成员互动，煽动人员情绪。犯罪嫌疑人夏某还安排部分业务人员制作条幅，协助收取维权款项等。

犯罪嫌疑人金某作为公司的业务员之一，除了和其他业务人员一样向自己的客户传达上述消息、协助实施具体准备事项之外，为了引起更多人员聚集，于堵道当天早上编辑微信消息"大家有时间的都去某交通岗"发到其他16个社会群里，但上述群成员无人回复该消息。到了约定时间，客户群中的50多名投资人员到达现场，拉举条幅，截断交通，导致聚集人员达100余人，并且在公安局民警出警后不听劝阻，造成该路段交通堵塞长达4余小时。

二、分歧意见

本案中，关于犯罪嫌疑人林某、夏某的行为构成聚众扰乱交通秩序罪毫无争议，但是对犯罪嫌疑人金某的行为应当如何定性，存在两种不同意见：

第一种意见认为，金某的行为构成聚众扰乱交通秩序罪，理由是：金某出于聚集多人的目的，发微信消息到具有不特定多数人的微信群中，达到了扩散消息的效果，属于组织行为，应当认定为"首要分子"，构成犯罪。

第二种意见认为，金某的行为不构成犯罪，理由是：金某虽然实施了扩散消息的行为，但是其面对人员不是投资人员，且实际上聚集行为无任何实际效果，故不能认定金某为"首要分子"，按照法律规定，非"首要分子"不构成犯罪。

三、评析意见

笔者同意第二种意见，具体理由如下：

按照我国刑法的规定，聚众扰乱交通秩序罪处罚的是"首要分子"，即在犯罪中"起组织、策划、指挥作用的犯罪分子"，包括犯意的发起者，参与人员的聚集者、犯罪实施过程中的指挥操控者等在整个犯罪中起着关键作用的人。实践中，聚众型犯罪人员结构往往呈金字塔式，即最高层为组织、策划、指挥者；中间层为积极参与，即具体落实上级命令的人员；最底层则是被召集过来具体实施扰乱交通秩序的人员。所以判断哪些人员应当承担刑事责任时，一定要区分清楚各犯罪嫌疑人在案件中所起的具体作用。

结合本案，犯罪嫌疑人林某、夏某是犯意的发起者，人员情绪的煽动者，整个堵路事件的策划者，人员的召集者，当然是"首要分子"。分析金某的行为，可分为两个部分：一是其召集自己客户和帮助夏某实施准备活动的行为，但是该作用与其他业务人员相当，仅具有积极参加的性质，并不属于"组织、策划、指挥"行为；二是金某独自实施的行为，即以聚集多人的主观故意，在其他微信群发消息，让有时间的人员去聚集地点。但是分析具体情况可见，一是金某在发消息的时候，并没有提到聚集目的，不具备召集人员的吸引力；二是金某发消息的对象不是投资人员，不具备聚集的利益基础；三是金某在发信息之后，无人回复，而且经过侦查，没有人因为看到金某的消息而聚集，即金某召集的行为并未产生实际后果。

此外，在本案中，客户群其他投资人员也都有互相召集、共同出谋划策的行为，所以不能简单以是否有发消息、召集人员来认定首要分子，而应将该事件作为一个整体，具体判断各犯罪嫌疑人所处的档次、地位、实际"聚集"人员的情况综合判断，正确认定。

综上，犯罪嫌疑人林某、夏某为"首要分子"，应当承担刑事责任；而犯罪嫌疑人金某按照其作用，不能认定为"首要分子"，故不构成犯罪。

（河北省滦州市人民检察　胡斯琴）

寻衅滋事己方人员被伤如何定性

一、基本案情

犯罪嫌疑人韩某系在某县钢厂进行环保施工的班长。2006年10月8日晚，犯罪嫌疑人韩某酒后无故欲殴打该厂工人史某，并找到张某等人要求同去未果便独自前往。张某等人怕出事随后赶去和韩某一起到钢厂平房宿舍找史某，因史某不在，韩某等人便离开了钢厂平房宿舍。当时在钢厂平房宿舍的李某等3人怕出事随即去该钢厂宿舍楼将此事告诉了史某，后李某等3人离开宿舍楼返回平房宿舍的途中又遇到寻找史某的韩某等人，韩某对李某等人告诉史某不满即对李某进行殴打，李某用随身携带的水果刀将张某扎伤，经鉴定张某的伤情为重伤。

二、分歧意见

对于本案中韩某寻衅滋事导致己方张某受重伤的行为，是否构成寻衅滋事罪存在以下两种分歧意见：

第一种意见认为，韩某的行为系寻衅滋事行为，但不构成寻衅滋事罪。理由是，《刑法》第293条规定，"有下列寻衅滋事行为之一，破坏社会秩序的，处五年以下有期徒刑、拘役、或者管制：（一）随意殴打他人，情节恶劣的……（四）在公共场所起哄闹事，造成公共场所秩序严重混乱的"。该条款中的情节恶劣应指寻衅滋事方对被寻衅滋事一方造成严重损害后果，本案中韩某的行为虽属寻衅滋事行为，但未因其殴打造成对方人员严重损害，不属于《刑法》第293条第1款规定的情节恶劣情形，故不构成寻衅滋事罪。

第二种意见认为，韩某的行为构成寻衅滋事罪。理由是，虽同意第一种意见中对韩某行为适用的法律条款，但对刑法第293条第1款规定的情节恶劣作出了不同理解。立法的本意是保护生命健康，造成严重损害的对象不应仅局限于对方人员，也应包括己方人员。

三、评析意见

笔者同意上述第二种意见，理由是：

首先，寻衅滋事罪属于妨害社会管理秩序罪中的一种，是1997年刑法修改时从流氓罪中分离出来的。妨害社会管理秩序罪，是指侵犯国家机关的正常管理活动或者司法机关的职能活动，破坏社会秩序的行为。本案中，韩某的寻衅滋事行为已经对正常的社会秩序造成了破坏。其次，最高人民法院、最高人民检察院《关于办理寻衅滋事刑事案件适用法律若干问题的解释》第1条规定，行为人为寻求刺激、发泄情绪、逞强耍横等，无事生非，实施刑法第293条规定的行为的，应当认定为"寻衅滋事"。韩某在酒后无故欲殴打他人是明显的无事生非，符合寻衅滋事的特征。上述解释第2条规定，随意殴打他人，破坏社会秩序，致一人以上轻伤或者二人以上轻微伤的，或者有其他情节恶劣的情形的，应当认定为刑法第293条第1款第1项规定的"情节恶劣"。上述条款并未限定受到伤害的为对方人员，本案中韩某寻衅滋事行为导致了张某重伤的严重后果，属于情节恶劣，社会危害性严重程度显而易见，结合《刑法》第13条规定，其行为应当受刑事处罚。最后，张某重伤的严重后果虽不是韩某寻衅滋事行为直接造成，但韩某的寻衅滋事行为间接导致张某重伤的严重后果，而且寻衅滋事一方中的人员伤亡，就生命健康价值而言与被寻衅滋事一方其实是同等的。

综上所述，虽然刑法并未明确规定寻衅滋事一方人员受到严重伤害属情节恶劣，但结合寻衅滋事罪所属类罪及社会危害性的严重程度，实践中对寻衅滋事一方人员受到伤亡应理解为属于《刑法》第293条第1款规定的情节恶劣。故此，韩某的行为构成寻衅滋事罪。

（河北省滦州市人民检察院 蒋海民）

将用赃款购买的车辆变卖的行为构成何罪

一、基本案情

某市公安局于 2016 年 4 月 13 日对李某甲非法捕捞水产品案进行立案侦查，于 2016 年 8 月 20 日将李某甲抓获归案。李某乙（系李某甲之父）在明知一辆白色路虎吉普车可能为犯罪所得的情况下，为了阻止司法机关对车辆进行追缴和查扣，于 2016 年 9 月，私自将上述白色路虎吉普车变卖给二手车车行张某某。经查，该车系李某甲用非法捕捞的犯罪所得赃款购买。

二、分歧意见

第一种观点认为，李某乙的行为构成掩饰、隐瞒犯罪所得罪。

1. 本罪在刑法分则中处于第六章第二节妨害司法罪中，因此，从一般客体来讲，其犯罪客体为司法机关的正常活动。根据《刑法》第 64 条规定，犯罪所得和犯罪所得收益是司法机关应依法追缴的范围。犯罪所得和犯罪所得收益是案件的重要物证，能够证明案件的事实及赃物去向。本罪的具体客体是司法机关正常查明犯罪，追缴犯罪所得及收益的活动。本案中，李某乙将车辆变卖的行为确实妨害了司法机关正常查明犯罪、追缴犯罪所得及收益的活动。

2. 本案中，李某乙在明知上述车辆可能为犯罪所得的情况下仍进行变卖，可见行为人在主观认识到了自己变卖车辆的行为可能对司法机关追缴和查扣造成妨害，具有明显的故意，同时将自己的主观想法付诸行动希望达到预期目的，在客观上实施了相应的行为。

第二种观点认为，李某乙的行为不构成掩饰、隐瞒犯罪所得罪。

最高人民法院《关于审理掩饰、隐瞒犯罪所得、犯罪所得收益刑事案件适用法律若干问题的解释》第 10 条规定，通过犯罪直接得到的赃款、赃物，应当认定为《刑法》第 312 条规定的"犯罪所得"。李某乙将车辆变卖的行为虽有掩饰、隐瞒的意图，但由于上述车辆是李某甲用非法捕捞的犯罪所得赃款而购买的，并非犯罪直接所得的赃款、赃物，根据上述解释不在"犯罪所得"的范围，因而李某乙的行为不构成本罪。

第三种观点认为，李某乙的行为构成掩饰、隐瞒犯罪所得收益罪。上述车辆不是直接通过犯罪活动所得到的赃款、赃物，而是通过犯罪活动而额外增加的原本不属于行为人的物品，因此可以理解为是一种收益，构成掩饰、隐瞒犯罪所得收益罪。

三、评析意见

笔者同意第一种观点，分析如下：

1. 不能认定为掩饰、隐瞒犯罪所得收益罪。一是根据最高人民法院《关于审理掩饰、隐瞒犯罪所得、犯罪所得收益刑事案件适用法律若干问题的解释》第10条规定，上游犯罪的行为人对犯罪所得进行处理后得到的孳息、租金等，应当认定为刑法第312条规定的"犯罪所得产生的收益"。很明显上述车辆并不在"对犯罪所得进行处理后得到的孳息、租金"范围之内，对于兜底性的其他形式也没有具体规定，不能随意归入其中。二是从收益的语义上理解，收益是指就该财产收取的天然的或法定的孳息，体现的是在原有物品或财物之上的增值部分，显然上述涉案车辆也并非增值部分。三是犯罪所得的所有财物都不是其原本所拥有的，都是通过犯罪活动而增加的，按照第三种观点的逻辑，所有犯罪活动得到的财物都可以纳入犯罪所得收益中。这与立法上区分犯罪所得和犯罪所得收益的本意是违背的。

2. 构成掩饰、隐瞒犯罪所得罪。最高人民法院《关于审理掩饰、隐瞒犯罪所得、犯罪所得收益刑事案件适用法律若干问题的解释》第10条规定只是明确了通过犯罪直接得到的赃款、赃物是犯罪所得，而不是对"犯罪所得"的范围进行法律限定，因此对"犯罪所得"的理解不应狭隘地局限于"犯罪直接得到的赃款、赃物"。该案中所述车辆虽然在形式上不是上述解释中明确规定的犯罪直接所得，但是李某甲的行为将犯罪直接所得的赃款进行转化，同将赃物变卖而取得金钱是一样的，都是犯罪所得的形式发生了变化，本质来源还是由犯罪活动取得的，所以仍应认定为犯罪所得。

（河北省滦州市人民检察院　蒋海民）

行为人冒充警察收缴罚款构成何罪

一、基本案情

2019年2月14日4时许,被告人赵某等3人身着假警服驾车来到某酒店附近的公交车站牌处,冒充警察将刚从酒店出来的嫖客田某拦住,谎称其涉嫌嫖娼要带回公安机关行政拘留,后被告人赵某等人以被害人田某缴纳罚款即免予行政拘留处罚为由,骗取被害人田某人民币15000元,3名被告人分别获得人民币5000元。

二、分歧意见

关于本案的定性,存在两种意见:

第一种意见认为,被告人赵某等人以非法占有为目的,冒充警察威胁嫖客田某,若不缴纳罚款就带回公安机关给予行政处罚,从而索取被害人钱财的行为构成敲诈勒索罪。

第二种意见认为,被告人赵某等人身着假警服、冒充国家警察,利用国家公职人员身份骗取被害人田某钱财的行为构成招摇撞骗罪。

三、评析意见

笔者同意第二种意见,具体分析如下:

无论是在法学理论上还是在司法实践中,冒充警察敲诈勒索与冒充警察招摇撞骗行为的区分都是一个难点。在实践中,有些犯罪分子往往假冒人民警察等工作人员的身份,敲诈他人财物,似乎与招摇撞骗罪相同,实则构成敲诈勒索罪。

敲诈勒索罪,是指以非法占有为目的,对被害人实施威胁或要挟的方法,强行索取公私财物,数额较大或者多次强行索取的行为。侵犯的客体是公私财物所有权；犯罪主体是一般主体；客观方面表现为以对被害人实施威胁或者要挟的方法强索公私财物数额较大的行为；主观方面是故意，并且具有非法占有公私财物的目的。招摇撞骗罪，是指为谋取非法利益，假冒国家机关工作人员的身份或职称，进行诈骗，损害国家机关的威信及其正常活动的行为。客体是国家机关的威信及其正常活动，同时损害公共利益或公民的合法权益；主体是自然人；客观方面表现为冒充国家工作人员，到处炫耀，进行种种欺骗活动；主观方面是故意，目的是骗取某种非法利益。二者的相似之处主要在于：一是在行为特征上，招摇撞骗罪以"骗"为特征，敲诈勒索罪虽以威胁或要挟为特征，但也不排除欺骗的成分，并且"威胁"与"欺骗"有时是并重的。二是被害人的心理，究竟是被骗后心甘情愿交出钱财，还是受威胁不得不交出钱财，两者不易区分，特别是对于交罚款性质的钱财，被害人的内心是受"威胁"的成分大些还是受"欺骗"的成分大些是不好分清的，但有一点是肯定的，其内心都是不情愿的。二者之间最主要的区别在于：在招摇撞骗罪中，行为人的"骗"完全蒙蔽了被害人，被害人在受骗后往往"自愿"交出财物或出让其他合法权益；在敲诈勒索罪中，行为人虽然也有"诈"的成分，但却是对被害人施以"恫吓"，造成其精神上的恐惧，出于无奈，被迫交出财物或出让其他合法权益。

对于冒充警察敲诈勒索与冒充警察招摇撞骗行为的区分，关键在于敲诈勒索罪的本质特征是犯罪人利用公安机关的执法权、威慑力，使被害人受到精神上的强制，产生恐惧心理，从而不得不交出财物，为的是让威胁的内容，即"受到法律制裁"不实现，而让犯罪人达到勒索财物的目的，威胁和要挟是敲诈勒索罪的本质特点。招摇撞骗罪的本质特征在于其"欺骗性"，不在于对被害人精神上的强制，在于利用被害人对警察身份的信任、崇拜心理，乘机骗取各种非法利益。

本案中，被告人赵某等人主要是利用人民警察这一特殊执法身份来欺骗被害人，被害人田某交出钱财时是心甘情愿的，而不是抓住被害人嫖娼的隐私相要挟，达到勒索财物的目的。此外，根据最高人民法院《关于审理抢劫、抢夺刑事案件适用法律若干问题的意见》第9条第1款的规定，行为人冒充正在执行公务的人民警察"抓赌""抓嫖"，没收赌资或者罚款的行为，构成犯罪的，以招摇撞骗罪从重处罚；行为人冒充治安联防队员"抓赌""抓嫖"、没收赌资或者罚款的行为，构成犯罪的，以敲诈勒索罪定罪处罚。因此，被告人赵某等3名被告人的行为应认定为招摇撞骗罪。

（河北省唐山市路北区人民检察院　裴昀博）

聚集多人持械斗殴行为中
组织者与参与者如何定罪

一、基本案情

2010年8月28日14时许，A县甲公司工人周某某在邢某某、李某某等人承包的虾池内偷虾时被发现，遭到对方殴打，甲公司股东孙某某闻讯后于当日15时30分召集丙某某等十人持刀具、镐柄等工具赶到虾池，追打看守虾池的两个工人并砸其车辆。此时A县公安分局民警赶到现场，孙某某、丙某某等三人以给周某某看伤为名回到甲公司工地磅房，其他人被警察当场带走。

当日16时许，邢某某、李某某获悉看虾池的二人被孙某某等人追打、砸车后，邢某某先后纠集了王某某、郑某某、高某某等二十人持械来到甲公司工地磅房报复。邢某某在现场笑看己方殴打对方，其中郑某某持匕首，其他人持砍刀、镐柄、铁管等工具殴打孙某某、丙某某等3人，致孙某某、周某某轻伤，丙某某失血性休克死亡，毁损车辆价值7500元。案发后邢某某指使己方多人不要交代出自己，并给其钱财，承诺帮他们在外运作，让其只交代是李某某指挥的打架。A县法院一审判处李某某、郑某某故意伤害罪，其他人均被判处寻衅滋事罪，处6个月至1年零6个月有期徒刑不等，多为缓刑。在其他人被判刑后，邢某某于2011年11月2日主动到公安机关投案，但未交代自己实为打架指使者，后邢某某被法院判处寻衅滋事罪。

二、分歧意见

关于本案定性是聚众斗殴罪还是寻衅滋事罪，邢某某罪轻还是罪重方面存在争议。

第一种意见认为，全案应定性为寻衅滋事罪，在虾池打架是孙某某为多数的一方殴打看虾池的两人；在磅房打架是邢某某为多数的一方殴打孙某某三人,两场架均不是双方约架,也互不认识,属于随意殴打他人,情节严重,参与者构成寻衅滋事罪;因邢某某并未亲手打人,而是站在旁边看,故对其从轻处理,定罪免除。

第二种意见认为,全案应定性为聚众斗殴罪,其中孙某某、邢某某分别在各自为多数人的聚众斗殴中起领导作用,系聚众斗殴中的首要分子。邢某某应承担在磅房聚众斗殴中造成一人死亡、两人受伤的整体后果,其应与直接实施伤害致丙某某死亡的郑某某一样,以故意伤害罪定罪处罚,对其他积极参加者应以聚众斗殴罪定罪处罚。

三、评析意见

笔者认同第二种意见,即全案定性为聚众斗殴罪,以故意伤害罪追究邢某某的刑事责任。具体分析如下:

1. 从案件事实方面分析,笔者认为聚众斗殴罪为必要的共犯,即聚集多人,攻击对方身体或者相互攻击。其中"斗殴"可以分为聚众斗与聚众殴,前者是指各方相互攻击对方的身体,后者是指一方单纯攻击对方身体。聚众斗殴不限于双方,亦不排除多方斗殴的情形。成立聚众斗殴罪虽然需要多人参与,但不要求斗殴的各方都必须在三人以上,只要一方人数在三人以上即可。一方人数在三人以上与他人斗殴的行为,已完全具备刑法所规定的聚众斗殴罪的犯罪构成,至于对方参与斗殴的人数是否在三人以上,不影响己方本罪的成立。如果机械地认为双方都要求达到三人以上,只要一方达不到三人以上的条件,就不构成聚众斗殴罪,等于是在法定的犯罪构成要件之外新增加条件,这显然不符合罪刑法定的要求。

笔者认为,本案是一个连续性的聚众斗殴行为,既有因己方工人周某某被打,以孙某某为首的一方聚众后(10人)来到虾池,持械打砸邢某某一方的人和车辆,孙某某一方先占据上风;又有邢某某一方为报复,纠集多人(20人)持械打砸孙某某一方,邢某某一方获胜。两个连续的聚众斗殴行为都事出有因,殴打的对象也是特定的,且均是多人持械,最终造成孙某某一方的丙某某被扎伤后抢救无效死亡,孙某某和周某某受轻伤、两方车辆均有车损的严重后果。两方的人都应当分别对自己的聚众斗殴行为负责。

2. 从两罪的区别分析,寻衅滋事罪与聚众斗殴罪均是从 1979 年刑法流氓罪衍生出来的罪名。虽然两罪有共同之处,如侵犯的客体都属于社会公共秩序,客观上也都有殴打他人等,但两罪从犯罪构成上来看还是具有明显区别的。

首先，主体不同。寻衅滋事罪的犯罪主体为一般主体，只要行为人实施了寻衅滋事行为，且情节恶劣或情节严重，即应承担法律责任；聚众斗殴罪的犯罪主体为聚众斗殴的首要分子和积极参加者。"首要分子"是指聚众斗殴的组织者、指挥者、策划者；"其他积极参加的"是指积极、主动参加或起重要作用的犯罪分子。在处罚上，聚众斗殴罪只处罚首要分子和积极参加者；寻衅滋事罪一般没有明显的首要分子，法律条文中也不区分"首要分子""积极参加的"，犯罪成员内部一般没有组织、策划、分工的行为，在实施犯罪行为时，表现出一定的随意性。

其次，动机不同。聚众斗殴罪是基于报复他人、争霸一方或者其他不正当目的，纠集多人成帮结伙地进行打架斗殴，破坏公共秩序的行为，即事出有因。聚众斗殴往往事先有准备，带有刀枪、棍棒等凶器，极易造成己方或他方人员伤亡，主观上是要显示自己一伙人的威风、煞气，压倒对方，而置公共秩序于不顾，公然蔑视国家的法纪，以"打服"对方、报复他人或者争霸为目的，具有明确的打击对象和故意。而寻衅滋事罪一般是"无事生非"，在公共场所无事生非，起哄闹事，随意殴打、追逐、拦截、辱骂、恐吓他人，强拿硬要、任意毁损、占用公私财物、破坏公共秩序、情节恶劣或者情节严重，后果严重的行为。其随意殴打他人出于耍威风、取乐等目的。寻衅滋事罪的犯罪对象一般不特定，具有很大的随意性。

3. 从量刑是否适当分析。《刑法》第292条规定："聚众斗殴的，对首要分子和其他积极参加的，处三年以下有期徒刑、拘役或者管制；有下列情形之一的，对首要分子和其他积极参加的，处三年以上十年以下有期徒刑：（一）多次聚众斗殴的；（二）聚众斗殴人数多，规模大，社会影响恶劣的；（三）在公共场所或者交通要道聚众斗殴，造成社会秩序严重混乱的；（四）持械聚众斗殴的。聚众斗殴，致人重伤、死亡的，依照本法第二百三十四条、第二百三十二条的规定定罪处罚。"

在聚众斗殴中，行为人自决定参加斗殴始，就应当明知可能会产生伤亡，其主观上是放任伤害或者杀人后果的发生，在致人重伤或者死亡方面，行为人主观方面表现为间接故意。

本案中，邢某某作为组织者，其基于对孙某某一方持械打砸己方人员的不满，聚集多人有目的性地向孙某某一方实施打击报复，该场持械斗殴人数众多、规模大、社会影响恶劣。按照《刑法》第292条的规定，对首要分子和其他积极参加的，应当依照法律规定在3年至10年有期徒刑内量刑。

对于积极参加者，应当依照其实际参与的犯罪进行处罚，本案中，郑某某是直接用匕首伤害丙某某并致丙某某抢救无效的犯罪分子，其在此次聚众斗殴中的行为就不能再适用聚众斗殴罪判处,而是以故意伤害罪评价,其他积极参与者应以聚众斗殴罪评价。本案中,邢某某在该斗殴事件中起到了组织、领导作用,应以首要分子论处,须对其组织、策划、指挥的全部犯罪后果担责,故对邢某某同样以故意伤害罪论处。

(河北省滦州市人民检察院　霍芳芳)

因受贿而不追诉黑社会性质组织成员的行为如何定性

一、基本案情

2018年1月，涉嫌多起非法捕捞水产品和寻衅滋事案件的黑社会性质组织领导者之一杨某为了逃避法律，通过委托人（另案处理）向某公安局局长周某行贿文物三件，其中一级文物一件，二级文物两件。周某明知杨某系黑社会性质组织成员，仍然违反规定强令刑警为杨某变更刑事拘留为取保候审，导致杨某继续实施违法犯罪活动，没有及时受到法律制裁。

二、分歧意见

本案中，周某构成何罪，存在两种不同意见：

第一种意见认为，周某非法收受他人财物，在刑事诉讼中，对明知是有罪的人而故意违背事实真相，违法变更强制措施，对杨某取保候审后放任不管，致使杨某逃避刑事追诉，构成徇私枉法罪。

第二种意见认为，周某一方面阻碍依法查禁黑社会性组织成员的侦查活动，另一方面不依法履行职责，放纵黑社会性质组织成员进行违法犯罪活动，构成包庇、纵容黑社会性质组织罪。

三、评析意见

笔者认同第二种意见。理由如下：

徇私枉法罪，是指司法工作人员徇私枉法、徇情枉法，对明知是无罪的人而使其受追诉、对明知是有罪的人而故意包庇使其不受追诉，或者在刑事审判中故意违背事实和法律作枉法裁判的行为。包庇、纵容黑社会性组织罪，是指国家机关工作人员包庇黑社会性质的组织，或者纵容黑社会性质的组织进行违法犯罪活动的行为。周某是构成徇私枉法罪还是包庇、纵容黑社会性质组织罪，首先要分析两罪的犯罪构成：

第一，从犯罪的主体来看，前罪指司法工作人员，主要是司法工作人员中从事侦查、检察、审判工作的人员；后罪指国家机关工作人员，所谓国家机关，是指中国共产党的机关、权力机关、行政机关、政协机关、审判机关、检察机关、军事机关等。

第二，从犯罪的主观方面来看，两罪都是故意。

第三，从犯罪的客体来看，前罪侵犯的客体是国家司法机关的正常活动；后罪侵犯的客体是复杂客体，包括正常的社会秩序和国家机关的正常管理活动。

第四，从犯罪的客观方面来看，前罪的行为方式为：对明知是无罪的人使其受追诉；对明知是有罪的人而故意包庇使其不受追诉；在刑事审判活动中故意违背事实和法律作枉法裁判。后罪则表现为：明知是黑社会性质的组织进行的违法犯罪活动而放纵、宽容，对之听之任之，放任不管，不予制止，不加查处。

从上述犯罪构成来看，周某既符合徇私枉法罪的犯罪构成又符合包庇、纵容黑社会性质组织罪的犯罪构成，两罪之间应如何取舍呢？从法条分析来看，两罪之间存在交叉关系，有法条竞合之嫌；从侵害的法益来看，两者又存在想象竞合之嫌。

周某的行为是法条竞合还是想象竞合？笔者赞同山口厚等日本学者的观点，即法条竞合的行为侵害的是一个法益，想象竞合的行为侵害的是数个法益，且法条竞合的关系限定在同一章节内。在我国刑法中徇私枉法罪规定在渎职罪一章中，其侵害的法益是国家机关公务的合法、公正、有效执行以及公民对此的信赖；包庇、纵容黑社会性质组织罪规定在妨害社会管理秩序罪一章中，其侵害的法益是社会的管理秩序。

本案中，周某使黑社会性质组织成员免受法律追究的行为不仅侵害了司法公正及公职人员职务行为的廉洁性，损害司法威信，同时也因其包庇纵容的行为扰乱了社会秩序，故周某的行为同时侵害了两个法益，符合想象竞合，应从一重处罚。徇私枉法罪最低刑在五年以下有期徒刑或者拘役；情节严重的，处五年以上十年以下有期徒刑。包庇、纵容黑社会性质组织罪最低刑在五年以下有期徒刑；情节严重的，处五年以上有期徒刑。最高人民法院《关于审理黑社会性质组织犯罪的案件具体应用法律若干问题的解释》第6条第5项规定，国家机关工作人员包庇、纵容黑社会性质的组织，致使黑社会性质的组织者、领导者逃匿，或者致使对黑社会性质组织的查禁工作严重受阻，属于"情节严重"。因此，周某的行为宜认定为包庇、纵容黑社会性质组织罪。

（河北省唐山市路北区人民检察院　刘树利）

行为人贩卖假毒品被抓后从其住处查获真毒品的如何定罪处罚

一、基本案情

2017年9月1日12时许,吸毒人员庄某以400元的价格给犯罪嫌疑人小梁打电话欲从小梁处购买冰毒,后小梁告诉庄某已将冰毒放在7天酒店门前一辆面包车轮胎下,但在庄某到达前已由路人捡走交给民警,庄某去该地取毒品时被民警当场抓获,后经鉴定,该包毒品疑似物重0.49克,检出N-异丙基苄胺成分,未检出毒品成分。50天后,民警巡逻时发现小梁有吸毒嫌疑,并从他身上查获白色结晶体粉末状毒品疑似物两包(经鉴定重1.48克,均检出甲基苯丙胺成分),随后又在其家中查获独立包装的毒品疑似物14包(其中含甲基苯丙胺成分10包,重5.74克),以上共从小梁处起获冰毒12包、重6.34克,其余5包未检出毒品成分。

二、分歧意见

该案争议点在于小梁贩卖给庄某的一包假毒品主观上不知道真假,且未达到立案标准,之后从其家中又查获一些,两者加起来才达到贩卖毒品罪的立案标准;而其家中查获的毒品有真有假,真毒品重量未达到非法持有毒品罪的立案标准,对小梁的行为是否构成犯罪。即依行为人是否明知是假毒品构成不同犯罪的合理性。

第一种意见认为,小梁构成贩卖毒品罪(未遂)。理由是:小梁在不知真相的情况下将假"冰毒"贩卖给庄某,仍认为是真冰毒,且数量达到0.49克,虽未达到数量较大的标准,但根据1994年12月20日最高人民法院《关于适用〈全国人民代表大会常务委员会关于禁毒的决定〉的若干问题的解释》第17条规定,对以假毒品进行犯罪的,明知是假毒品而冒充毒品贩卖的,以诈骗罪定罪处罚。不知道是假毒品而当作毒品走私、贩卖、运输、窝藏的，应当以走私、贩卖、运输、窝藏毒品犯罪（未遂）定罪处罚。因此，对小梁应当认定构成贩卖毒品罪（未遂）。

第二种意见认为，小梁不构成贩卖毒品罪。理由是：犯罪嫌疑人贩卖的假毒品并不具有社会危害性，未侵害刑法所保护的法益，应认定小梁不构成犯罪。

三、评析意见

笔者同意第二种意见，即小梁不构成犯罪。本案分为三个阶段界定，一是贩卖假毒品给庄某的行为认定；二是从小梁身上查扣的两包冰毒的认定；三是从小梁家中查扣的真假毒品的认定。分述理由如下：

1. 小梁贩卖假毒品的行为未侵害刑法所保护的法益。贩卖毒品罪，是指自然人或者单位，故意贩卖毒品的行为。一是从客观事实方面看，（1）贩卖的必须是毒品。根据《刑法》第357条的规定，毒品是指鸦片、海洛因、甲基苯丙胺（冰毒）、吗啡、大麻、可卡因及国家规定管制的其他能够使人形成瘾癖的麻醉药品和精神药品。本案中，庄某称从小梁处购买冰毒，实际上庄某因路人捡走在客观上已经不能犯，属于未遂，但经鉴定该包不是毒品，因此不符合贩毒的要件。（2）贩卖毒品是指有偿转让毒品的行为，行为人将毒品交付给对方能够从对方那里获取物质利益，包括利用信息网络贩毒的行为；如果是无偿转让毒品，如赠与、无偿提供给他人吸食等则不属于贩卖毒品。本案中庄某跟小梁的微信截图证实：2017年9月1日12：15庄某转给小梁400元。庄某称是购买2包毒品的款，小梁开始称庄某通过微信转他400元，每一包冰毒200元，后来翻供，庄某的证言及微信转账记录只能证实二人当天有交易行为，至于交易的是什么及小梁是否明知是毒品无证据佐证。因此，有证据佐证的小梁贩卖给庄某的一包假毒品并不具有社会危害性，未侵害刑法所保护的法益，笔者赞同学界对象不能犯的观点，即假毒品不构成毒品犯罪。

2. 小梁给庄某的一包假毒品主观明知及程度证据不足。在理解刑法"明知"行为对象的问题上，可以将"明知"理解为既包括确切地知道行为对象存在，也包括知道行为对象可能存在这两种情况。就上述涉毒品案件而言，小梁必须认识到自己贩卖的是毒品。即使行为在客观上表现为贩卖毒品，但只要行为人没有认识到行为对象是毒品，就不能构成本罪。因此，明知不是毒品而欺骗他人说是毒品以获取利益的，不构成贩卖毒品罪，达到诈骗立案标准的应当以诈骗罪论处。本案中，因查扣交易的一包物品不是毒品，那么判断小梁对交易"毒品"的认识就很关键，其是明知假毒品骗庄某，还是误以为是真毒品？参照2008年《全国部分法院审理毒品犯罪案件工作座谈会纪要》（法〔2008〕324号，简称《大连会议纪要》）第10条对毒品犯罪主观明知认定的规定，犯罪嫌疑人不能作出合理解释可以认定其明知是毒品的10种情形，即毒品犯罪中，判断犯罪嫌疑人对涉案毒品是否明知，不能仅凭犯罪嫌疑人供述，应依据犯罪嫌疑人实施毒品犯罪行为的过程、方式、毒品被查获时的情形等证据，结合犯罪嫌疑人的年龄、阅历、智力等情况，进行综合分析判断，对于以伪装等蒙蔽手段，逃避检查，在邮寄的物品中查获毒品的，犯罪嫌疑人不能合理解释的，可以认定其"明知"。

根据司法实践中贩毒入罪的标准，本案认定的关键在于小梁将假毒品贩卖给庄某主观明知的内容及程度的证据情况。如果小梁客观上明知是假毒品贩卖给庄某的话，属于诈骗行为，因数额未达到立案标准系无罪；如果小梁主观上误认为是真毒品而贩卖给庄某，通说可以认定为贩卖毒品罪未遂，但有主观归罪之嫌。因本案中能否认定此次交易属于贩卖毒品，关系到从其身上及家中搜出真毒品行为的认定。根据上述陈述只有前行为的贩卖毒品罪成立，才可将身上及家中的一并认定为贩卖毒品罪的数量。就证据看，认定小梁贩卖给庄某的毒品的直接证据只有庄某的供述，而微信转账400元及通话记录只能间接佐证二人有联系，小梁对贩卖的"毒品"的认识称说不清，拒不承认有交易行为，而经鉴定查扣的那包又不是毒品，综合全案，现有证据只有微信交易记录这一客观性证据，系孤证，不能锁定小梁主观上"明知"的证据链条，无法证实小梁具有贩卖毒品的主观故意，即2017年9月1日12时许交易的那一包是假毒品的证据欠缺，庄某也不知道毒品真假，小梁拒不承认交易，且监控录像模糊，无法确定小梁去过案发交易现场。既然前交易行为无法认定，直接导致从小梁身上及家中搜出的毒品，无法据此认定贩卖毒品行为，且小梁本身就是吸毒人员，抓获时查收其吸食冰毒。这是第二个层次，而且结合前述论断，笔者认为不能以犯罪嫌疑人主观上认为是真毒品，拿去交易就是贩毒，入罪的前提应当是真毒品，假毒品不能入罪。

3. 从贩毒者住所查获的毒品可以一并计入贩毒数量。

根据2015年《全国法院毒品犯罪审判工作座谈会纪要》（法〔2015〕129号，简称《武汉会议纪要》）第2条规定，贩毒人员被抓获后，对于从其住所、车辆等处查获的毒品，一般均应认定其贩卖的毒品。确有证据证明查获的毒品并非贩毒人员用于贩卖，其行为构成非法持有毒品罪。吸毒者在存储毒品过程中被查获，没证据证明是为了实施贩卖毒品等犯罪的，毒品数量达到《刑法》第348条立案标准的，以非法持有毒品罪处罚。对此规定，笔者认为应注意两点：一是必须已经查明行为人实施了贩卖毒品犯罪，以及从贩毒人员住所等处查获了毒品两个基础事实，允许当事人提出反证推翻这种推定。二是虽然可以将从贩毒人员住所等处查获的毒品一并计入贩卖毒品的数量，但不应一并计入贩卖毒品罪既遂的数量，在其身上查获的毒品根据交易的进展情况可能认定为贩卖毒品罪（未遂）的数量，但在住处查获的毒品只能认定为贩卖毒品罪（预备）的数量。按照对毒品犯罪从严、从重处理的刑事政策，原则上不再区分既遂与未遂，一律按照既遂处理。贩卖毒品包括买进和卖出毒品两个行为，只要实施了其中之一即构成贩卖毒品既遂。

本案认定小梁贩卖第一包"毒品"不构成贩毒，且不够非法持有毒品罪的立案标准。小梁被抓获时身上搜出的2包冰毒，系非法持有行为。之后，从其家中搜出的10包含甲基苯丙胺成分、重6.34克，该部分为毒品，对此认定为非法持有毒品没有问题。本案的争议是小梁是不是贩毒人员，如认定给庄某的是贩卖毒品，那么才可以适用《武汉会议纪要》累计计算，小梁贩卖毒品罪名成立，且冰毒数量是13包、重6.81克。从法理上看，小梁给庄某的一包假毒品不构罪；从证据上看，小梁贩卖假毒品的主观证据不足，不能认定前行为是贩毒。本案侦查机关是在小梁"贩卖"行为过了50天后，才从小梁身上及家中搜到毒品，间隔时间过久，作为吸毒人员的他，"以贩养吸"存在合理怀疑，一概计入贩毒数量有客观归罪之嫌，不应当将第一包卖给庄某的假毒品计入总数。

4. 小梁不构成非法持有毒品罪的立案标准。非法持有毒品罪，是指明知是毒品而非法持有且数量较大的行为，毒品数量超过50克才能立案。本案中，从小梁身上查扣的2包系冰毒，从其家中查获的14包中含甲基苯丙胺成分的10包重5.74克，以上合计含甲基苯丙胺成分重6.34克，均未达到50克的刑事立案标准，因此不构成非法持有毒品罪。公安机关对查扣的涉案真假毒品可以违禁品予以没收销毁。

综上，只有当行为人主观上具有故意，客观上实施的行为具有侵害法益的紧迫危险时，才能认定为犯罪；行为人主观上具有犯意，其客观行为没有侵害法益的任何危险时，不以犯罪论处。基于此，小梁不构成犯罪。根据《全国人大常委会关于禁毒的决定》的规定，可以建议公安机关对其采取强制戒毒处理。

（河北省唐山市路南区人民检察院　王志凯）

非法采挖粘土用于牟利时粘土可否被认定为矿产资源

一、基本案情

2019年,甲、乙、丙三人在无采矿许可证的情况下,非法在某村庄南面采挖粘土,并将粘土以每吨12元的价格全部出售到砖厂,案发时,三人共非法采挖粘土10474.22吨,价值12万余元。

二、分歧意见

本案中的粘土是否可以认定为矿产资源?若可以认定为矿产资源,应以何罪追究刑事责任?

第一种意见认为,粘土不可认定为矿产资源。矿产资源的特性主要为耗竭性、隐蔽性、分布不均匀性和可变化性。粘土在我们日常生活中比较常见,不具有隐蔽性,不应当认定为矿产资源。

第二种意见认为,粘土应当认定为矿产资源。宪法规定,自然资源属于国家所有,即全民所有。个体采矿者可以在合理自用的范围内采挖一定粘土资源,但不可用于牟利,若用于牟利,涉案金额达到非法采矿罪的立案标准,可按照此罪追究刑事责任。

三、评析意见

笔者认同第二种意见,本案中的粘土应当认定为矿产资源。

粘土,颗粒非常小的可塑的硅铝酸盐。在《矿产资源法实施细则》附件中,矿产资源分类细目Ⅲ"非金属矿产"中,粘土被认为是其中一种资源。

最高人民法院、最高人民检察院《关于办理非法采矿、破坏性采矿刑事案件适用法律若干问题的解释》第1条规定:"违反《中华人民共和国矿产资源法》《中华人民共和国水法》等法律、行政法规有关矿产资源开发、利用、保护和管理的规定的,应当认定为刑法第三百四十三条规定的'违反矿产资源法的规定'。"

《矿产资源法》第35条第1款规定:"国家对集体矿山企业和个体采矿实行积极扶持、合理规划、正确引导、加强管理的方针,鼓励集体矿山企业在国家指定范围内的矿产资源,允许个人采挖零星分散资源和只能用作普通建筑材料的砂、石、粘土以及为生活自用采挖少量矿产。"

非法采矿罪是指,违反矿产资源法的规定,未取得采矿许可证而擅自采矿,擅自进入国家规划矿区、对国民经济具有重要价值的矿区和他人矿区范围采矿,或者擅自开采国家规定实行保护性开采的特定矿种,情节严重的行为。

本罪的主体为一般主体;侵犯的客体是国家对矿产资源的管理制度,犯罪对象是一切矿产资源;主观方面由故意构成,即明知矿产资源法关于禁止无证、擅自开采矿产资源的规定,仍进行开采,动机一般是为了营利;客观方面表现为违反矿产资源法的规定,未取得采矿许可证而擅自采矿,擅自进入国家规划矿区、对国民经济具有重要价值的矿区和他人矿区范围采矿,或者擅自开采国家规定实行保护性开采的特定矿种,情节严重的行为。

本案中:(1)三人均为年满16周岁的完全刑事责任能力人;(2)三人违规开采粘土的行为侵犯了国家对矿产资源的管理制度;(3)三人明知自己是无证开采,仍然组织人员开采粘土并贩卖牟利,主观方面为故意;(4)客观方面,三人未取得采矿许可证擅自进行开采,共非法采挖粘土10474.22吨,价值12万余元。

通过对上述规定的分析,综合本案情况,首先,粘土是被我国保护的一种矿产资源,居民可以在合理自用的范围内进行开采,但不可用于牟利。其次,在没有办理采矿许可证的情况下,实施以上三种行为之一的,如果涉案金额未达到非法采矿罪的立案追诉标准,一般不按照犯罪处理。但是三人私自开采粘土并且卖给砖厂,涉案金额已经达到追诉标准,且个人实施营利性"采挖零星分散资源和只能作用普通建筑材料的砂、石、粘土"的行为,仍需要办理采矿许可证。否则,达到立案追诉标准的,应当以涉嫌非法采矿罪追究刑事责任。

关于采挖粘土达到立案追诉标准后,应以何种罪追究行为人的刑事责任,实践中存在难以定性的问题,区分清楚非法采矿罪和破坏性采矿罪是其重点。

破坏性采矿罪,是指违反矿产资源法的规定,采取破坏性的开采方法开采矿产资源,造成矿产资源严重破坏的行为。本罪的主体要件为一般主体;侵犯的客体是国家对矿产资源的管理制度；主观方面为故意，过失不构成本罪；客观方面表现为违反矿产资源法的规定，采取破坏性的方法开采矿产资源，造成矿产资源严重破坏的行为。

两罪的最大差别在于客观方面。非法采矿罪的客观方面表现为，违反矿产资源法的规定，未取得采矿许可证擅自采矿；擅自进入国家规划矿区、对国民经济具有重要价值的矿区和他人矿区范围采矿；擅自开采国家规定实行保护性开采的特定矿种，情节严重的行为。破坏性采矿罪的客观方面表现为，采取破坏性的开采方法开采矿场资源，造成矿产资源严重破坏的行为。就本案来说，三人在没有采矿许可证的情况下开采粘土，价值12万余元，但并没有以破坏性的方式开采资源，未造成严重破坏的行为。

根据最高人民法院、最高人民检察院《关于办理非法采矿、破坏性采矿刑事案件适用法律若干问题的解释》的规定，亦可以区分两罪。非法采矿罪所规定的情节严重包括：（1）开采的矿产品价值或者造成矿产资源破坏的价值在10万元至30万元以上的；（2）在国家规划矿区、对国民经济具有重要价值的矿区采矿，开采国家规定实行保护性开采的特定矿种，或者在禁采区、禁采期内采矿，开采的矿产品价值或者造成矿产资源破坏的价值在5万元至10万元以上的；（3）二年内曾因非法采矿受过两次以上行政处罚，又实施非法采矿行为的；（4）造成生态环境严重损害的；（5）其他情节严重的情形。该解释中关于破坏性采矿罪的情节规定则是：（1）造成矿产资源破坏的价值在50万元至100万元以上的；（2）造成国家规划矿区、对国民经济具有重要价值的矿区和国家规定实行保护性开采的特定矿种资源破坏的价值在25万元至50万元以上的。

（河北省滦州市人民检察院　陈继云）

合同未生效时一方从另一方处强行
取回物品的行为可否认定为寻衅滋事罪

一、基本案情

2019年,甲(17周岁)与乙通过网络联系,将双方各自所有的摩托车互换。甲发现换来的摩托车质量有问题进行了修理,维修后向乙提出支付维修费用的要求,二人商量未果。一个月后,甲通过丙(17周岁)的微信以购买乙的摩托车为名将乙骗出,甲一行人对乙及其同伴进行殴打后将乙的摩托车(原为甲的摩托车)强行骑走。

二、分歧意见

对于甲的行为是否涉嫌寻衅滋事罪有不同意见。

第一种意见认为,甲的行为不构成寻衅滋事。此案是因为甲与乙交换摩托车引发的,甲在案发时年龄为17周岁,属于限制民事行为能力人,其签订的合同属于效力待定的合同,需要其法定代理人的追认。双方交换摩托车的合同行为在民法上并未生效,甲要回自己的摩托车并没有错,但并不应该用暴力手段,其触犯的应当是治安管理处罚法。

第二种意见认为,甲的行为涉嫌寻衅滋事罪。甲与乙在互换摩托车时,双方是合法占有已经互换的摩托车,甲结伙对他人殴打后,强拿硬要他人合法占有的财产,已经达到寻衅滋事罪追究刑事责任的标准。

三、评析意见

笔者认同第二种意见,甲的行为涉嫌寻衅滋事罪。

寻衅滋事罪,是指在公共场合无事生非、起哄闹事,造成公共场所秩序严重混乱的，追逐、拦截、辱骂、恐吓他人，强拿硬要或者任意损毁、占用公私财物，破坏社会秩序，情节严重的行为。本罪的犯罪主体为一般主体，侵犯的客体是社会公共秩序，主观方面是故意，客观方面表现为寻衅滋事，情节恶劣或者后果严重的行为。

本案中，（1）甲为年满16周岁的完全刑事责任能力人；（2）在乙合法占有摩托车的情况下，甲采取暴力手段，强拿硬要乙的财物；（3）甲本人是明知摩托车为乙合法占有的，主观方面是直接故意；（4）甲采取暴力手段强拿硬要乙财物的行为不仅侵害了乙的人身和财产权利，同时也破坏了社会公共秩序。

综上，甲在明知乙合法占有财物的情况下，实施暴力手段强拿硬要乙的财物，按照《刑法》第293条规定，涉嫌寻衅滋事罪。

本案的辩护律师认为，甲在与乙签订合同时只有17周岁，属于限制民事行为能力人，合同效力待定，只有得到法定代理人的追认，合同才能生效，此时甲取回自己摩托车的行为并不属于"无事生非"，而是有理有据，只是采取了不应当采用的暴力手段，但不应认为是寻衅滋事罪。

对于辩护律师的意见，笔者认为，效力待定的合同在确认效力之前不影响乙的合法占有，合同是否有效并不是甲涉嫌寻衅滋事罪的先决条件。双方签订的合同是否生效，影响的是民事关系，而非刑事关系。且甲与乙在自愿的情况下交换摩托车，乙为合法占有，不能因为合同效力待定而认定为乙为非法占有。那么甲采取暴力手段对乙合法占有的财物强拿硬要，应认定涉嫌寻衅滋事罪。

这里要区分寻衅滋事罪与因民事纠纷而相互斗殴或者结伙斗殴的行为。虽然二者在互相斗殴的形式上很相似，但有本质的区别。民事纠纷而导致的斗殴一般是事出有因，不具有争霸一方、报复他人、寻求刺激等犯罪动机，其行为没有对社会公用秩序构成威胁，所以不认定为本罪。就本案来说，双方签订的合同不是认定甲是否构成寻衅滋事罪的先决条件，合同虽然效力待定，但双方自愿互换摩托车，乙为合法占有，在这种情况下甲纠集他人采取暴力手段对乙实施殴打行为，拿走乙的财物，使乙受到财产损失，对社会公共秩序亦产生影响。

要认定行为人涉嫌寻衅滋事罪还有一个不可或缺的条件，即行为人寻衅滋事只有具备了《刑法》第293条列举的四种寻衅滋事行为之一，才可构成犯罪。即：

随意殴打他人、情节恶劣的。随意殴打他人，是指出于耍威风、取乐等不健康目的，无故、无理殴打相识或者素不相识的人；情节恶劣，根据最高人民法院、最高人民检察院《关于办理寻衅滋事刑事案件适用法律若干问题的解释》(以下简称《解释》) 第 2 条的规定,是指致 1 人以上轻伤或者 2 人以上轻微伤的;引起他人精神失常、自杀等严重后果的;多次随意殴打他人的;持凶器随意殴打他人的;随意殴打精神病人、残疾人、流浪乞讨人员、老年人、孕妇、未成年人、造成恶劣社会影响的;在公共场所随意殴打他人,造成公共场所秩序严重混乱的,以及其他情节恶劣的情形。

追逐、拦截、辱骂、恐吓他人,情节恶劣的。追逐、拦截、辱骂他人,是指出于取乐、寻求精神刺激等不健康的目的,无故、无理追赶、拦挡、侮辱、谩骂他人,往往表现为追逐、拦截、辱骂妇女;恐吓他人,是指以要挟的话语或者手段威胁、吓唬他人,恐吓的方式、内容可以多种多样,只要足以使被害人产生心理恐惧、恐慌的,都属于本罪规定的"恐吓"。

强拿硬要或任意损毁、占用公私财物,情节严重的。强拿硬要或任意损毁、占用公私财物,是指以蛮不讲理的手段,强行索要市场、商店的商品以及他人的财物,或者随心所欲损坏、毁灭公私财物。情节严重,根据《解释》第 4 条的规定,是指强拿硬要公私财物价值 1000 元以上,或者任意损毁、占用公私财物价值 2000 元以上的;多次强拿硬要或者任意损毁、占用公私财物,造成恶劣社会影响的;强拿硬要或者任意损毁、占用精神病人、残疾人、流浪乞讨人员、老年人、妇女、未成年人的财物,造成恶劣社会影响的;引起他人精神失常、自杀等严重后果的;严重影响他人的工作、生活、生产、经营的以及其他情节严重的。

在公共场所起哄闹事,造成公用场所秩序严重混乱的。在公共场所起哄闹事,是指出于取乐、寻求精神刺激等不健康的目的,在公共场所无事生非,制造事端,扰乱公共场所秩序的。造成公共场所秩序严重混乱的,根据《解释》第 5 条的规定,应当根据公共场所的性质、公共活动的重要程度、公共场所的人数、起哄闹事的时间、公共场所受影响的范围与程度等因素,综合判断是否"造成公共场所秩序严重混乱"。

实施以上四种行为以外的其他寻衅滋事行为的,不能按照本罪处理。而且即使是实施了四种法定行为,也必须是分别达到"情节恶劣""情节严重""造成公共场所秩序严重混乱"的程度,才能构成犯罪。对于未达到上述规定程度的一般寻衅滋事行为,不能以犯罪论处。

(河北省滦州市人民检察院 陈继云)

聚众扰乱社会秩序行为中参与人所起作用一样可否均认定为积极参加者

一、基本案情

唐山某铁路有限公司新建唐山市某区铁路段，投资金额130多亿元。唐山某铁路有限公司将该铁路工程承包给中国中铁股份有限公司（以下简称中铁总局），并于2016年7月19日签订了施工合同，后中铁总局将该工程分包给中铁八局集团有限公司（简称中铁八局）等单位。经过前期准备工作完成，2017年5月，唐山某铁路有限公司决定开始水曹铁路路基施工工程，但根据相关规定，铁路路基施工前必须进行试验，唐山某铁路有限公司与中铁总局经过多次现场调研和磋商，最后确定在位于唐山市某县某镇的施工区域开展路基试验，由负责该段施工的中铁八局负责施工工艺的实施，由北京某资源再利用科技有限公司负责组织填料的供应，亦即供应土石方。2017年6月7日，北京某资源再利用科技有限公司开始为路基试验施工运送尾矿渣，为了抢夺该供应土石方工程，2017年6月7日至12日，犯罪嫌疑人杨某某纠集了犯罪嫌疑人刘某某等人，在唐山市某县某镇该铁路工地北侧入口处，采用轮换使用车辆封堵施工工地路口，阻止运送土石方的卡车进场卸料，并且这些人均日夜轮流看守，致使水曹铁路施工被迫全面停工长达6天，造成严重损失。经鉴定：参与水曹铁路施工工程的中铁总局、中铁八局、中铁九局、中铁三局、中铁十局、中铁四局、中铁六局、中铁二局、北京某资源再利用科技有限公司、唐山某达建筑工程有限公司因停工所造成的经济损失共计119.12万元；京唐公司因停工所造成的经济损失共计168.20万元；京唐公司因停工以致正常运营延期，造成经济损失为2358万元。

二、分歧意见

本案中的"聚众行为"存在两个层次：一是杨某某，其为首要分子；二是刘某某等人在整个聚众阻工的过程中的行为和作用是完全一样的，即"使用车辆堵住入口阻止施工，并轮流看守"，这些人的行为均较为积极，但本案中没有一般参加者。

第一种观点认为，在聚众扰乱社会秩序罪中，我国刑法仅对聚众扰乱社会秩序活动的首要分子和积极参加者予以刑事追究，这就说明，在聚众扰乱社会秩序罪中一定存在首要分子、积极参加者和一般参加者，这三个层次缺一不可。应将刘某某等人认定为一般参加者，给予行政处罚。

第二种观点认为，在聚众扰乱社会秩序罪的首要分子、积极参加者和一般参加者三个层次中，一般参加者这个层次不是必须存在的。可以没有第三阶层也就是一般参加者的存在，而将所有参与人认定为积极参加者予以定罪。因为这些人均对犯罪结果的发生起到了积极、重要作用，造成合法生产经营无法经营的后果是这些人共同造成的结果，而且在这一过程中无法区分每个人作用的轻重，没有必要一定将参与人员区分出三个等次：首要分子、积极参加者、一般参加者。

三、评析意见

笔者同意第二种意见，分析意见如下：

《刑法》第290条第1款规定了聚众扰乱社会秩序罪，即聚众扰乱社会秩序，情节严重，致使工作、生产、营业和教学、科研、医疗无法进行，造成严重损失的，对首要分子，处三年以上七年以下有期徒刑；对其他积极参加的，处三年以下有期徒刑、拘役、管制或者剥夺政治权利。

根据刑法的规定，构成聚众扰乱社会秩序的四个构成要件为：（1）本罪侵犯的客体是社会秩序，即正常的工作、生产、营业和教学、科研秩序。（2）客观方面表现为聚众扰乱社会秩序，情节严重，致使工作、生产、营业和教学、科研无法进行，造成严重损失的行为。具体包括四个条件：①聚众扰乱社会秩序，是指在首要分子的煽动、策划下，纠集多人共同扰乱党政机关、企业、事业单位和人民团体的工作、生产、营业和教学、科研秩序，如聚众侵入、占领党政机关、企业、事业单位和人民团体的工作场所，封闭其出入通道，进行纠缠、哄闹、辱骂等；②情节严重，主要是指扰乱的时间长，纠集的人数多，扰乱重要的工作、生产、营业和教学、科研秩序，造成的影响恶劣等；③致使工作、生产等无法进行；④造成严重损失，主要是指公私财物或者经济建设、教学科研等受到严重的损失和破坏等。（3）犯罪主体为一般主体，但构成本罪的只能是扰乱社会秩序的首要分子和其他积极参加者。首要分子，是指在聚众扰乱社会秩序犯罪中起策划、组织、领导作用的犯罪分子。其他积极参加的，是指在扰乱社会秩序犯罪中积极、主动参加或者起重要作用的犯罪分子。（4）主观方面由故意构成。行为人往往企图通过这种扰乱活动，制造事端，给机关、企业、事业单位和人民团体施加压力，以实现自己某种无理的要求或者借机发泄不满情绪。

从构成聚众扰乱社会秩序罪的四个构成要件来看，在聚众犯罪行为中存在"首要分子、积极参加者和一般参加者三个层次"，但依据刑法规定，本罪中仅对首要分子、积极参加者给予刑事追究，具体到本案，主要看各参与人的行为究竟是首要分子的行为还是积极参加者的行为，抑或是一般参加者的行为。如果是首要分子的行为和积极参加者的行为，就给予刑事追究，如果是一般参加者的行为就给予行政追究。

犯罪嫌疑人杨某某作为纠集者，在聚众扰乱社会秩序犯罪中起到组织、领导的作用，故杨某甲是首要分子，应予追究其刑事责任。

犯罪嫌疑人刘某某等人的行为和作用是一样，即"用车辆阻塞路口，阻止施工，并日夜轮流看守"，而且都是积极参与，在本案中起到重要或者说是关键性作用，均为积极参加者，应予追究刑事责任。

通过以上分析可以得出：认定一个人在聚众扰乱社会秩序犯罪中是否为积极参加者，不是看这一犯罪行为中是否有一般参加者这一层次的存在，而要看一个人在聚众扰乱社会秩序犯罪中的行为和作用，如果其行为是积极主动的，其作用是重要的，也应认定其为积极参加者，并追究其刑事责任。

（河北省遵化市人民检察院　侯雪莹）

网上开设赌场的行为人
参赌获利数额如何认定

一、基本案情

2019年，甲利用某赌博软件的代理账号生成二维码，供他人扫描赌博软件二维码下载软件，使扫描其二维码下载赌博软件的人成为其下一级，供其发展的下线利用赌博软件进行赌博，一级下线也可以上述方法发展下线，成为甲的二级下线，以此形成金字塔形式，甲发展的一级下线、二级下线等在赌博网站进行赌博，赌博网站就会按照税收比例给甲奖励金。案发时，甲共计得到奖励金24899元，其中2880余元为甲设在本人账号下的下级账号参与赌博所得。

二、分歧意见

对于甲所得2880余元是否应当算入"奖励金"有不同意见。

第一种意见认为，此金额应当算入"奖励金"。甲通过发展下线的方式获取利益，他的账号也是通过其发展会员的方式进入赌博网站进而获取利润。该非法所得与犯罪行为有因果关系。所以应该认定所有获得的"奖励金"的数额，此2800余元不应当减去。

第二种意见认为，此金额不应当算入"奖励金"。本案中的"奖励金"是指甲发展下线从而获取利益，而2880余元为甲参与赌博所得利益，不应当归入"奖励金"。

三、评析意见

笔者同意第二种意见，应当将2880余元从"奖励金"中扣除。

开设赌场罪，是指为赌博提供场所、设定赌博方式、提供赌具、筹码、资金等组织赌博的行为。开设赌场的人自己参与赌博，并以赌博为业的，可以考虑以本罪和赌博罪并罚。

本罪的主体为一般主体；侵犯的客体是社会管理秩序和社会风尚；主观方面是故意，一般具有营利的目的；客观方面表现为为赌博提供场所、设定赌博方式、提供赌具、筹码、资金等组织赌博的行为。

本案中所涉及的开设赌场，并不是以往普通意义上的赌场，而是指网络赌博。在网络高速发展的今天，赌博已经可以通过网络等虚拟场所进行。中文赌博网站主要设在境外，在境内设立分级代理。从网站内容和运营方式看，赌博网站与传统赌场很相似，赌博网站的每一级代理，均全权代表赌博网站与赌客发生业务关系。投注、资金交割短时间内即可完成。因此，最高人民法院、最高人民检察院《关于办理赌博刑事案件具体应用法律若干问题的解释》第2条规定，在计算机网络上建立赌博网站，或者为赌博网站担任代理，接受投注的，属于"开设赌场"。网络赌博的主要形式有百家乐、21点、老虎机、押大小、赌球赌马、轮盘赌、六合彩等，大多数通过与国际赌博公司联网，提供境外赌场实况、进行网络投注、信用卡交割赌资等方法进行，可实现境内外同步操作。

从网络赌博现状分析，绝大多数网络赌博网站包括总代理、一级代理、二级代理等。司法实践中，只要查明行为人建立了赌博网站，或者为赌博网站担任代理，接受赌客投注的，即可认定属于开设赌场。根据最高人民法院、最高人民检察院、公安部《关于办理网络赌博犯罪案件适用法律若干问题的意见》（以下简称《网络赌博意见》）第1条规定，利用互联网、移动通讯终端等传输赌博视频、数据，组织赌博活动，具有下列情形之一的，应当认定为"开设赌场"的行为，依法追究刑事责任：（1）建立赌博网站并接受投注的；（2）建立赌博网站并提供给他人组织赌博的；（3）为赌博网站担任代理并接受投注的；（4）参与赌博网站利润分成的。

关于网络赌博犯罪的参赌人数、赌资数额和网站代理的认定。按照《网络赌博意见》第3条的规定，赌博网站的会员账号数可以认定为参赌人数，如果查实一个账号多人使用或者多个账号一人使用的，应当按照实际使用的人数计算参赌人数。对于开设赌场犯罪中用于接收、流转赌资的银行账户内的资金，犯罪嫌疑人、被告人不能说明合法来源的，可以认定为赌资。向该银行账户转入、转出资金的银行账户数量，可以认定为参赌人数。

网络赌博犯罪中，赌博网站的代理人所实施的赌博犯罪行为一般认为是"开设赌场"的行为。为了顺利开展赌博犯罪活动，赌博网站的代理人通常要组织相关人员共同完成赌博犯罪活动，对于在赌博犯罪团伙中，对从事开设赌场的犯罪起着直接的、必不可少的作用的人员应当依法追究刑事责任；对于开设赌场犯罪无足轻重的人员可以不追究刑事责任。

本案中，甲利用赌博软件的代理账号生成二维码，供他人扫描赌博软件二维码下载软件，使扫描其二维码下载赌博软件的人成为其下一级，供其发展的下线利用赌博软件进行赌博，一级下线也可以上述方法发展下线，成为甲的二级下线，以此形成金字塔形式，甲发展的一级下线、二级下线等在赌博网站进行赌博，其行为已经构成开设赌场罪。

关于甲所收取的服务费，笔者认为，所收服务费不应该包括本人参与赌博所得服务费，也是就本案所说的"奖励金"。因为代理实现的是赌博网站与参赌人员之间赌博信息与赌资之间的介质作用，自己参与赌博，没有利用所谓的代理作用，此时甲与赌博网站之间仅仅是赌博的双方，因此而得奖励金也不是为赌博网站发展的会员参与赌博所收取的服务费。

综上，甲参与赌博所获得的2880余元非法所得应当在"奖励金"中予以扣除。

因为本案涉及网络赌博，所以认定的金额与对犯罪嫌疑人的量刑有着直接关系。依照《刑法》第303条规定，犯开设赌场罪的，处3年以下有期徒刑、拘役或管制，并处罚金；情节严重的，处3年以上10年以下有期徒刑，并处罚金。

该款规定的"情节严重"，是本罪的加重处罚情节。网上开设赌场罪的，依照《网络赌博意见》第1条的规定，具有下列情形之一的，应当认定为"情节严重"：（1）抽头渔利数额累计达到3万元以上的；（2）赌资数额累计达到30万元以上的；（3）参赌人数累计达到120人以上的；（4）建立赌博网站后通过提供给他人组织赌博，违法所得数额在3万元以上的；（5）参与赌博网站利润分成，违法所得数额在3万元以上的；（6）为赌博网站招募下级代理，由下级代理接受投注的；（7）招揽未成年人参与网络赌博的；（8）其他特别严重的情形。不属于网上开设赌场的，可以参照上述规定并结合案件的具体情况进行认定。

（河北省滦州市人民检察院　陈继云）

对利用移动存储介质贩卖淫秽电子信息的行为如何定罪处罚

一、基本案情

2019年11月26日,犯罪嫌疑人王某某将载有黄色视频的U盘在自己经营的大众音响店出售给他人时,被公安机关当场查获。犯罪嫌疑人王某某供述,自己为赚钱将载有淫秽视频的U盘向外卖出了两个,经鉴定,两个U盘内共有199个黄色视频,同时公安机关在音像店搜查时,发现1个内存卡,该卡未卖出,但内有130个黄色视频。犯罪嫌疑人王某某供认,上述存储介质是从集市上卖光盘的小贩处购得,公安机关未能查到该小贩。犯罪嫌疑人王某某供认第一个U盘从购买人何某某处非法获利30元。何某某用第一个U盘(内有66个黄色视频)来更换第二个U盘(内有133个黄色视频),双方已商定何某某再给犯罪嫌疑人王某某30元,第二个U盘虽已交付给何某某但尚未付钱就被公安机关查获。经鉴定,上述2个U盘、1个内存卡内的329个视频均为淫秽视频。

二、分歧意见

关于对犯罪嫌疑人王某某的行为作相对不起诉还是定罪处罚,有两种意见:

第一种意见认为,犯罪嫌疑人王某某在自己经营的音响店出售载有黄色视频的U盘和内存卡,共有黄色视频329个,并从中获利30元。综合考虑存储介质数量、传播人数、获利金额等情节,建议作相对不起诉。

第二种意见认为,犯罪嫌疑人王某某已将2个U盘出售,能够认定为用于贩卖牟利,内存卡虽存有淫秽视频,但是未能查明来源,也没有出售给其他人员,只有犯罪嫌疑人供述是用于出卖牟利,认定出卖牟利证据不足;2个U

盘内含有淫秽视频 199 个，根据最高人民法院《关于审理非法出版物刑事案件具体应用法律若干问题的解释》（以下简称《解释》）第 8 条的规定，贩卖淫秽碟、软件、录像带 100 张至 200 张以上的，以贩卖淫秽物品牟利罪定罪处罚。

三、评析意见

笔者同意第一种意见。

1. 犯罪嫌疑人王某某的行为涉嫌贩卖淫秽物品牟利罪。

U 盘系移动存储介质，但不属于移动通讯终端，贩卖载有淫秽视频的 U 盘不能适用最高人民法院、最高人民检察院《关于办理利用互联网、移动通讯终端、声讯台制作、复制、出版贩卖、传播淫秽电子信息刑事案件具体应用法律若干问题的解释》中关于数量的规定。

最高人民检察院法律政策研究室对北京市人民检察院《〈关于利用移动存储介质复制、贩卖淫秽视频电子信息牟利如何适用法律问题的请示〉的答复意见》（以下简称《答复意见》）规定，"以牟利为目的，利用手机存储卡、U 盘等移动存储介质复制、贩卖淫秽电子信息的，依照刑法第三百六十三条第一款的规定定罪处罚"。

本案虽然未能查明存储介质来源，但能够认定王某某实施了为牟利而出售的行为并已获利的事实，根据上述答复意见，犯罪嫌疑人王某某明知 U 盘载有黄色视频，为牟利而向他人出售，其行为涉嫌贩卖淫秽物品牟利罪。

2. 犯罪嫌疑人王某某贩卖载有淫秽视频的移动存储介质为 3 个，淫秽视频的数量为 329 个。

《答复意见》同时规定，利用手机存储卡、U 盘等移动存储介质贩卖淫秽电子信息的定罪量刑的标准可以参考《解释》第 8 条规定，同时综合考虑存储介质数量、人数、获利金额等情节。对于移动存储介质中淫秽视频电子信息的数量计算以电子视频文件的个数为单位，一个淫秽文件视为一张影碟、一个软件、一盘录像带；具体定罪量刑标准，可以参考制作、复制、贩卖淫秽影碟、软件、录像带的相关规定。

公安机关在音像店内搜查出 3 个移动存储介质，虽然不能查明 3 个移动存储介质中淫秽视频是王某某复制的、还是从他处连同移动存储介质一起购买的，但确为牟利而放在店内出售，且已售出 2 个并获利 30 元，另 1 个处于待售状态，因此 3 个移动存储介质、329 个淫秽视频均应计算为王某某贩卖的数量。

《答复意见》虽然认为利用移动存储介质贩卖淫秽电子信息按照贩卖淫秽物品牟利罪定罪处罚，但同时指出，也要考虑移动存储介质数量、传播人数、获利金额等情节。与该答复精神一致的，还有最高人民检察院、最高人民法院《关于利用网络云盘制作、复制、贩卖、传播淫秽电子信息牟利行为定罪量刑问题的批复》，该批复规定：对于以牟利为目的，利用网络云盘制作、复制、贩卖、传播淫秽电子信息的行为，在追究刑事责任时，鉴于网络云盘的特点，不应单纯考虑制作、复制、贩卖、传播淫秽电子信息的数量，还应充分考虑传播范围、违法所得、行为人一贯表现以及淫秽电子信息、传播对象是否涉及未成年人等情节，综合评估社会危害性，恰当裁量刑罚，确保罪责刑相适应。

综上，犯罪嫌疑人王某某利用3个移动存储介质贩卖淫秽电子信息329个构成贩卖淫秽物品牟利罪，但实际上仅有66个淫秽电子信息传播到社会上，传播人数1人，获利30元，根据上述答复和批复精神，犯罪嫌疑人王某某的犯罪情节轻微，可以作相对不起诉。

（河北省滦州市人民检察院　傅秀辉）

妻子隐瞒丈夫交通肇事的事实后丈夫自首，妻子是否构成犯罪

一、基本案情

2019年10月10日19时50分许，被告人董某甲驾车载被告人董某乙沿丰南区迎宾路由南向北行驶至高铁桥南时，与沿迎宾路由北向南逆向行驶的王某某的车相撞，造成王某某经抢救无效死亡、车辆受损的重大交通事故。事故发生当天，董某甲自述其中午少量饮酒，事故发生后，董某乙于2019年10月10日20时1分电话报警并在现场等待，董某甲去医院抢救伤者，自述在伤者抢救无效死亡后返回案发现场，此时董某乙已经向交警说明驾驶人为她自己，董某甲等待董某乙做完笔录一起返回家时，董某乙告诉董某甲不要节外生枝。交警并未对董某甲做任何讯问。

2019年10月21日，被告人董某甲、董某乙主动到公安机关投案，说明事故时实际驾驶人为董某甲。自述当时撒谎的原因在由于肇事车辆和保险都是董某乙的名字，怕说出驾驶人为董某甲会导致保险无法理赔，并且以为这场事故只涉及民事赔偿不涉及刑事犯罪。

2019年11月13日，经公安交警部门认定，董某甲驾车违反《中华人民共和国道路交通安全法》第42条第2款、第70条第1款，以及《中华人民共和国道路交通安全法实施条例》第92条第1款规定，负此次事故的主要责任。

事故责任认定书认定：由于二人去公安机关自首说明实际驾驶人是董某甲，所以认定董某甲逃逸，因此判定董某甲负主要责任，构成交通肇事罪。

2019年11月17日，当事人双方就民事赔偿达成调解协议。

二、分歧意见

关于董某乙是否构成包庇罪，有三种不同意见：

第一种意见认为，董某乙不构成包庇罪。原因是：董某乙有包庇行为，可行为时董某甲没有逃逸的故意，不构成交通肇事罪，所以董某乙不构成包庇罪。

交警勘查现场时，虽然此时董某甲没有在现场，但系其积极救助被害人，跟随救护车去抢救伤者，因此董某甲此时不具有逃避法律追究的故意，没有逃逸的故意。

交警勘查现场时董某乙隐瞒了董某甲是驾驶人的真相，董某乙的这种虚构事实、隐瞒真相的行为确实是包庇行为，但是包庇行为不一定就构成包庇罪。

包庇罪，是指明知是犯罪的人而作假证明包庇的行为。认为不构成包庇罪的理由是：董某乙在进行包庇行为时，不明知董某甲已经涉及刑事犯罪了。并且事故的发生是由于被害人驾驶车辆突然驶入对面车道，被害人逆行才与正常行驶的董某甲的车辆相撞，从当时事故现场和事故原因看，在正常情况下，此事故的责任认定不应该由董某甲负事故的主要责任或者全部责任，董某乙进行包庇行为时，也不涉嫌交通肇事罪。综上，董某乙主观上不明知董某甲犯罪，客观上按照当时的情况和事故发生的原因，董某甲也不构成交通肇事罪，董某乙的包庇行为不应当认定为包庇罪。

第二种意见认为，董某乙构成危险驾驶的包庇罪。董某乙构成包庇罪，是因为董某甲涉嫌危险驾驶罪。至于对于交通肇事罪的包庇，由于在包庇行为发生时，根据现场情况，董某甲不应当承担主要责任或者全部责任，并且交警没有出具责任认定书，因而董某乙的包庇行为不构成交通肇事罪的包庇罪。

构成危险驾驶罪的包庇理由是：根据董某甲的笔录显示，董某甲在肇事事故发生当天的中午，是有饮酒行为的，除去董某乙自述包庇行为的原因是为了报保险外，也不排除董某乙进行包庇行为时，是考虑到中午饮酒的情节，因此董某乙的行为构成了危险驾驶罪的包庇，构成包庇罪。

第三种意见认为，董某乙构成交通肇事罪的包庇罪。董某乙是有包庇行为的，董某乙包庇时，虽然根据现场的状况事故的发生是由于被害人的过错，董某乙主张按照常理董某甲不会被认定为事故的主要责任和全部责任，因而董某乙认为其包庇的人不是犯罪的人，进而不成立包庇罪。但是在后期，董某乙将其隐瞒实际驾驶人是董某甲的事情告诉给董某甲后，董某甲并未当时提出异议，此时，由于董某甲默认董某乙的包庇行为，便可以推断董某甲此时有了有逃避法律追究的故意，此时董某甲就构成了逃逸。董某甲构成逃逸的话，董某甲在事故中就应当被认定为主要责任或者全部责任，董某甲就成了交通肇事罪的嫌疑犯。虽然此时交警未出具事故责任认定书，但是董某甲在客观上已经构成交通肇事罪，因而董某乙的包庇行为成立包庇罪。

后期董某甲夫妻两人去自首的行为虽然在客观上的作用是由于他们主动说明了虚构事实、隐瞒真相的包庇行为，继而被认定为逃逸，然后导致董某甲的责任分成由不承担主要责任或者全部责任变成了主要责任，成立交通肇事罪，他们的自首行为导致了董某乙的行为构成包庇罪。

但是自首与逃逸的认定互不干扰，不能因为自证其罪就不认定为包庇罪。

三、评析意见

笔者同意第三种意见，构成交通肇事罪的包庇罪。正确区分包庇行为与包庇罪，关键是明确对"犯罪的人"的理解。对此，刑法理论上存在不同观点：

第一种观点认为，"犯罪的人"是指真正的犯罪人，即从审判结局来看，必须是被判决有罪的人。

第二种观点认为，只要作为犯罪嫌疑人而被列为立案侦查对象即为"犯罪的人"。

第三种观点认为，客观上看犯罪嫌疑大的人才是"犯罪的人"。

笔者认为，第一种观点过于狭窄，不利于保护司法活动；第三种观点过于模糊；第二种观点比较适中。

首先，"犯罪的人"应从一般意义上理解，而不能从"无罪推定"的角度作出解释。易言之，虽然包括严格意义上的"罪犯"，但不仅指已经被法院作出有罪判决的人。

其次，已被公安、司法机关依法作为犯罪嫌疑人、被告人而成为侦查、起诉对象的人，即使事后被法院认定无罪的，也属于"犯罪的人"。

再次，即使暂时没有被公安、司法机关作为犯罪嫌疑人，但确实实施了犯罪行为因而将被公安、司法机关作为犯罪嫌疑人、被告人而成为侦查、起诉对象的人，同样属于"犯罪的人"。

最后，实施了符合构成要件的违法行为，但没有达到法定年龄、不具有责任能力的人，原则上属于"犯罪的人"。但联系本罪的法益考虑，如果行为人确定、案件事实清楚，公安、司法机关不可能介入刑事司法活动，对这类"犯罪的人"实施所谓窝藏、包庇的行为，不成立犯罪。

结合本案，在董某乙实施包庇行为时，从现场勘查和事故发生的原因看，董某甲不会被认定为主要责任或者全部责任，因此没有实施犯罪行为，也就不是"犯罪的人"。

本案中还涉及关于期待可能性的理解。期待可能性，是指根据具体情况，有可能期待行为人不实施违法行为而实施其他适法行为。期待可能性理论认为，如果不能期待行为人实施其他适法行为，就不能对其进行法的非难，因而不存在刑法上的责任。

结合本案，董某乙是罪犯的近亲属，理论上是缺乏期待可能性的。但是在实践中，如果行为人主观上明知对方是犯罪的人而包庇的，应认定为包庇罪，本案中，在董某乙告知董某甲自己的包庇行为后，实际上已经妨害了司法机关发现"犯罪的人"，董某甲在此时的默认态度也表明其主观上具有了逃避法律追究的故意，此时董某甲成为法律意义上"犯罪的人"，董某乙构成包庇罪。

（河北省唐山市丰南区人民检察院　郑文泉；
河北省唐山市汉沽管理区人民检察院　刘子陌）

行为人收购赃物时尽到了审慎注意义务的是否构成犯罪

一、基本案情

张某曾是甲铁厂外委公司业务员，负责领料跑票工作。其被公司辞退后仍冒充该公司业务员持在职期间偷拿的甲铁厂外委公司出库单，凭出库单在甲铁厂保卫部办理了出门证，到甲铁厂骗取成品钢材，重13.32吨，总价值47286元，后张某租用车辆将两批成品钢材凭出门证运出铁厂，当日以案发前几日商定的每吨2000元价格卖给了铁厂周边陆某经营的废品收购站，此时钢材市场交易价为每吨3000元，交易前陆某曾向甲铁厂保卫处咨询过外委公司对有出厂手续的剩余物料有自行处置的权利，交易时张某向陆某出具了"甲铁厂外委公司出库单"1张且表明钢材不是偷的，有正常手续，当日中午陆某用张某租用的吊车将钢材放置到其邻居赵某院内，陆某付给张某人民币26000元。半个月后，张某又打电话给陆某告知其还有成品钢材要卖，陆某称胆小害怕不敢收了。陆某收购钢材20多天后案发。

二、分歧意见

本案中，陆某以涉嫌掩饰、隐瞒犯罪所得罪被公安机关立案侦查。对于陆某是否成立该罪，存在两种不同观点：

一种观点认为，陆某构成此罪。（1）陆某经营的废品收购站位于甲铁厂附近，且从事废品收购3年时间，对成品钢材是否能够出售及甲铁厂内偷盗钢材行为应较为了解，应有判别能否收购的能力；（2）陆某虽向张某询问过钢材是否为偷来的，且向甲铁厂保卫处咨询，但仅能认定履行了部分义务，作为长年收购废品的人应尽到更多的注意义务；（3）张某出具的出库单仅是出门凭证，不能证明钢材来源的合法性；（4）陆某在张某第二次想向其出售钢材时表示不敢收了，表明其对第一次收购的钢材抱有怀疑、侥幸的心理；（5）陆某作为经营废品站应熟知成品钢材市场价格，其收购张某成品钢材价格明显低于市场价。因此可以推定，陆某收购张某钢材是"明知"犯罪所得而收购。

另一种观点认为，陆某不构成此罪。（1）从交易前商定出售钢材过程分析，证据证实案发前几日，张某联系陆某出售钢材时，张某明确告知陆某，钢材不是偷的，有手续，并答应把手续带给陆某，且陆某曾向甲铁厂保卫处咨询过外委公司对有出厂手续的剩余物料有自行处置的权利。陆某一定程度上直接或间接履行了问询义务，其是在了解了上述信息的情况下，才答应收购张某出售的钢材的。（2）从交易的过程分析。张某骗取钢材后于当日中午租用了板车和吊车将钢材拉出与陆某交易，并向陆某出具了外委公司出库单1张，因其收购站无地方放置，陆某便用张某吊车将钢材放到邻居赵某院内。交易后，陆某无特意尽快将钢材出售行为，直至案发。经核实尽管出库单不是证明可以出售钢材的合法手续，但也无证据证实陆某应当知道出库单不是合法手续。因此，从现有证据看，无法推定陆某主观"明知"，其不构成掩饰、隐瞒犯罪所得罪。

三、评析意见

笔者认为，陆某不构成掩饰隐瞒犯罪所得罪。本案中，陆某能否成立掩饰、隐瞒犯罪所得罪，关键在于陆某是否"明知"其收购废品系赃物。所谓"明知"是赃物，包括"明知"肯定是赃物与"明知"可能是赃物，"明知"肯定是赃物即为直接故意犯罪。"明知"可能是赃物是指行为人根据有关事项判断财物可能是犯罪所得，但又不能充分肯定是赃物，如行为人根据财物数量、种类、价值等，认识到财物来源可能不正常，就属于可能是赃物的判断，这种情况下，若行为人对危害结果持希望态度，即为直接故意，若对危害结果持放任态度，则为间接故意。由此可见，行为人"明知"是赃物的认识不要求是确定的，只要认识到可能是赃物即可。理解"明知"含义后，还需正确认定"明知"，查明行为人是否"明知"，既要考虑行为人自身的认识能力，又要考虑案件的具体情况，如从财物来源、数量与价格，本犯提供财物的时间、地点、方法，行为人与本犯之间的关系等方面来推定行为人是否"明知"。但推定可以反驳，即被告人确实能证明自己不"明知"时，不能维持原推定结论。

回归本案，第一，陆某作为在甲铁厂周边从事3年废品收购的人，更应具有辨别能够收购的能力，也更应了解甲铁厂常有的偷盗钢材的行为。那么陆某得知张某欲向其出售数量较大的成品钢材时便询问张某是否偷来的，张某告知其有正常出库手续，可以证明陆某对此批钢材存在一定的警惕性，后陆某向甲铁厂保卫处咨询过外委公司有无自行处理有出厂手续的剩余物料的权利，被告知有权自行处置后进行了交易，且交易时查看了出库手续，该行为印证了陆某从根本上不想收购赃物的真实意思表示且已经尽到了注意义务。第二，两人交易是白天进行，张某采用吊车和板车运输钢材至陆某的废品站内，陆某用张某提供的吊车将钢材放置邻居家院中，该行为印证了两人交易无遮掩、隐瞒的意思。第三，陆某收购钢材后无特意尽快将钢材出售、转移，钢材一直放置在邻居赵某家中直至案发。

综上，现有证据表明反驳陆某"明知"的事实理由比推定"明知"的事实理由更充分，因此现有证据不足以推定陆某有掩饰、隐瞒犯罪所得的行为。

（河北省唐山市迁西县人民检察院　赵玉柱）

买卖林木后无证采伐行为的责任主体如何认定

一、基本案情

2018年12月，高某某在取得林木采伐许可证的情况下，将其位于村北稻田地的杨树卖给史某某，林木采伐许可证截止砍伐日期为2018年12月31日。2019年1月，史某某在明知林木采伐许可证过期的情况下，将从高某某处买到的杨树转卖给张某某，并明确告知张某某林木采伐许可证已经过期。次日，张某某找来工人将从史某某处买来的杨树砍伐并卖出。后经林业司法中心鉴定，高某某卖给史某某的树种为杨树，共计392株，立木蓄积共计60.9立方米。

二、分歧意见

最高人民法院《关于审理破坏森林资源刑事案件具体应用法律若干问题的解释》第5条第1款规定："未经林业行政主管部门及法律规定的其他主管部门批准并核发林木采伐许可证，或者虽持有林木采伐许可证，但违反林木采伐许可证规定的时间、数量、树种或者方式，任意采伐本单位所有或者本人所有的森林或者其他林木，数量较大的，以滥伐林木罪定罪处罚。"本案中，行为人未在林木采伐许可证规定的时间内进行采伐，已构成滥伐林木罪，但刑事责任的主体是林木的所有者、出售者，还是实施采伐行为者，理论和实践中主要存在以下几种意见：

第一种意见认为，高某某作为林木所有者构成滥伐林木罪，史某某、张某某不构成犯罪。根据民法理论，林木为地上附着物，属于不动产范畴，而不动产以登记为物权变动的要件，高某某将杨树出售给史某某时并没有进行登记，仍然是杨树的所有权人，而根据《河北省实施〈中华人民共和国森林法〉办法》第36条规定，采伐林木由林木所有者或者经营管理者向核发林木采伐许可证的部门申请林木采伐许可证。在本案中，只有高某某有资格申请办理林木采伐许可证,虽然高某某在出售杨树时已经办理采伐证,但其仍然对采伐行为有监管义务,应对他人违反采伐证规定的采伐行为负责。史某某转卖、张某某实施采伐的行为,是为了实现其购买林木获得财产性利益的目的,实施采伐行为应该视为受委托或雇佣的一种行为,且其不具备申请林木采伐许可证的资格,不是无证采伐的责任主体,因此滥伐林木罪的责任主体应是林木所有权人高某某。

第二种意见认为,史某某、张某某构成滥伐林木罪,属于共同犯罪,高某某不构成犯罪。该意见认为,高某某在出售杨树之前已经办理了林木采伐许可证,在出售杨树时该采伐证尚未到期,且将该采伐证一并交给了史某某,高某某对史某某再次转卖及超期采伐的事实并不知情,主观上无滥伐林木的故意,客观上无违反规定实施采伐的行为,因此不构成犯罪。史某某和张某某在交易时均明知林木采伐许可证规定的时间已经到期,二人属于共同故意,是作为与不作为的结合,张某某直接实施了滥伐林木行为,其行为是作为;史某某转卖时明知采伐证过期,仍放任张某某的采伐行为,其行为是不作为。因此,史某某和张某某成立滥伐林木罪的共同犯罪。

第三种意见认为,张某某作为具体实施滥伐行为者单独构成滥伐林木罪,高某某、史某某不构成犯罪。史某某将杨树卖给张某某时已经充分告知张某某采伐许可证过期的事实,并且采伐许可证到期后可以重新办理,不影响对林木的买卖,且史某某对张某某采伐林木的行为没有提供相关帮助,因此,张某某单独构成滥伐林木罪。

三、评析意见

笔者同意第三种意见,具体分析如下:

1. 高某某将涉案杨树出售给史某某,是买卖关系而非委托、雇佣关系,高某某不构成滥伐林木罪。关于涉案杨树的所有权问题,我国法律规定以登记为不动产物权的公示方法,但关于登记的法律效力,又分为"登记生效主义"和"登记对抗主义"。"登记生效主义"以登记作为物权变动的要件,非经登记,不仅不能对抗第三人,而且在当事人之间也不发生效力;而"登记对抗主义"是以登记作为公示不动产物权状态的方法,不动产物权的转让依当事人之间的合意即产生法律效力,非经登记,不能对抗第三人。根据《民法典》第333条、第335条的规定,土地承包经营权自土地承包经营权合同生效时设立,县级以上地方人民政府应当向土地承包经营权人发放土地承包经营权证、林权证、草原使用权证,并登记造册,确认土地承包经营权。土地承包经营权人将土地承包经营权互换、转让,当事人要求登记的,应当向县级以上地方人民政府申请土地承包经营权变更登记;未经登记,不得对抗善意第三人。可见，林地使用权和附着的林木所有权的转让，采用的是"登记对抗主义"，不以登记为生效要件。因此，高某某与史某某签订买卖合同时，所有权即发生转移，且高某某将林木采伐许可证一并转让给史某某，其对后续的采伐行为无监管职责，并非滥伐林木罪的责任主体。

2. 史某某和张某某的行为不属于共同犯罪。我国《刑法》第25条第1款规定，共同犯罪是指二人以上共同故意犯罪，要成立共同犯罪，除片面共犯外，各共同犯罪人必须事前或事中有通谋，通谋即意思联络，是指各行为人通过犯罪意思的表示和反馈，明知自己是与他人配合实施犯罪，从而形成共同的犯罪故意。本案中，史某某在转卖杨树时，虽然明知林木采伐许可证已经过期，但其将该事实明确告知了张某某，且没有任何教唆或帮助张某某无证采伐杨树的行为，甚至并不明知张某某购买杨树用来砍伐还是转卖，其与张某某并无通谋，不属于共同犯罪。史某某在林木采伐许可证过期的情况下转卖林木的行为是否构成滥伐林木罪？笔者认为，史某某的行为不构成滥伐林木罪，根据民法规定，史某某从高某某处购买杨树后，其作为所有权人当然享有占有、使用、收益、处分权，"采伐林木必须申请采伐许可证"这一规定限制的只是在采伐林木时必须申请林木采伐许可证，并非对林木所有者处分权的剥夺。如果林木所有者不采伐，而仅仅只是转让林木所有权，则法律对其并无任何限制。本案中，史某某出售杨树是其行使所有权的体现，自其与张某某达成转让协议起，买卖合同就已成立，此时对涉案杨树是采伐还是继续转卖，处分权理当由张某某行使，林木采伐许可证也理当由采伐者重新办理。因此，在史某某未教唆或帮助张某某无证采伐的情况下，不成立滥伐林木罪。

3. 张某某的行为符合滥伐林木罪的犯罪构成。《刑法》第345条第2款规定的是滥伐林木罪，本罪侵犯的客体是国家保护林业资源的管理制度，在客观方面表现为违反森林法和其他有关保护森林和林木的法律法规，未经林业行政主管部门批准并核发林木采伐许可证，或者虽持有林木采伐许可证，但违反林木采伐许可证规定的时间、数量、树种或者方式，任意采伐本单位所有或者本人所有的森林或者其他林木的。本罪在主观方面表现为故意，即行为人是在明知的情形下滥伐林木，并且希望或放任这种结果发生的故意，本罪的主体是一般主体。本案中，张某某在与史某某签订买卖合同时已经取得了杨树的所有权，其违反规定进行砍伐的行为符合滥伐林木罪的客观要件；在与史某某进行交易过程中，张某某已经明确知道林木采伐许可证过期，在这种情形下，张某某仍然积极雇佣工人进行砍伐，属于故意犯罪。因此，张某某的行为符合滥伐林木罪的构成要件，其滥伐的林木已达到"数量巨大"标准，应当以滥伐林木罪追究其刑事责任。

（河北省唐山市曹妃甸区人民检察院　徐娜）

持空酒瓶打伤他人可否认定为"持凶器"随意殴打他人

一、基本案情

2016年6月28日凌晨3时前后,犯罪嫌疑人赵某某等人在寿光市人民广场南侧某烧烤处吃饭时,与邻桌邵某某因琐事发生口角,后赵某某持空啤酒瓶将邵某某头部打伤,经鉴定,邵某某的伤情属轻微伤。

二、分歧意见

2013年7月15日,最高人民法院、最高人民检察院《关于办理寻衅滋事刑事案件适用法律若干问题的解释》第2条第1款第4项规定,"持凶器随意殴打他人的"属于"随意殴打他人,破坏社会秩序,情节恶劣"的情形之一;第3条第1款第2项规定,"持凶器追逐、拦截、辱骂、恐吓他人的"属于"追逐、拦截、辱骂、恐吓他人,破坏社会秩序,情节恶劣"的情形之一。2008年6月25日,最高人民检察院、公安部《关于公安机关管辖的刑事案件立案追诉标准的规定(一)》第37条第1项规定,"随意殴打他人造成他人身体伤害,持械随意殴打他人或者具有其他恶劣情节的",属于"寻衅滋事,破坏社会秩序",应当予以立案追诉标准。从上述相关规定来看,认定是否属于"持凶器"随意殴打他人或"持凶器"追逐、拦截、辱骂、恐吓他人成为认定是否涉嫌寻衅滋事犯罪的关键。在实际办案过程中,关于"持凶器"的理解,出现了不同的意见。

第一种意见认为,犯罪嫌疑人赵某某持啤酒瓶将邵某某头部打伤,致邵某某轻微伤的行为,应当认定啤酒瓶为凶器,根据"持凶器随意殴打他人,破坏社会秩序,情节恶劣的情形"规定,应当认定犯罪嫌疑人涉嫌寻衅滋事犯罪。

第二种意见认为,犯罪嫌疑人赵某某持啤酒瓶将邵某某头部打伤,致邵某某轻微伤的行为，不应当认定为"持凶器"随意殴打他人行为，应当认定为"持械"行为。关于"持凶器"，2013年7月15日"两高"的司法解释对2008年最高人民检察院、公安部的追诉标准进行了修改，持凶器和持械有着不同的含义，应当严格区别，否则有打击范围过大之嫌。因此，犯罪嫌疑人赵某某不涉嫌寻衅滋事犯罪。

三、评析意见

笔者同意第二种意见。

1. 关于"凶器"的规定。刑法中关于"凶器"的出现有两处：一处是第267条第2款规定的"携带凶器抢夺"；另一处是"携带凶器盗窃"。

2000年11月，最高人民法院《关于审理抢劫案件具体应用法律若干问题的解释》第6条对"携带凶器抢夺"作了规定，携带凶器抢夺，是指行为人随身携带枪支、爆炸物、管制刀具等国家禁止个人携带的器械进行抢夺，或者为了实施犯罪而携带其他器械进行抢夺的行为。

2013年4月，最高人民法院、最高人民检察院《关于办理盗窃刑事案件适用法律若干问题的解释》第3条第3款对"携带凶器盗窃"作了规定，携带枪支、爆炸物、管制刀具等国家禁止个人携带的器械盗窃，或者为了实施违法犯罪携带其他足以危害他人人身安全的器械盗窃的，应当认定为"携带凶器盗窃"。

2. 关于"械"的规定。全国人大法工委编写的《刑法释义》规定，持械聚众斗殴主要是指"参加聚众斗殴的人员使用棍棒、刀具以及各种枪支武器进行斗殴"。将"械"理解为棍棒、刀具以及各种枪支武器。

2006年，河北省高级人民法院《关于办理聚众斗殴犯罪案件的若干意见》规定，"持械"是指参加聚众斗殴的人员直接使用的器械，或者在斗殴中携带并且显示但实际未使用的情形。这里的"械"是指各种枪支、刀具、棍棒、砖块等"足以致人伤亡"的工具。

2009年，河北省公安厅、河北省人民检察院、河北省高级人民法院《关于办理聚众斗殴案件适用法律若干问题的意见》指出，械是指各种枪支、治安管制器具、棍棒等足以致人伤亡的工具；对于持砖块、酒瓶类一般工具进行斗殴的，要结合所持的一般工具在斗殴中的使用情况及造成的后果等情节认定是否为"械"。

3. 本案关于"持凶器"随意殴打他人的理解。从上述相关规定来看，械的范围明显要比凶器的范围大。我们应当严格掌握凶器的范围，避免持"凶器"和持"械"的混淆。

如何界定凶器？从上述规定来看，携带凶器抢夺、携带凶器盗窃中，凶器分为两类：一是国家禁止个人携带的器械；二是为了实施犯罪而携带的其他器械，是具有为了实施犯罪的主观目的的。至于寻衅滋事罪中的"凶器"是否只有这两类？笔者认为，罪名不同，行为不同，应当对凶器的理解也不同。

上述两类凶器，自然成为寻衅滋事犯罪中"持凶器"中"凶器"并无异议。除此之外，在案发现场临时性取得的，足以造成人身伤亡的其他器械能否认定为寻衅滋事犯罪中的凶器呢？

笔者认为，之所以抢劫罪和盗窃罪中对其他器械作了"为了实施犯罪"的目的性限制，一是为了解释"携带"的需要；二是携带凶器无论是抢夺还是盗窃，凶器本身是不能用的，否则就成典型的抢劫了，既然如此，就需要从目的性上进行限制，以明确凶器的判断标准。寻衅滋事罪中的无论是持凶器随意殴打他人，还是持凶器追逐、拦截、辱骂、恐吓他人，凶器本身已经派上用场了，不应当也不需要限定为了实施犯罪，否则既不符合实践状况，也会增加认定犯罪的难度。然而，持啤酒瓶随意殴打他人能否评价为凶器，关键看致人伤亡可能性的大小或以啤酒瓶致人伤亡的程度，这是一个价值判断而非事实判断。从案发现场临时取得的其他器械能否认定是凶器，要结合器械的特点以及实际使用的情况综合认定，一定要做到既要符合法律规定对凶器的界定，避免与"械"混淆，又要符合人们日常对凶器的认识，或者看实际使用器械造成的后果。

判定标准主要从两个方面把握，一是从该器械致人伤亡的可能性大小上去判定；二是从实际造成的伤情结果去判定。如果该器械致人伤亡的可能性大，就能认定为凶器；实际造成的伤情重的，就能认定为凶器，否则不宜认定为凶器。致人伤亡的可能性大小的判断标准应当以该器械能否造成被害人重伤以上，如果该器械不可能造成被害人重伤以上，与人们日常认识或理解的凶器差别较大，就不宜认定为凶器。如将啤酒瓶的底部弄下刺向被害人，应当将该啤酒瓶认定为凶器；再如行为人从案发现场临时取得的菜刀也应当认定为凶器。或者从伤害结果来看，如果在实际使用过程中造成被害人轻伤以上的，应当认定该器械为凶器。如行为人从案发现场临时取得一木棍，对被害人实施殴打，结果造成轻伤以上的结果，也可以认定该木棍为凶器，如果该木棍对被害人造成轻微伤或直接构不成轻微伤，就不宜也不应当认定为凶器。

本案中，啤酒瓶不属于国家管制类器械，也不属于事先准备实施犯罪的械具，具有一定的临时性、随意性，其不属于人们日常评价为足以造成他人重伤以上可能性的器械，实际结果也只是轻微伤的后果。综上，犯罪嫌疑人刘某某持啤酒瓶随意殴打被害人致其轻微伤的行为，不宜认定为寻衅滋事犯罪中持凶器随意殴打他人的情形，不涉嫌寻衅滋事犯罪。

（河北省唐山市丰南区人民检察院　田文松）

多次殴打他人被分别行政处罚后
可否再认定为寻衅滋事罪

一、基本案情

乔某，2010年因犯寻衅滋事罪被人民法院判处有期徒刑6个月，缓刑1年；2011年因犯寻衅滋事罪、故意伤害罪被人民法院判处有期徒刑2年10个月。

2018年6月24日21时30分许，在某养生会所门口处，乔某无故抓揪舒某的头发对其殴打，并将舒某等人吃饭的桌子掀翻，追打同舒某一起吃饭的董某、赵某等人未果。2018年9月21日，公安局依法对乔某处行政拘留15日；2018年8月4日20时许，在某水果店乔某无故殴打肖某；2018年8月4日22时许，在某住宅小区北门，乔某无故殴打张某，经鉴定张某伤情属于轻微伤。2018年10月9日，公安局依法对乔某处行政拘留15日。2018年11月28日0时许，在某音乐会所大厅前台处，乔某无故殴打刘某。刘某于当日10时报案至公安机关，公安机关以涉嫌寻衅滋事罪立案后乔某于2020年2月23日投案自首。

二、分歧意见

对乔某是否构成寻衅滋事罪，存在两种不同意见：

第一种意见认为，乔某不构成寻衅滋事罪。理由：一是寻衅滋事罪中多次随意殴打他人不包括已经行政处罚的事实、超过6个月未发现、未在法定期限内作出处理的以及行政调解的事实。本案乔某4起随意殴打他人的事实中，乔某于2018年6月24日和8月4日的先后三次殴打他人行为已被行政处罚，不可以作为寻衅滋事罪的犯罪事实。二是公安机关依据乔某每次打人行为的情形、造成的后果，对照相关行政法规，判定其属于违法行为，不属于应当追究刑事责任的情形，对其分别处以行政处罚依法有据，没有错误，不具备法定撤销情形，再将上述三次行为纳入犯罪行为评价，有"重复评价"之嫌。三是刑法分则中没有明文规定寻衅滋事已被行政处罚的行为可作为后续行为定罪情节考量，尽管乔某有前科劣迹，但将乔某前科劣迹作为定罪情节则违背"罪刑法定"原则。

第二种意见认为，乔某的行为构成寻衅滋事罪，但根据情节可以从轻或减轻处罚。理由：一是《行政处罚法》第28条规定，违法行为构成犯罪，人民法院判处拘役或者有期徒刑时，行政机关已经给予当事人行政拘留的，应当依法折抵相应刑期。寻衅滋事罪中的多次随意殴打他人不受是否已经行政处罚的限制，本案中3起随意殴打他人的行为虽然已经行政处罚，但都可以作为寻衅滋事罪的犯罪事实，因此认为乔某构成寻衅滋事罪。二是本案中乔某多次随意殴打他人包括已经行政处理的事实情节轻微，4次寻衅滋事行为仅一人伤情鉴定为轻微伤。而且乔某的行为都是自己的行为，不涉及他人，也不涉及黑恶势力，乔某又投案自首，对殴打的被害人赔礼道歉，积极进行调解并赔偿损失，可以按照《刑事诉讼法》第177条第2款"对于犯罪情节轻微，依照刑法规定不需要判处刑罚或者免除刑罚的，人民检察院可以作出不起诉决定"的规定，对乔某作出不起诉决定。

三、评析意见

笔者同意第一种意见，即乔某的行为不构成寻衅滋事罪。

《刑法》第293条规定，"有下列寻衅滋事行为之一，破坏社会秩序的，处五年以下有期徒刑、拘役或者管制：（一）随意殴打他人，情节恶劣的；（二）追逐、拦截、辱骂、恐吓他人，情节恶劣的；（三）强拿硬要或者任意损毁、占用公私财物，情节严重的；（四）在公共场所起哄闹事，造成公共场所秩序严重混乱的。纠集他人多次实施前款行为，严重破坏社会秩序的，处五年以上十年以下有期徒刑，可以并处罚金"。

结合本案，针对"随意殴打他人，情节恶劣"这一要件，2013年7月，最高人民法院、最高人民检察院《关于办理寻衅滋事刑事案件适用法律若干问题的解释》第2条作出了明确规定："随意殴打他人，破坏社会秩序，具有下列情形之一的，应当认定为刑法第二百九十三条第一款第一项规定的'情节恶劣'：（一）致一人以上轻伤或者二人以上轻微伤的；（二）引起他人精神失常、自杀等严重后果的；（三）多次随意殴打他人的；（四）持凶器随意殴打他人的；（五）随意殴打精神病人、残疾人、流浪乞讨人员、老年人、孕妇、未成年人，造成恶劣社会影响的；（六）在公共场所随意殴打他人，造成公共场所秩序严重混乱的；（七）其他情节恶劣的情形。"

1. 具有社会危害性的行为不必然构成犯罪。本案中，犯罪嫌疑人乔某的行为确有一定社会危害性，但该社会危害性是否达到成立犯罪所要求的程度？这也是考察犯罪是否成立的关键因素。社会危害性是犯罪的基本特征之一。犯罪的社会危害性，是指犯罪对国家和人民利益所造成的危害。没有社会危害性，就没有犯罪；社会危害性没有达到相当的程度，不构成犯罪。即某种行为具有一定的社会危害性，不一定就是犯罪，故对情节显著轻微危害不大的，不认为是犯罪，对可以经由行政处罚或其他处理的违法行为，也不作为犯罪追究。本案中，乔某的行为确实具有一定社会危害性，对社会秩序造成了一定的影响。就本案来说，笔者认为，前三次作为违法行为进行评判惩处还是适当的。《治安管理处罚法》第26条规定："有下列行为之一的，处五日以上十日以下拘留，可以并处五百元以下罚款；情节较重的，处十日以上十五日以下拘留，可以并处一千元以下罚款：（一）结伙斗殴的；（二）追逐、拦截他人的；（三）强拿硬要或者任意损毁、占用公私财物的；（四）其他寻衅滋事行为。"第43条规定："殴打他人的，或者故意伤害他人身体的，处五日以上十日以下拘留，并处二百元以上五百元以下罚款；情节较轻的，处五日以下拘留或者五百元以下罚款。有下列情形之一的，处十日以上十五日以下拘留，并处五百元以上一千元以下罚款：（一）结伙殴打、伤害他人的；（二）殴打、伤害残疾人、孕妇、不满十四周岁的人或者六十周岁以上的人的；（三）多次殴打、伤害他人或者一次殴打、伤害多人的。"显然，对于多次殴打他人仍然可以在行政处罚的范围内惩处。首先，对2018年6月24日和8月4日乔某的三次行为进行评价，虽然乔某无故抓揪舒某的头发对其殴打，并将舒某等人吃饭的桌子掀翻，追打同舒某一起吃饭的董某、赵某等人的行为，但从后果看显然是达不到追究刑事责任的情节的。对8月4日晚乔某的两次殴打行为尽管有一人轻微伤，但分析原因与第一次是一样的，追究刑事责任的情节。其次，对于两次刑事前科，一般不能纳入犯罪评价，只能作为一旦认定犯罪后是否需认定为累犯、前科的一个量刑情节。

2. 将此前三次已受行政处罚的行为纳入评价，并无明确法律依据。乔某在本案中的行为不符合《刑法》第293条关于寻衅滋事罪的法定表现形式。对于在一年内因殴打他人受到两次行政处罚而再次实施随意殴打他人的行为则作为犯罪的观点，笔者认为法律没有明文规定，强行适用并不符合罪刑法定的原则。

3. 本案中原有行政处罚并无错误，没有撤销或折抵的必要。单独评价前三次行政处罚针对的乔某的行为，相应行政处罚不存在降格处罚的情况，不属于可撤销情形，将上述行为重新评价有违"一事不再理原则"。

4. 行政处罚可以折抵刑罚的问题是个干扰项。笔者认为，该理由忽视了行政处罚法规定的行政处罚折抵刑罚，前提是"违法行为构成犯罪，人民法院判处拘役或者有期徒刑时"，这是在确定需要作为犯罪追究后考虑的问题，而不应作为"可以作为犯罪追究"的理由。因为认定犯罪后将原有行政处罚折抵刑罚而据此作为认定为犯罪的理由之一，显然是倒果为因。

综上，笔者认为，乔某的行为不构成犯罪。

（河北省唐山市丰南区人民检察院　佟丽敏）

行为人为他人逃逸出谋划策的构成何罪

一、基本案情

甲醉酒后驾驶机动车上道路行驶，乘坐甲车的有乙、丙、丁。甲车与张某某驾驶的机动车发生交通事故，致车辆损坏。事故发生后，乙提出甲是醉驾，需找人顶替，甲、丙、丁均表示同意。乙联系好与甲同村的亲戚戊和甲父，甲父驾驶二轮摩托车将戊带至案发现场。甲此时在离事故现场300米处，甲父到达后，甲驾驶甲父的摩托车在驶离现场过程中被交警拦截，经鉴定，血液中酒精含量为143.2mg/100ml。甲、乙、丙、丁、戊、甲父在公安机关做笔录时均称肇事司机是戊。

二、分歧意见

关于乙构成何罪？存在以下三种分歧意见：

第一种意见认为，构成妨害作证罪。根据《刑法》第307条对妨害作证罪的规定，第一，主体方面，本罪主体为一般主体；第二，主观方面，乙通过积极的行为指使丙、丁作伪证，表现出主观上是直接故意；第三，客体方面，乙对公安机关的侦查活动造成了阻碍；第四，客观方面，乙劝说没有喝酒的戊自愿代替甲冒充肇事司机，指使丙和丁作伪证。虽然乙行为的表现形式并非法条列举的暴力、威胁、贿买三种手段，但法条以"等"字含括的如劝说、请求、指使方式也可作为构成该罪的手段，尤其是在犯罪方式纷繁复杂的今天，不能只是单纯依赖法条对犯罪手段的逐一列举。这三种较为平和的表现形式，在量刑上相对于暴力、威胁、贿买三种手段可以酌定从轻处罚。综上，乙应当以妨害作证罪定罪处罚。

第二种意见认为，在第一种意见的基础上，认为乙也构成了包庇罪，应当数罪并罚。将乙的行为拆解开来：第一，指使丙、丁作伪证，构成妨害作证罪；第二，乙联系戊，劝说、指使没有喝酒的戊代替醉酒的甲成为肇事司机，以帮助甲逃避法律追究，其与戊构成包庇罪的共犯，乙为教唆犯，并且乙也在公安机关作出了虚假证言，构成包庇罪。因此，乙的数个行为构成包庇罪、妨害作证罪，应当数罪并罚。

第三种意见认为，包庇罪和妨害作证罪择一重处。乙的主观目的是包庇，在实施包庇罪的过程中，只是以妨害作证为手段行为，系牵连犯。因此，乙应当构成处断的一罪，而非数罪并罚。

三、评析意见

笔者同意第三种意见，具体分析如下：

牵连犯是指出于一个犯罪目的，实施数个犯罪行为，数个行为之间存在手段与目的或者原因与结果的牵连关系，分别触犯数个罪名的犯罪状态。牵连犯有三点要求：第一，实施两个以上独立犯罪。乙指使丙和丁作伪证，实施了妨害作证罪；乙在侦查机关作虚假证言、指使戊顶包，实施了包庇罪。第二，数罪必须出于同一个犯罪目的。乙出于帮助甲逃避法律追究的目的，指使丙、丁、戊、甲父作出触犯刑法的行为，成为交通事故后的行动策划者。第三，数个犯罪行为之间有牵连关系。乙在公安机关作了包庇甲的虚假证言，为了帮助甲，事先与甲、丙、丁串通，事先联系戊为甲顶包。乙的行为完全符合牵连犯的要求，故笔者认为乙构成牵连犯。

牵连犯是从一重处还是数罪并罚，笔者倾向于前者，也就是通说的观点。第一，从侵犯的客体来看，乙的数个行为侵犯的客体只有一个，都是司法秩序；第二，从危害后果来看，乙目的仅是包庇，妨害作证是乙的手段行为，是为了完成包庇而采取的必要方法，其造成的危害后果远小于数个分开的独立犯罪；第三，从主观恶性来看，乙不具有实施数次犯罪的主观目的和动机；第四，从刑罚效果上看，牵连犯从一重处有时能判处比数罪更重的刑法，不会违背罪责刑相适应原则，不会轻纵犯罪分子；第五，从立法目的来看，对牵连犯实行数罪并罚实际上是抹杀了牵连犯与犯数罪的一般并罚犯之间的界限，相当于架空了牵连犯这一重要的罪数形态，显然违背了立法者的初衷。

综上，笔者认为，对乙应当以窝藏、包庇罪与妨害作证罪择一重处。

(河北省唐山市玉田县人民检察院　杨婧)

帮助销售诈骗财物的是否构成掩饰、隐瞒犯罪所得罪

一、基本案情

2019年1月至4月，甲谎称自己名为李某，是中铁三局的会计，并虚构中铁三局办公送礼采购的事实，骗取了某商贸行业务员李某某的信任，先后多次从该商贸行骗走大量高档烟酒。甲将所诈骗的烟酒多次卖给郑某某，非法获利222610元；另甲因郑某某给的烟酒价钱太低，便找到乙，谎称其为政府工作人员，主管环保，并将诈骗来的大量高档烟酒谎称是送礼得来的找乙帮助其进行销赃，乙找到其朋友丙称烟酒是朋友甲送礼得来的进行销赃，非法获利188600元，乙将上述钱款全部转给甲。价格认定，被诈骗的烟酒市场价格为人民币715790元。

二、分歧意见

第一种观点认为，乙的行为构成掩饰、隐瞒犯罪所得罪。理由为：乙主观明知所收烟酒可能涉及行贿、受贿，构成掩饰、隐瞒犯罪所得罪。本案中甲构成诈骗罪，数额特别巨大，但其销赃时谎称诈骗得来的烟酒是他人送的"礼"，不符合通常意义上的"礼尚往来"里的"礼"。甲谎称自己是国家工作人员，主管环保，符合受贿罪犯罪主体条件——国家公职人员身份，烟酒是别人求其办事送的，甲的谎话完全符合受贿罪的犯罪构成，因此乙从甲的谎话中完全明知甲可能涉嫌受贿罪。无论是诈骗罪还是受贿罪，根据《刑法》第312条"明知是犯罪所得及其产生的收益而予以窝藏、转移、收购、代为销售或者以其他方法掩饰、隐瞒的，处三年以下有期徒刑、拘役或者管制，并处或者单处罚金；情节严重的，处三年以上七年以下有期徒刑，并处罚金"规定，

乙构成掩饰、隐瞒犯罪所得罪。

第二种观点认为，乙帮助甲销售的烟酒虽然系甲诈骗所得，客观上系犯罪所得的赃物，但对于乙而言，并非明知这些烟酒系犯罪所得之物，且从根本上受贿罪也是不成立的。所以，乙的行为不构成掩饰、隐瞒犯罪所得罪。

三、评析意见

笔者同意第二种观点，分析如下：

1. 根据《刑法》第312条规定，认定掩饰、隐瞒犯罪所得、所得收益罪，以上游犯罪事实成立为前提，首先得明知上游为犯罪。这里的"明知"的推定是有严格规定的，以防止客观归罪。一是看赃物交易的时间、地点，如夜间收购、路边收购，对"明知"认识的程度就大于白天收购、市场收购；二是赃物的品种、质量，如赃物属于刚在市场发行的新产品，则不法来源的可能性就大；三是看交易的价格是否显著低于市场价值，根据经验，一般卖赃者所得赃款仅仅是赃物鉴定价值三分之一左右；四是看有无正当的交易手续，卖赃者是否急于脱手；五是看赃物与卖方身份、体貌的匹配性以及卖主对赃物的了解程度；等等。再结合犯罪嫌疑人的认知能力，他人犯罪所得及其收益的情况，犯罪所得及其收益的种类、数额，犯罪所得及其收益的转换、转移方式以及犯罪嫌疑人的供述等主、客观因素，人们一般的经验法则、逻辑规律进行认定。综合本案情况，对于乙而言，并非明知甲的烟酒属于犯罪所得，虽然销赃数额较大，但其并不属于代为销售赃物，收取明显高于市场的手续费的情况，应当不能认定为主观明知是犯罪所得。

2. 乙是否认识到送礼所得是受贿犯罪所得，构成掩饰、隐瞒犯罪所得罪呢？答案是否定的。根据刑法及司法解释，掩饰、隐瞒行为必须以"明知"行为对象系犯罪所得为前提。所谓"犯罪所得"，必须以上游犯罪成立为前提，如果"无罪"，当然也就谈不上"犯罪"所得。上游犯罪事实必须达到犯罪的程度，如果上游行为虽然存在，但依法不构成犯罪的，则掩饰、隐瞒行为也不构成犯罪。认定犯罪成立要坚持犯罪构成主客观相统一的原则。虽然本案客观上存在上游犯罪，乙代为销售烟酒系诈骗的赃物，但乙主观上的明知内容与客观存在不一致。乙主观上明知的内容是不存在上游犯罪的。因此，乙不具有主观明知性。退一步讲，送礼的行为未必构成受贿罪，送礼所得并非犯罪所得，送礼所得的范围远远大于受贿犯罪的赃物，收礼行为也不等于受贿犯罪。

所以上游犯罪不成立，则不能认定"犯罪所得"的存在。所以仅仅依据主观上明知送礼所得进而推定应当意识到存在受贿犯罪行为，系受贿犯罪的赃物显然系"有罪推定"。

综上所述，乙的行为不构成犯罪。

（河北省唐山市曹妃甸区人民检察院　李冰）

因债务纠纷多次恐吓、毁财的行为是否构成寻衅滋事罪

一、基本案情

2017年12月28日15时许,陆某某、徐某某伙同他人驾车到劳某某家找其索要债务未果,遂分别手持镐柄、砖头将被害人劳某某居住的房屋玻璃砸碎。

2018年1月16日凌晨,陆某某为发泄私愤并使劳某某家颜面尽失,遂纠集人徐某某、侯某、高某某三人,驾车到被害人劳某某家,用记号笔和指甲油在房屋北墙、北门、南大门上书写威胁、恐吓性"死全家""不得好死"字样;同年1月18日1时许,四人再次到被害人劳某某家,用手喷漆在房屋北墙等处喷涂威胁、恐吓性"死全家""败类"字样,并在南大门口处放置延时引爆的双响爆竹;同年2月10日21时许,四人第三次到被害人劳某某家,用手喷漆喷涂上述字样,并用砖头将房屋玻璃砸碎。

二、分歧意见

本案存在两种不同意见:

第一种意见认为,陆某某、徐某某等四人的行为构成寻衅滋事罪。陆某某、徐某某等四人为泄私愤,多次恐吓他人,任意损毁他人财物,情节恶劣,其行为威胁人民群众人身和财产安全,破坏社会秩序,符合寻衅滋事罪的构成要件。

第二种意见认为,陆某某、徐某某等四人的行为不构成犯罪。一是根据最高人民法院、最高人民检察院《关于办理寻衅滋事刑事案件适用法律若干问题的解释》(以下简称《解释》)第1条第3款规定,行为人因婚恋、家庭、邻里、债务等纠纷,实施殴打、辱骂、恐吓他人或者损毁、占用他人财物等行

为的，一般不认定为"寻衅滋事"。本案中，陆某某等四人因向劳某某索取债务，采取了不正当的手段，并非无事生非。二是陆某某等四人的行为只是侵害了劳某某家的权益，并未给社会秩序造成破坏。三是四人损害的玻璃价值未达到法律规定的立案标准。

三、评析意见

笔者同意第一种意见。分析如下：

根据《解释》第1条第2款规定，"行为人因日常生活中的偶发矛盾纠纷，借故生非，实施刑法第二百九十三条规定的行为的，应当认定为'寻衅滋事'"。结合具体案情分析：

一是陆某某等四人供述其实施上述行为的目的或是泄私愤让劳某某家丢人，或是祸害劳某某家、搞破坏，属借故生非，符合寻衅滋事的主观要件。

二是本案因劳某某欠陆1000余元，虽存在债务纠纷，但四人实施行为的时间均为夜间或凌晨，且知道劳某某的爷爷奶奶在该房屋居住，多次实施恐吓行为，情节恶劣；多次任意损毁他人财物，情节严重，已不是《解释》第1条第3款所能包容的行为范畴，应当认定为"寻衅滋事"。

三是本案中多名村民证实，四人多次实施的恐吓行为，造成了村民恐慌，社会影响极其恶劣，严重扰乱社会秩序。

综观全案，陆某某等四人因债务纠纷，借故生非，发泄私愤，多次恐吓他人，任意损毁财物，破坏社会秩序，情节恶劣，应以寻衅滋事罪追究其刑事责任。

（河北省滦南县人民检察院　李珊珊）

贪污贿赂罪

对将索贿钱款部分占有、部分上交的行为如何认定索贿数额

一、基本案情

2011年间,乐亭县海域盗采海砂情况严重,乐亭县政府特别成立了专门的负责机构,重点打击盗采海砂的违法犯罪行为,由唐山市公安局乐亭县分局牵头。乐亭县分局成立了专门负责打击盗采海砂小分队,由被告人赵某、牛某任负责人。因盗采海砂利润非常高,便有犯罪团伙开始在海上向盗采海砂人员收保护费。犯罪团伙收了保护费后,一方面是帮助盗采海砂的人员放风,躲避执法部门;另一方面是盗采海砂的船只被执法部门查扣后帮忙要回船只,少交罚款等。当时在海上收保护费的有李某某犯罪团伙,泰州帮(王某犯罪团伙,后经法院判决认定为黑社会组织)等多个犯罪团伙。

泰州帮负责"外联"的王某想办法结识了被告人赵某和牛某,向二人提供了李某某犯罪团伙在海上收保护费的线索,目的是想借公安机关打击李某某犯罪团伙,独占乐亭县48分海域收保护费,而且还可以和公安机关执法部门搭上关系,提高在海上收保护费的声望。2011年8月初,被告人牛某与赵某组织警力,将从海上收保护费归来准备在码头上岸的李某某犯罪团伙成员四人(均系该犯罪团伙李某某的手下)抓获,同时缴获该团伙当日收取的保护费30余万元。李某某立即通过他人联系了被告人赵某,提出想捞四个小弟,让赵某提条件,赵某便请示被告人牛某怎么办。牛某提出让李某某交20万元"保证金",赵某便告知了李某某。李某某于当日将20万元现金交给了被告人赵某,赵某、牛某于当日将四人释放。事后被告人牛某与赵某将收缴的30余万元及收取的保证金中的5万元以涉案赃款的名义上交公安机关财政部门,剩余15万元二人据为己有后平分,各分得7.5万元。

二、分歧意见

第一种意见认为,二人将15万元据为己有系贪污行为。理由是:二人侵占的部分钱款,系上交单位财务部门的后一部分。此时该款已经在二人收缴钱款、合法持有的情况下,系公款,将剩余部分非法据为己有的行为系截留公款的行为,应认定为贪污。

第二种意见认为,二人以收取"保证金"的名义向李某某索要钱款,在收到钱款后即利用职务便利将涉案人员释放,具有主动性、索取性、交易性,符合受贿罪中索贿的构成特征。至于对二人索贿数额的认定,应考虑二人在索取数额上具有概括的故意(即在索要钱款时即产生了占有一部分,上交一部分的想法),因二人对该上交的部分排除了非法占有的故意,故应将二人实际占有的部分认定为其索贿的数额,即15万元。

三、评析意见

笔者同意第二种意见。分析如下:

1. 对被告人牛某及被告人赵某行为的认定,应全面审查涉案事实,不能片面审查一部分。虽然二人在将15万元据为己有时,该部分钱款已经在二人控制之下,具有随时处分钱款的职务便利,看似具备了二人将保管的公款部分截留,即侵占部分公款的外在表象。但是,如果将该笔钱款的来龙去脉厘清后会发现,该截留行为仅仅是二人犯罪行为的一部分,而非全部。

首先,审查二被告人索要20万元钱款背后的关系。犯罪团伙头目李某某之所以愿意拿出20万元交给二被告人,是因为其同伙因违法犯罪行为被控制(而且其作为主犯也逃脱不了处罚)。为了达到让二被告人释放其四名同伙、不再追究其犯罪行为的目的,其主动提出让二被告人提条件。二被告人在李某某以愿意接受二人的要求以释放其四名同伙前提下,以交"保证金"为名向李某某索要了20万元钱,该笔钱款在李某某被索要及交付时即存在了明确的权钱交易。

其次,二被告人对该笔钱款中部分钱款非法占有的故意产生于占有钱款之前。李某某犯罪团伙向非法盗采海砂人员收取保护费的行为,明显涉嫌犯罪。被告人牛某、赵某依法应当对该部分涉嫌犯罪事实进行调查,在有证据证明有犯罪事实发生的基础上,向公安机关有管辖权的部门申请立案侦查并依法对犯罪嫌疑人采取相应的强制措施。二人以收取"保证金"的名义向李某某索要20万元,并非在立案后给上述人员办理取保候审的强制措施缴纳的保证金

（取保候审保证金的缴纳有正规的程序）。二被告人并没有请示立案，而是在收取20万元保证金后直接将四名犯罪嫌疑人释放，对该犯罪团伙的涉嫌犯罪行为采取了不了了之的处理方式。该部分钱款的收取及如何处分没有法律依据，这为二人非法占有部分钱款提供了可能性。也就是说，二人在向李某某索要该20万元时，已经产生了要将部分钱款非法占有的想法，二人的供述中也印证了这一点。

最后，对索贿数额的认定应依据二人非法占有数额来认定。持贪污观点的人提出，如果将二人索要保证金的行为认定为索贿，那么就应当将20万元全额认定为索贿数额，二人将其中的5万元上交单位财务的行为应认定为受贿后对赃款的处分行为。笔者认为，此观点有待商榷。二人在索要20万元时，二人想非法占有的并非索要的全部钱款，而是其中一部分。具体多要多少，二人并没有明确的表示，即对非法占有的部分数额系基于一种模糊、概括的故意。笔者认为，以二人事后实际占有的数额认定为索贿的数额，更符合我国刑法关于犯罪构成需遵循主客观一致的原则。

2. 二人以交"保证金"为名索要20万元并非法占有其中的15万元的行为符合受贿罪中索贿的法律构成。我国刑法规定，国家工作人员利用职务上的便利，索取他人财物的，或者非法收受他人财物，为他人谋取利益的，是受贿罪，索贿的从重处罚。二人以交保证金为名索要20万元并非法占有其中的15万元的行为符合受贿罪中索贿的法律构成，具有主动性、索取性、交易性。

（1）被告人牛某与赵某在调查李某某犯罪团伙收取保护费的违法犯罪行为时具有积极的主动性。但该二人的主动行为的主观目的并非履行职务，查处违法犯罪，而是利用职务职责的便利为自己牟取私利。二人积极调查李某某团伙的违法犯罪行为，具有明确的为个人牟取私利的主动性。

（2）二被告人收受并非法占有15万元时表现为索取性。虽然李某某先提出让二被告人提条件，已经暗含给二人钱的意思。该行为符合二被告人利用职务便利，寻找契机索要财物的客观表现。

（3）李某某同意给付二被告人20万元表现为交易性。李某某犯罪团伙涉案在身，交钱后即可以免除被处理的后果，其同意交钱系基于利用二被告人的职务职责，具有明确的权钱交易。

综上，在审查犯罪行为时一定要做到全面审查，才能正确判断犯罪行为，准确定性。如果只截取其中一部分事实，必然会以偏概全，难免作出错误的判断。

（河北省唐山市丰南区人民检察院　李志玲）

为公司利益以套取的公司资金行贿的构成何罪

一、基本案情

某国有公司为隶属于某国有企业的二级企业,张某某为该国有公司总经理。2016年11月,按照国资委关于"压减"企业的相关文件要求,该公司被上级国有企业列入第二批压减企业名单,压减责任主体为同隶属于该国有企业的二级企业某集团。为使公司不被压减、继续保留独立核算资格,自己能够继续担任该公司总经理职务,在未经该公司领导班子集体讨论的情况下,2017年1月及中秋节前后,张某某共送给时任该集团董事长、党委书记康某某现金45万元;2018年1月,张某某分两次送给康某某现金共400万元。张某某用于行贿的现金均为其与该公司5家供应商通过虚假采购方式套取公司资金、在公司付款后供应商按约定返还给该公司的现金,每次都是供应商将现金交给张某某后其立即转送给康某某。康某某收受贿赂后对该公司予以关照,在总经理办公会上以董事长身份做出不压减该公司的建议并上报总公司,之后该集团为完成核减任务压减了其他公司,保留了该公司独立核算资格,使得张某某能够继续担任该公司总经理职务。

二、分歧意见

对该案如何定性,关键在于对张某某行贿行为认定是个人行贿还是单位行贿;如果是个人行贿,其套取公司资金行为是否属于贪污。主要有以下三种观点:

第一种观点认为,张某某在行贿时虽然是以公司的名义,但是"公司不被压减"只是其表面目的,从根本上来说,其行贿的出发点是想保留自己的"总经理"职位,主要是想为其个人谋取不正当利益,且其行贿行为并没有经过公司领导班子会讨论,张某某多次行贿均是自己私下单独行动,因此张某某的行为不代表集体决策,其行贿行为实质上属于个人行为。其行贿后康某某出于为张某某谋取不正当利益的目的,做出对该公司不予核减的决定并上报总公司,保留了该公司,实际上也是保留了张某某的总经理职位,行贿所得利益实际上也应归于张某某个人,因此张某某的行贿行为应当认定为行贿罪。另外,对于张某某虚假采购套取公司资金的行为,因为张某某本身对所套取的资金并没有非法占有的目的,且其每次都是在收到供应商返回的现金后马上送给康某某,只是临时占有且其占有时间非常短,因此不应认定为贪污罪。综上,张某某的行为属于个人行贿,涉嫌行贿罪。

第二种观点认为,张某某通过与其他公司签订虚假采购合同的方式,套取并非法占有国有公司资金,属于贪污行为。张某某与供应商虚假采购套取公司资金的手段符合贪污罪的客观行为,且其主观上具有非法占有目的,非法占有目的不仅指行为人非法据为己有,也包括将其转归第三人占有,符合贪污罪的主客观构成要件。虽然张某某套取公司资金的目的是行贿,但套取资金与行贿之间没有必然的联系,套取资金后将这部分现金如何使用实际上只是非法占有后的一种后续处分行为,只要符合贪污罪的构成要件,就应当按照贪污罪处罚。供应商将货款按照约定返还给张某某后,虽然张某某占有的时间很短,但被套取的资金只要交到张某某手上、归张某某占有,其贪污行为就已经既遂,因此张某某套取公司资金的行为构成贪污罪。张某某向康某某行贿时虽然以公司为名,但其行贿的目的主要是为其个人谋取不正当利益,是为自己的"总经理"职位向康某某行贿,因此其行贿是个人行贿,构成行贿罪。综上,张某某实施了两个犯罪行为,侵害了两个不同的法益,应该以贪污罪和行贿罪数罪处罚。

第三种观点认为,张某某的身份是公司总经理,其身份具有代表性,对外能够代表公司决策,具备单位行贿的主体身份。张某某行贿的主要目的是公司不被核减,自己能够继续担任总经理,应当将其行贿的目的作为整体考虑,如果公司不存在则张某某的"总经理"职位自然不存在,其主要目的仍然是为了保住公司。且康某某是对该公司整体上予以照顾,对该公司不予核减,而一旦公司不予核减,则张某某的"总经理"职位就自然保留,因此行贿的利益应归于单位整体,张某某的行为应认定为单位行贿罪。另外,其套取公司资金是为了向康某某行贿,是为公司谋取不正当利益,其自己对套取的资金不具有非法占有目的,因此不构成贪污罪。综上,张某某套取资金代表公司行贿的行为应当认定为单位行贿罪，张某某作为单位主管人员及相关责任人应承担相应的法律责任。

三、评析意见

笔者持第三种观点。此案中，应对张某某的行为进行全面、整体评价。

对于其行贿行为，办案人认为，单位行贿罪与行贿罪的主要区别在于犯罪主体是单位还是个人，目的是为单位还是个人谋取不正当利益，利益最终是归于单位还是个人。

1. 从犯罪主体来看，张某某的身份是该公司总经理，虽然其行贿行为之前没有经过公司集体讨论，行贿过程中也是个人单独行贿，但是其作为总经理有决策权，其行为有代表性，对外可以代表公司意志，且其在向康某某行贿过程中表明是代表公司、为公司谋取利益，因此犯罪主体应该为该公司。

2. 张某某行贿的主要目的是为单位谋取不正当利益。张某某行贿是"为了公司不被核减，自己能够继续担任公司总经理"，虽带有为自己谋取不正当利益的意图，但公司不被压减是张某某能够继续担任该公司总经理的前提，其个人利益依附于单位利益之上，所以归根结底其主要目的仍然是"为了公司不被核减"，因此，其行贿目的主要是为单位谋取不正当利益。

3. 张某某行贿的利益最终归于公司。该公司本来符合压减条件，已经被上级国有企业列入第二批"压减"企业名单。张某某以公司名义行贿后，康某某应张某某要求提供的帮助主要是"作为董事长在总经理会议研究该公司压减问题时，表态建议不对该公司予以注销，并向总公司汇报，最终对该公司不予压减，保留了该公司，使得该公司继续以独立法人身份存在"，之后该集团为了完成核减任务，调整压减计划压减了其他企业，违背了公平、公正原则，为该公司谋取竞争优势，使该公司最终获得了不正当利益。康某某并没有为张某某个人谋取如职业晋升等任何不正当利益，只是在核减与否上对该公司给予帮助，因此张某某行贿利益应归于公司。

因此，张某某行贿行为主体是该公司，为公司谋取不正当利益，最终利益也归向公司，张某某行贿的行为应当认定为单位行贿。

对于此案中张某某通过与其他公司签订虚假采购合同的方式套取资金的行为，其套取的公司资金全部用于向康某某行贿，其套取的资金本身属于该公司；又用来为公司谋取不正当利益，也就是说张某某的行为是"用单位资金进行单位行贿"行为，不涉及其自身的非法占有问题；且张某某套取资金的目的是单位行贿,是其为单位行贿筹措资金而采取的一种方法行为,因此,对张某某签订虚假采购合同套取资金的行为不应再单独认定为贪污罪。

综上所述,张某某用与供应商虚假采购套取到的公司资金,向康某某行贿谋取不正当利益的行为应当整体认定为单位行贿罪。

(河北省唐山市迁西县人民检察院　王连功)

以"干股"分红形式收受财物的行为如何定性

一、基本案情

被告人吕某某在任某公司办公室生活区物业管理专业员期间,受公司办公室指派负责联系一家公司清运该公司厂前生活区垃圾及清掏化粪池。2008年8月的一天,阎某某在同被告人吕某某吃饭的过程中得知这一消息,当即向吕某某表示想承包此业务的意向,吕某某表示同意,但告知其需有相关公司资质才能承包。后来,关于该公司厂前生活区垃圾清运及化粪池清掏所需要的公司资质等相关材料的具体情况,由阎某某的丈夫李某某负责和吕某某进行商谈,在商谈过程中李某某为感谢吕某某帮忙,答应公司挣钱后分吕某某一半利润。2008年10月,李某某、阎某某出资48万元人民币注册成立了某物业服务有限公司(以下简称物业公司),法定代表人李某某,股东为李某某、阎某某,各占50%的股份(2011年12月,该公司更名,且注册资本增加为100万元人民币,股东未变)。2008年10月,物业公司与该公司签订生活区垃圾清运及化粪池清掏业务的协议,并实施了该业务内容。2010年1月,吕某某与李某某签订了物业公司股东权益书,该协议书约定,物业公司李某某、吕某某各持有50%的股份,但原股东阎某某未签字。2011年6月,被告人吕某某得知该公司给物业公司结算了2010年度的垃圾清运和化粪池清掏费后,找到阎某某及李某某,要求兑现利润分红,阎某某、李某某夫妇以公司没钱为由未兑现利润分红。后被告人吕某某为了能尽快拿到分红,向阎某某谎称有其他物业公司竞争该公司的该项业务,需10万元人民币用于打点相关领导。阎某某便让会计左某某于2011年7月23日向吕某某银行账户中打入人民币10万元,此款被吕某某分多次用于个人消费。

二、分歧意见

关于本案如何定罪有两个争议：

1. 以"干股"分红形式收受财物的行为应如何定性。本案中，被告人吕某某及辩护人称其行为系以干股形式入股物业公司，这种以入"干股"获取财物的行为只是违反党纪、政纪，而没有触犯刑法。

2. 含有劳务因素收受财物的行为如何定性。本案中，被告人吕某某及其辩护人在庭审中辩称，吕某某参与了物业公司的实际经营管理，所得的10万元人民币系其在该公司的劳务所得。

三、评析意见

1. "干股"是一种俗称，是指不投入资金而占有股份，不参与经营，也不承担风险并分享红利的行为，一般与国家工作人员的职务有关，也称"权力股"。这种以入"干股"获取财物的行为往往被人们认为只违反党纪、政纪，而没有触犯刑法。但笔者认为入"干股"获取红利的行为应具体问题具体分析，如果国家工作人员利用职务上的便利为请托人谋取利益，收受请托人提供的干股的则应以受贿论处。

我国刑法中规定的受贿罪具体表现为一般受贿和索贿。一般受贿即行为人利用职务便利，非法收受他人财物，为他人谋取利益的行为。其客观方面的本质特征在于行为人具有利用职务上的便利，非法收受他人财物，为他人谋取利益的情形。一是利用职务上的便利，既包括行为人利用本人职务上的主管、负责或者承办某项公共事务的权力，也包括利用职务上有隶属、制约关系的其他国家工作人员的职权所形成的便利条件。二是为他人谋利。为他人谋利包括承诺、实施和实现三个阶段的行为，只要行为人具备了其中任何一个阶段的行为即属于为他人谋取利益。因此，非法收受他人财物与为他人谋利是构成受贿罪的必备条件，但不存在时间上的先后问题，只要非法收受他人财物与为他人谋利间存在因果关系，则不论是同时进行，还是先收钱后办事或者先为他人办事后收钱，均不影响受贿罪的成立。

本案中，认定被告人吕某某行为的性质主要依据以下两点事实：第一，现有证据证实，物业公司工商登记的股东只有李某某、肖某某夫妇二人，被告人吕某某在未投入资金，也没有参与实质经营管理，不承担任何风险的情形下，收到红利10万元，属"干股"分红。第二，被告人吕某某利用职务之便为物业公司谋取了利益。吕某某作为公司办公室生活区物业管理专业员，主要负责生活区物业管理和综合事务。正是因为吕某某有这样的工作职权，他才可能将物业公司推荐到自己所在公司承揽该项业务。因此，吕某某将物业公司推荐到自己所在办公室由其负责垃圾清运的行为就已经利用了职务之便，并采取"干股"分红的形式收受他人财物，为他人谋取利益，虽为事后收受他人财物，但吕某某收受物业公司财物与为其谋利之间具有直接的因果关系，其行为完全符合受贿罪的构成要件。

2. 受贿罪的客观方面表现为行为人利用职务上的便利，索取他人财物或非法收受他人财物，为他人谋取利益的行为。利用职务的上便利包括两种形式，一是利用职权，即行为人直接利用本人职务范围内主管、管理等各项权力，强调的是权钱交易的直接性；二是利用与职务相关的便利条件，即利用本人职权或地位所形成的便利条件，体现了权钱交易的便利性。

本案中，被告人吕某某及其辩护人在庭审中辩称，吕某某参与了物业公司的实际经营管理，所得的10万元系其在该公司的劳务所得。现有证据能够证实，被告人吕某某在物业公司成立之初确实有过写标书、指导会计做账等行为（标书、建议等相关材料最终并未被公司采用），但被告人吕某某既非公司股东，也非公司员工，其行为性质属于帮助行为，上升不到参与公司经营管理的程度，当然也不能认为该行为系该公司劳务行为。根据相关法律规定，收受"干股"的受贿方式并不以参与经营管理为除罪条件，故被告人吕某某的行为构成受贿罪。

（河北省唐山市曹妃甸区人民检察院　刘翠红）

渎职罪

向犯罪分子透露侦查信息的行为如何定性

一、基本案情

丁某系某公安局某大队民警。2019年3月，丁某在明知该局正在查处以王某为首的恶势力犯罪团伙的情况下，仍然接受其朋友马某的请求，关注该案件的进展，并通过对承办案件的侦查人员近期工作情况的关注和其自身对公安办案特点的了解，于同年4月5日通过微信向马某告知该局对该案件的重视程度及作为重点案件侦查情况，且近期将要对王某等人实施抓捕，让马某通知王某等人躲躲。后公安机关于2019年4月9日将王某等人抓获。

二、分歧意见

司法实践中，丁某的行为是否构成犯罪及构成何罪成为本案争议的焦点。

第一种意见认为，丁某的行为构成帮助犯罪分子逃避处罚罪。丁某是该公安局某大队民警，属于有查禁犯罪活动职责的国家机关工作人员，在明知王某涉嫌犯罪正在被查处的情况下，向马某透露公安机关对该案件的态度，且将要对王某等人进行抓捕的信息，意图使王某等人逃避处罚，其行为构成帮助犯罪分子逃避处罚罪。

第二种意见认为，丁某的行为构成窝藏罪。窝藏罪，是指明知是犯罪的人而为其提供隐藏处所、财物，帮助其逃匿的行为。对窝藏罪应采用伦理解释的方法，"提供隐藏处所、财物"和"帮助其逃匿"之间是并列关系，"提供隐藏处所、财物"是典型窝藏行为的列举，即帮助犯罪的人逃匿的方法行为，不限于为犯罪的人提供隐藏处所或者财物，除此之外，向犯罪的人通报侦查或者追捕的动向等也属于帮助其逃匿的行为。本案中，丁某虽然是该公安局某大队的民警，但其并未参与侦查以王某为首的恶势力犯罪团伙案件，不具有查禁王某等人犯罪行为的职责，不符合帮助犯罪分子逃避处罚罪的特殊主体要件。但丁某在客观上实施了提供案件侦查动态及抓捕信息，明知王某等人是抓捕对象而帮助王某等人逃匿的主观故意明显，妨害了司法机关的正常追诉活动，丁某构成窝藏罪。

第三种意见认为，丁某的行为不构成犯罪。对窝藏罪应采用文理解释的方法，将"提供隐藏处所、财物"和"帮助其逃匿"看成是递进关系，"提供隐藏处所、财物"是手段，"帮助其逃匿"是目的，只有为帮助犯罪的人逃匿使用了提供隐藏处所或者财物的方法才符合窝藏罪的客观要件。本案中，丁某既非属于对王某案负有查禁犯罪活动职责的人员，也未实施窝藏罪所要求的客观行为，因此，虽然丁某的行为违反了其职业纪律，但尚不构成犯罪。

三、评析意见

笔者同意第一种意见，认为丁某的行为构成帮助犯罪分子逃避处罚罪。帮助犯罪分子逃避处罚罪，是指有查禁犯罪活动职责的国家机关工作人员，向犯罪分子通风报信、提供便利，帮助犯罪分子逃避处罚的行为。侵犯的客体是国家对犯罪的查禁活动；客观方面表现为向犯罪分子通风报信、提供便利，帮助犯罪分子逃避处罚的行为；主体为特殊主体，只能是负有查禁犯罪活动职能的国家机关工作人员；主观方面表现为直接故意，要求行为人必须出于故意才能构成。丁某的行为是否构成帮助犯罪分子逃避处罚罪，就要看其行为是否符合犯罪构成要件。

1. 丁某系该局某大队民警，属于负有查禁犯罪活动职能的国家机关工作人员范围，但其未直接参与办理以王某为首的恶势力犯罪团伙案件，也未直接向办理该案件的人员打探侦查活动的任何信息，此时，丁某是否符合帮助犯罪分子逃避处罚罪的主体要件？帮助犯罪分子逃避处罚罪是职务犯罪中的渎职犯罪，渎职犯罪发生在履行职责或者行使职权的过程中危害了国家机关的正常管理活动，履行职责或者行使职权的过程，就是行为人利用职务或职务之便有所作为和不作为的过程，因此利用职务或者职务便利便是渎职犯罪的基本特征，即帮助犯罪分子逃避处罚罪的主体必须是基于其职务或者职务便利所实施的行为。因此，判断的关键是看行为人有没有查禁犯罪活动的职责或者此种职务便利。本案中，丁某虽不是直接办案人员，不具体掌握案件的侦查部署和计划，但其利用自己工作的便利条件，充分了解公安机关近期打击的重点案件及重点人员情况，又利用自己同直接办案人员了解和熟悉程度的特点，通过观察，根据自己的工作经验，推断出要对王某等人抓捕的信息并提供给马某。丁某为马某提供的信息来源于其作为某大队民警的职务便利,其叫王某等人躲藏的行为也足以对公安机关的抓捕行动产生影响,因此,丁某向马某提供的信息属于利用其职务和职务便利条件所获取的特点,符合帮助犯罪分子逃避处罚罪的主体要件。另外,从丁某接受马某的请求后,其密切关注该案件的进展及积极判断案件信息等情况看,丁某在明知王某等人是公安机关查处对象的情况下,仍然向其提供信息意图使王某等人躲避公安机关抓捕,丁某帮助犯罪分子逃避处罚的主观故意目的明显。

2. 丁某告知马某该局对该案件的重视程度及作为重点案件和近期将要对王某等人实施抓捕信息,告知王某等人躲躲的行为是否属于向犯罪分子通风报信,帮助犯罪分子逃避处罚的行为。所谓通风报信,是指向犯罪分子泄露、提供有关查禁犯罪活动的情况、信息,既可以当面口述,又可以通过电话、微信等方式告知,还可以通过第三人转告。通风报信的内容是指有关机关查禁犯罪活动的确切消息,还是指一切妨碍查禁活动的信息,在司法实践中存在不同的看法。根据立案标准,向犯罪分子泄露有关部门查禁犯罪活动的部署、人员、措施、时间、地点等情况的,应予追诉。从立案标准看,只要是泄露妨碍查禁犯罪活动的相关内容即符合通风报信的内容,这与打击侵犯国家对犯罪的查禁活动的立法本意相符,因此,虽然丁某并未告知马某公安机关的具体侦查内容,但其向马某传达了该案件受重视程度及作为重点案件侦办的情况,且提供近期将要实施抓捕的信息,对于王某等人而言,通过丁某处获得的信息,其能够对公安机关的侦查做到早有防备,趁机逃跑,甚至出现毁灭证据、同案犯之间串供、订立攻守同盟情况,这已经给公安机关的侦查活动带来了影响,也加大了抓捕的困难。因此,笔者认为,只要通风报信的内容是对查禁犯罪活动有妨碍的信息,均属于帮助犯罪分子逃避处罚的行为,因此,丁某的行为符合帮助犯罪分子逃避处罚罪侵犯客体和客观方面的要求。

综上,丁某的行为符合帮助犯罪分子逃避处罚罪的犯罪构成要件,虽然王某等犯罪分子最后被抓捕归案,最终未能逃避处罚,但不影响对丁某实施的一系列行为的性质认定,也不影响丁某帮助犯罪分子逃避处罚罪既遂的成立。

(河北省遵化市人民检察院 齐小静)

民法篇

承租人以外的人在出租屋内死亡的，出租人是否承担责任

一、基本案情

2019年2月14日晚，张某与同事梁某等人在KTV喝酒、唱歌。其间，梁某表示身体略感不适，张某一番好心，把梁某送到离此不远的出租屋，让梁某休息一晚，自己又返回KTV。该房屋出租人为袁某，虽以张某名义租赁，但实际由张某及其表妹共同承担租金。当晚梁某在使用燃气热水器洗澡过程中因一氧化碳中毒昏倒在卫生间。次日凌晨2时许，张某回到出租屋，发现后立即拨打急救电话并报警。公安司法鉴定中心出具《鉴定文书》，认定梁某符合一氧化碳中毒死亡。死者的父母与出租人袁某、承租人张某、共同租用人张某表妹就赔偿问题协商未果诉至本院。在本案审理过程中，法院工作人员现场勘查发现，浴室卫生间无窗，热水器上未见安装排烟管。

二、分歧意见

死者梁某并非承租人，与出租人袁某无具体的租赁合同。对承租人以外的人在出租屋内死亡，出租人是否承担责任，存在两种意见：

第一种意见认为，出租人不应当承担责任。出租人与死者之间无具体的租赁合同，双方不存在法律上的权利义务关系。根据公平原则，权利和义务相对等，出租人袁某在未享受权利的同时，也无须承担义务。

第二种意见认为，出租人应当承担责任。本案系生命权、健康权、身体权纠纷，适用一般侵权行为的归责原则。出租人袁某有责任保证出租房屋内设施符合安全及正常使用的条件，现其未尽到安全保障义务，即使双方无具体的租赁合同，对梁某的死亡也应承担相应的法律责任。死者梁某和承租人张某、共同租用人张某表妹亦应在其过错范围内承担相应的法律责任。

三、分析意见

笔者同意第二种观点，理由如下：

1. 出租人承担的是侵权责任，并非合同责任。本案系生命权、健康权、身体权纠纷，原告追究的是出租人的侵权责任，并非依据具体的租赁合同追究其合同违约责任。一般侵权行为的构成要件包括：有加害行为、有损害事实的存在、加害行为与损害事实之间有因果关系、行为人主观上有过错四个方面。只要出租人袁某的行为同时具备这些因素，不论双方有无具体的租赁合同，不论袁某有无收取死者房租、水电费等费用，侵权行为都可以成立。

2. 出租人应尽到安全保障义务。房屋出租人对承租人的安保义务，是指房屋所有人对于其所出租的房屋及其配套设施必须确保无危及人身安全、生命健康、财产权益的潜在危害因素，对于房屋内设施的安全隐患具有相应的维修、更换保障义务。其归责原则为过错责任原则，即出租人明知其出租的房屋及配套设施存在危及人身安全、生命健康、财产权益的潜在危害因素，既不采取维修、更换措施，亦不履行告知、说明等义务，放任危害后果发生，则可以直接推定出租人具有过错，应负相应法律责任。本案出租人袁某未按安全提示在热水器上安装排烟管，致使死者洗澡中毒身亡，显然未尽到安全保障义务，亦符合侵权行为的四个构成要件。

3. 出租人承担安保法律义务的范围。房屋出租后所有权与使用权相分离，在发生承租人人身、健康、财产损害事故之后，往往伴随着房屋租赁合同双方混合责任。出租人仅在明知房屋本身存在质量瑕疵、日用设施（煤气管道漏气、劣质煤气热水器、照明电路漏电）存在安全隐患，而未采取维修、更换、安全说明等措施，根据过错责任的大小划分责任比例。具体在本案中，出租人提供的租赁物存在重大安全隐患，浴室卫生间无窗，热水器上未见安装排烟管，对死者梁某的死亡承担60%的主要责任。张某及其表妹作为房屋的实际承租人及共同租用人，未注意到热水器存在安全隐患，对热水器的使用负有一定安全管理义务，应对梁某的死亡各承担10%的次要责任。死者梁某作为一名成年人，凭借一般认知常识本可注意到，在使用煤气热水器过程中应当注意通风、排气，故应自己承担注意不当之义务，对死亡承担20%的次要责任。

综上，出租人有责任保证出租房屋内设施符合安全及正常使用的条件，必须尽到安全保障义务。否则，即使是承租人以外的人产生安全事故，依据侵权行为的构成要件，出租人应承担相应的侵权责任。

（河北省唐山市路北区人民检察院　刘树利）

追究借款人刑事责任后可否向担保人要求承担民事责任

一、基本案情

2018年11月18日，李某谎称承包工程需要资金周转，向原告杨某借款50万元，为期3个月，向原告杨某出具借条一张，被告刘某以担保人的名义在借条上签字。2019年5月18日，原告杨某向刘某主张保证责任，要求借款人李某还本付息。2019年9月5日，李某因犯诈骗罪被追究刑事责任。后原告杨某提起诉讼，要求担保人刘某还本付息。

二、分歧意见

关于担保人在追究借款人刑事责任后是否承担民事责任，围绕民间借贷合同的效力及保证人的保证期间问题形成两种意见：

第一种意见认为，借款人李某以欺骗手段向原告杨某借款，并让被告刘某作为保证人签字，其借款行为以合法形式掩盖非法目的，违反法律强制性规定，借款合同应属无效。借款行为无效的，作为借款行为的附行为保证合同应当被认定无效。保证合同无效的，亦不存在保证期间问题。被告刘某在借款人李某借款时未充分审查借款人的还款能力和非法借款意图，借款之后又未对借款人的资金去向、财产状况有任何的实际监督，存在一定的过错，其承担民事责任的部分不应超过债务人不能清偿部分的1/3，被告刘某应当承担相应的责任。

第二种意见认为，原告杨某与借款人李某的借贷行为不符合《合同法》第52条①及最高人民法院《关于审理民间借贷案件适用法律若干问题的规定》第14条所列举的合同无效的法定情形，该民间借贷合同有效，该保证合同亦

---

① 现行《民法典》第144条、第146条、第153条、第154条。——编者注

有效。保证期间由当事人约定，没有约定时，法律规定保证期间为主债务履行期届满之日起 6 个月，原告杨某向保证人刘某主张保证责任时，没有超过保证期间，保证人刘某保证责任不应免除，被告刘某应当还本付息。

三、评析意见

笔者赞同第二种意见，理由如下：

关于民间借贷合同的效力，最高人民法院《关于审理民间借贷案件适用法律若干问题的规定》第 12 条①规定，"借款人或者出借人的借贷行为涉嫌犯罪，或者已经生效的判决认定构成犯罪，当事人提起民事诉讼的，民间借贷合同并不当然无效。人民法院应当根据民法典第一百四十四条、第一百四十六条、第一百五十三条、第一百五十四条、本规定第十三条之规定，认定民间借贷合同的效力。担保人以借款人或者出借人的借贷行为涉嫌犯罪或者已经生效的判决认定构成犯罪为由，主张不承担责任的，人民法院应当依据民间借贷合同与担保合同的效力、当事人的过错程度，依法确定担保人的民事责任"。本案中，原告与借款人李某发生的借贷行为并不具有合同法第 52 条与上述司法解释第 14 条所列举的情形，原告杨某与借款人李某之间的民间借贷合同应为有效。

借款主合同有效，原、被告之间的保证合同亦有效。依照法律规定，保证合同是指保证人和债权人约定，当债务人不履行债务时，保证人按照约定履行债务或承担责任的行为。保证期间由当事人约定，没有约定的，法律规定保证期间为主债务履行期届满之日起 6 个月。本案中，原告杨某与李某之间的借款合同约定借款期限 3 个月，保证期间应当从借款期限届满之日起 6 个月内向保证人主张保证责任。原、被告双方对保证方式未明确约定，应视为连带责任保证。保证责任是一种严格责任，债权人应在保证期间内向保证人主张权利，否则保证人的保证责任免除。原告杨某与李某之间的借款合同约定借款期限 3 个月，保证期间应当从借款期限届满之日起 6 个月内，即保证期间应为 2019 年 2 月 18 日至 8 月 17 日，根据各方当事人叙述，杨某提供录音资料及证人证言，证明其于 2019 年 5 月 18 日向刘某主张过保证责任。本案债权人杨某要求连带责任保证人刘某承担责任，并不违反相关法律规定。保证人刘某的保证责任不应免除，刘某作为连带责任保证人应对李某的借款及利息承担偿还责任。刘某在履行保证责任后，向原告杨某支付 50 万元借款及利息后，可以向李某追偿。

(河北省唐山市路北区人民检察院　王海斌)

---

① 2020 年 12 月修正，现行第 13 条。——编者注

借款人擅自变更借款用途的担保人是否承担责任

一、基本案情

原告某银行于 2018 年 3 月 5 日与被告陈某签订借款合同，借款金额 300 万元，借款期限为 2018 年 3 月 5 日至 2019 年 3 月 4 日，借款用途为采购，并约定款项转入案外人某物资公司账户。某实业公司在借款合同担保人处盖章确认，同意对上述借款承担连带保证责任。陈某向某银行提供了一份购销合同，证明陈某与案外人某物资公司存在真实的买卖合同关系。上述合同签订后，原告某银行按照合同约定，将 300 万元借款转入购销合同的相对方，即案外人某物资公司账户。后某物资公司将 300 万元转给了被告陈某账户，没有履行购销合同，陈某将 300 万元用于归还以往欠款。担保人某实业公司以被告陈某擅自改变借款用途为由拒绝承担保证责任。原、被告因返还借款及担保责任等事宜达不成一致意见，原告无奈诉至法院。

二、分歧意见

关于担保人某实业公司是否承担连带保证责任，存在两种不同的意见。

第一种意见认为，担保人不承担责任。被告陈某未按照约定的借款用途使用借款，是对合同必要条款的重大变更。本案中，借款用途发生变化属客观事实，且违背了保证人的意志，保证人不再承担保证责任。

第二种意见认为，不能一概免除保证人责任。贷款方一旦将贷款发放到借款人账户中，借款人即有权自行支配，贷款人并无监督义务。本案中并无证据证明原告某银行与被告陈某就借款用途的变更进行了协商，借款人单方改变贷款用途，因贷款人并未参与协商，故不构成主合同当事人协商变更主合同的内容。此种情况下保证人仍应对债权人承担保证责任。

三、评析意见

笔者赞同第二种意见，理由如下：

1. 贷款人对借款用途变更并不知情。本案中，贷款人将贷款发放到借款人指定某物资公司账户中后，已经履行其贷款发放义务。后某物资公司将款项转回陈某的账户，贷款人并不知情，并不能因此免除保证人的保证责任。

2. 借贷双方并未协商变更主合同。对借款如何使用属于借款人自主利用资金的行为，借款人单方面改变借款用途，贷款人未参与协商，不属于借贷双方协商变更主合同之情形，保证人仍需承担保证责任。

3. 借贷双方并不存在恶意串通行为。主合同当事人双方串通，骗取保证人提供保证的，保证人不承担民事责任。本案中，借款人私自改变借款用途，贷款人亦不知情。因此不属于恶意串通的情形。

4. 合同并未约定贷款人的监督义务。贷款人一旦将贷款发放到借款人指定账户中，借款人即有权自行支配，贷款人并无监督义务。除非贷款人已在合同中明确承诺监督借款人专款专用，且未尽监督义务造成贷款被挪作他用的，保证人可以免除承担保证责任。

综上，借款人擅自变更借款用途的，不能一概免除保证人的保证责任，应区分不同情况予以认定。具体而言，可以免除保证责任的情形有：（1）贷款人明知借款人改变贷款用途仍发放贷款的；（2）主合同双方当事人协商变更贷款用途，未经保证人同意的；（3）贷款人已在合同中明确承诺监督借款人专款专用，且未尽监督义务的；（4）贷款人与借款人在保证人不知情情况下，协议改变借款用途的。本案中，贷款人发放贷款后，借款人擅自变更借款用途，并无上述免责情况，故担保人仍需承担保证责任。因此，为了避免借款人擅自改变借款用途，增加担保人的法律风险，应当在合同中就担保免责条款进行详细约定，特别是擅自改变借款用途的违约责任，最大限度地维护自身合法权益。

（河北省唐山市路北区人民检察院　冯世斌）

借名贷款的名义贷款人是否承担还款责任

一、基本案情

李某与张某系朋友关系。张某因投资需要急需资金,出于信用、资质等原因,无法向银行申请贷款。张某遂找到李某,要求以李某的名义向银行贷款10万元并交给张某使用。后李某以自己的名义与银行签订了《个人借款合同》,约定贷款金额为10万元,借款期限为1年,借款利率为银行基准利率上浮30%。李某收到银行10万元贷款后,通过银行转账给张某。张某收款后,另行向原告李某出具借条,载明向原告借款10万元的事实,并约定了利息标准和还款期限等。后银行就该10万元贷款诉至法院,诉请李某立即清偿借款本息,并承担诉讼费。

二、分歧意见

本案的焦点是,在名义借款人与实际借款人不一致的情况下,借名贷款合同效力及责任承担。

第一种意见认为,应当由实际借款人承担还款责任。一般情况下,借款合同或借条上的借款人就是合同的当事人,应承担还款责任。但如果借款人有证据证明借款已经被其他人实际使用,名义借款人实际并未接受、使用借款的,借名贷款合同效力可突破合同相对性的限制,约束实际借款人,银行不能要求名义借款人还款,而应向实际借款人追回借款。

第二种意见认为,应当由名义贷款人承担还款责任。名义借款人与借款的实际使用人不一致的,应当按照"合同相对性"原则,以向借款合同上的当事人,即名义借款人为诉讼当事人,并由其承担还款义务。名义借款人与借款的实际使用人之间的关系应当另案处理。

三、评析意见

笔者认为，本案应由名义贷款人承担还款责任，第二种意见更合理。原因如下：

1. 根据合同相对性原则，应当由名义借款人承担还款责任。所谓合同相对性，是指合同只对缔约当事人具有法律约束力，对合同关系以外的第三人不产生法律约束力，包括主体相对、内容相对以及责任相对。按照合同的约定或者依照法律的规定，本案借款合同仅在银行和名义借款人李某之间产生特定权利和义务关系。享有权利的人是债权人，负有义务的人是债务人。实际借款人并非合同当事人，不受借款合同的约束。

2. 并无证据显示名义借款人向出借人披露了实际借款人。如果名义借款人向出借人披露了实际使用人，各方的真实意思表示仅为借名义借款人的名义，名义借款人并不实际参与借款关系的履行活动，也不享受借款活动的利益的，应认定实际使用人为实际借款人，由实际使用人承担偿还责任。本案李某在向银行借款时，并未向银行披露实际使用人张某。

3. 本案并不具有突破合同相对性的情形。由于社会经济的发展，为更好地保护债权人和第三人的合法权益，合同对合同相对性规则已有所突破，合同相对性理论也得到了发展和完善。我国民法领域关于合同相对性的突破主要表现在《民法典》第535条代位权、第538条、第539条、第540条撤销权、第725条买卖不破租赁、第791条建设工程合同中的分包人的连带责任、第834条单式联运合同、第926条披露制度的确认等以及散见于其他各种民事法律法规中的其他情形，如夫妻共同债务承担等。本案并不属于上述突破合同相对性的情形。

综上，实际借款人并未与出借人（银行）签订借款合同，不受借款合同的约束，无须向银行承担还款责任。名义借款人基于合同相对性原则，应受借款合同约束，并承担相应的还款责任。

近年来，商业银行、小贷公司等信贷机构"借名贷款"纠纷频发，借名贷款具有欺骗性、虚假性、隐蔽性等特点，容易造成贷前调查、贷中审查、贷后管理等程序虚置，给信贷机构的贷款安全带来了极大的隐患。因此，对于信贷机构而言，必须加强贷前审查，积极防范借名贷款，保障资金安全。

对于名义借款人来说，应当充分考虑借名可能给自己带来的风险和损失，包括逾期贷款导致的不良信用记录等，不要轻易被他人利用自身名义对外借款，一旦发生应当及时寻求法律弥补措施，以避免和防范陷入"名义借款"却要背负偿还实际借款的巨大法律风险。

（河北省唐山市路北区人民检察院　母宏）

无处分权人取回质押物是否构成犯罪

一、基本案情

2018年11月29日,赵某代表某建筑公司(以下简称建筑公司)向某建筑材料公司(以下简称建材公司)购买建材,出具欠条及付款承诺书。承诺书载明:"货款10日内付清,以建筑公司冀B××××车作抵押担保。"后赵某将该车及行驶证交给建材公司。建筑公司法定代表人郑某得知本公司车辆被抵押,要求赵某将车送回。同年12月18日8时许,赵某至建材公司用备用钥匙将车取回。建材公司法定代表人发现车辆丢失后电话报警,公安机关联系赵某,赵某承认私自取走抵押车辆。

二、分歧意见

对于被告人赵某取回"抵押"车辆的行为如何定性,存在两种意见:

第一种意见认为,赵某将车辆作为"抵押物"交给建材公司保管,建材公司合法占有了该车辆。赵某秘密窃取车辆,剥夺了他人的占有,意图非法占有,其行为已构成盗窃罪。

第二种意见认为,赵某事先未征得车辆所有权人同意,无权处分他人车辆。在车辆所有权人的要求下取回"抵押物",不具有非法占有"抵押权人"财物的目的,不构成盗窃罪。

三、评析意见

笔者同意第二种意见,赵某的行为属于民事行为,不应认定为盗窃犯罪。理由如下:

1. 从担保物权的视角看,本案中,被告人赵某与建材公司约定的是将车辆"抵押",但实际上双方存在的不是抵押关系,而是质押关系。赵某与建材公司虽表述将车辆作为抵押物,但又将车辆移转了占有,本质上符合质押权的要件,形成的是质押关系。

案涉车辆属于建筑公司,赵某无权擅自处分。赵某在未取得车辆所有权人同意的情况下,将车辆质押给某公司,由此形成的质押关系处于效力待定状态。建筑公司拒绝追认赵某的无权处分行为,要求赵某取回车辆。所以,赵某与建材公司的质押关系因建筑公司拒绝追认而自始至终无效。在此情况下,赵某作为建筑公司的职员,按照车辆所有权人建筑公司的要求取回车辆,属于履行职务。

2. 从犯罪构成的视角看,要准确认定一个行为是否构成犯罪,必须坚持主客观相一致的原则,不仅要看客观行为,还要考察行为人的主观心态。成立盗窃罪,行为人主观方面必须具有"非法占有"即"据为己有"的目的。综观本案,赵某在所有权人要求下,将作为质押物的车辆取回后,立即交给了所在公司又在警方询问时即承认是其取回。可见,赵某自始至终没有将车辆"据为己有",即"非法占有"的目的。赵某主观方面不具有非法占有的目的,不符合盗窃罪主观要件,不构成盗窃罪。

3. 从社会危害性的视角看,犯罪的本质特征在于它对国家和人民利益所造成的危害。《刑法》第 13 条规定,"……依照法律应当受刑罚处罚的,都是犯罪,但是情节显著轻微危害不大的,不认为是犯罪"。由此可见,构成犯罪,必须具有相当的社会危害性。若系"情节显著轻微危害不大",则不构成犯罪。本案中,赵某的取车行为在客观上未侵犯建材公司的财产权利,也没有造成经济损失,系情节显著轻微危害不大,不构成犯罪。至于由此产生的纠纷,完全可以通过民事法律途径予以解决,没有必要诉诸刑事手段。

4. 从社会情理的视角看,司法裁判首先要做到合法,但也必须符合情理,否则就会出现"合法不合理"的现象,影响司法公信力和权威。本案中,赵某将车辆"抵押"后,擅自取回,此行为虽不能予以鼓励,但若按盗窃罪处理,不符合社会公众的一般认知和情感。

(河北省唐山市路北区人民检察院　刘树利)

隐瞒借款用途的保证人是否承担责任

一、基本案情

2017年3月1日,原告某银行与被告某公司签订了《流动资金借款合同》,约定:借款用途为借新还旧,借款金额300万元,借款的月利率为6.125%,借款期限1年。

同日,原告与保证人甲公司、乙、丙、丁分别签订了《保证合同》,均约定:各保证人同意为《流动资金借款合同》项下的借款300万元及相应的利息、罚息、违约金、损害赔偿金,以及为实现债权、抵押权等发生的一切费用和其他应付的费用之和承担连带保证责任。保证期限为借款合同项下债务履行期限届满之日起1年。

另,乙、丙、丁均为保证人甲公司的股东,保证人甲公司作出股东会决议,同意保证人甲公司为被告某公司向原告某银行申请办理流动资金贷款(借新还旧)业务提供担保。该股东会决议包括乙、丙在内的数名股东签名确认,但丁未参加股东会决议,故未签名确认。

签订上述合同后,某银行依约发放了贷款300万元,后被告某公司并未按合同约定归还原告贷款本息,保证人亦未承担保证责任。为此,原告诉请法院,请求依法判令被告某公司归还借款本息,保证人甲公司及乙、丙、丁承担连带清偿责任。

二、分歧意见

关于保证人丁是否明知用途、是否承担连带清偿责任,存在两种意见:

第一种意见认为,保证人丁应当承担连带清偿责任。保证人丁签署的《保证合同》上载明同意为《流动资金借款合同》项下借款本息提供担保,虽然《保证合同》上没有载明借款用途为借新还旧,但《流动资金借款合同》

上载明了借款用途为借新还旧,故可推定保证人丁对借款用途是明知的。

第二种意见认为,保证人丁不应当承担连带清偿责任。保证人丁虽在《担保合同》上签名,但原告某银行并未向其出示《流动资金借款合同》,其亦未参加保证人甲公司的股东会决议,对借款合同用途并不知情。银行隐瞒"借新还旧"用途"套路"保证人丁,存在骗保嫌疑,且未能举证担保人丁对"借新还旧"是明知的,担保人丁依法不承担担保责任。

三、评析意见

笔者赞同第二种意见,理由如下:

1. 债权人应当对担保人明知"借新还旧"承担举证责任。主合同当事人双方协议以新贷偿还旧贷,债权人应当对相关法律风险予以充分重视,及时保存相关证据,做好贷款保障,如不能证明担保人提供担保时知道借款用途为"借新还旧",保证人将不承担责任。本案保证人甲公司召开股东会,股东会决议书明确载明了借款用途,包括乙、丙在内的数名股东签名确认,故保证人甲公司、乙、丙对本案借款的用途是明知的。关于保证人丁的保证责任,银行并不能证明其在发放借款时明确告知保证人丁该借款系以新贷偿还旧贷,应承担举证不能的不利后果,保证人丁将免责。

2. 隐瞒借款用途"套路"保证人存在骗保嫌疑。借新还旧的用途应当以明示的方式告知保证人。本案中,原告某银行与被告某公司通过借取新债偿还旧债而未将该情形告知保证人丁的"借新还旧"行为,本质上属于借款双方串通骗取保证的情形,债权人与债务人的"借新还旧"行为通过隐瞒借款用途"套路"了保证人,因此对善意保证人丁不发生效力,借新还旧范围内的担保合同无效。

3. 银行并未举证担保人丁新贷和旧贷上系同一保证人。新贷与旧贷保证人为同一人,无论保证人是否已经知道或应当知道借新还旧,新贷保证人均应承担保证责任,因为实质上并未加重保证人的保证责任。现银行并无证据证明担保人丁在新贷和旧贷上系同一保证人,应承担举证不能的法律后果。

综上,因银行不能证明担保人丁对借款用途明知,亦不能证明担保人丁在新贷和旧贷上系同一保证人,银行诉请保证人丁承担保证责任,于法无据。

(河北省唐山市路北区人民检察院 褚英英)

不具备用工主体资格的自然人雇佣的人员与发包人是否存在劳动关系

一、基本案情

某传媒公司将展台的搭建、撤展工作发包给孙某，后孙某雇佣李某从事撤展工作，并向李某支付劳动报酬。2019年1月12日，李某在进行展厅拆卸工作时受伤。受伤后，李某向劳动仲裁委申请仲裁，要求确认与某传媒公司存在劳动关系。仲裁期间，李某称：孙某带领我进去做工，谁找孙某，我们就跟孙某去做。某传媒公司提交2019年1月10日某传媒公司与孙某、李某签订的三方协议，载明孙某为承包方，李某为孙某雇佣的结构施工人员。后劳动仲裁委裁决确认，某传媒公司与李某存在劳动关系。某传媒公司不服裁决诉至法院，要求判决其与李某不存在劳动关系。

二、分歧意见

本案的焦点是企业将业务（或者工程）发包、转包给不具有用工主体资格的自然人，对该自然人招用的个人，如何认定其与发包企业的关系。

第一种意见认为，此时应确认不具备用工主体资格的自然人所雇佣的个人与发包企业之间存在劳动关系。主要理由是：劳动和社会保障部《关于确立劳动关系有关事项的通知》（以下简称《确立劳动关系通知》）第4条规定："建筑施工、矿山企业等用人单位将工程（业务）或经营权发包给不具备用工主体资格的组织或自然人，对该组织或自然人招用的劳动者，由具备用工主体资格的发包方承担用工主体责任。"《劳动合同法》第94条规定："个人承包经营违反本法规定招用劳动者，给劳动者造成损害的，发包的组织与个人承包经营者承担连带赔偿责任。"

第二种意见认为，李某自认孙某带领做工，劳动报酬亦由孙某支付，故可以认定李某与孙某存在雇佣关系。依据最高人民法院《关于审理工伤保险行政案件若干问题的规定》（以下简称《工伤保险规定》）第3条规定，用工单位仅为承担工伤保险责任单位，不能仅根据受伤事实即当然认定李某与某传媒公司存在劳动关系。

三、评析意见

笔者同意第二种意见。承包人雇佣的个人与承包人构成雇佣关系，与发包方不存在劳动关系。理由如下：

1. 《劳动合同法》第94条属于有关民事责任性质的规定，不是认定劳动者与发包人之间具有劳动关系的法律依据。劳动关系，是指用人单位雇佣劳动者为其成员，劳动者在用人单位的管理下，提供由用人单位支付报酬的劳动而产生的权利义务关系。劳动者与用人单位是否构成劳动关系，要从实质上判断双方是否符合劳动关系的特征，包括：用人单位和劳动者具有法律规定的主体资格，用人单位指定的规章制度是否适用于劳动者，劳动者是否接受用人单位的管理，劳动者提供的劳动是否是用人单位业务的组成部分，劳动者是否从事用人单位安排的有报酬的劳动等。

2. 《确立劳动关系通知》第4条规定的用工主体责任实际上指的是承担工伤保险责任。人力资源和社会保障部《关于执行〈工伤保险条例〉若干问题的意见》第7条规定，具备用工主体资格的承包单位违反法律、法规规定，将承包业务转包、分包给不具备用工主体资格的组织或者自然人，该组织或者自然人招用的劳动者从事承包业务时因工伤亡的，由具备用工主体资格的承包单位承担用人单位依法应承担的工伤保险责任。《工伤保险规定》第3条规定，用工单位违反法律法规规定，将承包业务转包给不具备用工主体资格的组织或者自然人，该组织或者自然人聘用的职工从事承包业务时因工伤亡的，社会保险行政部门认定用工单位为承担工伤保险责任单位的，人民法院应予支持。同时，该条还规定，承担工伤保险责任的单位承担赔偿责任或者社会保险经办机构从工伤保险基金支付工伤保险待遇后，有权向相关组织、单位和个人追偿。2015年《全国民事审判工作会议纪要》第62条明确，对于发包人将建设工程发包给承包人，承包人又转包或者分包给实际施工人，实际施工人招用的劳动者请求确认与发包人之间存在劳动关系的，不予支持。综上，可以看出用工主体责任并不同于劳动关系。

3. 《确立劳动关系通知》第4条规定适用于特定主体，即建筑施工、矿山企业，不能任意扩大适用。本案中，某传媒公司并非上述类型企业，不适用该通知规定,且李某自认孙某带领做工,谁找孙某,就跟孙某去做,三方协议中亦明确了李某为孙某雇佣的结构施工人员,加之李某的劳动报酬系由孙某支付,可以认定李某与孙某存在雇佣关系,某传媒公司与孙某不存在劳动关系。

(河北省唐山市路北区人民检察院 杨韵含)

宠物乘顺风车丢失的平台公司是否承担责任

一、基本案情

2019年3月，苏某某因需要将自己的泰迪犬从河北唐山送至北京通州，便在某平台公司预约了一辆顺风车，将泰迪犬装在纸箱里用胶带封上后进行了托运。顺风车开出1小时后，苏某某接到司机电话称泰迪犬跑掉了。对此，苏某某联系平台公司索赔，因协商未果将平台公司诉至法庭，要求对方赔偿泰迪犬丢失的损失6000元并退还运输费99元。

关于泰迪犬是如何丢失的，双方各执一词，也没有证据能够证明。苏某某称"自己用全封闭的箱子将狗装进去的，箱子很大很硬，防摔防震"，平台公司则称是"狗把箱子咬破了，跑到后备厢吃肉，司机没注意就跑掉了"。

二、分歧意见

本案的焦点是，平台公司在顺风车业务中是否应当作为运输合同的承运人承担责任。对此，存在两种意见：

第一种意见认为，平台公司在顺风车业务里只负责"合乘信息撮合"，法律地位类似于居间人而非承运人，《顺风车合乘公约》明确要求平台用户秉承"本人合乘"原则，禁止"代人叫车""物品托运"等行为，苏某某的行为已严重违反了平台禁止性规则，其行为后果应由本人承担。

第二种意见认为，合乘信息服务平台不是顺风车业务中的承运人，顺风车平台无须承担承运人责任，但其出于营利目的从事了组织行为，平台在此交易中有着特殊重要性和深度参与性。依照我国对侵权责任的相关规定，平台公司作为合乘出行的组织者，应当承担一定程度的安全保障义务，在过错范围内对乘客人身或财产利益损失承担责任。本案中，在托运方式和托运安全等问题的处理上，苏某某和司机均有过错。但平台公司在苏某某的宠物狗丢失后，仅作出了"订单挂起、苏某某封号"的处理,并未采取其他及时、必要的补救措施,甚至拒绝向苏某某提供司机相关信息,可以认定平台公司在发生损害时的处置措施不妥。综合考虑涉案合乘行为各方的权利义务、对宠物狗丢失的过错程度等情形,顺风车平台应当承担相应的侵权责任。

三、评析意见

笔者同意第二种意见。理由如下:

根据国务院办公厅《关于深化改革推进出租汽车行业健康发展的指导意见》,私人小客车合乘,也称为拼车,由合乘服务提供者事先发布出行信息,出行路线相同的人选择乘坐合乘服务提供者的小客车、分摊部分出行成本或免费互助的共享出行方式。《网络预约出租汽车经营服务管理暂行办法》第38条规定,私人小客车合乘,也称为拼车、顺风车,按城市人民政府有关规定执行。可见,顺风车应当被认定为与网约车并列的出行方式,在政府未作出明文规定的情况下,顺风车平台即合乘信息服务平台无须承担承运人责任,但这非是说平台公司可以免除其他应尽的义务。依照对侵权责任的相关规定,平台公司作为合乘出行的组织者,应当承担一定程度的安全保障义务,在过错范围内对车主或者乘客人身或财产利益损失承担责任。此外,依照《消费者权益保护法》第44条第1款规定,"消费者通过网络交易平台购买商品或者接受服务,其合法权益受到损害的,可以向销售者或者服务者要求赔偿。网络交易平台提供者不能提供销售者或者服务者的真实名称、地址和有效联系方式的,消费者也可以向网络交易平台提供者要求赔偿;网络交易平台提供者作出更有利于消费者的承诺的,应当履行承诺。网络交易平台提供者赔偿后,有权向销售者或者服务者追偿。"也就是说,平台公司作为网络信息服务的提供者,在受损消费者无法直接找到销售者或者服务者时,应当承担协助义务。本案中,由于平台公司不能提供销售者或者服务者的真实名称、地址和有效联系方式,应当依法承担相应责任。

乘客、平台公司与驾驶员三方在顺风车出行中形成了合乘出行的民事行为,各方均应当按照有关法律法规的规定承担各自的责任。网络约车平台应当对车辆、驾驶员进行一定程度的实质性核验,审核车辆的适驾性、驾驶员的适格性、人车线上线下的一致性;应加强定期巡查,确保车辆安装有卫星定位装置、应急报警装置,保障其提供的服务符合乘客的人身、财产安全要求;应自觉主动配合交通、公安、通信、网络部门的监督和调查,不滥用保护合乘双方信息的义务。

(河北省唐山市路北区人民检察院 裴昀博)

用人单位如何行使替代责任的追偿权

一、基本案情

王某曾就读于某高校中医学专业，2019年4月毕业，自行到唐山市某医院某科室联系实习，该科室同意王某试岗。试岗期间，王某对住院病人何某采取理疗措施，何某在接受王某的理疗后不久病情加重，并经该医院内设机构医疗安全专家委员会评定为医疗行为存在过错。该医院与何某先后通过自行协商和民事诉讼的方式对赔偿达成协议，最终该医院赔偿何某各项费用共计29万余元。但王某均未参与协商与诉讼过程。2019年5月30日，该医院向法院起诉称，因王某在对病人何某进行理疗过程中发生医疗事故，导致该医院先后向病人支付了各项赔偿费用，该医院与王某就赔偿费用的承担问题无法达成一致，特诉至法院，要求法院判决王某支付该医院垫付的赔偿费用。

二、分歧意见

第一种意见认为，根据民法规定，用人单位的工作人员因执行职务行为造成他人损害的，由用人单位承担侵权责任。同时法律还规定，如果工作人员的行为存在故意或者重大过失的，用人单位在承担了赔偿责任后可以向工作人员追偿。本案中，王某对何某的医疗行为存在过错，医院在赔偿何某后可以向王某进行追偿。

第二种意见认为，在医疗事故纠纷中，因医院的医疗过错致使患者受到伤害或病情加重的，医院是侵权赔偿的责任主体。具有相关责任的医务人员因系履行职务的行为，不存在故意或者重大过失时，不应对外承担赔偿责任。本案中，医院无法证明王某在履职过程中对何某致害的行为存在故意或者重大过失，追偿的诉请无法成立。

三、评析意见

笔者同意第二种意见,理由如下:

1. 根据民法对侵权责任的规定,工作人员履行职务过程中侵权的赔偿责任主体为用人单位。法律作出如此规定之目的一方面在于加强对被侵权人权益的保护,使被侵权人能及时、足额获得赔偿;另一方面也可以通过对替代责任人(用人单位)责任的加重,促使其加强对被替代人(工作人员)的监督,避免侵权事件的再次发生。这里涉及民法的替代责任问题。替代责任,是指在存在雇佣关系的前提下,雇员实施职务行为的过程中,侵害他人利益,法律规定由雇主承担赔偿责任,其前提是替代责任者必须对被替代人拥有一定的监督和指挥权利。工作人员从事职务行为是为了用人单位的利益,因个人能力、工作环境等因素的限制,失误有时难免。利益是用人单位的,如果将最终责任的承担者确定为工作人员,这显然是有失公允的。固然有些用人单位为了加强内部管理,减少工作人员失误的发生,对工作中造成的损失进行了一些考核性规定,但是这些规定不应成为用人单位免责的借口。由用人单位对外承担赔偿责任符合现代法治精神。

2. 用人单位享有追偿权。通常情况下,用人单位承担替代责任是其正常的经营风险,其是可以通过正常的内部管理手段避免的,不存在通过追偿弥补损失的问题。但是随着社会经济的改变、工作人员经济能力的提高以及法学理论的发展,法律也考虑到工作人员对用人单位的人身依附性已降到最低限,用工形式的多样性也导致用人单位对工作人员的管理权限逐渐缩减,用人单位在侵权过程无过错等因素,就有限制地赋予了用人单位的追偿权。最高人民法院《关于审理人身损害赔偿案件适用法律若干问题的解释》第9条规定,在雇员从事雇佣活动中因故意或者重大过失致人损害的情况下,雇主承担了连带赔偿责任后,可以向雇员追偿。这样也是为了敦促工作人员在履职过程中能够尽到谨慎的注意义务,避免肆意妄为,善意地完成工作任务,实现用人单位参与社会经济活动的目的。

3. 用人单位的追偿权是有限的。根据前述法律规定,用人单位的追偿权不是任意的、无限的,而是有前提的,即工作人员在执行职务过程中存在故意或者重大过失,如工作人员在执行职务行为时故意挟私报复工作对象,或严重违反生产操作规程,从而造成他人损害的,用人单位因此而承担赔偿责任的,应准许用人单位向工作人员进行适当的追偿。同时应当注意,证明工作人员存在故意或者重大过失的举证责任,应由用人单位承担。工作人员从事雇佣活动时的单纯的、轻微的过错行为,不构成工作人员追偿的事由。同时,追偿只是表明一种诉权,并不代表用人单位当然的可以获得全额的追偿。法官需要根据案件的具体情况、工作人员的过错程度,适当分配追偿份额。本案中,王某在医院试岗,接受医院的管理,从事医院业务范围内的职务行为,可以视同医院的工作人员。医院在无法证明王某履职过程中对他人致害的行为存在故意或者重大过失的情况下,其追偿的诉请不应得到支持。

(河北省唐山市路北区人民检察院 刘树利)

公务人员自驾车从事公务造成他人损害的，其所在单位应否承担责任

一、基本案情

边某系某区法院审判员，按照某区政府关于2019年春节前走访慰问困难群众的工作安排，边某负责对某社区1户困难群众进行走访慰问，并将慰问金送到困难群众手中。2019年1月16日上午，边某驾驶自有车辆到某社区走访慰问困难群众，在准备靠边停车时因操作失误刮撞到行人吴某，造成吴某受伤、车辆受损的交通事故。公安交通管理部门认定，边某承担此次道路交通事故全部责任。

吴某向法院提起诉讼，请求判令由边某、某区政府向其连带赔偿医疗费、精神损害抚慰金等合计28万元，由保险公司在交强险和商业三者险限额内直接赔付上述赔偿款。

二、分歧意见

本案中，就边某和某区政府是否承担侵权责任，存在以下两种不同意见：

第一种意见认为，边某已经按规定享受了公务用车改革后的公务交通补贴，至于其到某社区走访慰问选择何种交通方式由其自行决定。边某慰问困难群众的行为是职务行为，但其当天驾驶自有车辆去社区的行为属于个人行为，不属于职务行为。故本案应当由边某承担侵权责任，某区政府不应承担责任。

第二种意见认为，边某系公务人员，其驾驶自有车辆按照某区政府安排走访慰问困难群众系履行职务，途中因操作失误造成吴某损伤，依法应由某区政府承担侵权责任，边某不应承担责任。

三、评析意见

笔者赞成第二种意见。理由如下：

《中华人民共和国民法典》第1191条第1款规定，用人单位的工作人员因执行工作任务造成他人损害的，由用人单位承担侵权责任。本案中，边某根据某区政府关于2019年元旦春节走访慰问困难群众的工作安排，负责走访慰问某社区的1户困难群众。边某驾驶自有车辆慰问困难群众的行为显然属于履行职务的行为。根据日常生活经验，边某在走访慰问过程中驾车、停车应是慰问活动的必要组成部分，属慰问活动的正常行为范围。

当天边某驾驶自有车辆与慰问困难群众的行为之间具有内在联系，不应将边某驾车的行为与慰问困难群众的行为截然分开。在正常情况下，边某驾驶自有车辆慰问困难群众，系履行职务。尽管某区政府已经实行了公务用车改革，且已经发放给边某公务交通补贴，到某社区慰问原则上不属于公务用车派车范围。在慰问困难群众过程中，边某因操作失误发生了交通事故，导致吴某伤残，此情形并不能否定其系履行职务的行为属性。在此情形下，因边某驾车发生了负全部责任的交通事故，就认定某区政府因此而免责，这既与职务行为的内涵不符，也不利于对受害人吴某合法权益的保护。

因此，边某驾驶自有车辆慰问困难群众的行为应当认定为履行职务，属于职务行为，某区政府应当对该职务行为承担责任，边某在本案中不承担责任。某区政府与边某之间属行政管理内部关系，若某区政府认为边某在交通事故中负有一定责任，可另寻途径解决。对于吴某要求边某与某区政府共同赔偿并相互承担连带赔偿责任的诉讼请求，应不予支持。对于某区政府认为某社区不属于公务用车派车范围，边某驾驶自有车辆去慰问困难群众的行为系个人行为，不属于职务行为的意见，应不予采信。

（河北省唐山市路北区人民检察院　赵娜）

存在抵押权的车辆被没收拍卖后如何过户

一、基本案情

被告人周某因犯罪被人民法院判处罚金并没收作案工具——马自达轿车一辆，上缴国库。判决生效后该案移送执行局执行财产部分，执行局委托技术部门对该车进行了价格评估并在京东网拍卖。买受人郑某以最高价竞得该车，后郑某到车辆管理所办理过户手续时，被告知该车设定了抵押权，需要解除抵押才能办理该车的过户手续。经调查得知，该车系犯罪人周某以银行贷款方式购买的，抵押权人为某银行。

二、分歧意见

在执行过程中，存在两种意见：

第一种意见认为，该执行标的物法院已经判决没收并上缴国库，该车所设置的他项权利自然消失，车管所不能以该车设有抵押权而拒绝过户；另，该车拍卖款应直接上缴国库，某银行可向周某追偿。

第二种意见认为，该车系作案工具，国家没收是行使公权力，某银行的抵押权为私权利，私权不能对抗公权，因此，人民法院发现该车设有抵押权后，可直接裁定解除抵押权，以保障买受人郑某实现过户车辆的合法权益，并直接将拍卖价款上缴国库。

第三种意见认为，该案实质是公权力与私权利如何平衡的问题，人民法院代表国家行使审判权，将犯罪工具依法没收是行使公权力，某银行作为抵押权人享有该车的抵押权，抵押权虽为不完全权利，但仍属于私权利范畴，最高人民法院《关于刑事裁判涉财产部分执行的若干规定》第13条、最高人民法院《关于财产刑执行问题的若干规定》第6条的立法本意是，公权力让位于私权。该车买受人没有过错，车管所应按法院通知书协助过户。拍卖款由法院提存，书面通知某银行在合理期限内通过诉讼等方式确认抵押权，逾期视为债权人放弃担保物权，提存的拍卖款上缴国库。

三、评析意见

笔者同意第三种意见，理由如下：

第一种意见"他项权自然消失说"认为，没收属于法律上的担保物灭失，本案中合法有效设立了抵押权的车辆被判以作案工具没收后，直接导致国家取得了该车的财产所有权，故而从法律角度可以视作灭失，该车所设置的他项权利当然消失，车管所从计算机系统上查到的车辆抵押权信息视为没有，应该办理过户。虽然，《刑法》第60条规定"没收财产以前犯罪分子所负的正当债务，需要以没收的财产偿还的，经债权人请求，应当偿还"，但本案中是"没收工具"而不是"没收财产"，不能引用该法条抗辩某银行对该车依然享有担保物权并可以请求偿还。

该意见未对其真实含义作实质性理解。抵押权不因担保物被没收而消灭。《民法典》第393条规定"有下列情形之一的，担保物权消灭：（一）主债权消灭；（二）担保物权实现；（三）债权人放弃担保物权；（四）法律规定担保物权消灭的其他情形。"可见，担保物被没收并不属于担保物权消灭的法定情形。本案中的担保物权人某银行在车辆被作为犯罪工具没收后对该车依然享有担保物权。法律的精神是优先保护私有权利，所谓"茅屋草舍，风能进，雨能进，国王和国王军队不能进"，即使该车辆作为犯罪分子的个人财产被没收，其物上的抵押权也不会因此而消灭，合法的债权人仍可以对其行使抵押权。

第二种意见"私权不能对抗公权"说，也是站不住脚的。因为直接裁定解除抵押权也就是强制消灭抵押权，违背了法律公平原则。债权都是平等的，不能因为要保护车辆买受人的权利就置抵押权利人的权利于不顾。周某的偿债能力因被羁押已处于一种不确定状态。如果某银行抵押权被强制消灭，其债权将有无法实现的可能。这对银行来说是不公平的。

第三种意见"公权让位于私权"说认为，车辆管理部门不应以该车设有抵押权而拒绝为买受人办理过户手续。在民事权利的行使遇到国家公权力时，国家法律还是优先保护合法的民事权利。拍卖款由法院提存，同时也给抵押权人留下了救济渠道。

另外,《宪法》第 140 条规定:"人民法院、人民检察院和公安机关办理刑事案件,应当分工负责,互相配合,互相制约,以保证准确有效地执行法律。"本案中,公安部门应与法院相互配合,协调联动,对被法院没收的车辆,在买受人通过拍卖程序合法取得车辆予以办理过户手续时无条件办理,以体现社会主义法律的和谐统一。

(河北省唐山市路北区人民检察院 刘辉)

房屋质量存在瑕疵的
买方可否解除购房合同

一、基本案情

2017年4月,那某某与开发商签订《商品房买卖合同》,那某某按期全额支付购房款。按照双方约定,开发商应当在2018年6月30日前向那某某交付该商品房。那某某在查验房屋时发现屋面、墙面等存在诸多质量问题,降雨时多处出现不同程度的漏水、渗水,虽在原告的督促下开发商进行了几次维修,但时至2019年8月14日,雨天房屋渗漏问题一直没有解决,导致那某某对该房屋无法接收装修、正常居住使用。为此,那某某诉至法院,请求依法判令解除双方签订的《商品房买卖合同》,开发商全额退还购房款及利息。另查明,案涉房屋已经通过了竣工验收,开发商在约定的交房日出具了约定的交房条件,即《建设工程质量竣工验收意见书》及《住宅质量保证书》《住宅使用说明书》等三份材料。

二、分歧意见

本案中,针对商品质量有瑕疵,买方能否解除合同并收回购房款,有两种不同的观点。

第一种观点认为,可解除合同并收回购房款。那某某购买案涉房屋,房屋的基本属性——避雨防水的功能尚不能完成,房屋存在严重质量缺陷,影响正常居住使用,那某某无法实现房屋买卖合同的目的,其提出的解除双方签订的《商品房买卖合同》并收回购房款的请求,应当予以支持。

第二种观点认为,不可解除合同并收回购房款。商品房漏水、渗水存在质量瑕疵,除非合同约定购房者有权以此为由拒绝接收房屋,否则,该质量瑕疵依法只要不会导致购房者合同目的不能实现,就不构成合同的根本性违约,那某某与开发商签订的《商品房买卖合同》应当继续履行，但开发商仍应承担维修、更换、重作等违约责任。

三、评析意见

笔者同意第二种观点，理由如下：

1. 漏水、渗水并非双方行使约定解除权的情形。根据《民法典》第562条规定："当事人协商一致，可以解除合同。当事人可以约定一方解除合同的事由。解除合同的事由发生时，解除权人可以解除合同。"本案中，双方签订的《商品房买卖合同》约定了合同解除的情形：一是地基基础和主体结构经检测不合格；二是除地基基础和主体结构外的质量问题，经过更换、修理仍然严重影响正常使用的。本案中，那某某主张的房屋漏水、渗水并不属于上述两种行使约定解除权情形。除非合同约定购房者有权以此为由拒绝接收房屋，那某某因此诉请解除合同并返还购房款，无合同依据。

2. 本案不存在法定的合同解除情形。最高人民法院《关于审理商品房买卖合同纠纷案件适用法律若干问题的解释》（以下简称《解释》）第9条规定："因房屋主体结构质量不合格不能交付使用，或者房屋交付使用后，房屋主体结构质量经核验确属不合格，买受人请求解除合同和赔偿损失的，应予支持。"《民法典》第610条规定："因标的物不符合质量要求，致使不能实现合同目的的，买受人可以拒绝接受标的物或者解除合同。"本案中，案涉房屋已经取得《建设工程质量竣工验收意见书》，而通过竣工验收就是房屋符合设计质量标准的直接的、专业的证明。虽然存在漏水、渗水的瑕疵，因其一般不会影响那某某对房屋的使用或购房合同目的的实现，亦不属于房屋主体结构质量不合格的法定情形，并未构成根本性违约。且开发商已经进行了维修，并明确表示在保修范围内继续进行维修。因此，那某某诉请解除合同并返还购房款，无法律依据。

3. 解除权因行使期间已经过而消灭。为了督促解除权人及时行使权利，尽快结束双方权利义务不确定的状态，《解释》第11条对权利人行使合同解除权的合理期限作出了明确规定："根据民法典第五百六十三条的规定，出卖人迟延交付房屋或者买受人迟延支付购房款，经催告后在三个月的合理期限内仍未履行，当事人一方请求解除合同的，应予支持，但当事人另有约定的除外。法律没有规定或者当事人没有约定，经对方当事人催告后，解除权行使的合理期限为三个月。对方当事人没有催告的，解除权应当在解除事由发生之日起一年内行使，逾期不行使的，解除权消灭。"合同解除权行使期间的性质应为除斥期间。除斥期间届满，就会发生权利消灭的法律后果。本案中，那某某怠于行使解除权，解除权因行使期间已经过而消灭。

4. 开发商仍应承担维修、更换、重作等违约责任。那某某虽并无充分证据证明其所购买的房屋存在严重质量问题，但该房屋渗漏水的事实存在。根据最高人民法院《关于审理商品房买卖合同纠纷案件适用法律若干问题的解释》第10条第2款"交付使用的房屋存在质量问题，在保修期内，出卖人应当承担修复责任；出卖人拒绝修复或者在合理期限内拖延修复的，买受人可以自行或者委托他人修复。修复费用及修复期间造成的其他损失由出卖人承担"的规定，开发商应当承担该房屋维修、更换、重作等违约责任。

（河北省唐山市路北区人民检察院　母宏）

业主可否因沿街商铺油烟噪声污染要求减免物业费和违约金

一、基本案情

某住宅小区业主委员会与某物业公司签订了《物业服务合同》，约定由物业公司为住宅小区提供物业服务管理工作，业主无正当理由拖欠物业服务费，每日按应交费的万分之三收取违约金。因该住宅小区沿街商铺被租赁为餐饮店，餐饮店在经营过程中，造成部分油烟、噪声污染，影响了楼上居民正常生活，沿街商铺居民楼整栋业主认为，物业公司不作为，遂以拒交物业费进行抗议。为此，某物业公司诉至法院，请求判令业主支付物业费及违约金。

二、分歧意见

本案中，关于沿街商铺居民楼的业主能否拒缴物业费，有三种不同的意见。

第一种意见认为，业主应全额缴纳物业费并承担违约责任。沿街商铺油烟噪声污染，并非基于房屋的合理利用产生，侵犯了沿街商铺居民楼的相邻权，业主有权以侵权为由另行提起诉讼，要求商铺业主停止侵害，排除妨碍，但并不能以此为由拒交物业费用。

第二种意见认为，业主有权拒绝缴纳物业费。物业公司作为服务单位，收取物业费用后应当按照合同约定履行维护物业管理区域内的环境卫生和相关秩序的职责。现商铺油烟噪声污染严重影响居民生活，物业公司存在重大违约，业主有权拒绝缴纳物业费用，直到问题得到妥善解决。

第三种意见认为，业主有权要求减免部分物业费用和违约金。物业公司没有行政处罚权，对于诸如小区开设的餐馆的油烟污染等问题，进行劝阻或向有关职能部门反映，即为正确履行了合同义务。但若物业不作为，也仅仅是物业服务存在瑕疵，尚未构成根本性违约，业主可以物业服务不到位为由要求减免部分物业费用和违约金。

三、评析意见

笔者同意第三种意见，理由如下：

从物业公司的职责上看，物业公司存在一定过错。物业管理，是指业主通过选聘物业服务企业，由业主和物业服务企业按照物业服务合同约定，对房屋及配套的设施设备和相关场地进行维修、养护、管理，维护物业管理区域内的环境卫生和相关秩序的活动。作为物业服务企业，既是小区的服务者，也是小区的管理者，对于沿街商铺油烟噪声等影响小区居民正常生活的侵权行为，应尽到劝阻及报告的义务。但本案中物业公司未能协调处理好纠纷，导致业主矛盾升级拒交物业费，物业公司本身存在一定过错，即工作中存在瑕疵。

物业服务虽存在瑕疵，但尚未构成根本性违约。沿街商铺油烟噪声污染对业主造成不良影响，物业公司未尽到劝阻及报告的义务，确实存在服务质量瑕疵问题，是对合同义务的不完全履行，属于违约行为。未尽到劝阻及报告的义务，一般情况下不构成根本性违约。司法实践中可酌情减少缴纳部分物业服务费的方式平衡双方的利益。业主因商铺油烟噪声污染而未缴纳物管费，并非恶意拖欠物业服务费，无须支付违约金。

业主要区分不同的法律关系进行理性维权。业主与物业公司之间为物业服务合同法律关系，业主与沿街商铺业主之间系相邻权法律关系，两者分属不同的法律关系。业主认为商铺油烟噪声污染对自己的生活造成了严重影响及损失，可以选择理性的维权方式，如向小区业主委员会反映，通过协商沟通的方式来解决，或者向侵权责任人提起侵权之诉。如以物业公司没有解决油烟噪声污染为由，要求全额免除物业服务费，法律依据不足。

综上，对于商铺油烟噪声污染问题，作为业主应及时收集证据，向侵权责任人提起侵权之诉。物业公司未尽到劝阻及报告的义务，业主有权以物业服务存在瑕疵为由，可要求减免部分物业费用和违约金。

（河北省唐山市路北区人民检察院　母宏）

高层楼中的低层用户是否应交自来水增压费

一、基本案情

A小区系甲市高层住宅小区，五楼业主王某从2011年入住A小区后即向物业公司按物业协议上约定的费用交纳物业费、电梯费、电梯电费等（未约定增压费）。并通过向自来水公司直接缴纳水费使用自来水，每吨自来水费用为2.3元。2013年起，小区物业公司以在四楼新安装了自来水增压设备为由，要求五楼及以上全体业主每年交增压费150元，称该收费标准已在物价局备案。王某认为自家系低层用户，自己所在单位七层楼不用增压尚能正常供水，甲市许多顶楼是六层的小区不用增压也能供水，自家水费每年平均100元，物业公司不论用水量多少都统一收取150元增压费显然不合理，遂拒交。物业公司派保安敲其防盗门达半小时之久，并派人到王某单位索要，王某拒交，物业公司于2018年将王某起诉至当地法院，请求法院判决王某补交五年增压费共计750元并承担诉讼费。

二、分歧意见

第一种意见认为，王某所在小区属高层小区，自来水公司正常压力到达不了所有楼层，客观上需要二次加压，虽然王某所住五楼系低层，但加压设备在四楼，收费数额在物价局也已备案，故王某应向物业公司交纳增压费。

第二种意见认为，王某不应当向物业公司交纳增压费，因为两者之间不存在合同上的约定和法律上的强制规定。王某已正常交纳自来水费和物业费等，作为低层用户，其未因物业公司在四楼安装增压设备而格外受益，且增压费过高，故王某拒交增压费属于合理维权。

三、评析意见

笔者同意第二种意见，理由如下：

1. 物业公司擅自收取自来水增压费没有法律依据。《物业管理条例》第44条规定:"物业管理区域内,供水、供电、供气、供热、通信、有线电视等单位应当向最终用户收取有关费用。物业服务企业接受委托代收前款费用的,不得向业主收取手续费等额外费用。"王某是直接到自来水公司充值后用水,其和自来水公司是合同关系,应享受自来水公司在全城正常压力下统一供水的权利。自来水增压费不属于行政性收费,不具有强制性。另外,笔者认为物业费里应该包含二次增压费用,如需另外收取,必须明确签订在双方的物业服务合同中。王某以该收费不合理拒绝交纳后,物业公司派保安长时间敲王某家防盗门且到王某的单位索要,已经严重干扰到王某的正常生活。物业公司和业主之间是平等的民事法律关系,物业公司不能因掌握小区业主信息而强制收费,将自己的法律地位凌驾于业主之上,王某有权拒绝物业公司强制性乱收费的行为。

2. 物业公司"一刀切"的收费方式显失公平。自来水公司的普通水压达不到高层所有楼层的用水需求时,一般物业公司会安装二次加压设备,因此会产生相应的电费、维修费等,一般应包含在物业费中。即便另外收费,首先应当遵循诚实信用原则,公示费用明细,设置科学、合理的收费标准;并且通过和业主或者业主委员会协商一致后补充到物业合同中,才可以收取。物业公司不能违背平等性原则单方面强制收费。另外,收费对象应是自来水公司正常压力所不能达到的楼层之上的业主,且应根据业主实际用水量等数据来计算分摊的比例,不能搞"一刀切"。本案中,甲市自来水公司正常压力供到七层都没问题,王某所住楼层为五楼,即使不增压,也在自来水公司正常压力供水范围之内,其并没有享受到增压设备所带来的额外利益。A小区物业公司以设备安装在四楼来确定收费对象,并且要求业主不论用水量多少统一交纳 150 元,显然是有失公平。

3. 收费标准在物价局备案不代表收费合法。物价局作为政府负责物价工作的行政机构,其功能是:负责价格总水平的宏观调控和综合平衡;负责价格监测体系和价格信息网络建设等。其并不具有授权企业强制收费的权力,不能用行政权力干预平等主体间的民事活动。本案中,王某每年水费平均 100 元却要额外交纳高出正常水费 1.5 倍的增压费,显然是不合理的。最高人民法院《关于审理物业服务纠纷案件具体应用法律若干问题的解释》第 2 条第 1 款规定:"物业服务人违反物业服务合同约定或者法律、法规、部门规章规定,擅自扩大收费范围、提高收费标准或者重复收费,业主以违规收费为由提出抗辩的,人民法院应予支持。"

(河北省滦州市人民检察院 霍芳芳)

购房人拒绝收房又不退房的应否交纳物业费

一、基本案情

2016年12月10日,孙某与某地产开发公司签订了《商品房买卖合同》一份,约定孙某向某地产开发公司购买由该公司开发的某小区商品房一套,于2017年12月31日前交付房屋。合同还约定,如买受人未收到交付通知,以合同约定的交付时间截止日为交付时间,以房屋所在地为交付地点。同时,孙某与某物业公司签订《前期物业服务合同》,约定由某物业公司为小区提供物业服务,物业服务费为3.15元/平方米/月,业主按季交纳。

合同签订备案后,孙某按约交付了购房款,但因其对所购房屋质量存在异议,虽开发商多次通知其办理房屋交付手续,但其一直拒绝办理。因是投资购房,不着急入住,孙某在与开发商就房屋质量问题争执不下后,遂对此事置之不理,该房屋一直空置,孙某也一直拒绝交纳物业费。某物业公司经多次催要未果后,于2019年10月8日起诉要求孙某支付自2018年1月始至今所欠的物业费近3万元。

二、分歧意见

在因房屋质量争议拒绝收房的情形下,孙某是否可以拒绝交纳物业费?

第一种意见认为,孙某与某地产公司就该套房屋一直未办理交付手续,即该套房屋一直未交付给孙某,孙某有权拒绝交纳物业费或者由物业公司向开发商主张物业费。

第二种意见认为,孙某虽然对房屋质量存在异议,但其在法定期限内未主张解除买卖合同,视为案涉房产的准业主,应按物业合同约定支付物业费。

三、评析意见

笔者同意第二种意见。理由如下：

孙某虽对房屋质量存在异议，但其在法律规定的解除权期限内，并未主张解除与出卖方的房屋买卖合同关系，孙某与开发商签订的商品房买卖合同已经备案，合法有效，孙某作为购房人取得了对所购房屋所有权转移至自己名下的物权期待权，孙某作为案涉房产的准业主，享有相应权利，理应承担相应义务。

最高人民法院《关于审理商品房买卖合同纠纷案件适用法律若干问题的解释》第11条2款规定："法律没有规定或者当事人没有约定，经对方当事人催告后，解除权行使的合理期限为三个月。对方当事人没有催告的，解除权人自知道或者应当知道解除事由之日起一年内行使；逾期不行使的，解除权消灭。"案涉房屋买卖合同约定的交付日距起诉时已逾一年，其间，孙某均未要求退房或积极就房屋质量问题主张权利，即就案涉房屋交易行为，孙某未有撤销之意，亦未有撤销之行为，该交易行为成立。

业主是否实际入住，不影响物业公司收取物业服务费。孙某与某物业公司签订了《前期物业服务合同》，其与某物业公司形成的是物业服务合同关系。根据我国《物业管理条例》规定以及双方之间物业服务合同的约定，业主应当根据物业服务合同的约定标准交纳物业服务费。

物业服务的目的是维护和保障物业的正常使用，提供的是物业区域的公共事务管理服务，即建筑物及其设备、公用设施、绿化、环境卫生、交通、公共秩序等项目的日常维护、修缮、管理、服务，即使业主未入住，物业及其周边环境仍然需要被维护、以保证物业能够整体运行，这种公共性服务成本并不会减少。业主以未实际入住，没有享受物业服务为由，拒绝交纳物业服务费，没有法律依据。

孙某与开发商之间的房屋质量争议系商品房买卖合同纠纷，与本案不属于同一法律关系，孙某就房屋质量问题以及所造成的损失（包括因未入住所支付的物业费）可以另案解决。开发商与物业公司是各自独立的法人，孙某抗辩开发商的意见并不能成为其拒交物业费的理由。

(河北省唐山市路北区人民检察院　闫磊)

丈夫不慎将指挥倒车的妻子撞伤，保险公司应否理赔

一、基本案情

丈夫王某欲驾车载着妻子李某某外出购物，在某商厦门口欲进入停车位，李某某在车后指挥王某倒车，结果王某在倒车时撞倒了李某某。被李某某的惊叫声吓慌的王某又将车倒向另一边，结果又和停靠的两辆车相撞。李某某被撞伤，两辆车也遭受不同程度的损坏（另案处理）。10天后，交警部门出具道路交通事故认定书，认定本次事故王某负事故全部责任。李某某受伤后，住院治疗17天。且经鉴定部门鉴定，李某某的伤残等级为9级，后续治疗费为1万元，医嘱休息3个月。王某驾驶的机动车在某保险公司投保了交强险和不计免赔率的商业险，其中第三者商业责任险金额为10万元。王某向保险公司申请理赔，被保险公司以其夫妻二人"诈保"为由拒赔。李某某遂"怒告"丈夫王某及保险公司，要求连带赔偿其残疾赔偿金、医疗费、误工费等合计17万元。

二、分歧意见

本案中，关于丈夫倒车时将帮忙指挥的妻子撞伤，保险公司是否应当理赔，存在两种分歧：

第一种意见认为，保险公司不应当理赔。本案原被告系夫妻关系，存在保险诈骗的嫌疑。李某某系被告王某的妻子，属"车上人员"，不属于交强险和商业第三者责任险的"第三人"，且依据《第三者责任险保险条款》，被保险机动车本车驾驶人及其家庭成员的人身伤亡、所有或代管的财产的损失，保险人均不负责赔偿。

第二种意见认为，保险公司应当理赔。交强险和商业第三者责任险的

"第三人"的身份不是一成不变的,而是随其所处位置不同而转化。如果事故发生时已经置身车下,则属于"第三者"。同时,被告保险公司未能提供证据证明,已将该《第三者责任险保险条款》送达或告知被保险人,该免责条款无效,保险公司应当理赔。

三、评析意见

笔者赞同第二种意见,理由如下:

1. "第三人"的身份不是一成不变的。在保险合同中,保险人是第一方,也叫第一者;被保险人或致害人是第二方,也叫第二者;除保险人与被保险人之外的,因保险车辆的意外事故而遭受人身伤害或财产损失的受害人是第三者,也叫"第三人"。所谓"车上人员"与"第三者"的身份不是一成不变的,而是随其所处位置不同而转化。因此,判断发生意外事故的受害人是否为"第三人",应以受害人在事故发生时这一特定时间是在车上还是在车外作为判断标准,在车上即为"车上人员",在车外为"第三人",至于何种原因导致该人员在事故发生时置身车下,不影响其"第三人"的身份。本案中,两人虽是夫妻关系,被告王某倒车时,原告李某某在车外指挥倒车,相对于车辆李某某系第三人,其理应获得保险公司的赔偿。

2. 保险公司应就"诈保"行为举证。为更有利保护被保险人的利益,保险法及其司法解释明确将"诈保"的举证责任分配给保险公司。简而言之,保险公司能证明被保险人恶意诈保的,可免除责任;证明不了的,应当进行理赔。本案中,因原被告系夫妻关系,保险公司就推定原被告故意申请理赔是诈保行为,无事实和法律依据。鉴于原告李某某受伤是客观存在的,保险公司无法举证证明本次交通事故属诈保行为,应承担举证不能的法律后果。

3. 保险合同签订时免责条款应释明。《保险法》第17条第2款规定:"对保险合同中免除保险人责任的条款,保险人在订立合同时应当在投保单、保险单或者其他保险凭证上作出足以引起投保人注意的提示,并对该条款的内容以书面或者口头形式向投保人作出明确说明;未作提示或者明确说明的,该条款不产生效力。"也就是说,保险人对于保险合同中的免责条款负有"明确说明的义务。"最高人民法院《关于适用〈中华人民共和国保险法〉若干问题的解释(二)》第13条规定:"保险人对其履行了明确说明义务负举证责任。"因此,按照法律,保险公司必须举证在保险合同签订时,已经将合同中的免责条款向被保险人进行了释明。但在本案审理过程中,该保险公司未能提供证据,证明其就该免责条款的概念、内容及其法律后果已尽了明确说明的义务,没有释明的免责条款不产生效力。

综上，案发时其妻下车并在车后帮忙指挥，已经从"车上人员"转化为车外的"第三人"，保险公司亦未举证存在诈保行为和履行免责条款释明义务，就本次交通事故中造成妻子的损伤，应先由保险公司在交强险范围内赔偿，超出赔付范围的，再由第三者责任险进行赔偿。

（河北省唐山市路北区人民检察院 褚英英）

甲供材料所有权归属如何界定

一、基本案情

2011年1月，犯罪嫌疑人郑某（乙方）承建了由唐山某房地产开发有限公司（甲方）的建设项目。甲乙双方签订了《建设工程施工合同》，合同约定"工程暂估价为11002万元。月度拨款以单位工程形象进度分部位，按85%的付款比例拨付，每月截至25日乙方按完成计划形象进度核实，报监理和甲方项目部，经监理和项目部确认后上报公司运营管理部，次月五日内甲方按核实的工作量将计算好的进度款扣除甲供材料后拨付乙方"。2011年10月，犯罪嫌疑人郑某将甲供材料钢筋进行变卖，获利50余万元。

2018年11月9日，唐山市公安局路北分局以郑某涉嫌职务侵占罪将其刑事拘留；2018年12月14日，路北区人民检察院以事实不清、证据不足为由未予批捕；2018年12月19日，唐山市公安局路北分局向路北区人民检察院提出复议，该院维持原不批准逮捕决定；2018年12月28日，唐山市公安局路北分局将该案提请唐山市人民检察院复核，2019年1月11日，唐山市人民检察院以事实不清、证据不足为由亦未批准逮捕。2019年9月11日，公安机关以盗窃罪再次向路北区人民检察院院提请批准逮捕。2019年9月30日，路北区人民检察院根据唐山市人民检察院的批复，以犯罪嫌疑人郑某涉嫌盗窃罪批准逮捕。

二、分歧意见

本案的主要分歧在于甲供材料所有权的归属问题。如果甲供材料所有权属于甲方，则郑某构成盗窃罪；如果甲供材料所有权属于乙方，则郑某不构成盗窃罪。

第一种意见认为：郑某（乙方）拥有甲供材料的所有权，不构成犯罪。

主要理由是：甲供材料的费用作为工程款的一部分，甲方用甲供材料抵顶工程款（抵扣工程款内含有17%的增值税），属于有偿转让货物的所有权。《物权法》第23条规定，动产物权的设立和转让，自交付时发生效力。因此，甲方在向乙方交付甲供材料时，乙方就已经取得所有权。

第二种意见认为，唐山市某房地产开发公司（甲方）拥有甲供材料的所有权，郑某构成盗窃罪。主要理由是：（1）甲供材料钢筋由甲方购买后再交付给乙方，购货发票、购买合同等均证实由甲方购买，故所有权属于甲方；（2）每月拨付的进度款并非结算款，甲供材料的决算应该是在竣工时的决算，只有在整个工程竣工结算后才能确定所有权；（3）甲方要给乙方1%的甲供材料保管费，如果所有权属于乙方，那甲方没有理由付乙方甲供材料的保管费。

三、评析意见

在厘清甲供材料所有权的归属前，我们先分析"甲供材料"的概念。所谓"甲供材料"，是指在建筑工程中，出于质量控制的考虑，甲方一般会自行采购主要建筑材料，也就是俗称的甲供材。甲供材料主要是指水泥、钢筋、木材、燃油等材料。操作步骤是甲方供应到现场，乙方负责验收，不合格有权退货，但是只要乙方收下，风险即转移至乙方。

甲供材料模式因有如下优点，故普遍应用于各种经济活动中：第一，对施工方而言，可以减少材料资金投入和资金垫付压力，避免材料价格上涨带来的风险。对于甲方而言，甲供材料可以更好地控制进货来源，保证工程质量。第二，从材料质量上讲，由于其质量与施工单位无太大关系，但施工单位有对其检查的义务，如果因施工单位未检查材料而导致不合格，那么施工单位同样要承担相应的责任。第三，从工程计价角度说，预算时甲供材料必须进入综合单价，工程结算时一般扣除甲供材料的99%，有1%作为乙方对甲供材料的保管费。

目前甲供材有两种模式：一是甲供材料作为工程款的一部分，甲方采购后交给建筑企业使用，并抵减部分工程款（如工程款1000万元，甲方实际支付600万元，剩余400万元用于甲供材抵顶工程款）；二是甲供材料与工程款无关，甲方采购后交给建筑企业使用，并另行支付工程款（如工程款600万元，甲供材400万元），该种模式与本案无关，暂不予讨论。

了解"甲供材料"的含义后，我们对所有权的归属问题进行分析。

笔者同意第一种意见，即郑某（乙方）拥有甲供材料的所有权，郑某的行为不构成犯罪。理由如下：根据《建设工程施工合同》，本案中工程的总造价预算包括甲供材料预算和乙方施工预算。合同签订后，甲方不向乙方支付预付款，支付方式为进度款拨付，甲方购买材料后交付给乙方，材料款自第二月拨付工程款时予以扣除。通过上述合同可以认定：甲、乙双方的行为实质就是买卖行为，只不过交付和付款之间存在时间差。根据规定，动产交付时所有权即发生转移。所以何时结算与所有权的转移无关，因此乙方拥有甲供材料的所有权。

针对有观点认为，每月拨付的进度款并非结算款，甲供材料的决算应在竣工时的决算，最后竣工结算之前不涉及所有权的转移。笔者认为，根据合同"次月五日内甲方按核实的工作量将计算好的进度款扣除甲供材料后拨付乙方"的约定，上述约定已对甲供材料进行了结算。当然，实际中甲乙双方在工程最后竣工结算时还会就之前的财务往来再次进行结算，"多退少补"。但是这种行为实质仍然是买卖合同，只不过是结算的时间不同。

针对有观点认为，甲方要给乙方1%的甲供材料保管费，如果所有权属于乙方，甲方没有理由付乙方甲供材料的保管费。笔者认为，这种现象虽然存在，但不能推定所有权就属于甲方。这种推理是本末倒置的，乙方收取甲方甲供材料的保管费并不是甲方拥有甲供材料所有权的充分条件。根据相关规定及法理，所有权的取得方式包括原始取得和继受取得，原始取得包括先占、拾得遗失物、发现埋藏物、添附、善意取得；继受取得包括合同、继承和赠与。也就是说，只有上述方式可以推定谁获得所有权，以甲方负担保险费为由推定甲方具有所有权是错误的。同样的，根据合同规定，甲供材料的风险负担自乙方接收材料后就随即转移到乙方，我们也不能以风险由乙方负担就推定所有权为乙方。

综上所述，甲供材料的所有权应由乙方所有，郑某的行为不构成犯罪。

（河北省唐山市路北区人民检察院　褚祥飞）

开发商承担阶段性担保后是否有权解除购房合同

一、基本案情

2017年1月，开发商与毕某签订《商品房买卖合同》，双方约定，毕某以1833750元的价格购买开发商开发建设的房屋一套。毕某首付房款633750元，剩余房款120万元办理银行按揭（毕某另行与银行签订《个人住房借款合同》）。若因毕某未能按《个人住房借款合同》规定按期向银行偿还贷款本金、利息、罚息和相关费用等原因，导致开发商承担阶段性保证责任而受到损失时，开发商有权单方面解除合同并收回房屋，毕某需承担总房款20%的违约金。上述合同签订后，毕某按约定支付了首付款，银行亦依约发放了120万元的贷款，并转入开发商账户。开发商也向毕某交付了房屋，毕某以房屋向银行办理预抵押。但毕某自2019年3月起未按期偿还贷款本息。银行以开发商系阶段性担保人为由，径直从某开发商保证金中扣划了所有剩余贷款本息105万余元。为此，开发商诉至法院，要求解除《商品房买卖合同》，毕某协助办理商品房买卖合同备案登记注销手续，并返还房屋，支付违约金366750元。

二、分歧意见

本案中，针对开发商承担阶段性担保后能否解除购房合同并收回房屋，有两种不同的观点。

第一种意见认为，开发商有权解除购房合同并收回房屋。《商品房买卖合同》约定了合同解除的条件，在所附条件成就时，即开发商承担阶段性保证责任而受到损失时，开发商请求解除合同有事实和法律依据，应予以支持。

第二种意见认为，开发商无权解除购房合同并收回房屋。尽管双方在合同中约定开发商承担阶段性保证责任而受到损失时，开发商有权单方面解除合同并收回房屋。但因毕某与开发商签订的《商品房买卖合同》已履行完毕，开发商后来替毕某向银行还贷，属于开发商按担保借款合同中的约定履行了保证义务，开发商享有担保追偿权。

三、评析意见

笔者同意第二种意见，理由如下：

1. 开发商无法行使约定解除权。在房屋买卖合同中，购房者的义务是支付购房款，出让人的义务是交付房屋和协助办理权属登记。本案中，毕某采取"首付＋贷款"的方式支付了全部购房款，履行了其支付购房款的合同义务，而开发商也依约交付了房屋，此时双方均按照合同约定履行了各自义务，依据《民法典》第557条"合同消灭的原因有下列情形之一的，合同的权利义务终止：（一）债务已经按照约定履行"的规定，在《商品房屋买卖合同》的合同权利义务已经履行完毕之情形下，开发商显然无法行使约定解除权。

2. 法律并未赋予开发商法定解除权。开发商的法定解除权只有一个，即最高人民法院《关于审理商品房买卖合同纠纷案件适用法律若干问题的解释》第11条第1款规定："根据民法典第五百六十三条的规定，出卖人迟延交付房屋或者买受人迟延支付购房款，经催告后在三个月的合理期限内仍未履行，解除权人请求解除合同的，应予支持，但当事人另有约定的除外。"因此，开发商法定解除权仅限于购房者迟延支付购房款之情形，而开发商承担阶段性担保责任后，法律并未赋予其法定解除权。否则会导致购房者已经办理完预告登记的房屋转移给开发商，等同于"流质"，为法律所禁止。

3. 开发商行使解除权存在现实障碍。在司法实践中，购房者常常为所购房屋办理了所有权初始登记，时常出现其他法院预查封和轮候预查封的情形，或者存在购房者将所购房屋出售给案外人，涉及善意第三人之权利义务。因此，开发商承担阶段性担保后，部分法院判令解除购房合同并收回房屋，常常会遇到查封问题或者涉及第三人权利义务，导致执行难。

4. 开发商享有担保追偿权。在《商品房屋买卖合同》的合同权利义务已经履行完毕之情形下，毕某依法对案涉房产享有物权期待权，即便开发商承担阶段性担保责任，其仅对毕某享有普通债权，不享有物权请求权。关于开发商的权利救济，根据《民法典》第700条规定，保证人承担保证责任后，有权向债务人追偿。即开发商承担担保责任后享有向毕某主张担保追偿责任，要求毕某返还其代偿的贷款本息。

（河北省唐山市路北区人民检察院　王海斌）

当事人自述是否构成自认，对方提出异议的可否采信

一、基本案情

刘某某经营某肉鸡养殖服务中心，2016年1月，李某开始饲养肉鸡，刘某某与李某口头订立养殖合同，约定由李某养殖肉鸡，刘某某为其垫付雏鸡款、提供养殖用饲料、药品，并提供技术指导，成鸡由刘某某收购。2016年10月，李某开始饲养新一批肉鸡。其间，刘某某为李某订购雏鸡并提供饲料，价值共计人民币2012476.6元。鸡养成后，刘某某两次从李某处分别拉走肉鸡12890公斤和9225公斤，交售给天津丰南肉鸡加工企业，据交售票据核算，每公斤肉鸡仅分别为5.6元和6元，合款共计634379.2元。后双方因雏鸡款、饲料款及成鸡收购发生纠纷，刘某某向法院提起诉讼，请求法院判决李某支付雏鸡款及饲料款2012476.6元，扣除拉走的肉鸡价值634379.2元，请求判决李某支付雏鸡及饲料款1378097.4元。诉讼中，法院依申请保全李某成鸡133195公斤，共计1153467.9元（折合每公斤8.66元）。李某在庭审中对成鸡价格提出异议，双方约定的收购价格应当为每公斤8.66元，而刘某某主张扣除的成鸡款折算价格过低。刘某某在庭审中就双方约定每公斤8.66元价格予以认可。

二、分歧意见

本案涉及刘某某主张饲料款、雏鸡款同时认可了总额扣除项，即向李某收购成鸡的事实，但对扣除项的数额李某提出异议，从本案事实及诉讼过程分析，本案涉及一方当事人自认事实问题，而本案属于自认事实的一种例外，即对方当事人对自认事实提出异议。在对方当事人提出异议的情况下，自认事实能否成立，如何正确认定自认事实，为本案分析的重点。

关于刘某某的自述事实是否构成自认，以及是否依据自认的法律规定进行事实认定，办理本案中有两种观点：

第一种观点认为，原告刘某某的自述事实应当认定为民事诉讼中的自认事实。理由是：刘某某起诉时主张李某支付刘某某为其垫付的雏鸡款、饲料款，根据举证原则，其举证责任仅限于其是否垫付雏鸡款和饲料款，并没有证明扣除项的举证义务，而刘某某在自述事实中承认扣除项，即在雏鸡款、饲料款总数额中扣除收购成鸡应支付的款项，造成自身主张数额减少，属于于己不利的事实。根据最高人民法院《关于适用〈中华人民共和国民事诉讼法〉的解释》（以下简称《解释》）规定，自认事实无需对方当事人举证，可以直接认定。

第二种观点认为，原告刘某某的自述事实并不构成民事诉讼中的自认事实。理由是：虽然刘某某自述事实中承认扣除收购成鸡应支付的款项，但对方当事人李某对此提出异议，认为扣除款项与事实不符，按照双方约定，收购成鸡的价格为每公斤8.66元，而刘某某自述事实中扣除的部分成鸡款价格仅为5.6元和6元，远低于约定的价格，且在开庭笔录中刘某某对李某的价格主张予以认可，因此刘某某自述事实并非于己不利，只是在承认一部分事实的基础上掩盖成鸡价格低于约定的事实，并不符合自认的特征。刘某某仍应对其主张扣除的款项承担举证责任。

三、评析意见

笔者认为，是否构成自认，不能一概而论，应当结合案件具体情况具体分析。

关于民事诉讼中的自认，是法院在民事审判过程中采信证据的一种特殊形式。根据《解释》第92条规定："一方当事人在法庭审理中，或者在起诉状、答辩状、代理词等书面材料中，对于己不利的事实明确表示承认的，另一方当事人无需举证证明……自认的事实与查明的事实不符的，人民法院不予确认。"结合上述规定，自认事实应当满足以下要件：一是自认必须自愿，是本着善意的目的承认部分事实，主动追求案件公正的自主行为。二是自认的事实必须是于自认当事人不利的事实，这种不利应当是单纯的，并不能附加任何条件，无可争议的；否则，容易导致当事人采取自认的形式掩盖其逃避民事责任的目的。三是无相反的证据推翻自认的事实。

本案中，刘某某虽然自认扣除项，在表面上减少了自身诉讼请求数额，但是其自认中又掩盖了降低约定价格的事实，对方当事人李某当庭提出了异议，且在法院审理过程中刘某某对李某主张的约定价格认可，但是，刘某某自述事实中承认扣除项本身对其自身诉讼请求数额减少，造成了实质性影响，符合于己不利的特征，这一点对方当事人认可，应当认定为自认；而在其自认成鸡价格事实中，对方提出异议，具有争议性，且于己有利，不符合自认的特征，因此应当进一步查明事实。

1. 在对方当事人提出异议的情况下，能否对自认事实进行认定。本案中，刘某某称从李某处拉走部分成鸡交天津及丰南屠宰场合款共计 634379.2 元。在李某对其主张中的成鸡价格提出异议的情况下应当如何认定该事实，笔者认为仍应当依据具体情况进行分析：

一种情况是李某提供证据证明其提出异议的主张。本案中，李某认为成鸡价格为每公斤 8.66 元，经法院审理，刘某某对这一约定价格认可，这种情形下，审理查明的上述事实能够支撑李某的主张，形成李某的抗辩主张，应当对成鸡的价格予以认定，并依据拉走成鸡的数量对扣除数额进行重新核算扣除，这样符合案件的客观性，有利于公平公正。

另一种情况是李某虽然提出异议，但不能提出相关证据证明自己主张的情形，有两种处理观点：一是对刘某某承认的扣除项持否认态度，即不予认定，由李某作为抗辩方，对刘某某要求支付雏鸡款及饲料款的诉讼请求进行抗辩，并承担相应的举证责任；二是对刘某某承认的扣除项持肯定态度，对其承认的扣除项数额予以认定，李某承担举证不能的败诉责任。笔者同意第二种观点，本案刘某某承认的事实部分其中之一是承认存在扣除项，构成自认，依据《解释》应当予以认定；其所承认的扣除数额，依附于扣除项的自认，应当具有自认效力。李某虽然对扣除价格提出异议，但未提供证据予以支持，应当承担相应责任，如李某发现相关证据证明自己的主张，应当认定为新证据。

2. 对自认事实提出异议后，举证责任的分配。关于举证责任，按照民事诉讼法的规定，采取谁主张、谁举证原则，根据《民事诉讼法》第 64 条规定，"当事人对自己提出的主张，有责任提供证据"。自认，是民事诉讼中的一种特殊形式，即无需举证的事由。但一方当事人提出自认事实，另一方当事人对自认行为提出异议，在这种情况下应当如何分配举证责任也是值得研究的课题。

就对方当事人提出异议后，举证责任分配问题仍存在两种观点，第一种观点是将当事人自认的事实纳入其诉讼主张，一并承担举证责任；第二种观点是由提出异议的当事人就提出的异议主张承担举证责任。笔者同意第二种观点，理由如下：一是当事人自认的事实并不属于自认人的诉讼主张，自认的客观结果是对对方当事人义务的一种豁免，有利于对方当事人，如果将举证责任分配给自认人，在自认人举证不能的情况下，客观上也无法承当不利后果；二是自认的实质，是免除另一方当事人的举证责任；而其前提，是另一方当事人承担相应的举证责任，即抗辩责任。在提出异议后，应当就提出异议的部分事实超出了免除举证责任的范围，因此提出异议的当事人应当就其提出异议的事实承担举证责任。

综上，通过分析本案，笔者认为，将自述事实认定为自认应当保持谨慎的态度，综合全案证据情况及当事人抗辩情况进行认定，尤其是对方当事人提出异议的案件，更应当慎之又慎，合理运用举证责任分配等手段，客观公正地认定事实，维护法律的公平和公正。

(河北省唐山市滦南县人民检察院　贾东军)

行为人超出举证期限提出司法鉴定申请的如何处理

一、基本案情

2007年6月4日，某钢模板出租站（以下简称出租站）与某建筑工程安装公司项目部（以下简称安装公司）签订《租赁物品合同书》，约定出租站为安装公司提供施工所需的钢管、碗扣等物。合同签订后，出租站陆续将租赁物交付给安装公司项目部，安装公司使用完租赁物品后，陆续返还。2013年11月25日，出租站以安装公司尚未全部支付合同款项为由，起诉至唐山市A法院，要求法院判决安装公司支付剩余款项。诉讼过程中，双方对欠付租金、物品修理费、丢失物品赔偿金、违约金等款项的数额产生争议，安装公司遂提出鉴定申请，请求A法院对合同期内的租赁费、修理费、丢失物品赔偿金等事项进行司法审计、鉴定，A法院以安装公司的申请超出了指定的举证期限为由，予以驳回。

二、分歧意见

本案中，单就安装公司逾期提出鉴定申请这一事实而言，若其无法就逾期行为作出合理说明，法院是否应以逾期为由驳回其申请，存在不同意见。

一种意见认为，申请鉴定是当事人举证责任的内容，因此提出鉴定申请的时间应当限制在举证时限内，无正当理由超出举证时限提出鉴定申请的，根据最高人民法院《关于民事诉讼证据的若干规定》（以下简称《证据规定》）第25条的相关规定，应予驳回。本案中，安装公司并未对逾期申请鉴定的行为作出合理说明，故A法院驳回其鉴定申请并无不当。

另一种意见认为，既然申请鉴定是当事人举证责任的内容，那么申请鉴定就应当适用民事诉讼法中关于举证时限的规定。根据《民事诉讼法》第65条的相关规定,本案中安装公司逾期提出鉴定,即使不能作出合理说明,只要该鉴定申请与认定案件基本事实密切相关,法院应当予以准许,同时应对当事人进行训诫、罚款。显然,安装公司申请对合同期内的租赁费、修理费、丢失物品赔偿金等事项进行司法审计、鉴定,与厘清案件基本事实密切相关,故 A 法院应当准许。

三、评析意见

笔者认同第二种意见,理由如下:

1. 申请司法鉴定是当事人举证责任的内容,应遵循举证时限的限制。举证责任,是指当事人对自己提出的主张有收集或提供证据的义务。民事诉讼中,当事人欲维护自身诉讼利益,就需最大限度地对自己的主张提供证据支持,否则可能承担败诉的不利后果。然而,不可否认的是,无论在刑事诉讼、民事诉讼,还是行政诉讼中,人们都会遇到一些需要通过专门知识才能揭示其事实真相的问题。毫无疑问,如果对这些问题不能揭示其事实真相便不能实现对实体正义的追求,因此为了满足这一正义诉求,人们需要借助他人所具有的专门知识来揭示这些问题的真相。因此申请鉴定是案件当事人获得证据材料的重要途径,经过诉讼双方质证而被审判机关采信的鉴定意见是认定案件事实的重要依据,故而申请司法鉴定是当事人举证责任的内容,理应与提供其他证据一样,遵循举证时限的限制,在举证期限内进行,上文提到两种意见也都对此持肯定态度。

2. 逾期申请鉴定的事项若与案件基本事实密切相关,法院应当准许。既然申请鉴定应在举证时限内进行,是否意味着若当事人申请鉴定逾期且不能作出合理说明时,法院就可以举证超期为由驳回申请?笔者持否定态度。根据《民事诉讼法》第 65 条规定,当事人逾期提供证据的,有几种不同的处理方式:若能作出合理说明则予以采纳;不能作出合理说明则不予采纳;不能作出合理说明予以采纳,但对当事人进行训诫、罚款。其中,第三种处理方式为当事人逾期提供但不能作出合理说明的证据提供了被采纳的可能性,当然,该处理方式的适用应有着严格的条件限制,只有逾期提供的证据与争议案件事实密切相关,不予采纳则影响案件基本事实认定时,才予以适用。鉴定意见作为民事诉讼法规定的证据之一,自然应遵守上述规定,也就是说,对逾期的司法鉴定申请,只要其与案件争议事实密切相关,若不采纳就会影响案件基本事实认定的,就应当予以采纳。

本案中,安装公司申请对合同期内的租赁费、修理费、丢失物品赔偿金等事项进行司法审计、鉴定,采纳与否,直接关系到本案基本事实的认定,进而对判决结果产生重大影响,符合"采纳该证据但予以训诫、罚款"的适用条件,A 法院应当同意鉴定申请。该院依据《证据规定》第 25 条,驳回安装公司的申请的行为应属适用法律错误。《证据规定》第 25 条虽对当事人逾期申请鉴定的后果作了规定,但对举证部分进行了修改,对于逾期举证应如何处断这一问题,民事诉讼法与《证据规定》产生冲突,则《证据规定》相应规定失效。故在此背景下,A 法院应依据《民事诉讼法》第 65 条同意安装公司的鉴定申请,同时给予该公司训诫、罚款。

(河北省唐山市路南区人民检察院　李德昌)

仅凭证人证言、转账凭条可否认定自然人与法人之间成立民间借贷合同

一、基本案情

2013年4月初，某电子有限公司项目负责人孟某某因长期拖欠工程款和农民工工资，引起矛盾激化，施工方多次组织农民工近百人到县政府频繁闹访，并在政府前阻断滦河路致使交通堵塞，严重影响正常公共秩序。县政府为消除负面影响，解决问题，批准了某电子有限公司申请将其预交的30亩土地费300万元予以退还用于支付农民工工资及工程款。同时批示由县管委会代财政先行垫付300万元，县管委会于2013年4月17日用王某某个人账户通过农业银行转账给某电子有限公司项目负责人孟某某，孟某某于2013年4月17日给县管委会出具了代财政退回土地费300万元的收条。因孟某某诚信度较差，为防止资金流失，经孟某某同意，支付160万元农民工工资后，剩余的140万元由县管委会现行收回。2013年4月18日上午，孟某某从其个人账户分两次转入王某某个人账户40万元，孟某某为筹措另外100万元资金，于同日带着管委会工作人员到吕某某的公司借款。到吕某某公司后，管委会工作人员在一楼等候，孟某某随吕某某到二楼商谈借款事宜。王某某银行卡于当日12：38收到张某某汇款100万元。2013年6月14日，县管委会收到县财政局退还孟某某300万元土地使用费后，于2013年7月1日将收回代管孟某某的140万元资金由王某某个人账户退还至孟某某个人账户。

2015年1月7日，齐某某因与被告孟某某、王某某民间借贷纠纷诉至人民法院，提交的证据包括孟某某出具借条和银行卡取款凭条，后原告齐某某于2016年8月28日申请撤诉，人民法院裁定准予原告齐某某撤诉。

2017年3月7日，张某某将管委会和王某某一并诉至人民法院，要求管委会和王某某共同偿还借款100万元，并从2013年4月18日期至实际付清之日止按照月利率2%支付利息；并由二被告承担本案全部诉讼费用。人民法院

支持了原告张某某的诉讼请求。

二、分歧意见

1. 张某某与管委会之间是否成立民间借贷关系？法官依据证人吕某某的书面证言、当庭证言、中国农业银行股份有限公司迁安杨店子支行出具的银行卡取款凭条认定原被告之间成立民间借贷合同。

2. 书面借条能否作为推翻原判决的新证据？管委会不服唐山市中级人民法院驳回再审申请的裁定后，向人民检察院申请法律监督，提供了齐某某诉孟某某民间借贷纠纷一案的卷宗。对比发现齐某某为证明其与孟某某、王某某之间民间借贷合同有效提交的银行卡取款凭条与张某某诉管委会案中提交的银行卡取款凭条相同，不同之处在于：孟某某给齐某某出具了书面的借条，张某某未提供管委会出具的书面借条。孟某某给齐某某出具的书面借条，是孟某某与齐某某之间的真实意思表示，足以推翻证人吕某某的书面证言，进而推翻原判决。

三、评析意见

1. 民间借贷合同构成。《民事诉讼法》第 64 条第 1 款规定，"当事人对自己提出的主张，有责任提供证据。"原告若主张与被告之间成立民间借贷合同，就有责任提供证据。原告提供哪些证据才能够证明民间借贷合同的成立？就本案而言，没有书面借条，仅凭证人证言、银行卡取款凭条，无法认定自然人与法人之间的民间借贷合同成立并合法有效。

根据最高人民法院《关于审理民间借贷案件适用法律若干问题的规定》第 1 条第 1 款"本规定所称的民间借贷，是指自然人、法人和其他组织之间进行资金融通的行为"的规定，自然人与法人之间进行资金融通的行为是民间借贷，可知张某某与管委会之间是有借贷行为的，但是二者之间能否成立民间借贷合同，还要看原告向法庭提交的证据是否符合法律规定。根据《民法典》第 469 条规定，"当事人订立合同，可以采用书面形式、口头形式或者其他形式"。第 668 条第 1 款规定，"借款合同应当采用书面形式，但是自然人之间借款另有约定的除外"。因此，借款合同应当采用书面形式，只有"自然人之间借款"是可以另行约定。"自然人之间"指借、贷双方均应是自然人，若借、贷双方中任何一方不是自然人的，均不属于"自然人之间"，则不能适用该条的除外规定。换言之，自然人与法人、非法人之间订立的借款合同应当采取书面形式。同时，第 469 条又对书面合同的形式作出了具体规定，"书面形式是合同书、信件、电报、电传、传真等可以有形地表现所载内容的形式"。因此，张某某提交的"证人吕某某的书面证言"不是借款人出具的书面借款合同。因此张某某提交的证据不足以证明与管委会之间成立民间借贷，与王某某之间亦不成立民间借贷，因为王某某是管委会的工作人员，参与借款是其职务行为，所产生的后果应由其单位承担。

现实审判中存在自然人与法人之间没有订立书面借款合同，而法院最后认定自然人与法人、非法人之间成立借款合同，是否违法？最高人民法院《关于适用〈中华人民共和国民事诉讼法〉的解释》第 92 条规定，"一方当事人在法庭审理中，或者在起诉状、答辩状、代理词等书面材料中，对于己不利的事实明确表示承认的，另一方当事人无需举证证明"。就本案而言，如果被告管委会承认与原告张某某之间的民间借贷，则原告就不用提供书面的借款合同。本案被告管委会未到庭，法院缺席审判，但是不能依此推定被告默认与原告之间成立民间借贷关系。因此，原告需要提供证据证明与被告之间成立民间借贷合同，依照前文所述，需要提供书面的借款合同。

另外，《中华人民共和国民法典》第 490 条第 2 款规定，"法律、行政法规规定或者当事人约定合同应当采用书面形式订立，当事人未采用书面形式但是一方已经履行主要义务，对方接受时，该合同成立"，是否意味着原告张某某提交的银行卡取款凭条就能证明张某某已经履行了民间借贷合同中的主要义务？笔者认为，一张银行卡取款凭条仅能说明双方之间有经济往来，具体是借是还或者其他并不清楚，若想证明存在民间借贷，仍需要提交书面的借款合同。

2. 送达。本案中，法院以邮寄送达的方式向被告管委会送达法律文书。根据《中华人民共和国民事诉讼法》第 88 条对邮寄送达作了详细规定，即"直接送达诉讼文书有困难的，可以委托其他人民法院代为送达，或者邮寄送达……"可知，邮寄送达的前提是"直接送达诉讼文书有困难的"，本案中，人民法院与被告管委会的住所地均在同一地，直接送达法律文书是否存在困难，法院卷宗中没有任何记载。在适用最高人民法院《关于法院专递方式邮寄送达民事诉讼文书的若干规定》之前，是否能够突破《民事诉讼法》第 88 条关于邮寄送达的规定？后者是法律，前者是司法解释，本案中，法院以邮寄送达的方式送达法律文书，而卷宗中没有直接送达法律文书存在困难的书面记载，因此，判断直接送达法律文书不存在困难。

3. 缺席审判。《民事诉讼法》第 144 条规定，被告经传票传唤，无正当理由拒不到庭的，或者未经法庭许可中途退庭的，可以缺席判决。如何认定被告不到庭是"无正当理由拒不到庭"？缺席审判是否意味着降低认定原告提供的证据标准？《民事诉讼法》第 7 条规定，人民法院审理民事案件，必须以事实为根据，以法律为准绳。由此可知，法院审判的原则之一是"以事实为根据，以法律为准绳"，缺席审判同样需要遵守这一原则，而不是将被告不到庭推定为是对原告提出的诉讼请求的默认，进而降低原告证明责任，此时应遵循谁主张谁举证的民事审判原则。缺席审判本身就很难查清案件事实，因而要严格依照法律规定审查原告提供的证据，不能因为被告不到庭就推定承认原告提出的诉讼请求，否则原被告之间的纠纷。

综上，原告张某某提交证据尚不能证明其与管委会、王某某之间存在借贷关系，原告张某某与管委会、王某某之间借贷关系不成立。依照《民事诉讼法》第 207 条第 1 款、最高人民法院《关于审理民间借贷案件适用法律若干问题的规定》第 17 条①、最高人民法院《关于民事诉讼证据的若干规定》第 2 条规定，判决撤销原判决；驳回原告张某某的诉讼请求。

（河北省滦州市人民检察院　魏海超）

---

① 现行第 17 条。——编者注

劳动者只提供劳务不受用人单位人事管理的是否构成劳动关系

一、基本案情

某门窗厂系经营电气焊、门窗加工的个体户。2000年至2014年，高某在门窗厂从事门窗加工的电焊工作，由门窗厂提供工作场地和加工设备，双方未签订书面劳动合同，门窗厂未规定劳动时间和请销假制度，高某不参加门窗厂的考勤管理，并与其他两人结组，自行记录工时，依据工作量计件领取加工费后三人平分。劳动报酬经双方提前商议，报酬不符合劳动者心理预期可自行另谋他处工作。2001年到2014年，高某曾因门窗厂工作较少短期离开到别处工作。2014年，高某在工作过程中受伤，门窗厂经营者赵某给付高某3万元。高某向县劳动人事争议调解仲裁委员会申请仲裁，要求确认其与门窗厂之间存在劳动关系。

二、分歧意见

高某与门窗厂就是否存在劳动关系发生分歧。

第一种观点认为，高某在门窗厂从事焊工已经十余年，双方已经构成事实上的劳动关系。门窗厂具有法定的用工主体资格，高某是合法的劳动者，高某从事的门窗电焊工作属于门窗厂主营业务的必要生产环节，门窗厂为高某提供工作场地和加工设备，门窗厂对高某的电焊工作支付报酬，门窗厂未对高某工作时间做出明确规定，属于经营管理中存在管理松散问题，且2014年高某在工作中受伤时，门窗厂曾给付高某3万元，该3万元的性质应为基于劳动关系给付的赔偿款，因此，应当认定高某与门窗厂已经构成事实上的劳动关系。

第二种观点认为，高某与门窗厂之间不构成劳动关系。门窗厂并未制定相关制度对工人进行日常管理，工人工作时间自由，如果劳动报酬不符合心理预期还可以另谋他处工作，显然不符合劳动关系的特点，且高某受伤时门窗厂给付的3万元是什么性质存在有争议，不能作为构成劳动关系的证据。

三、评析意见

笔者同意第二种观点，高某与门窗厂之间不构成劳动关系。理由如下：

劳动关系，是指用人单位招用劳动者为其成员，劳动者在用人单位的管理下提供有报酬的劳动而产生的权利义务关系。劳动和社会保障部《关于确立劳动关系有关事项的通知》第1条规定："用人单位招用劳动者未订立书面劳动合同，但同时具备下列情形的，劳动关系成立：（一）用人单位和劳动者符合法律、法规规定的主体资格；（二）用人单位制定的各项劳动规章制度适用于劳动者，劳动者受用人单位的劳动管理，从事用人单位安排的有报酬的劳动；（三）劳动者提供的劳动是用人单位业务的组成部分。"从上述规定中可以看出，构成事实劳动关系的基本条件是劳动者接受用人单位的劳动管理，劳动双方不仅表现为存在一定的财产关系即经济关系，还存在一定的人身依附关系即行政隶属关系，即劳动者不仅需要提供体力、智力等劳动义务，还要接受用人单位的管理，服从安排，并严格遵守其规章制度；反之，如劳动者只是提供劳务，即只有经济关系而无行政隶属关系，则双方不成立劳动关系。结合本案，应从以下几个方面分析：

第一，从工作时间上分析，高某在门窗厂已经工作14年，单从时间上来看是比较稳定的工作关系，但是笔者认为，高某之所以在门窗厂工作长达14年，最主要的原因就是门窗厂能够提供满足高某的工作量。高某在笔录中表示，2001年到2014年曾因门窗厂工作较少离开到别处工作。因此，不能以工作时间长为由认定高某与门窗厂构成劳动关系。

第二，从劳动工具上分析，高某在门窗厂工作期间，电焊工具均由门窗厂提供，工作地点也在门窗厂，但是从实际角度出发，电焊设备价格昂贵，绝大多数劳动者无力购买，门窗厂在自己有设备的情况下为高某等劳动者提供电焊设备，实际上是为他们节省了劳动成本。这一点不能作为认定劳动关系的重要条件。

第三，从劳动报酬上分析，计件领取加工费是劳动报酬分配的一种形式，但是门窗厂每件产品的加工费用经事先协商，如果劳动者认为报酬过低可以不做，高某在门窗厂工作时与他人自由结组，自行记录工时，门窗厂对焊接完成的门窗检查合格后计件支付报酬，一月一结，所得报酬同组人平分，这样的劳动报酬分配方式不符合劳动关系的特点，如果高某和门窗厂是劳动关系，那么不管产品加工费是高是低，劳动者都应该接受用人单位的安排参加生产，所以高某与门窗厂之间不符合劳动关系的劳动报酬分配方式。

第四，从管理制度上分析，根据《劳动和社会保障关于确立劳动关系有关事项的通知》第1条规定，判断高某与门窗厂是否构成劳动关系，最重要的条件是看高某与门窗厂之间是否存在管理与被管理、指挥与被指挥、监督与被监督的关系，即是否存在人身依附关系。本案中，门窗厂没有制定针对于高某等劳动者的管理制度，劳动者在门窗厂自行掌握工作时间，没有考勤、请假等规定，不能认定门窗厂未对劳动者工作时间做严格约定及没有相应规章制度是门窗厂在经营管理中存在管理松散问题，没有规章制度和管理松散是两种性质。从以上事实中可以看出，高某只是向门窗厂提供劳务，双方只有经济关系，而无身份隶属关系，缺少了构成劳动关系最重要的要件。

第五，从门窗厂支付赵某的3万元分析，2014年高某因工作受伤，门窗厂经营者赵某给付高某3万元，高某主张该3万元是门窗厂基于劳动关系给付的赔偿金，赵某予以否认，高某并未提供相关证据证明该款项的性质。由于高某与赵某存在亲戚关系，该3万元是赵某考虑到亲情自愿给付的医药费等费用，还是基于劳动关系给付的赔偿金是存在分歧的，该3万元不能作为证明高某与门窗厂之间存在劳动关系的证据。

综上所述，笔者认为，高某与门窗厂之间不构成劳动关系。

实践中，由于部分劳动者缺乏法律知识和自我保护意识，用人单位亦没有认识到劳动合同的重要性，导致一些劳动者与用人单位未签订书面劳动合同，而事实劳动关系的确认又有一定的主观性，容易存在分歧，这就造成劳动者一旦在工作过程中出现问题，极易引发纠纷。为了更好地保护劳动者和用人单位的合法权益，有必要加强针对劳动者和用人单位的法律宣传，强调劳动合同的重要性，减少因劳动关系确认产生的纠纷。

(河北省唐山市玉田县人民检察院　王佳)

刑事附带民事公益诉讼案件管辖法院如何确定

一、基本案情

自2018年8月开始,梁某某在无任何环保手续的情况下,在唐山金马工业有限公司院墙外东北侧一大院内非法开办电镀厂镀锌生产,生产过程中产生的工业废水未经任何处理直接通过暗管和渗坑非法排放,经检测,该厂排污口中重金属总锌含量为76.3mg/L,受污染的地块区域面积为25m^2,污染深度估计为5m,受污染土壤125m^3,按照1.7m^3密度计算,污染土壤共计212.5吨,其中深度污染土壤110吨,中度污染土壤112.5吨。

二、分歧意见

本案能否提起行政公益诉讼?第一种观点认为可以,行政公益诉讼督促行政机关依法履行监督管理职责,只要符合《行政诉讼法》第25条第4款的规定,就可以提起行政公益诉讼。第二种观点认为不可以,主要原因是不符合"致使国家利益或者社会公共利益受到侵害"的规定,因为检察机关提起行政公益诉讼的最终目的是保护"公益",检察机关提起刑事附带民事公益诉讼中,被告已经依法承担了民事赔偿,受损的"公益"已经得到保护,公益受损害的状态已经消失,不再符合提起行政公益诉讼的"致使国家利益或者社会公共利益受到侵害"的规定。对比民事公益诉讼与行政公益诉讼可知:民事公益诉讼涉及的是破坏生态环境和资源保护、食品药品安全领域,行政公益诉讼涉及的是生态环境和资源保护、食品药品安全、国有财产保护、国有土地使用权出让领域,二者在生态环境和资源保护、食品药品安全领域重合,但是国有财产保护、国有土地使用权出让两个领域无法提起刑事附带民事公益诉讼,这两个领域的刑事犯罪若是指定管辖,那么能不能提起行政公益诉讼?由谁提起行政公益诉讼?刑事诉讼法仅对刑事附带民事公益诉讼作出了规定,但是并未明文规定由同一审判组织审理行政公益诉讼部分，如甲在 A 县犯罪，本应由 A 地管辖，但是经 A 县的上级 S 市将案件指定给 B 县管辖，而该案正好属于国有财产保护领域的行政公益诉讼范畴，依照《环境保护法》第 10 条的规定，负有监督管理职责的行政机关是 A 县环保分局，依照《行政诉讼法》第 18 条的规定，应由 A 县法院管辖，这就出现了管辖法院不一致的情形，该如何解决？

三、评析意见

刑事附带民事公益诉讼案件，梁某某作为刑事被告人需要承担刑事责任，作为民事被告需要依法承担民事赔偿责任。笔者从管辖、当事人的法律地位、责任承担、财产如何定性、如何保护公益等方面谈对刑事附带民事公益诉讼的认识：

1. 管辖。本案的现场地处滦州市与唐山市古冶区交界处，梁某某承租了陈某某的大院，证人陈某某是唐山市古冶区林东村人，该大院是在该村的耕地上圈建的。被告人梁某某，唐山市路南区人，被告人张某某，唐山市玉田县人。根据《刑事诉讼法》第 25 条规定，"刑事案件由犯罪地的人民法院管辖。如果由被告人居住地的人民法院审判更为适宜的，可以由被告人居住地的人民法院管辖"；《公安机关办理刑事案件程序规定》第 15 条第 1 款"刑事案件由犯罪地的公安机关管辖。如果由犯罪嫌疑人居住地的公安机关管辖更为适宜的，可以由犯罪嫌疑人居住地的公安机关管辖"规定可知，梁某某、张某某涉嫌污染环境罪一案由犯罪地人民法院、公安机关管辖。第 6 条对犯罪地作出了更为详细的规定，"犯罪地包括犯罪行为发生地和犯罪结果发生地。犯罪行为发生地，包括犯罪行为的实施地以及预备地、开始地、途经地、结束地等与犯罪行为有关的地点；犯罪行为有连续、持续或者继续状态的，犯罪行为连续、持续或者继续实施的地方都属于犯罪行为发生地。犯罪结果发生地，包括犯罪对象被侵害地、犯罪所得的实际取得地、藏匿地、转移地、使用地、销售地"，依据上述规定，滦州市公安局是没有管辖权的，但是《公安机关办理刑事案件程序规定》第 22 条第 1 款、第 2 款规定，"对管辖不明确或者有争议的刑事案件，可以由有关公安机关协商。协商不成的，由共同的上级公安机关指定管辖。对情况特殊的刑事案件，可以由共同的上级公安机关指定管辖"。由此，滦州市公安局在唐山市公安局的指定管辖下获得了该案的管辖权。

本案系刑事附带民事公益诉讼，本质是刑事附带民事诉讼，《刑事诉讼法》第 104 条规定"附带民事诉讼应当同刑事案件一并审判，只有为了防止刑事案件审判的过分迟延，才可以在刑事案件审判后，由同一审判组织继续审理附带民事诉讼"，因此，民事部分由审理刑事案件的审判组织一并审理。

2. 刑事责任主体。污染环境罪的主体是一般主体，即凡是达到刑事责任年龄、具有刑事责任能力的人都可以构成此罪，包括单位。本案中，梁某某出资建设小型镀锌厂，在无任何手续的情况下，雇佣张某某等人进行镀锌生产，属于单位犯罪还是自然人犯罪？根据最高人民法院《关于审理单位犯罪具体应用法律有关问题的解释》第2条"个人为进行违法犯罪活动而设立的公司、企业、事业单位实施犯罪的，或者公司、企业、事业单位设立后，以实施犯罪为主要活动的，不以单位犯罪论处"的规定，可知梁某某等人污染环境罪不是单位犯罪，而是自然人犯罪，依据《刑法》第25条第1款"共同犯罪是指二人以上共同故意犯罪"的规定，属于共同犯罪，梁某某、张某某都需要承担刑事责任。

3. 民事责任的主体。《环境保护法》第64条规定，因污染环境和破坏生态环境造成损害的，应当依照有关规定承担侵权责任，依据该规定造成损害需要承担侵权责任。《民法典》第1229条规定，因污染环境造成损害的，侵权人应当承担侵权责任。

4. 责任承担的方式。先民后刑，被告人往往为了减轻自己的刑罚会如期如数缴纳罚金，至于民事赔偿部分可能会延后。如果梁某某的财产不足以全部支付罚金和民事赔偿金，而罚金已经缴纳的前提下，是否可以依照《刑法》第36条第2款"承担民事赔偿责任的犯罪分子，同时被判处罚金，其财产不足以全部支付的，或者被判处没收财产的，应当先承担对被害人的民事赔偿责任"的规定，如果刑事被告人的财产不足以承担民事赔偿（生态环境损害赔偿金）和罚金，判决时是在判决生效后10日内缴纳罚金，而民事赔偿则是在不能自行修复时，缴纳修复费用，时间较刑事长，就会出现被告人缴纳罚金后无力再承担生态环境损害赔偿金的情况。

（河北省滦州市人民检察院　魏海超）

诉讼法篇

在缓刑考验期内发现社区矫正对象有漏罪的，司法局可否提出撤销缓刑建议

一、基本案情

社区矫正对象唐某某，男，1958年6月5日出生，汉族，居住地A市B区，2019年12月27日因犯开设赌场罪被B区人民法院判处有期徒刑8个月，缓刑1年，并处罚金人民币5000元。缓刑考验期自2020年1月10日起至2021年1月9日止。2020年3月18日，社区矫正对象唐某某因涉嫌开设赌场罪（漏罪）一案被B区公安局进行立案侦查。B区司法局收到B区公安局对唐某某的拘留通知书后，拟向B区人民法院提请撤销缓刑，并征求B区人民检察院的意见。B区人民检察院收到征求意见函后，对于司法局可否向原裁判人民法院提出撤销缓刑建议出现了争议。

二、分歧意见

针对社区矫正对象在缓刑考验期内发现漏罪，司法局可否向原裁判人民法院提出撤销缓刑的建议有两种不同的意见：

第一种意见认为，司法局可以向原裁判人民法院提出撤销缓刑的建议。理由是依据《刑法》第77条第2款以及《社区矫正法》第46条规定，社区矫正对象唐某某因涉嫌漏罪被立案侦查，其情形应当由审理该案件的人民法院撤销。

第二种意见认为，司法局不可以向原裁判人民法院提出撤销缓刑的建议。理由是依据《刑法》第77条第1款的规定，在缓刑考验期限内发现判决宣告以前还有其他罪没有判决的，由人民法院在审理漏罪时撤销缓刑，对新发现的罪作出判决，把前罪和后罪所判处的刑罚，依照数罪并罚的规定，决定执行的刑罚。

三、评析意见

笔者同意第二种意见，主要理由如下：

1. 从法律逻辑角度看，第一种意见违反《刑法》第 77 条的规定。《刑法》第 77 条规定了缓刑的撤销及其处理，分为两种情形，即第 1 款"被宣告缓刑的犯罪分子，在缓刑考验期限内犯新罪或者发现判决宣告以前还有其他罪没有判决的，应当撤销缓刑，对新犯的罪或者新发现的罪作出判决，把前罪和后罪所判处的刑罚，依照本法第六十九条的规定，决定执行的刑罚"。第 2 款"被宣告缓刑的犯罪分子，在缓刑考验期限内，违反法律、行政法规或者国务院有关部门关于缓刑的监督管理规定，或者违反人民法院判决中的禁止令，情节严重的，应当撤销缓刑，执行原判刑罚"。从立法逻辑看，如果《刑法》第 77 条第 2 款中的"违反法律"包括违反刑法，那么，第 2 款就涵盖了第 1 款的规定，第 1 款就失去了存在的意义。简言之，《刑法》第 77 条的两款规定适用不同的情形，即被宣告缓刑的犯罪分子，在缓刑考验期限内犯新罪或者发现漏罪的，应当适用第 1 款规定，而违反有关规定，或者违反人民法院判决中的禁止令，情节严重，尚不构成犯罪的，适用第 2 款规定。《刑法》第 77 条的两款是非此即彼的关系，在面对具体个案时两款规定只能择一适用。这两款规定非此即彼的关系在《社区矫正法》第 46 条中也予以了体现，其第 2 款规定，"对于在考验期限内犯新罪或者发现判决宣告以前还有其他罪没有判决的，应当由审理该案件的人民法院撤销缓刑、假释，并书面通知原审人民法院和执行地社区矫正机构"。第 3 款规定，"对于有第二款规定以外的其他需要撤销缓刑、假释情形的，社区矫正机构应当向原审人民法院或者执行地人民法院提出撤销缓刑、假释建议，并将建议书抄送人民检察院。社区矫正机构提出撤销缓刑、假释建议时，应当说明理由，并提供有关证据材料"。

2. 从管辖角度看，第一种意见会造成管辖冲突。最高人民法院《关于适用〈中华人民共和国刑事诉讼法〉的解释》第 453 条第 1 款规定，"人民法院收到社区矫正机构的撤销缓刑建议后，经审查，确认罪犯在缓刑考验期限内有下列情形之一的，应当作出撤销缓刑的裁定：（一）违反人民法院禁止令，情节严重的；（二）无正当理由不按规定时间报到或者接受社区矫正期间脱离监管，超过一个月的；（三）因违反监督管理规定受到治安管理处罚，仍不改正的；（四）受到司法行政机关 3 次警告仍不改正的；（五）违反法律、行政法规和监督管理规定，情节严重的其他情形"。如果司法行政机关对涉嫌漏罪的社区矫正对象按照"其他需要撤销缓刑、假释情节"向原裁判人民法院提出撤销缓刑的建议，可能产生原裁判人民法院不是审理漏罪的人民法院的情况，按照最高人民法院《关于适用〈中华人民共和国刑事诉讼法〉的解释》第542条规定，"罪犯在缓刑、假释考验期限内犯新罪或者被发现在判决宣告前还有其他罪没有判决，应当撤销缓刑、假释的，由审判新罪的人民法院撤销原判决、裁定宣告的缓刑、假释，并书面通知原审人民法院和执行机关"。而根据最高人民法院《关于适用〈中华人民共和国刑事诉讼法〉的解释》第13条第1款，"正在服刑的罪犯在判决宣告前还有其他罪没有判决的，由原审地人民法院管辖；由罪犯服刑地或者犯罪地的人民法院审判更为适宜的，可以由罪犯服刑地或者犯罪地的人民法院管辖"规定，对于"审判新罪的人民法院"可能包括原审地、罪犯服刑地或者犯罪地的人民法院管辖，这与司法行政机关提出撤销缓刑建议的管辖法院只有"原裁判人民法院"相冲突。

3. 从司法经济性角度看，第一种意见会造成司法资源浪费。如果社区矫正机构对社区矫正对象按照《刑法》第77条第2款以及《社区矫正法》第46条的规定提请撤销缓刑，同时，按照《刑法》第77条第1款的规定由公安机关对漏罪进行侦查、检察机关审查起诉、人民法院判决，这样就会使得社区矫正对象陷入两个司法程序，一个是刑罚变更执行程序，另一个是刑事诉讼程序，如果原裁判人民法院裁定撤销缓刑收监执行原判刑罚，而唐某某涉嫌的漏罪也将进入审判新罪的人民法院的审判程序，人民法院仍需进行审理，对新罪进行判决，依照数罪并罚规定决定执行的刑罚。本可以对社区矫正对象撤销缓刑、对新罪进行判罚、依照数罪并罚规定决定执行的刑罚在一个刑事诉讼程序中解决的问题，却需要经过两个司法程序完成，耗费各方人力物力，浪费司法资源。

（河北省唐山市人民检察院　王兵）

行为人再审无罪后应由哪一部门作为赔偿义务机关

一、基本案情

赔偿请求人张某某，男，1953年3月出生，某市某区人，系原案被告人。2004年5月27日，A县人民检察院以涉嫌贪污罪对张某某立案侦查。同年7月14日，张某某儿子代张某某向A县人民检察院交来赃款29530.2元。同日，A县人民检察院通过该院农村信用社账户，将该笔赃款如数划转到A县收费管理局的中国农业银行账户。2004年11月9日，A县人民法院作出刑事判决，判决张某某犯挪用公款罪，被判处有期徒刑7年，犯贪污罪判处有期徒刑2年，决定执行有期徒刑8年。张某某提起上诉，2005年3月16日，T市中级人民法院作出刑事判决，判决张某某犯挪用公款罪，判处有期徒刑7年。张某某提出申诉，2013年3月20日，T市中级人民法院决定再审该案。2013年8月16日，T市中级人民法院作出刑事裁定，裁定撤销该院二审刑事判决和A县人民法院一审刑事判决，发回A县人民法院重新审判。此后，T市中级人民法院指定B县人民法院审理。2014年12月12日，B县人民法院作出刑事判决，判决张某某无罪。B县人民检察院向T市中级人民法院提出抗诉。2015年6月30日，T市中级人民法院作出刑事裁定，裁定驳回抗诉，维持原判。2016年2月27日，张某某以再审无罪为由，向T市中级人民法院申请国家赔偿。2016年12月1日，T市中级人民法院作出国家赔偿决定，决定赔偿张某某限制人身自由赔偿金92558.6元，支付精神损害抚慰金10000元，合计102558.6元。

2019年10月25日，张某某以改判无罪为由，请求A县人民检察院返还追缴的赃款29530.2元及利息19988.25元（自2004年7月14日至2019年10月13日），共计49518.45元。A县人民检察院于2019年12月10日受理。

二、分歧意见

本案的争议焦点有两个:

1. 本案时效应当自哪天开始计算,张某某于 2019 年 10 月 25 日申请国家赔偿是否超过两年的诉讼时效。第一种观点认为,涉案款项系涉嫌贪污罪的赃款,2005 年 3 月 16 日 T 市中级人民法院仅对挪用公款罪定罪量刑,对贪污罪未予认定,应当视为赔偿请求人自该日起知道国家机关及其工作人员行使职权时的行为侵犯其财产权,请求返还扣缴赃款的时效应当自认定贪污无罪之日开始计算,即 2005 年 3 月 16 日,本案时效已过。第二种观点认为,时效应当自 2015 年 6 月 30 日 T 市中级人民法院作出驳回抗诉维持原判的刑事裁定之日起计算,本案时效已过。

2. A 县人民检察院是否为赔偿义务机关。第一种观点认为,张某某人身自由损害赔偿义务机关为 T 市中级人民法院,侦查期间追缴的赃款返还及利息赔偿也应当为 T 市中级人民法院,A 县人民检察院非赔偿义务机关。第二种观点认为,后置吸收原则主要针对限制人身自由国家赔偿,作为追缴单位,请求人提出申请,A 县人民检察院应当返还。

三、评析意见

1. 关于时效问题。《国家赔偿法》第 39 条第 1 款规定,"请求国家赔偿的时效为两年,自其知道或者应当知道国家机关及其工作人员行使职权时的行为侵犯其人身权、财产权之日起计算,但被羁押等限制人身自由期间不计算在内"。"知道或应当知道",在司法实践中,一般是无罪判决生效之日,撤销案件之日,决定不起诉之日,即相应的刑事程序已经终结,上述法律文书送达当事人后,请求赔偿的时效期间开始计算。《人民检察院国家赔偿工作规定》第 8 条第 1 项规定,"同时符合下列各项条件的赔偿申请,应当立案:(一)依照国家赔偿法第十七条第一项、第二项规定请求人身自由权赔偿的,已决定撤销案件、不起诉或者判决宣告无罪终止追究刑事责任;依照国家赔偿法第十七条第四项、第五项规定请求生命健康权赔偿的,有伤情、死亡证明;依照国家赔偿法第十八条第一项规定请求财产权赔偿的,刑事诉讼程序已经终结,但已查明该财产确与案件无关的除外"。此规定对请求财产权赔偿案件的立案前提作出了刑事诉讼程序终结的要求"。2005 年 3 月 16 日,T 市中级人民法院二审对张某某贪污罪未予认定,但对挪用公款罪予以定罪处罚,两个罪名系同一案件、同一被告人,诉讼程序为连续的整体,不应硬性分割,且请求人一直在上诉、申诉，刑事诉讼程序没有终结，应当视为侵害行为一直在持续，如果在相关文书送达当事人后两年内没有提出赔偿，请求人则丧失赔偿请求权。就本案而言，请求权时效应当自请求人收到 2015 年 6 月 30 日 T 市中级人民法院作出的驳回抗诉维持无罪判决的刑事裁定书之日起两年内。另经查，张某某于 2015 年 12 月 25 日来访，曾向 A 县人民检察院提及返还扣押款，因其未向赔偿义务机关 T 市中级人民法院申请国家赔偿，故我院未单独就扣押款受理。法律关于时效的规定是为了督促当事人积极行使其权利，本案申请人于 2015 年 12 月 25 日请求返还扣押款，系积极行使权利，不属于不行使权利超过时效的情形。此次张某某再次提出，应当视为符合时效要求，其未丧失赔偿请求权，检察机关应当受理并依法办理。

2. 关于赔偿义务机关问题。国家赔偿法对刑事赔偿的相关内容规定在第三章，赔偿义务机关的规定主要在第 21 条，第 1 项规定，"行使侦查、检察、审判职权的机关以及看守所、监狱管理机关及其工作人员在行使职权时侵犯公民、法人和其他组织的合法权益造成损害的，该机关为赔偿义务机关"。这里的"合法权益"应当包括人身权和财产权。第 4 项规定，"再审改判无罪的，作出原生效判决的人民法院为赔偿义务机关。二审改判无罪，以及二审发回重审后作无罪处理的，作出一审有罪判决的人民法院为赔偿义务机关"。国家赔偿法规定的赔偿义务机关原则上是后置吸收，侦查期间追缴的赃款及利息赔偿应当与人身自由损害赔偿相同，赔偿义务机关为作出原生效判决的人民法院，本案为 T 市中级人民法院。但追缴赃款类的侵犯财产权国家赔偿案件有其特殊性，实践中应当视案件具体情况灵活处理，不能拘泥于相关规定。就本案而言，引导张某某将侵犯人身权和财产权一并向 T 市中级人民法院提出较为妥当，但张某某在人身自由损害赔偿之后单独向 A 县人民检察院提起，这种情况下，A 县人民检察院以本院不是赔偿义务机关为由不予受理不妥当。反而予以受理并依法办理更能有效化解矛盾，更能实现法律效果和社会效果的统一。

A 县人民检察院于 2019 年 12 月 10 日受理该案，调查核实了原案办理情况，充分听取请求人意见。赔偿请求人请求按照定期存款五年期基准利率计算并支付利息，与最高人民法院、最高人民检察院《关于办理刑事赔偿案件适用法律若干问题的解释》第 20 条"返还执行的罚款或者罚金、追缴或者没收的金钱，解除冻结的汇款的，应当支付银行同期存款利息，利率参照赔偿义务机关作出赔偿决定时中国人民银行公布的人民币整存整取定期存款一年期基准利率确定，不计算复利"的规定不符。为准确计算利息，A 县人民检察院委托中国农业银行 A 县支行对扣缴款项产生的利息进行测算，计息期间按照赔偿请求人的申请确定，即 2004 年 7 月 14 日至 2019 年 10 月 13 日。经测算，

2004年7月14日至2019年7月13日,按照2019年中国人民银行公布的人民币整存整取定期存款一年期基准利率测算利息为 $29530.2 \times 1.5\% \times 15 = 6644.3$ 元;2019年7月14日至2019年10月13日,按照2019年中国人民银行公布的人民币整存整取定期存款三个月基准利率测算利息为 $29530.2 \times 1.1\% \div 12 \times 3 = 81.21$ 元,合计6725.51元。2020年2月10日,A县人民检察院作出赔偿决定书,决定向赔偿请求人返还追缴的人民币29530.2元及利息人民币6725.51元,合计人民币36255.71元。赔偿请求人对该决定当场表示认可,不再申请复议。

(河北省唐山市曹妃甸区人民检察院 褚建华)